中国交通教育研究会职业教育分会推荐教材
高等职业院校船舶技术类专业教学用书

高等职业教育规划教材

船舶原理

（第二版）

【船舶工程技术专业】

潘晓明 主 编
曾祥华 副主编
彭 辉 主 审
张芳杰 副主审

CHUANBO
YUANLI

人民交通出版社

内 容 提 要

本书是高等职业教育船舶技术类船舶工程技术专业中国交通教育研究会职业教育分会船舶技术专业委员会规划教材，按照《船舶原理》课程标准的要求编写的。

本书共分十章，主要内容包括：绪论、船体几何要素及近似计算、浮性、初稳性、大倾角稳性、抗沉性、流体力学基础、船舶阻力、船舶推进、操纵性和耐波性方面的知识（书中标有 * 号的为选修内容）。

本书是针对三年制船舶工程技术专业高等职业教育编写的，二年制的船舶工程技术专业和其他专业也可参考使用。本书还适用于船厂职工的自学以及其他形式的职业教育。

图书在版编目(CIP)数据

船舶原理/潘晓明主编. —2 版. —北京：人民交通出版社，2012.12

ISBN 978-7-114-10121-2

Ⅰ. ①船… Ⅱ. ①潘… Ⅲ. ①船舶原理 - 高等职业教育 - 教材 Ⅳ. ①U661

中国版本图书馆 CIP 数据核字(2012)第 236680 号

书　　名：船舶原理(第二版)
著 作 者：潘晓明
责任编辑：富砚博
出版发行：人民交通出版社
地　　址：(100011)北京市朝阳区安定门外外馆斜街 3 号
网　　址：http://www.chinasybook.com
销售电话：(010)64981400,59757915
总 经 销：北京交实文化发展有限公司
印　　刷：北京建宏印刷有限公司
开　　本：787×1092　1/16
印　　张：18.25
字　　数：420 千
版　　次：2007 年 2 月　第 1 版　2012 年 12 月　第 2 版
印　　次：2022 年 6 月　第 2 版　第 4 次印刷
书　　号：ISBN 978-7-114-10121-2
定　　价：48.00 元

高等职业院校“十二五”船舶规划教材
编审委员会名单

前言

为规范高等职业教育船舶技术类专业的教学，积极推进课程改革与教材建设，提高教学质量，更好地满足我国船舶工业快速发展的需要，中国交通教育研究会职业教育分会船舶技术专业委员会组织全国开办有船舶技术类专业的职业院校及其骨干教师，编写了“十二五”高职船舶规划教材。

这些教材分别适用于船舶工程技术专业、轮机工程技术专业和船舶电气工程技术专业，以及船舶检验、船舶舾装、焊接技术及自动化、游艇设计与制造等船舶技术类专业。

“十二五”高职船舶规划教材大部分是在“十一五”高职船舶规划教材的基础上修订而成。本规划教材注重以就业为导向，以职业能力培养为核心，面向行业企业，充分体现职业教育的特色，满足高素质实用型、技能型船舶技术类专业高等职业人才培养的需要。

本规划教材主要是针对高等职业教育编写的，其他形式的职业教育、职工培训、专业考证训练以及相关技术人员也可参考使用。

《船舶原理》是高等职业教育船舶技术类船舶工程技术专业规划教材，按照《船舶原理》课程标准的要求而编写的，着重介绍和分析了船舶航行性能中有关问题的基本原理和解决方法；是船舶工程技术（船体）专业的核心课程之一，是进一步学习《船舶设计原理》、《船体建造工艺》和《船舶检验》等课程的基础。

“工学结合、校企合作”是职业教育健康发展的基础。本教材在编写过程中，邀请了企业专家参与编审工作。

参加本书编写工作的有：主编江苏海事职业技术学院潘晓明（编写第一至第五章）；副主编武汉交通职业学院曾祥华（编写第六章）；参编江苏海事职业技术学院晁希安（编写第七章），武汉航海职业技术学院郭佳（编写第八章），渤海船舶职业学院宋晶晶（编写第九章），哈尔滨航运学校李杰（编写第十章）。

本书由渤海船舶职业学院彭辉担任主审，南京金陵船厂张芳杰担任副主审。在此表示感谢！

限于编者经历和水平，书中难免有疏漏与不足之处，恳请读者批评指正，以便修订时完善。

中国交通教育研究会职业教育分会船舶技术专业委员会

2012 年 12 月

目录 MULU

绪　论

船舶原理是研究船舶航行性能的一门科学。其中包括：

(1)浮性——船舶在一定装载情况下浮于一定水平位置的能力。

(2)稳性——在外力作用下船舶发生倾斜而不致倾覆,当外力的作用消失后仍能回复到原来平衡位置的能力。

(3)抗沉性——当船体破损,海水进入舱室时,船舶仍能保持一定的浮性和稳性而不致沉没或倾覆的能力,即船舶在破损以后的浮性和稳性。

(4)快速性——船舶在主机额定功率下,以一定速度航行的能力。通常包括船舶阻力和船舶推进两大部分,前者研究船舶航行时所受的阻力,后者研究克服阻力的推进器及其与船体和主机之间的相互协调一致。

(5)操纵性——船舶在航行中按照驾驶者的意图保持既定航向的能力(即航向稳定性)或改变航行方向的能力(即回转性)。因此,船舶操纵性包括航向稳定性和回转性两部分。

(6)耐波性(或称适航性)——船舶在风浪海况下航行时的运动性能。主要研究船舶的横摇、纵摇及升沉(垂荡)等,习惯上统称为摇摆运动。

船舶原理通常分为船舶静力学和船舶动力学两大部分。前者以流体静力学为基础,研究船舶的浮性、稳性及抗沉性等;后者以流体动力学为基础,研究船舶的阻力、推进、摇摆及操纵等。

船舶设计建造部门总希望所设计建造的船舶具有优良的航行性能,用船部门(航运公司、海军等)理所当然要求所属的各类船舶都具有优良的航行性能。概括说来,所谓优良的航行性能大体包括:船舶是否具有合理的浮态和足够的稳性,是否属低阻力的优良船型,推进器的效率是否最佳,推进器与船体及主机是否匹配,是否具有良好的航向稳定性和回转性,在风浪中航行时是否会产生剧烈的摇摆运动以及砰击、甲板上浪及失速等。在实际造船工作中,判断船舶是否具有优良的航行性能是有一定衡量指标的,有些指标是因考虑到航海安全而由船级社乃至国际组织规定必须满足的硬指标,有些指标则是与长期积累的优秀船型资料相比较而判定的。所有这些指标都和船舶的主要尺度、船体形状、装载情况等密切相关。因此,船舶原理中所讨论的众多问题,都是船舶设计、建造和营运乃至新型船舶的研究开发需要用到的专门基础知识。

第一章　船体几何要素及近似计算

● **学习目标**

知识目标

1. 了解船体主尺度、船型系数的定义及其对船舶性能的影响；
2. 理解梯形法、辛氏法近似计算的基本原理；
3. 掌握船体水线面和横剖面梯形法近似计算方法；
4. 掌握型线端点修正方法。

能力目标

1. 具备运用梯形法、辛氏法进行积分的近似计算的能力；
2. 具备运用梯形法进行船体水线面和横剖面近似计算的能力。

船体形状对于船舶的性能(特别是航行性能)有很大的影响。船体形状一般是以形状要素和图形表示。船体外形的图形表示方法(型线图)在《船体制图》中已做介绍,本章主要讨论表示船体形状的主要要素的定义及其对船舶性能的影响。

由于船体形状通常为双向曲面,难以直接用数学解析式表达和计算,因此本章还将讨论船体计算中常用的近似计算方法。

第一节　主尺度、船型系数和尺度比

船体主尺度、船型系数和尺度比,是表示船体大小、形状、肥瘦程度的几何参数,这些参数对于船舶设计、建造、使用和分析航行性能十分有用。

一、船体主尺度

船舶的大小可由船长、型宽、型深和吃水等主尺度来度量,这些特征尺度的定义如图1-1所示,即

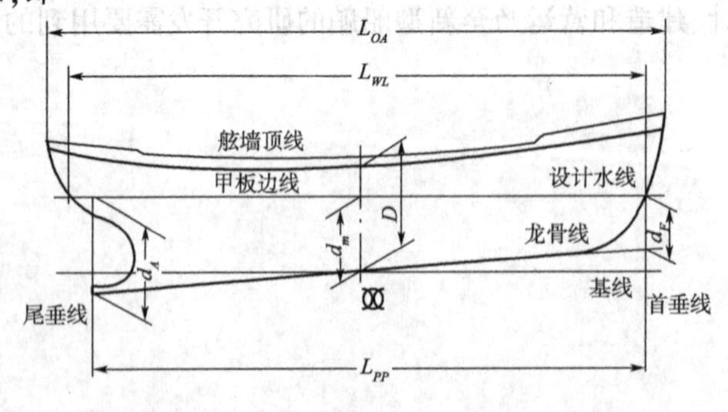

图1-1　特征尺度定义

1. 船长(L)

通常选用的船长有三种,即总长、垂线间长和设计水线长。

总长(L_{OA}):自船首最前端至船尾最后端的水平距离。

垂线间长(L_{PP}):首垂线与尾垂线之间的水平距离。首垂线是通过设计水线与首柱前缘的交点所作的垂线(垂直于设计水线面);尾垂线一般在舵柱的后缘,如无舵柱,则取在舵杆的中心线上。一般情况下,如无特别说明,习惯上所说的船长常指垂线间长。

设计水线长(L_{WL}):设计水线在首柱前缘和尾柱后缘之间的水平距离。

在船舶静水力性能计算中一般采用垂线间长 L_{PP},在分析阻力性能时常用设计水线长 L_{WL},而在船进坞、靠码头或通过船闸时应注意它的总长 L_{OA}。

一般说来,在排水量不变的情况下,船舶的阻力随着船长的增加而减小。但是,船长的增加会引起空船重量(特别是船体钢料)的增加。

2. 型宽(B)

型宽是指船体两侧型表面(不包括船体外板厚度)之间垂直于中线面的水平距离,一般指中横剖面设计水线处的宽度。最大船宽是指包括外板和伸出两舷的永久性固定突出物如护舷材、舷伸甲板等在内,并垂直于中线面的最大水平距离。

较大的船宽对于船舶的稳性是有利的。但船宽过大会造成快速性上的损失。此外,船宽过大还可能导致横摇加剧。

3. 型深(D)

型深是指在上甲板边线最低点处,自龙骨板上表面(即基线)至上甲板边线的垂直距离。通常,甲板边线的最低点在中横剖面处。

型深的增加对空船重量的影响比增大 L 和 B 要小得多。在性能方面,除了稳性以外型深的增加对其他性能基本上没有太大的影响。增加型深使重心升高,降低船舶的初稳性,但可提高船舶的总纵强度。

4. 吃水(d)

吃水是指基线至设计水线的垂直距离。有些船,设计的首尾正常吃水不同,则有首吃水、尾吃水及平均吃水,当不指明时,是指平均吃水,即

$$d = \frac{d_F + d_A}{2}$$

式中:d——平均吃水,也就是中横剖面处的吃水 d_m;

d_F——首吃水,即沿首垂线自设计水线至龙骨线的延长线之间的距离;

d_A——尾吃水,即沿尾垂线自设计水线至龙骨线的延长线之间的距离。

用增加吃水来减少 B 及 L,对快速性和减轻空船重量等许多方面都是有利的。如果吃水受限制,在不影响和满足其他要求的情况下一般应用足吃水的限制。吃水的大小与螺旋桨的直径有直接的关系,对于巡洋舰型艉,允许的螺旋桨最大直径约为吃水的70%。如果吃水太小,对螺旋桨的直径限制太大,会严重影响推进效率。

5. 干舷(F)

干舷是指在船侧中横剖面处自设计水线至上甲板边板上表面的垂直距离。因此,干舷 F 等于型深 D 与吃水 d 之差再加上甲板及其敷料的厚度。

干舷的大小反映了船舶储备浮力的大小。相关的公约和法规规定了船舶的最小干舷。

二、船型系数

船型系数是表示船体水下部分面积或体积肥瘦程度的无因次系数,这些系数对分析船型和船舶性能等有很大的用处。

1. 水线面系数(C_{WP})

水线面系数是指与基平面相平行的任一水线面的面积 A_W 与由船长 L、型宽 B 所构成的矩形面积之比[图 1-2a)],即 $C_{WP}=\frac{A_W}{LB}$。它的大小表示水线面的肥瘦程度。通常情况下 C_{WP} 指设计水线面系数。

2. 中横剖面系数(C_M)

中横剖面系数是指中横剖面在水线以下的面积 A_M 与由型宽 B、吃水 d 所构成的矩形面积之比[图 1-2b)],即 $C_M=\frac{A_M}{Bd}$。它的大小表示水线以下的中横剖面的肥瘦程度。

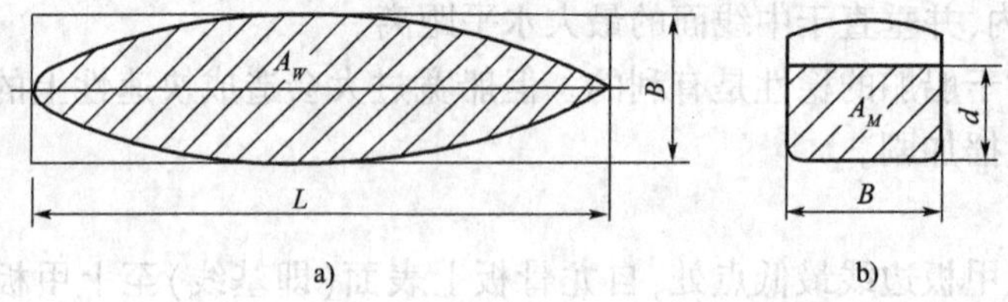

图 1-2 水线面系数和中横剖面系数

3. 方形系数(C_B)

方形系数是指船体水线以下的型排水体积 ∇ 与由船长 L、型宽 B、吃水 d 所构成的长方体体积之比(图 1-3),即 $C_B=\frac{\nabla}{LBd}$。它的大小表示船体水下体积的肥瘦程度。

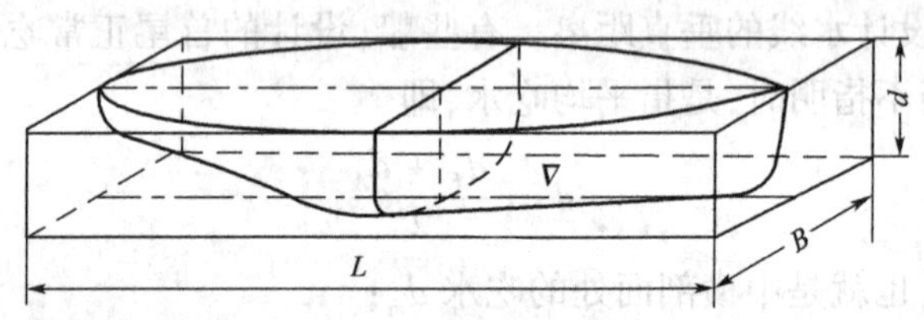

图 1-3 方形系数

4. 棱形系数(C_P)

棱形系数是指船体水线以下的型排水体积 ∇ 与由相对应的中横剖面面积 A_M、船长 L 所构成的棱柱体体积之比(图 1-4),即 $C_P=\frac{\nabla}{A_M L}=\frac{\nabla}{C_M BdL}=\frac{C_B}{C_M}$。它的大小表示排水体积沿船长方向的分布情况。$C_P$ 又称纵向棱形系数。

5. 垂向棱形系数(C_{VP})

垂向棱形系数是指船体水线以下的型排水体积 ∇ 与由相对应的水线面面积 A_W、吃水 d 所

构成的棱柱体体积之比(图 1-5),即 $C_{VP}=\frac{\nabla}{A_W d}=\frac{\nabla}{C_{WP}LBd}=\frac{C_B}{C_{WP}}$。它的大小表示排水体积沿吃水方向的分布情况。

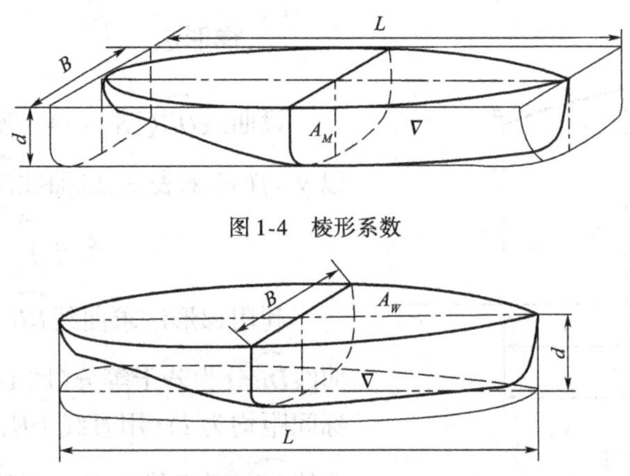

图 1-4　棱形系数

图 1-5　垂向棱形系数

总的来说,高速船具有较小的船型系数,低速船具有较大的船型系数。上述各系数的定义,如无特别指明,通常都是指设计水线处而言。在计算不同水线处的各系数时,其船长和船宽常用垂线间长(或设计水线长)和设计水线宽,如最大横剖面不在船中处,则应取最大横剖面处的有关数据。吃水则取所计算水线处的吃水值。

三、尺度比

除上述船型系数外,还经常采用尺度比来反映主尺度之间的关系,并利用这些比值来预估船体各项性能之差异。与船舶航行性能有密切关系的主要尺度比值如下:

(1)长宽比 L/B:与船的快速性有关。该比值越大,船越细长,在水中航行时所受的阻力越小,特别是高速航行时。

(2)船宽吃水比 B/d:与船的稳性和快速性有关。B/d 比值增大船舶初稳性提高,但横摇周期减小。从船型上看,B/d 大,排水体积较多地集中在水面附近,兴波阻力会增加,但一般并不十分显著。B/d 大,湿表面积也会增加,对摩擦阻力有较大的影响。

(3)船长型深比 L/D:对于大船而言 L/D 影响最大的是总纵强度,其必须有足够的型深来保证中横剖面模数。

(4)船长吃水比 L/d:与船的回转性有关,比值越小,船越短小,回转越灵活。

第二节　船体近似计算法

在船舶性能计算中,经常需要计算各种封闭曲线的面积和几何要素,如横剖面及水线面的面积及形心、水线面面积曲线的面积及形心(即排水体积及浮心)和水线面面积的惯性矩等。这些计算统称为船体计算,是船舶设计中的基础工作之一。按理这些计算都可以用定积分直接计算,但由于船体型线通常不能用解析式表达,因此一般都是根据型线图(或型值表)用数

值积分方法来进行近似计算。在船体计算中，最常用的数值积分法有辛氏法、梯形法、乞贝雪夫法和样条曲线积分等。本节主要讨论前两种数值积分法的基本原理以及船体计算中常用的具体方法。

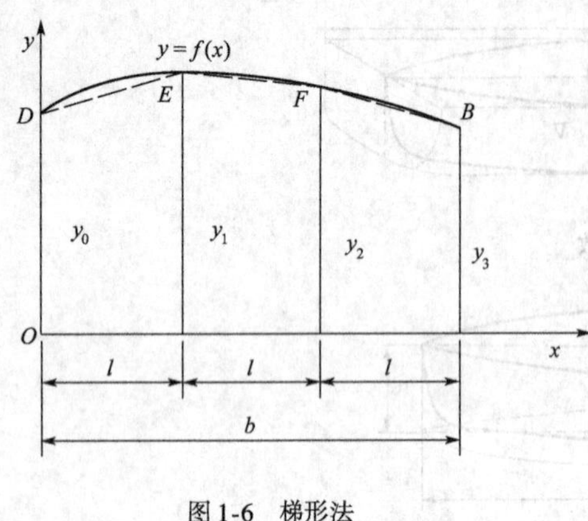

图 1-6 梯形法

一、梯形法

设曲线$\overset{\frown}{DB}$(图 1-6)为船体上的某一段曲线并以 $y=f(x)$ 来表示，则曲线$\overset{\frown}{DB}$下所围面积 A 为

$$A=\int_0^b y\mathrm{d}x$$

利用梯形法求曲线$\overset{\frown}{DB}$下所围的面积，就是将曲线$\overset{\frown}{DB}$分为若干等分(图 1-6 分为三等分，横向坐标间距均为 l)，用直线 DE、EF 和 FB 近似地表示曲线$\overset{\frown}{DB}$，而折线 $DEFB$ 下所围的面积，则是曲线$\overset{\frown}{DB}$下所围面积的近似值。图中每一梯形的面积为$\frac{l}{2}(y_0+y_1)$、$\frac{l}{2}(y_1+y_2)$、$\frac{l}{2}(y_2+y_3)$，故曲线$\overset{\frown}{DB}$下所围面积为

$$A=\int_0^b y\mathrm{d}x\approx l\left(\sum_{i=0}^{3}y_i-\frac{y_0+y_3}{2}\right)$$

若分为 n 等分，则有

$$A\approx l\left(\sum_{i=0}^{n}y_i-\frac{y_0+y_n}{2}\right)\tag{1-1}$$

式中：$\sum_{i=0}^{n}y_i$——累加和；

$\frac{y_0+y_n}{2}$——首尾修正项。

式(1-1)是梯形法的通式。整理成式(1-1)的形式，其目的在于多横向坐标时运算简便。式中横向坐标 y_i 在实用上可表示为直线量度、面积、面矩及其他物理量等。运算简便是梯形法的突出特点，故在船舶性能计算(手算)中得到广泛的应用。

二、辛氏法

梯形法即假设计算曲线为折线，若假设计算曲线为抛物线，则称为抛物线法。利用抛物线导出计算曲线下所围面积的公式较多，常用的有辛氏法。

1. 辛氏第一法

若曲线$\overset{\frown}{DB}$为二次抛物线(图 1-7)，即被积函数为 $y=ax^2+bx+c$，则曲线$\overset{\frown}{DB}$下所围面积 A 用定积分求得

$$A=\int_{-l}^{l}(ax^2+bx+c)\mathrm{d}x=\frac{2}{3}al^3+2cl\tag{1-2}$$

利用待定系数法，令二次抛物线 DB 在三垂线处交点的横向坐标为 y_1、y_2 和 y_3，并设曲线 $\overset{\frown}{DB}$ 下所围面积为

$$A = K_1 y_1 + K_2 y_2 + K_3 y_3$$

因为

$$\begin{cases} x_1 = -l \\ x_2 = 0 \\ x_3 = l \end{cases}$$

所以对应有

$$\begin{cases} y_1 = al^2 - bl + c \\ y_2 = c \\ y_3 = al^2 + bl + c \end{cases}$$

代入上式则有

$$\begin{aligned} A &= K_1(al^2 - bl + c) + K_2 c + K_3(al^2 + bl + c) \\ &= al^2(K_1 + K_3) + bl(K_3 - K_1) + c(K_1 + K_2 + K_3) \end{aligned} \tag{1-3}$$

因为式(1-2)与式(1-3)恒等，所以含 a、d 和 c 的各项应分别相等，为此有

$$\begin{cases} K_1 + K_3 = \dfrac{2}{3}l \\ K_3 - K_1 = 0 \\ K_1 + K_2 + K_3 = 2l \end{cases}$$

解上述联立方程，得 $K_1 = \dfrac{1}{3}l, K_2 = \dfrac{4}{3}l, K_3 = \dfrac{1}{3}l$，故

$$A = \frac{1}{3}ly_1 + \frac{4}{3}ly_2 + \frac{1}{3}ly_3 = \frac{1}{3}l(y_1 + 4y_2 + y_3) \tag{1-4}$$

式(1-4)称为辛氏第一法。横向坐标前的 1、4、1 称为辛氏乘数。显然，计算曲线 $\overset{\frown}{DB}$ 为二次抛物线时，则利用辛氏第一法求出的面积为 $\overset{\frown}{DB}$ 曲线下所为面积的精确值，不然则为近似值。辛氏第一法适用于求具有三个等间距横向坐标曲线下所围的面积。

2. 辛氏第二法

若曲线 $\overset{\frown}{DB}$ 为三次抛物线(图 1-8)，即被积函数为

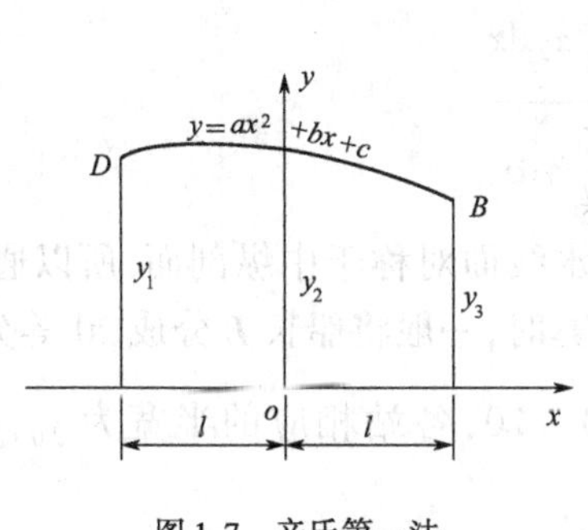

图 1-7　辛氏第一法

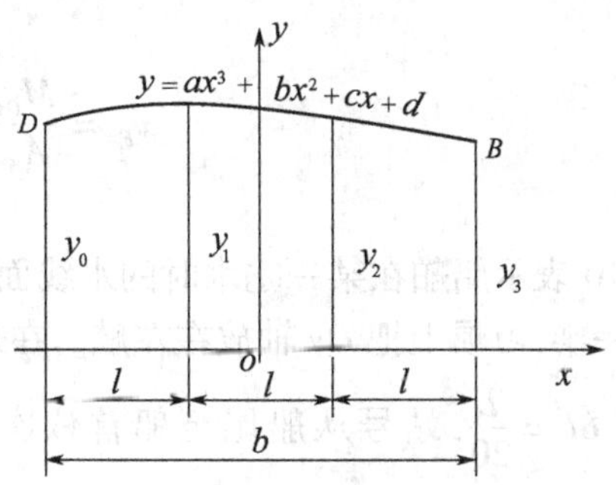

图 1-8　辛氏第二法

$$y = ax^3 + bx^2 + cx + d$$

则该曲线$\overset{\frown}{DB}$下所围面积 A 可证明为

$$A = \frac{3l}{8}(y_1 + 3y_2 + 3y_3 + y_4) \tag{1-5}$$

式(1-5)称为辛氏第二法。此法适用于求具有等间距的四个横向坐标曲线下所围的面积。

若计算曲线是二次或三次抛物线时,则用辛氏第一或第二法求出的面积,即为计算曲线下所围面积的精确值,否则就为其近似值。与梯形法相比,辛氏法的计算较为繁琐,但在相同的等分间距下,它的精确度较高,所以在船体计算中也被广泛采用。

梯形法和辛氏法是船体计算中常采用的方法,而乞贝雪夫法通常只用于大倾角稳性计算。详细内容在第四章中再介绍。

三、数值积分法在船体计算中的应用

1. 水线面计算

水线面计算通常包括面积 A_W,漂心纵向坐标 x_F 及水线面系数 C_{WP} 三项。

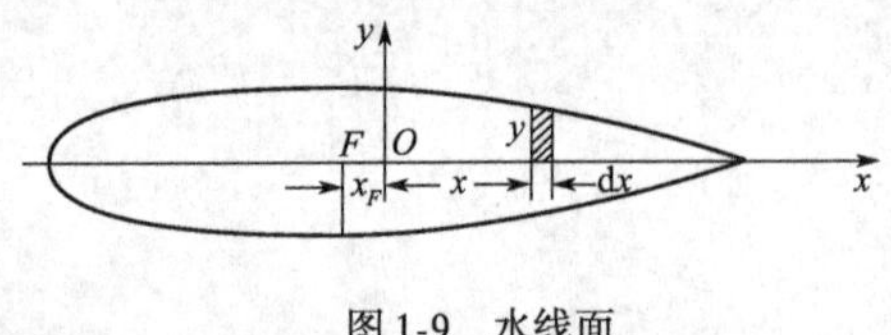

图 1-9　水线面

在造船中水线面面积 A_W 的形心称为漂心。由于水线面是左右对称的,其面积形心总是在中纵剖面上,因此只需计算其纵向位置 x_F。

由图 1-9 可知,微面积 $dA_W = 2y\mathrm{d}x$,整个水线面面积为

$$A_W = 2\int_{-\frac{L}{2}}^{\frac{L}{2}} y\mathrm{d}x \tag{1-6}$$

式中:y——离 Oy 轴 x 处的水线面半宽;

L——水线长,在计算中一般取垂线间长。

由图 1-9 可知,水线面面积 A_W 对 Oy 轴的静矩为

$$M_{Oy} = 2\int_{-\frac{L}{2}}^{\frac{L}{2}} xy\mathrm{d}x \tag{1-7}$$

所以

$$x_F = \frac{M_{Oy}}{A_W} = \frac{\int_{-\frac{L}{2}}^{\frac{L}{2}} xy\mathrm{d}x}{\int_{-\frac{L}{2}}^{\frac{L}{2}} y\mathrm{d}x} \tag{1-8}$$

图 1-10 表示船舶在某一吃水时的水线面,由于水线面对称于中纵剖面,所以通常只给出水线面的一半,习惯上把 Oy 轴放在左舷。在进行计算时,一般将船长 L 分成 20 等分,即取 21 个站,间距 $\delta L = \frac{L}{20}$,站号从船尾至船首依次编为 0 ~ 20,各站相应的半宽为 $y_0, y_1, y_2, \cdots, y_{19}, y_{20}$。

在用梯形法进行计算时,水线面面积 A_W、漂心纵向坐标 x_F 及水线面系数 C_{WP} 的表达式可写成

$$A_W = 2\int_{-\frac{L}{2}}^{\frac{L}{2}} y\mathrm{d}x \approx 2\delta L\sum{}'y_i$$

其中

$$\sum{}'y_i = y_0 + y_1 + \cdots + y_{19} + y_{20} - \frac{y_0 + y_{20}}{2}$$

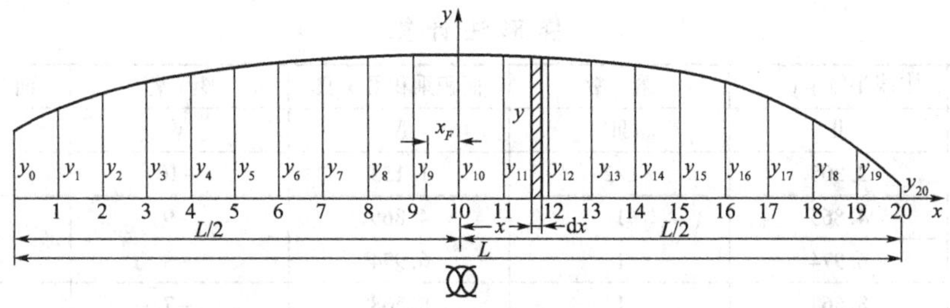

图 1-10　水线面计算图

即计入首尾修正项的累加和。

$$M_{Oy} = 2\int_{-\frac{L}{2}}^{\frac{L}{2}} xy\mathrm{d}x \approx 2(\delta L)^2\sum{}'k_iy_i$$

其中

$$\sum{}'k_iy_i = 0\cdot y_{10} + 1\cdot(y_{11} - y_9) + 2\cdot(y_{12} - y_8) + \cdots + 9\cdot(y_{19} - y_1) + 10\cdot(y_{20} - y_0) - \frac{1}{2}10\cdot(y_{20} - y_0)$$

$$x_F = \frac{M_{Oy}}{A_W} = \frac{\int_{-\frac{L}{2}}^{\frac{L}{2}} xy\mathrm{d}x}{\int_{-\frac{L}{2}}^{\frac{L}{2}} y\mathrm{d}x} \approx \delta L\frac{\sum{}'k_iy_i}{\sum{}'y_i}$$

$$C_{WP} = \frac{A_W}{LB} = \frac{2\delta L\sum{}'y_i}{LB}$$

现以某货船的设计水线面为例,采用梯形法进行计算。该船船长 $L = 147.18\text{m}$,船宽 $B = 20.4\text{m}$,设计吃水 $d = 8.2\text{m}$,$\delta L = \frac{L}{20} = 7.359\text{m}$。

图 1-11 为设计水线半宽图,各站处的半宽值附在表 1-1 中的"水线半宽"一栏内。

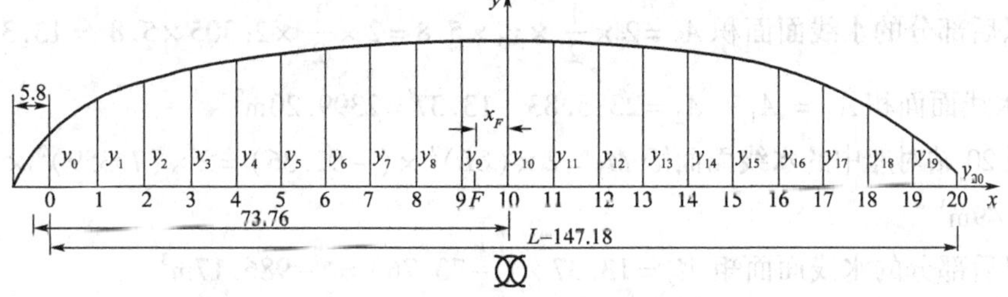

图 1-11　设计水线半宽图(尺寸单位:m)

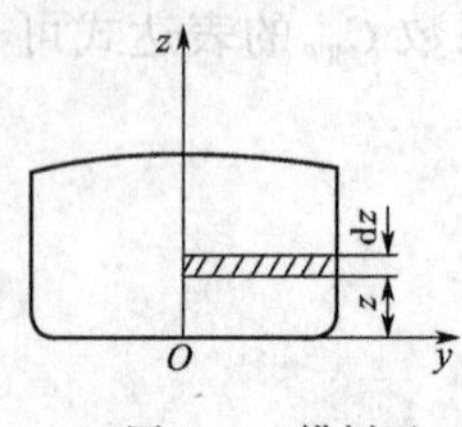

图 1-12　横剖面

2. 横剖面计算

横剖面计算一般包括面积 A_S 以及面积形心垂向坐标 z_a 的计算，对中横剖面来说，还需计算中横剖面系数 C_M。

由图 1-12 可知，微面积 $dA_S = 2y dz$。整个横剖面面积

$$A_S = 2\int_0^d y dz \tag{1-9}$$

式中：y——离 Oy 轴 z 处的水线面半宽。

梯形法计算　　表 1-1

站　号	水线半宽 y_i(m)	乘　数	面积乘积Ⅱ×Ⅲ	矩　臂	面矩乘积Ⅳ×Ⅴ
Ⅰ	Ⅱ	Ⅲ	Ⅳ	Ⅴ	Ⅵ
0	2.305	1/2	1.153	-10	-11.525
1	4.865	1	4.865	-9	-43.785
2	6.974	1	6.974	-8	-55.792
3	8.568	1	8.568	-7	-59.976
4	9.559	1	9.559	-6	-57.354
5	10.011	1	10.011	-5	-50.055
6	10.183	1	10.183	-4	-40.732
7	10.200	1	10.200	-3	-30.600
8	10.200	1	10.200	-2	-20.400
9	10.200	1	10.200	-1	-10.200
10	10.200	1	10.200	0	-380.419
11	10.200	1	10.200	1	10.200
12	10.200	1	10.200	2	20.400
13	10.200	1	10.200	3	30.600
14	10.040	1	10.040	4	40.160
15	9.416	1	9.416	5	47.080
16	8.015	1	8.015	6	48.090
17	6.083	1	6.083	7	42.581
18	3.764	1	3.764	8	30.112
19	1.885	1	1.885	9	16.965
20	0.375	1/2	0.187	10	1.875
总和			162.103		-92.360

0 站至 20 站的水线面面积 $A_1 = 2 \times \delta L \times 162.103 = 2 \times 7.359 \times 162.103 = 2385.83\text{m}^2$

0 站以后部分的水线面面积 $A_2 = 2 \times \dfrac{1}{2} \times y_0 \times 5.8 = 2 \times \dfrac{1}{2} \times 2.305 \times 5.8 = 13.37\text{m}^2$

整个水线面面积 $A_W = A_1 + A_2 = 2385.83 + 13.37 = 2399.20\text{m}^2$

0 站至 20 站对船中的水线面面矩 $M_1 = 2 \times (\delta L)^2 \times (-92.36) = 2 \times (7.359)^2 \times (-92.36) = -10003.49\text{m}^3$

0 站以后部分的水线面面矩 $M_2 = 13.37 \times (-73.76) = -986.17\text{m}^3$

整个水线面对船中的面矩 $M_{Oy} = M_1 + M_2 = -10003.49 + (-986.17) = -10989.66\text{m}^3$

漂心纵向坐标 $x_F = \dfrac{M_{Oy}}{A_W} = \dfrac{-10989.66}{2399.20} = -4.581\text{m}$

水线面系数 $C_{WP} = \dfrac{A_W}{LB} = \dfrac{2399.20}{147.18 \times 20.4} = 0.800$

由图 1-12 可知,横剖面面积 A_S 对基线 Oy 轴的静矩为

$$M_{Oy} = 2\int_0^d zy\mathrm{d}z \tag{1-10}$$

所以,横剖面面积形心垂向坐标

$$z_a = \frac{M_{Oy}}{A_S} = \frac{\int_0^d zy\mathrm{d}z}{\int_0^d y\mathrm{d}z} \tag{1-11}$$

图 1-13 表示某一横剖面曲线及不同吃水的半宽值,根据公式(1-9)、式(1-10)、式(1-11),如采用梯形法计算,在吃水 d 时,横剖面面积

$$A_S = 2\int_0^d y\mathrm{d}z \approx 2\delta d \sum{}' y_i$$

其中

$$\sum{}' y_i = y'_0 + y_1 + \cdots + y_n - \frac{1}{2}(y'_0 + y_n)$$

式中:y'_0——经过端点修正后的半宽值;

δd——各水线等间距值。

横剖面面积 A_S 对基线 Oy 轴的静矩

$$M_{Oy} = 2\int_0^d zy\mathrm{d}z \approx 2(\delta d)^2 \sum{}' k_i y_i$$

其中

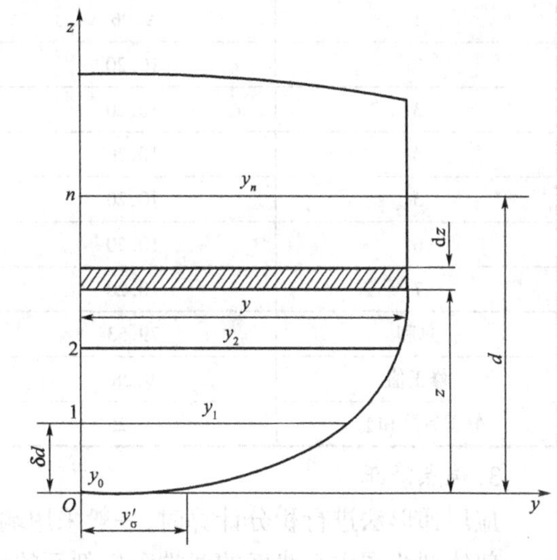

图 1-13　横剖面计算

$$\sum{}' k_i y_i = 0 \cdot y'_0 + 1 \cdot y_i + \cdots + n\,y_n - \frac{1}{2}(0 \cdot y'_0 + n\,y_n)$$

横剖面面积形心垂向坐标 z_a

$$z_a = \frac{M_{Oy}}{A_S} = \frac{\int_0^d zy\mathrm{d}z}{\int_0^d y\mathrm{d}z} \approx \delta d \frac{\sum{}' k_i y_i}{\sum{}' y_i}$$

中横剖面系数 C_M

$$C_M = \frac{A_M}{Bd}$$

式中:A_M——船在吃水 d 以下的中横剖面面积;

B——船中横剖面处的船宽。

现以某货船为例,用梯形法进行中横剖面计算,如表 1-2 所示。

中横剖面面积

$$A_M = 2 \times \delta d \times \sum{}'(\mathrm{II}) = 2 \times 1.2 \times 70.25 = 168.6\mathrm{m}^2$$

中横剖面面积形心垂向坐标

$$z_a = \delta d \frac{\sum{}'(\mathrm{IV})}{\sum{}'(\mathrm{II})} = 1.2 \times \frac{249.66}{70.25} = 4.26\mathrm{m}$$

中横剖面系数 C_M

$$C_M = \frac{A_M}{Bd} = \frac{168.6}{20.4 \times 8.4} = 0.984$$

梯形法计算(船宽 $B = 20.4\mathrm{m}$,吃水 $d = 8.4\mathrm{m}$,$\delta d = 1.2\mathrm{m}$)　　表 1-2

水线号	y_i(m)	k_i	$k_i \times y_i$
I	II	III	IV = II × III
0	8.37	0	0
1	9.96	1	9.96
2	10.20	2	20.40
3	10.20	3	30.60
4	10.20	4	40.80
5	10.20	5	51.00
6	10.20	6	61.20
7	10.20	7	71.40
总和	79.53		285.36
修正值	9.28		35.70
修正后总和Σ′	70.25		249.66

3. 端点修正

应用梯形法进行积分计算时,一般采用端点修正坐标来提高计算的精确度。

船体型线图中水线面的两端和横剖面的底部一般有下列三种情况:

(1)曲线的端点较凸,如图 1-14 所示。在这种情况下,如直接用梯形法计算,取实际坐标值 $y_0 = 0$ 时,则计算结果将偏小,即三角形 $OA1$ 面积小于曲线下的面积。

为此,必须进行端点修正,其方法是过 A 点作直线 AB,并且使阴影线部分的面积相等,所得 $\overline{OB}$ 即为修正坐标 y'_0。

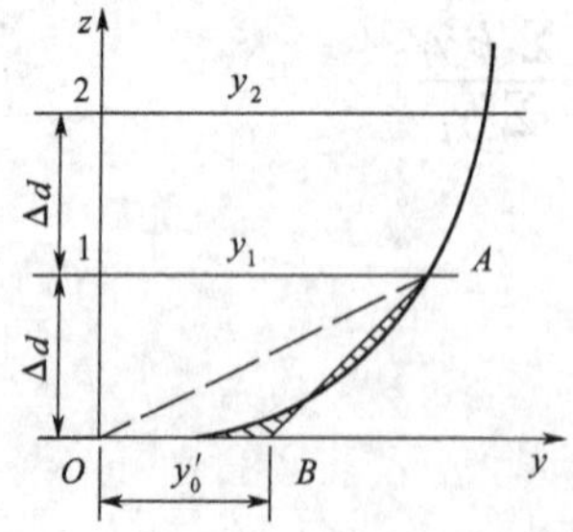

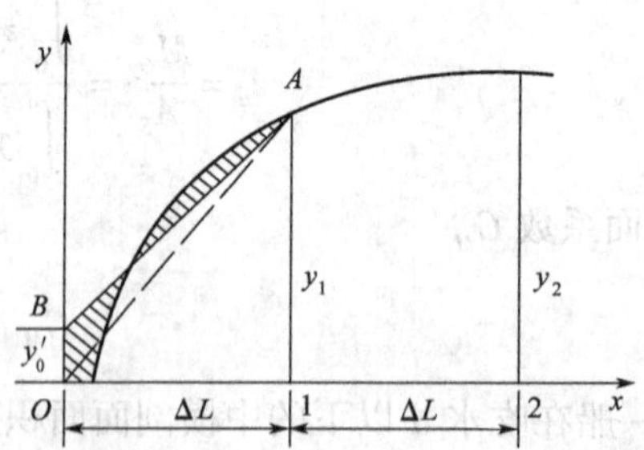

图 1-14　横剖面积及水线面积的端点修正

(2)曲线的端点未达到所规定的等间距站号,如图1-15所示。在这种情况下,如直接用梯形法计算,取 $y_0=0$,则多了 BOC 一块面积,其计算结果偏大,为此可用下列方法加以修正。

过 B 点作直线 BD 使两阴影线部分的面积相等,然后连接 OB,并过 D 点作 $DE\mathbin{/\!/}OB$,则$\overline{OE}$为修正到新站号的坐标 y'_0(y'_0 为负值)。在计算中,用修正坐标 y'_0(负值)代替零,就相当于扣除了面积 BOC。

(3)曲线的端点超出所规定的等间距站号,如图1-16所示。在这种情况下,如直接用坐标 y_0进行计算,则少算了 OCD 这块面积,为此需要对端点加以修正。其方法是过 D 点作直线$\overline{DE}$使两阴影线部分的面积相等,然后连接 AD,再从 E 点作$\overline{EF}\mathbin{/\!/}\overline{AD}$,则$\overline{DF}$即为坐标修正值 y'_0,在计算中,用 y'_0 代替 y_0 可以得到比较精确的结果,因为这时已将 OCD 这块面积计算在内。

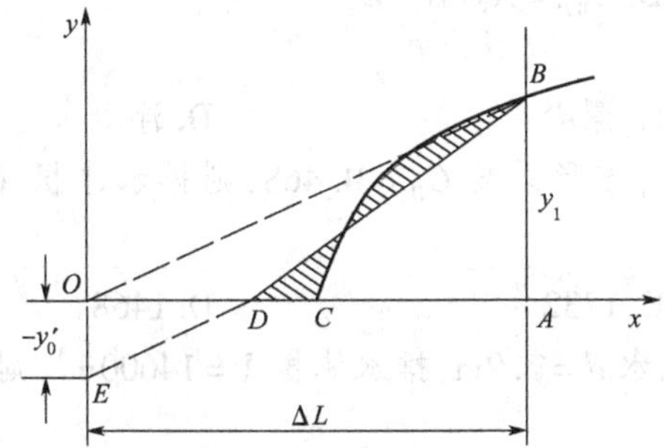

图1-15　曲线端点不到所定间距的端点修正

图1-16　曲线端点超过所定间距的端点修正

上述修正方法只考虑到面积的正确性,对于面积静矩说来,仍然是不够理想的,但比不加修正为好。

SIKAO YU LIANXI

一、简答题

1. 船舶原理研究哪些内容?

2. 作图说明船体的主尺度是怎样定义的。其尺度比的主要物理意义是什么。

3. 作图说明船型系数是怎样定义的?其物理意义是什么?试举一例说明其间的关系。

4. 试说明船舶静力学计算中常用的近似计算法有哪几种。梯形法和辛氏法的基本原理以及它们的优缺点是什么。

5. 作图说明梯形法对曲线端点曲率变化较大时应如何处理。以求面积为例,写出其数值积分公式。

6. 分别写出按梯形法计算水线面面积的积分公式,以及它的数值积分公式和表格计算方法。

二、判断题

1. 在相同的等分间距下,与辛氏法相比,梯形法的精确度较高。

2. 干舷 F 等于型深 D 与吃水 d 之差再加上甲板及其敷料的厚度。

3. 总的来说,高速船具有较大的船型系数,低速船具有较小的船型系数。

4. 长宽比 L/B 越大,在水中航行时所受的阻力越小,特别是高速航行时。

5. 船长吃水比 L/d 越小,回转越灵活。

三、单项选择题

1. 梯形法是用________来代替计算曲线。

A. 二次抛物线　　B. 折线　　C. 三次抛物线　　D. 直线

2. 下列________是计算船舶中横剖面系数的表达式。

A. $C_{WP}=A_W/L\cdot B$　　B. $C_M=A_M/B\cdot d$

C. $C_M=A_M/L\cdot B$　　D. $C_{WP}=A_W/B\cdot d$

3. 水线面面积的形心称为________。

A. 中心　　B. 重心　　C. 漂心　　D. 浮心

4. 某军舰舰长 98.0m,舰宽 10m,吃水 $d=3.2$m,方形系数 $C_B=0.468$,则排水体积 ∇为________ m^3。

A. 950　　B. 580　　C. 1232　　D. 1468

5. 某海洋客船船长 $L=170$m,船宽 $B=20.0$m,吃水 $d=7.9$m,排水体积 $\nabla=14600m^3$,则方形系数 C_B为________。

A. 0.80　　B. 0.54　　C. 0.72　　D. 0.75

四、计算题

1. 某海洋客船船长 $L=155$m,船宽 $B=18.0$m,吃水 $d=7.1$m,排水体积 $\nabla=10900m^3$。中横剖面面积 $A_M=115m^2$,水线面面积 $A_W=1980m^2$。试求:

(1)方形系数 C_B;(2)纵向棱形系数 C_P;(3)水线面系数 C_{WP};(4)中横剖面系数 C_M;(5)垂向棱形系数 C_{VP}。

2. 两相等的正圆锥体在底部处相连接,每个锥体的高等于其底部直径。这个组合体浮于水面,使其两个顶点在水表面上试绘图并计算:

(1)中横剖面系数 C_M;(2)纵向棱形系数 C_P;(3)水线面系数 C_{WP};(4)方形系数 C_B。

3. 某海洋客货船排水体积 $\nabla=9750m^3$,主尺度比为:长宽比 $L/B=8.0$、宽度吃水比 $B/d=2.63$,船型系数为:$C_M=0.900$、$C_P=0.660$、$C_{VP}=0.780$,试求:

(1)船长 L;(2)船宽 B;(3)吃水 d;(4)水线面系数 C_{WP};(5)方形系数 C_B;(6)水线面积 A_W。

4. 已知某巡逻艇吃水 $d=2.05$m,长宽比 $L/B=6.7$,宽度吃水比 $B/d=2.46$,$C_B=0.53$,求:排水体积 ∇。

5. 某游艇排水体积 $\nabla=25m^3$,主尺度比为:长宽比 $L/B=5.0$,宽度吃水比 $B/d=2.7$,方形系 $C_B=0.52$,求:该艇的主要尺度 L、B 及 d。

6. 某内河驳船的水下体积 $\nabla=4400m^3$,吃水 $d=2.6$m,方形系数 $C_B=0.815$,水线面系数 $C_{WP}=0.882$,求:水线面面积 A_W。

7. 某军舰舰长 92.0m，舰宽 9.1m，吃水 $d = 2.9$m，中横剖面系 $C_M = 0.814$，方形系数 $C_B = 0.468$，求：

(1)排水体积 ∇；(2)中横剖面面积 A_W；(3)纵向棱形系数 C_P。

8. 设曲线方程为 $y = \sin x$，利用下列各种方法计算 $\int_0^\pi \sin x \mathrm{d}x$，将其与算到小数后五位值的精确解进行比较，并求出相对误差。

(1)梯形法(三坐标)；

(2)辛氏法(三坐标)。

9. 设一艘船的某一水线方程为：

$$y = \pm \frac{B}{2}\left[1 - \frac{x^2}{(0.5L)^2}\right]$$

其中，船长 $L = 60$m，船宽 $B = 8.4$m，利用下列各种方法计算水线面积：

(1)梯形法(十等分)；

(2)辛氏法(十等分)；

(3)定积分，并以定积分计算数值为标准，求出其他两种方法的相对误差。

10. 对于图 1-17 所示的两个横剖面的半宽及其水线间距(单位：m)，先修正其坐标，然后用梯形法计算其面积。

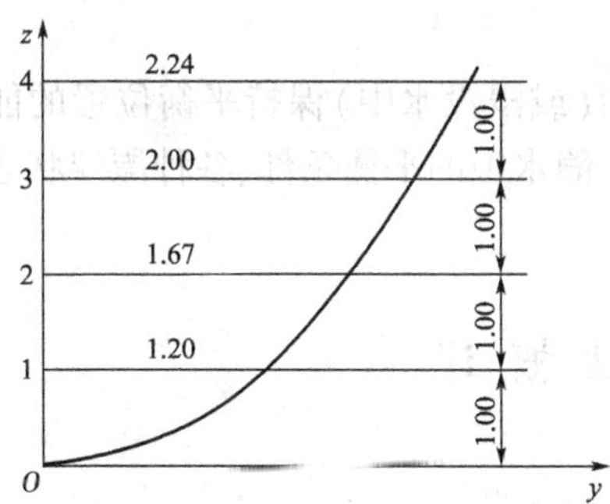

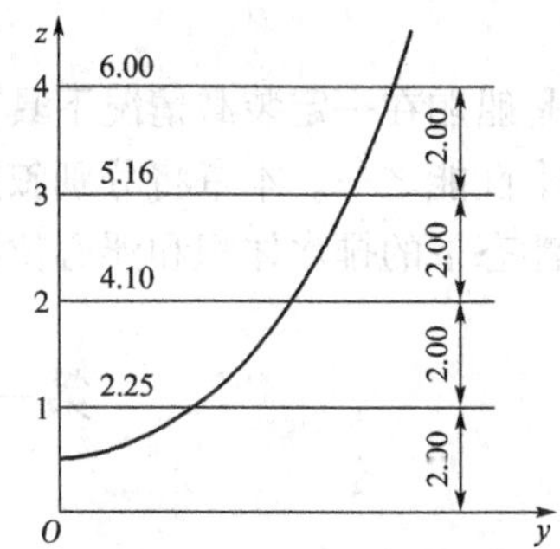

图 1-17

11. 某船的水线面曲线在各站号处的半宽值如表 1-3 所列(站距为 12m)。

表 1-3

站　号	0	1	2	3	4	5	6	7	8	9	10
半宽 y_i(m)	0	6.35	8.55	8.67	8.67	8.67	8.67	8.60	7.55	4.18	0

(1)画出该曲线；

(2)先修正坐标，然后列表求其面积。

第二章　浮　性

● **学习目标**

知识目标

1. 掌握船舶的平衡条件；
2. 掌握船舶重量和重心位置的计算方法；
3. 理解船舶排水量和浮心位置的计算原理，掌握计算方法；
4. 理解横剖面面积曲线和水线面面积曲线特性与作用；
5. 了解船舶在纵倾状态下排水体积和浮心位置的计算方法；
6. 理解储备浮力及载重线标志的意义。

能力目标

1. 初步具备计算船舶重量和重心位置的能力；
2. 具备绘制静水力曲线图中浮性曲线的能力；
3. 具备运用邦戎曲线和费尔索夫图谱的能力。

浮性是船舶在一定装载情况下具有漂浮在水面(或浸没水中)保持平衡位置的能力，它是船舶的基本性能之一。本章将分别叙述船舶漂浮在静水中的平衡条件、各种漂浮状态，以及船舶在各种浮态下的排水体积和浮心位置的计算方法。

第一节　浮 性 概 述

一、船舶平衡条件

船舶在任一装载情况下，漂浮于水面(或浸没于水中)一定位置时，是一个处于平衡状态的浮体。这时，作用在船上的力，有船舶本身的重力以及静水压力所形成的浮力。

作用在船上的重力由船舶本身各部分的重量所组成，如船体构件、机电设备、货物、人员及行李等的重量，军舰还包括武器装备、弹药的重量等。这些重量形成一个垂直向下的合力，此合力就是船舶的重力 W，其作用点 G 称为船舶的重心。

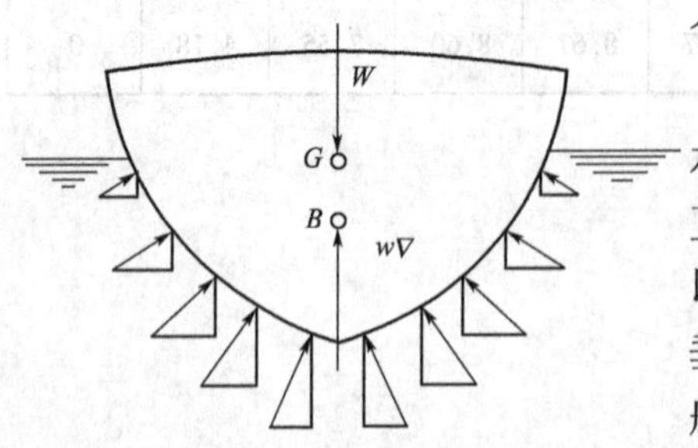

图 2-1　重心和浮心

参阅图 2-1，当船舶漂浮于水面一定位置时，船体浸水表面的每一点都受到水的静压力，这些静压力都是垂直于船体表面的，其大小与浸水深度成正比。从图中可以看出，船舶水下部分静水压力的水平分力互相抵消，垂直分力则形成一个垂直向上的合力，此合力就是支持船舶漂浮于一定位置的浮力 $w\nabla$。合力的作用点 B 称为船舶的浮心。

根据阿基米德原理,物体在水中所受到的浮力等于该物体所排开的水的体积所产生的重力。因此船舶所受到的浮力在数值上就等于船舶所排开的水的重量(通常称为排水量)。

$$\Delta = w\nabla \tag{2-1}$$

式中:Δ——船舶排水量,t;

∇——船舶排水体积,m^3;

w——水的重量密度,tf/m^3,淡水的 $w = 1tf/m^3$,海水的 $w = 1.025tf/m^3$;

$w\nabla$——浮力 tf,但习惯上都用质量单位 t 代替。

浮心 B 也就是船舶排水体积 ∇ 的形心。

综上所述,船舶静止漂浮于一定位置时只受到两个作用力,即作用于重心 G 点并垂直向下的重力 W 和作用于浮心 B 点并垂直向上的浮力 $w\nabla$。因此船舶的平衡条件必然是:

(1)重力与浮力的大小相等而方向相反,即

$$W = w\nabla$$

(2)重心 G 和浮心 B 在同一铅垂线上。

由此可知,在讨论船舶平衡问题时,要考虑重力和浮力的大小,同时还要注意这些力的作用点位置。

二、船舶坐标系

为了确切地表达重心和浮心的位置,便于进行船舶性能计算,通常采用如图 2-2 所示的固定在船舶上的 $Oxyz$ 直角坐标系统。它以三个互相垂直的坐标平面(即基平面、中站面和中线面)的交点作为原点 O,而以三个坐标平面间的交线作为坐标轴,基平面与中线面的交线是 x 轴,也就是船体的基线,指向船首为正;基平面与中站面的交线是 y 轴,指向右舷为正,中线面与中站面的交线是 z 轴,向上为正。

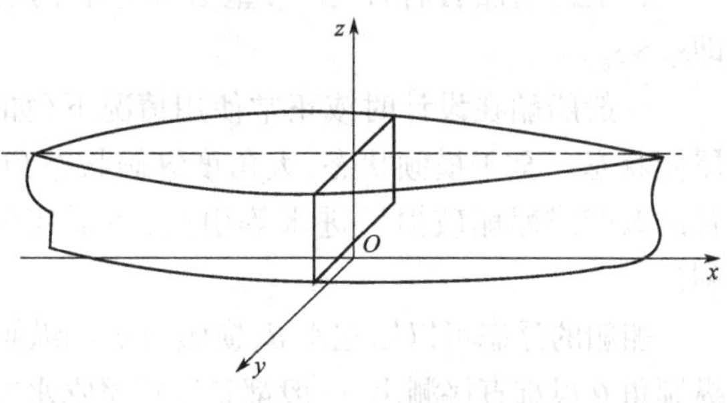

图 2-2 直角坐标系

三、船舶浮态

船舶浮于静水的平衡状态称为浮态。浮态通常可分为:

(1)正浮:船舶中纵剖面和中横剖面均垂直于静止水面时的浮态;

(2)横倾:船舶中横剖面垂直于静止水面,但中纵剖面与铅垂平面成一横倾角 φ 时的浮态,横倾角 φ 通常以向右舷倾斜(右倾)为正,向左舷倾斜(左倾)为负;

(3)纵倾:船舶中纵剖面垂直于静止水面,但中横剖面与铅垂平面成一纵倾角 θ 时的浮态,纵倾角 θ 通常以向首部倾斜(首倾)为正,向尾部倾斜(尾倾)为负;

(4)任意浮态:船舶既有横倾又有纵倾时的浮态,即船舶的中纵剖面与铅垂平面有一横倾角 φ,同时中横剖面与铅垂平面也有一纵倾角 θ。

从上述可知,船舶的正浮、横倾、纵倾三种浮态是任意浮态的特例。船舶的浮态可用吃水、横倾角和纵倾角等参数表示。若以坐标值(x_G、y_G、z_G)表示船舶重心 G 的位置,坐

标值(x_B、y_B、z_B)表示船舶浮心 B 的位置,则船在静水中正浮状态(如图 2-3 所示)下的平衡方程是

$$\left.\begin{aligned} W &= \Delta = w\nabla \\ x_B &= x_G \\ y_B &= y_G = 0 \end{aligned}\right\} \tag{2-2}$$

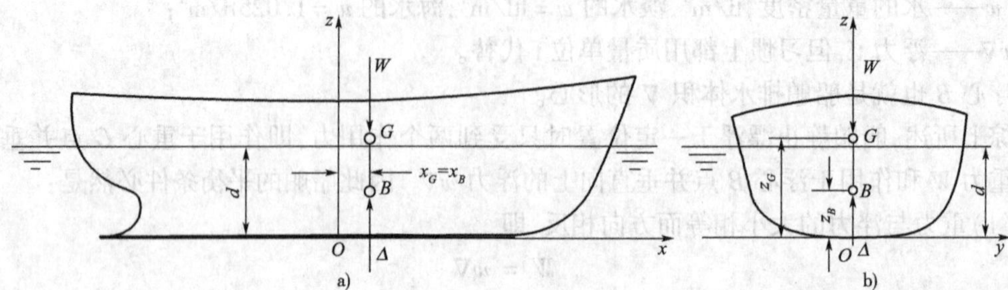

图 2-3　船正浮状态

某些船舶如拖船、游艇等,有时在设计时就令其首尾吃水不同(称为有龙骨设计斜度),这是一种设计纵倾,它与上述的纵倾概念是不相同的。

在上述船舶各种浮态中,重心和浮心高度之间的关系通常是:重心 G 在浮心 B 之上,即 $z_G > z_B$。

一般船舶在设计时或正常使用情况下(如满载航行时),通常都应处在正浮状态或稍有尾倾状态。至于横倾状态、大角度纵倾状态和任意状态往往都由于外力作用或船上重量位置的改变或船舶破损后进水等引起,不适当的浮态对船舶的使用及航行性能等都是很不利的。

船舶的浮态可以用吃水 d、横倾角 φ 和纵倾角 θ 三个参数表示。但在实际应用中,船舶的纵倾角 θ 很难直接测出,一般都是以首尾吃水差表示,因此更普遍的船舶浮态参数是:首吃水 d_F,尾吃水 d_A 和横倾角 φ。其他有关参数可根据这三个基本浮态参数导出:

平均吃水

$$d = \frac{d_F + d_A}{2} \quad \text{(即船中处的吃水)} \tag{2-3}$$

纵倾值

$$t = d_F - d_A \quad \text{(表示纵倾的大小)}$$

纵倾角

$$\theta = \arctan\left(\frac{d_F - d_A}{L}\right) \text{即} \ \tan\theta = \left(\frac{d_F - d_A}{L}\right) = \frac{t}{L} \tag{2-4}$$

从以上各种浮态的分析中可知,在讨论船舶的浮性问题和以后将要研究的船舶稳性等问题时,最关键的是研究船舶的重量和排水量、重心和浮心之间的相互关系及它们的计算方法。船舶的重量、重心可根据总布置图和其他有关图纸及技术资料进行分析计算,而排水量和浮心则需依据型线图和型值表进行分析计算。如何计算不同形状的船体在各种浮态下的排水体积及其形心位置(浮心位置)是船舶静力学主要研究的问题之一。

第二节 船舶重量和重心位置的计算

船舶总重量是船上各项重量的总和。若已知各个项目的重量 W_i,则船舶总重量 W 可按下式求得

$$W = W_1 + W_2 + W_3 + \cdots + W_n = \sum_{i=1}^{n} W_i \tag{2-5}$$

式中:n——组成船舶总重量的各重量项目的数目。

若已知各项重量 W_i 的重心位置(坐标值为 x_i, y_i, z_i),则船舶的重心位置(x_G, y_G, z_G)可按下式求得

$$x_G = \frac{\sum_{i=1}^{n} W_i x_i}{\sum_{i=1}^{n} W_i} \qquad y_G = \frac{\sum_{i=1}^{n} W_i y_i}{\sum_{i=1}^{n} W_i} \qquad z_G = \frac{\sum_{i=1}^{n} W_i z_i}{\sum_{i=1}^{n} W_i} \tag{2-6}$$

为了避免船舶处于横倾状态,在建造和使用过程中,总是设法使其重心位于中纵剖面上,即 $y_G = 0$。

从式(2-5)和式(2-6)中可以看到,计算船舶重量和重心位置的方法比较简单。但由于船上各组成部分的项目繁多,需一一加以测算,工作相当繁琐。故在计算时要认真过细地工作,以免发生差错。船舶重量和重心位置的计算通常都根据总布置图和结构图等加以分组,按表2-1的表格形式进行。将表中最后一行的“总值”代入式(2-5)、式(2-6)中,即得船舶重量和重心位置。

船舶重量和重心位置 表2-1

序号	项目名称	重量 W_i(t)	对基平面		对中横剖面	
			z_i(m)	$W_i z_i$(t·m)	x_i(m)	$W_i x_i$(t·m)
1	…	W_1	z_1	$W_1 z_1$	x_1	$W_1 x_1$
2	…	W_2	z_2	$W_2 z_2$	x_2	$W_2 x_2$
3	…	W_3	z_3	$W_3 z_3$	x_3	$W_3 x_3$
⋮	⋮	⋮	⋮	⋮	⋮	⋮
	总计	$\sum W_i$		$\sum W_i z_i$		$\sum W_i x_i$

组成船舶重量的名目虽多,但概括起来可归纳为两大类:

(1)固定重量:包括船体钢料、木作舾装、机电设备以及武器装备等。它们的重量和重心在船舶使用过程中是固定不变的,这一类重量的总和称为船的空船重量,或船舶自身的重量。

(2)可变重量:包括货物、船员、行李、旅客、淡水、粮食、燃料、润滑油以及弹药等,这一类重量的总和称为船的载重量。

船舶的排水量是空船重量与载重量之和。由于船舶在实际使用中载重量总是变化的,其排水量也随装载情况而变化,因此需要定义船舶的若干典型装载情况及相应的排水量来反映船舶的各种技术性能。现就民用船舶的排水量的定义,叙述如下:

对于民用船舶来说,在最基本的两种典型装载情况下,其相应的排水量有:

(1)空载排水量:指船舶在全部建成后交船时的排水量,即空船重量。此时,动力装置系统内有可供动车用的油和水,但不包括航行所需的燃料、润滑油和炉水的储备以及其他的载重量。

(2)满载排水量:指在船上装载设计规定的载重量(即按照设计任务书要求的货物、旅客和船员及其行李、粮食、淡水、燃料、润滑油、锅炉用水的储备以及备品、供应品等均装载满额的重量)的排水量。

在空载排水量和满载排水量之中又可分为出港和到港两种。前者指燃料、润滑油、淡水、粮食及其他给养物品都按照设计所规定的数量带足,后者则假定这些消耗品还剩余10%。通常所谓设计排水量,如无特别注明,就是指满载出港的排水量,简称满载排水量。

通常所说的万吨轮,是指它的载重量在1万吨左右。例如,某万吨级货船的满载出港排水量为17480t,其中空船重量为5567t,载货量为10178t,人员、淡水、燃料、粮食等为1735t,因此其载重量为11913t。

第三节　排水量和浮心位置的计算

船舶排水量和浮心位置的计算,是根据型线图及型值表来进行的。通常有垂向沿吃水方向计算和纵向沿船长方向计算两种,在应用计算机进行船舶计算时,基本上都采用纵向计算法。现分别叙述如下。

一、根据水线面计算排水体积和浮心位置

此方法又称垂向计算法,首先计算各水线面面积等有关数据,然后将水线面沿吃水方向积分来计算排水体积和浮心位置。

图2-4所示为船舶吃水 d 时的正浮状态。在离基平面 z 处,取高度为 $\mathrm{d}z$ 的一薄层进行分析。

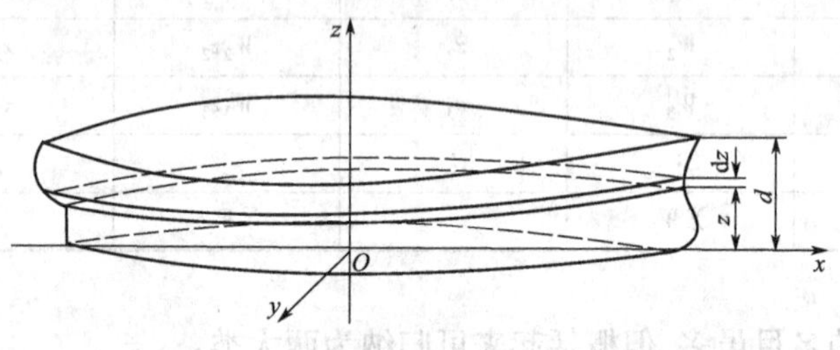

图2-4　正浮状态

该薄层的微体积

$$\mathrm{d}\nabla = A_W \mathrm{d}z \tag{2-7}$$

将其沿垂向 z 从0到 d 进行积分,便得船舶在吃水 d 时的排水体积,即

$$\nabla = \int_0^d A_W \mathrm{d}z \tag{2-8}$$

式中:A_W——离基平面 z 处的水线面面积。

该薄层的微体积 $\mathrm{d}\nabla$ 对中站面 yOz 和基平面 xOy 的静矩分别为

$$\mathrm{d}M_{yOz} = x_F A_W \mathrm{d}z \tag{2-9}$$

$$dM_{xOy} = zA_W dz \tag{2-10}$$

式中：x_F——离基平面 z 处水线面面积 A_W 的漂心纵向坐标。

将式(2-9)并沿垂向进行积分，便得排水体积 ∇ 对中站面 yOz 的静矩

$$M_{yOz} = \int_0^d x_F A_W dz \tag{2-11}$$

因此，浮心纵向坐标

$$x_B = \frac{M_{yOz}}{\nabla} = \frac{\int_0^d x_F A_W dz}{\int_0^d A_W dz} \tag{2-12}$$

同理可得排水体积 ∇ 对基平面 xOy 的静矩和浮心垂向坐标

$$M_{xOy} = \int_0^d zA_W dz \tag{2-13}$$

$$z_B = \frac{M_{xOy}}{\nabla} = \frac{\int_0^d z A_W dz}{\int_0^d A_W dz} \tag{2-14}$$

当船舶处于正浮状态时，其浮心横向坐标 $y_B = 0$。

以上导出的各种积分公式是计算船舶在某一吃水 d 时的排水体积和浮心位置的基本公式。在船舶设计和使用过程中，需要方便而迅速地确定船舶在不同吃水下的排水体积和浮心位置，因此要将上述有关基本积分公式中的积分上限 d 改为变吃水 z(或 d_i)，此时积分公式成为变上限积分。

由上可知，在计算排水体积和浮心位置时，必须计算水线面的面积及漂心纵向坐标以及它们随吃水变化的关系曲线。在具体计算时采用数值积分法，手工计算时用表格形式进行。

二、根据横剖面计算排水体积和浮心位置

此法又称纵向计算法，首先是计算各横剖面面积等有关数据，然后将横剖面沿船长方向积分来计算排水体积和浮心位置。

图 2-5 所示为船舶吃水 d 时的正浮状态。在离中站面 x 处，取长度为 dx 的一薄层进行分析。

该薄层的微体积

$$d\nabla = A_S dx \tag{2-15}$$

将其沿船长进行积分，即得船舶在吃水 d 时的排水体积，即

$$\nabla = \int_{-\frac{L}{2}}^{\frac{L}{2}} A_S dx \tag{2-16}$$

式中：A_S——离中站面 x 处的横剖面面积。

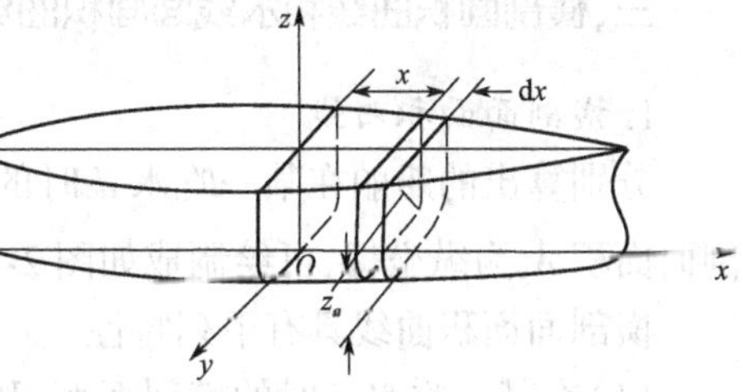

图 2-5 正浮状态

该薄层的微体积 d∇ 对中站面 yOz 和基平面 xOy 的静矩分别为

$$dM_{yOz} = xA_S dx \tag{2-17}$$

$$dM_{xOy} = z_a A_S dx \tag{2-18}$$

式中：z_a——离中站面 x 处的横剖面面积的形心垂向坐标。

将式(2-17)沿纵向从 $-\dfrac{L}{2}$ 到 $\dfrac{L}{2}$ 进行积分，便得排水体积 ∇ 对中站面 yOz 的静矩

$$M_{yOz} = \int_{-\frac{L}{2}}^{\frac{L}{2}} xA_S dx \tag{2-19}$$

因此，浮心纵向坐标

$$x_B = \frac{M_{yOz}}{\nabla} = \frac{\int_{-\frac{L}{2}}^{\frac{L}{2}} x\, A_S dx}{\int_{-\frac{L}{2}}^{\frac{L}{2}} A_S dx} \tag{2-20}$$

将式(2-18)沿纵向从 $-\dfrac{L}{2}$ 到 $\dfrac{L}{2}$ 进行积分，便得排水体积 ∇ 对基平面 xOy 的静矩

$$M_{xOy} = \int_{-\frac{L}{2}}^{\frac{L}{2}} z_a A_S dx \tag{2-21}$$

因此，浮心垂向坐标

$$z_B = \frac{M_{xOy}}{\nabla} = \frac{\int_{-\frac{L}{2}}^{\frac{L}{2}} z_a A_S dx}{\int_{-\frac{L}{2}}^{\frac{L}{2}} A_S dx} \tag{2-22}$$

当船舶处于正浮状态时，其浮心横向坐标 $y_B = 0$。

以上讨论了利用水线面面积进行垂向积分，求正浮状态下的排水体积和浮心坐标，以及利用横剖面面积进行纵向积分，求正浮状态下的排水体积和浮心坐标的计算方法，其结果完全相同。在实际计算中，可根据需要采用其中一种或同时应用两种方法进行计算，以便相互校核。一般说来，如要求取船舶在正浮状态下随吃水变化的排水体积和浮心坐标，则可采用第一种方法进行计算。在船舶使用过程中，由于载荷变化、舱室破损进水以及可浸长度、下水计算等，涉及船舶在纵倾状态下的排水体积和浮心坐标等值，或者计算船体强度时需要绘制浮力曲线图等，则常采用第二种方法进行计算。在应用计算机进行计算时，基本上都用第二种方法（即纵向计算法）。

三、横剖面积曲线和水线面面积曲线

1. 横剖面面积曲线

分别算出的船舶在某一吃水 d 时的各站号处的横剖面面积 A_S，以船长 L 为横坐标，以横剖面面积 A_S 为纵坐标，可绘制成如图 2-6 所示的横剖面面积曲线 $A_S = f(x)$。

横剖面面积曲线具有下列特性：

(1) 在某一吃水 d 时的横剖面面积曲线与横轴（即 x 轴）所围的面积，等于该吃水时的排水体积 ∇，即

$$\nabla=\int_{-\frac{L}{2}}^{\frac{L}{2}} A_S \mathrm{d}x$$

(2)横剖面面积曲线与 x 轴所围的面积，其形心的纵向坐标等于浮心纵向坐标 x_B，即

$$x_B=\frac{\int_{-\frac{L}{2}}^{\frac{L}{2}} x\, A_S \mathrm{d}x}{\int_{-\frac{L}{2}}^{\frac{L}{2}} A_S \mathrm{d}x}$$

(3)横剖面面积曲线与 x 轴所围的面积和以船长 L、船中横剖面面积 A_M 所构成的矩形面积之比，等于船舶在吃水 d 时的纵向棱形系数 C_P，即：

$$C_P=\frac{\text{曲线所围面积}}{\text{矩形面积}abcd}=\frac{\nabla}{A_M L}$$

所以，横剖面面积曲线的形状反映了船舶排水体积沿船长方向的分布情况。

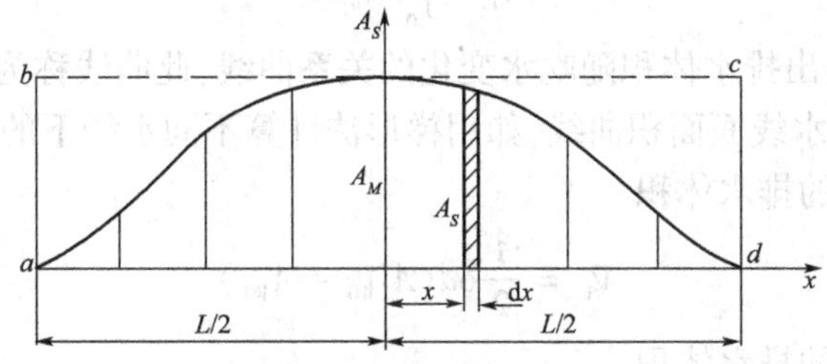

图 2-6 横剖面面积曲线

横剖面面积曲线的上述特性是很重要的。根据船舶在任一水线下(包括计算船舶静止在波浪上时水线呈波形曲线)的横剖面面积曲线，可以方便地求出该水线下的排水体积和浮心纵向坐标。同时该曲线通常也是设计新船型线图的主要根据之一。

2. 水线面面积曲线

首先分别算出船舶在各个不同吃水处的水线面积，然后以各个吃水处的水线面面积为横坐标，以吃水为纵坐标，即可绘制出如图 2-7 所示的水线面面积曲线 $A_W=f(z)$。

水线面面积曲线具有如下特征：

(1)在某一吃水 d 时，水线面面积曲线与 Oz 轴所围的面积等于该吃水下的排水体积 ∇，即

$$\nabla=\int_0^d A_W \mathrm{d}z$$

(2)水线面面积曲线与 z 轴所围的面积，其形心的垂向坐标等于浮心垂向坐标 z_B，即

$$z_B=\frac{\int_0^d z\, A_W \mathrm{d}z}{\int_0^d A_W \mathrm{d}z}$$

(3)在吃水 d 以下的水线面面积曲线与 z 轴所围的面积，和以吃水 d 以及该处的水线面积 A_{Wd} 所构成的矩形

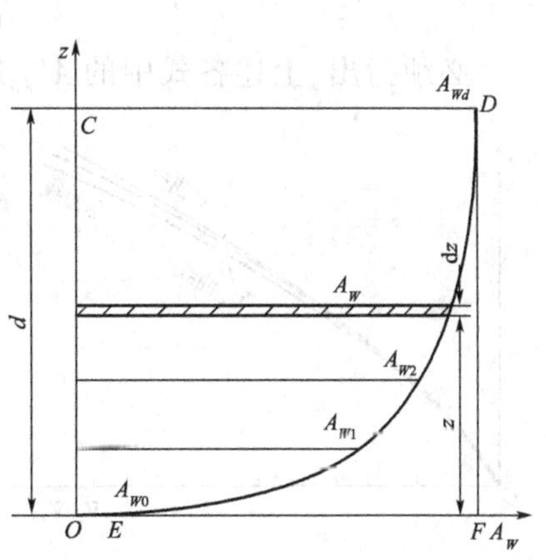

图 2-7 水线面面积曲线

面积之比，等于吃水 d 时的垂向棱形系数 C_{VP}，即

$$C_{VP} = \frac{\text{面积 } OCDE}{\text{面积 } OCDF} = \frac{\nabla}{A_{Wd}d}$$

所以，水线面面积曲线的形状反映了排水体积沿吃水方向的分布情况。

四、在任意吃水下排水体积和浮心位置计算

1. 排水体积曲线

由水线面面积曲线的特性可知，计算排水体积的积分公式是

$$\nabla = \int_0^d A_W \mathrm{d}z$$

如果要知道船舶在不同吃水 d 时的排水体积，只需将上式的积分上限改为吃水变量 d_i（或 z），即可得变上限积分

$$\nabla_i = \int_0^{d_i} A_W \mathrm{d}z \tag{2-23}$$

由式(2-23)可计算并画出排水体积随吃水变化的关系曲线，此曲线称为排水体积曲线。

根据图 2-7 所示的水线面面积曲线，如用梯形法计算不同水线下的排水体积，则分别为：

1 号水线至基平面的排水体积

$$\nabla_1 = \frac{1}{2}\delta d(A'_{W0} + A_{W1})$$

2 号水线至基平面的排水体积

$$\nabla_2 = \frac{1}{2}\delta d[(A'_{W0} + A_{W1}) + (A_{W1} + A_{W2})]$$

3 号水线至基平面的排水体积

$$\nabla_3 = \frac{1}{2}\delta d[(A'_{W0} + A_{W1}) + (A_{W1} + A_{W2}) + (A_{W2} + A_{W3})]$$

依此类推，便可算出任意水线 d_i 下的排水体积

$$\nabla_i = \int_0^{d_i} A_W \mathrm{d}z \approx \frac{1}{2}\delta d[(A'_{W0} + A_{W1}) + (A_{W1} + A_{W2}) + \cdots + (A_{Wi-1} + A_{Wi})]$$

必须指出，上述各式中的 A'_{W0} 应是吃水为 0 时采用梯形法端点修正后的水线面面积，若直接用水线面面积曲线上的 A_{W0}，则算出的排水体积误差较大。在实际计算中，可按表 2-2 表格形式进行计算。

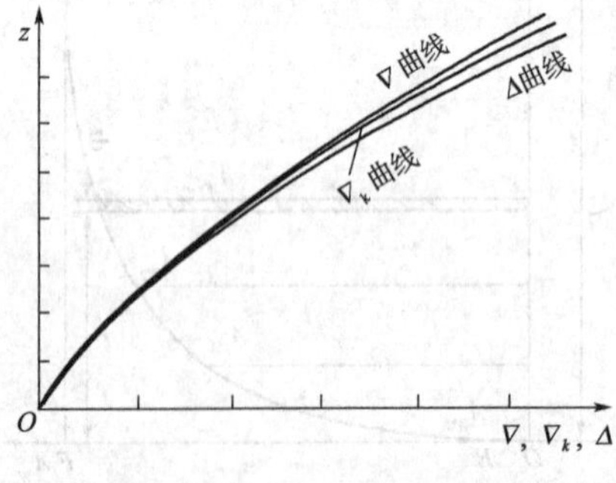

图 2-8　排水体积曲线

根据计算所得的不同水线下的排水体积，以吃水为纵坐标，排水体积为横坐标，绘制成排水体积曲线 $\nabla = f(z)$，如图 2-8 所示。由图中可看出，该曲线的形状在吃水较小时有些“微凸”，向上走势则近似一条倾斜直线。由于 ∇ 值是根据型线图计算而得，故称为型排水体积，其中没有包括船壳板及附体（如：舭龙骨、舵、轴支架、螺

旋桨等)在内。包括壳板及附体在内的排水体积称为总排水体积 ∇_k,其数值可按有关图纸资料算出,也可以根据下式进行估算:

$$\nabla_k = k\nabla$$

排水体积表格计算 表2-2

水线号	水线面积A_i	成对和	自上至下和	排水体积 $V_i=\frac{\delta d}{2}\times$(Ⅳ)
Ⅰ	Ⅱ	Ⅲ	Ⅳ	Ⅴ
0	A_0	—	—	—
1	A_1	A_0+A_1	A_0+A_1	V_1
2	A_2	A_1+A_2	$(A_0+A_1)+(A_1+A_2)$	V_2
3	A_3	A_2+A_3	$(A_0+A_1)+(A_1+A_2)+(A_2+A_3)$	V_3
⋮	⋮	⋮	⋮	⋮
⋮	⋮	⋮	⋮	⋮
⋮	⋮	⋮	⋮	⋮

系数 k 以取尺度大小相近的同类型船的数值为宜。通常 k 值在1.004~1.03变化,一般小船取大值,大船取小值,如万吨级货船的 k 值约为1.006。

排水体积曲线一般应包括三根曲线,即型排水体积 ∇ 曲线、总排水体积 ∇_k 曲线(也代表在淡水中的排水重量)以及总排水量 Δ 曲线($\Delta = w\nabla_k$, $w=1.025\text{t/m}^3$)。

2. 每厘米吃水吨数曲线

船舶正浮时吃水增加(或减小)1cm时,引起排水量增加(或减小)的吨数称为每厘米吃水吨数 TPC。根据水线面面积曲线可以算出在任何吃水时的每厘米吃水吨数。

设船舶在吃水 d 时的水线面面积为 A_W,则吃水改变 δd 时排水体积的变化

$$\delta\nabla = A_W\delta d$$

排水量的变化

$$\delta\Delta = wA_W\delta d$$

式中:w——水的重量密度,t/m^3。

当 $\delta d = 1\text{cm} = \frac{1}{100}\text{m}$ 时,令 $\delta\Delta = TPC$,则

$$TPC = \frac{wA_W}{100} \tag{2-24}$$

每厘米吃水吨数 TPC(t/cm)只与 A_W 有关。由于水线面面积 A_W 是随吃水而变化的,因此 TPC 也随吃水的不同而变化。将 TPC 随吃水的变化绘制成曲线 $TPC=f(z)$,称为每厘米吃水吨数曲线。该曲线的形状与水线面面积曲线完全相似。

如已知船舶在吃水 d 时的 TPC 数值,便可迅速地求出装卸小量货物 p 吨(不超过排水量的10%)之后的平均吃水变化量 δd(cm),即

$$\delta d = \frac{p}{TPC} \tag{2-25}$$

式(2-25)中,装货物时 p 取为"+",卸货物时 p 取为"-"。

3. 浮心坐标曲线

船舶浮心即排水体积的形心，其位置可由纵向、横向和垂向三个坐标来确定。一般船舶水下部分左右舷是对称的，在正浮状态时，横向坐标 y_B 为零。浮心位置随吃水变化的关系曲线分别为浮心纵向坐标曲线 $x_B = f(z)$ 和浮心垂向坐标曲线 $z_B = f(z)$。

船舶在某一固定吃水 d 时，浮心纵向坐标 x_B 和垂向坐标 z_B 可按前而已导出的式(2-12)和式(2-14)进行计算。对于任意吃水 z，浮心坐标的计算可采用公式(2-12)和式(2-14)的变上限积分求得。现分别讨论如下：

(1)浮心纵向坐标曲线：为了计算浮心纵向坐标曲线，预先算出不同吃水处的水线面漂心纵向坐标，并将其计算结果绘制成如图 2-9 所示的随吃水变化的水线面漂心纵向坐标曲线 $x_F = f(z)$。

浮心纵向坐标 x_B 随吃水 d_i（或 z）而变化的计算公式为式(2-12)，即

$$x_B = \frac{M_{yOz}}{\nabla} = \frac{\int_0^{d_i} x_F A_W \mathrm{d}z}{\int_0^{d_i} A_W \mathrm{d}z}$$

根据水线面面积曲线和漂心纵向坐标曲线，便可用梯形法列表进行计算，其表格形式如表 2-3所示。

浮心纵向坐标曲线计算　　表 2-3

水线号	水线面积 A_W	漂心位置 x_F	乘积 (Ⅱ)×(Ⅲ)	成对和	自上至下和	对船中的体积静矩 $\frac{\delta d}{2}$×(Ⅵ)	排水体积 ∇	浮心位置 x_B = (Ⅶ)/(Ⅷ)
Ⅰ	Ⅱ	Ⅲ	Ⅳ	Ⅴ	Ⅵ	Ⅶ	Ⅷ	Ⅸ
0	A_{W_0}	x_{F_0}	$A_{W_0}x_{F_0}$	—	—	—	—	—
1	A_{W_1}	x_{F_1}	$A_{W_1}x_{F_1}$	$A_{W_0}x_{F_0}+A_{W_1}x_{F_1}=a$	a	$\frac{\delta d}{2}\times a$	∇_1	x_{B_1}
2	A_{W_2}	x_{F_2}	$A_{W_2}x_{F_2}$	$A_{W_1}x_{F_1}+A_{W_2}x_{F_2}=b$	$a+b$	$\frac{\delta d}{2}\times(a+b)$	∇_2	x_{B_2}
3	A_{W_3}	x_{F_3}	$A_{W_3}x_{F_3}$	$A_{W_2}x_{F_2}+A_{W_3}x_{F_3}=c$	$a+b+c$	$\frac{\delta d}{2}\times(a+b+c)$	∇_3	x_{B_3}
⋮	⋮	⋮	⋮	⋮	⋮	⋮	⋮	⋮
⋮	⋮	⋮	⋮	⋮	⋮	⋮	⋮	⋮

根据计算所得的结果，可绘制成如图 2-9 所示的浮心纵向坐标曲线。

(2)浮心垂向坐标曲线：在前面已导出了浮心垂向坐标的计算公式(2-14)，该式是根据水线面积曲线计算浮心垂向坐标的。实践证明，按该公式采用数值积分法计算所得的 z_B 数值往往偏高。因此，在实际工作中，常按排水体积曲线来计算浮心垂向坐标 z_B，计算公式如下

$$z_B = d_i - \frac{\int_0^{d_i} \nabla \mathrm{d}z}{\nabla_i} \tag{2-26}$$

上式是变上限积分公式，可列表进行计算，采用梯形法的表格形式如表 2-4 所示。

浮心垂向坐标计算 表 2-4

水线号	吃水 d	排水体积 ∇	成对和	自上至下和	$\int_0^d \nabla \mathrm{d}z = \frac{\delta d}{2} \times (\mathrm{V})$	(Ⅵ)/(Ⅲ)	$z_B = d_i - $Ⅶ
Ⅰ	Ⅱ	Ⅲ	Ⅳ	Ⅴ	Ⅵ	Ⅶ	Ⅷ
0	0	—	—	—	—		—
1	d_1	V_1	$V_1 = a$	a	$\frac{\delta d}{2} \times a$		z_{B_1}
2	d_2	V_2	$V_1 + V_2 = b$	$a + b$	$\frac{\delta d}{2} \times (a + b)$		z_{B_2}
3	d_3	V_3	$V_2 + V_3 = c$	$a + b + c$	$\frac{\delta d}{2} \times (a + b + c)$		z_{B_3}
⋮	⋮	⋮	⋮	⋮	⋮		⋮
⋮	⋮	⋮	⋮	⋮	⋮		⋮

根据计算所得的结果，可绘制成如图 2-10 所示的浮心垂向坐标曲线。

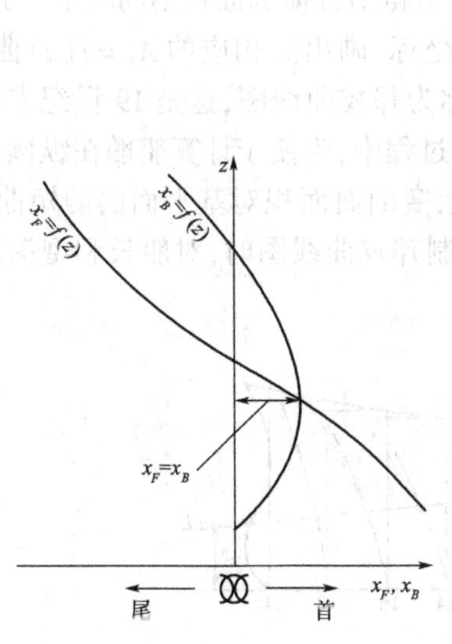

图 2-9 浮心纵向坐标

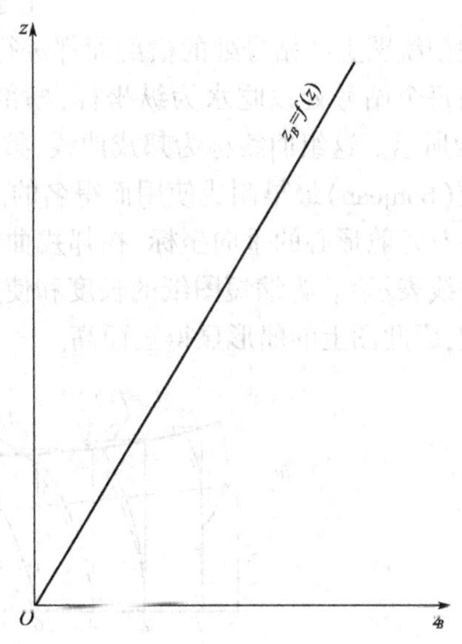

图 2-10 浮心垂向坐标

第四节 船舶在纵倾状态下排水体积和浮心位置的计算

前面叙述了船舶在正浮状态下的排水体积和浮心位置的计算方法,但在船舶设计、建造和使用过程中,经常需要知道船舶在纵倾状态下的排水量和浮心位置,这可以利用邦戎曲线图或费尔索夫图谱求出。现分别介绍如下。

一、邦戎曲线

设船体某一站号处的横剖面如图 2-11a)所示。该横剖面自船底到最高一层连续甲板(即上甲板)在不同吃水下的横剖面面积,可由公式 $A_S = 2\int_0^{d_i} y\mathrm{d}z$ 的变上限积分求得。

然后以吃水 d 为纵坐标,横剖面面积 A_S 为横坐标,绘出 A_S 随 d 而变化的曲线 $A_S = f(z)$ 如图 2-11b)所示。

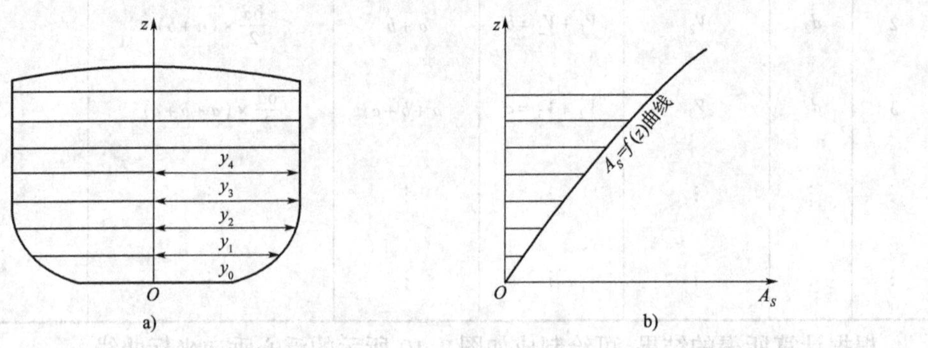

图 2-11 横剖面图形

把型线图上各站号处的横剖面都进行如上计算,便可得出各横剖面在不同吃水下的面积,然后在每个站号处以吃水为纵坐标,横剖面面积为横坐标,画出其相应的 $A_S = f(z)$ 曲线,如图 2-12所示。这组曲线称为邦戎曲线,整个曲线图形称为邦戎曲线图,这是 19 世纪末由法国人邦戎(Bonjean)最早制成使用而得名的。后来在使用过程中,为便于计算船舶在纵倾水线下的浮心及各舱形心的垂向坐标,在邦戎曲线图上还画上横剖面面积对基平面的静矩曲线(图中用虚线表示)。为缩短图纸的长度和使用方便,在绘制邦戎曲线图时,对船长和型深采用不同比例,因此图上的船形显得短而高。

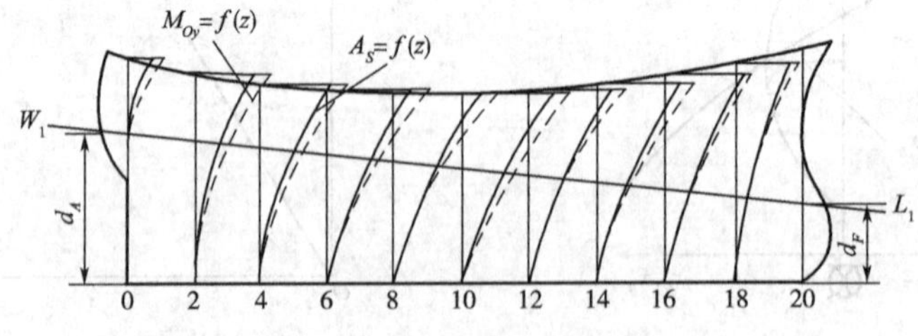

图 2-12 邦戎曲线

在具体计算时，把整个横剖面分成三部分，即最高等分水线以下部分、最高等分水线至甲板边线部分和甲板边线以上梁拱部分。现以图 2-13 的横剖面为例加以说明：

(1)第一、第二部分可按前述的数值积分法计算；

(2)甲板边线以上梁拱部分的面积 A_{Sf} 和对基线面矩 M_{Oyf}，可根据梁拱曲线的形状进行计算。通常的梁拱曲线为二次抛物线，其计算公式为

$$A_{Sf} = 2 \times \frac{2}{3} f y_d = \frac{4}{3} f y_d$$

$$M_{Oyf} = A_{Sf}\left(d_d + \frac{2}{5}f\right) = \frac{4}{3}\left(d_d + \frac{2}{5}f\right) f y_d$$

式中：f——横剖面的梁拱；

y_d——横剖面在甲板边线处的半宽；

d_d——甲板边线距基线高。

计算时应注意：f 的数值在各横剖面处是不同的，它随甲板宽度的减小而减小，具体数值可根据船舶型宽 B、设计梁拱 f_0 和梁拱曲线形状求出。

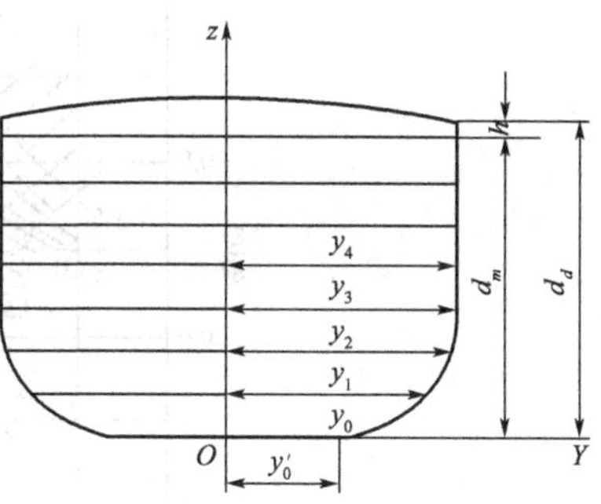

图 2-13 横剖面的边线与梁拱

有了邦戎曲线图(图 2-12)，可以方便地算出任意纵倾水线下的排水体积 ∇ 和浮心位置 x_B 和 z_B，其计算步骤为：

(1)根据船舶的首吃水 d_F 和尾吃水 d_A，在邦戎曲线图上作出纵倾水线 W_1L_1。

(2)自纵倾水线 W_1L_1 与各站号垂线的交点作平行于基线的直线，并分别与各站的 $A_S = f(z)$ 曲线(以实线表示的)相交于 A_{Si}；与各站的 $M_{Oy} = f(z)$ 曲线(以虚线表示的)相交于 M_{Oy_i}，根据各自的曲线比例量出各站的横剖面面积 $A_{S_0}, A_{S_1}, A_{S_2}, \cdots$ 和面积对基平面的静矩 $M_{Oy_0}, M_{Oy_1}, M_{Oy_2}, \cdots$。

(3)根据量出的数值，可绘制该纵倾水线 W_1L_1 下的横剖面面积曲线 $A_S = f(z)$ 及横剖面静矩曲线 $M_{Oy} = f(z)$(一般绘出此图便于进行端点修正)。

(4)根据横剖面面积曲线的特征，可知该曲线 $A_S = f(z)$ 下的面积及其形心纵向坐标分别为船舶在纵倾水线 W_1L_1 下的排水体积 ∇ 和浮心纵向坐标 x_B，即

$$\nabla = \int_{-\frac{L}{2}}^{\frac{L}{2}} A_S \mathrm{d}x$$

$$x_B = \frac{M_{yOz}}{\nabla} = \frac{\int_{-\frac{L}{2}}^{\frac{L}{2}} x A_S \mathrm{d}x}{\int_{-\frac{L}{2}}^{\frac{L}{2}} A_S \mathrm{d}x}$$

(5)同理，横剖面面积对基平面的静矩曲线 $M_{Oy} = f(z)$ 下的面积等于排水体积 ∇ 对基平面的静矩 M_{xOy}，将此静矩 M_{xOy} 除以排水体积 ∇ 后，便得出浮心垂向坐标 z_B，即

$$z_B = \frac{M_{xOy}}{\nabla} = \frac{\int_{-\frac{L}{2}}^{\frac{L}{2}} M_{Oy} \mathrm{d}x}{\int_{-\frac{L}{2}}^{\frac{L}{2}} A_S \mathrm{d}x}$$

邦戎曲线在船体计算中非常有用,例如,稳性计算、舱容计算、可浸长度计算、下水计算以及船体总强度计算中都要用到它。

二、费尔索夫图谱

费尔索夫图谱是根据邦戎曲线计算并绘制而成的曲线图,它表明船舶在纵倾水线下的排水体积、浮心纵向坐标与首、尾吃水之间的关系,如图2-14所示。费尔索夫图谱的横坐标是首吃水 d_F,纵坐标是尾吃水 d_A,图中有两组曲线,一组为排水体积∇的等值曲线,另一组为浮心纵向坐标 x_B的等值曲线。

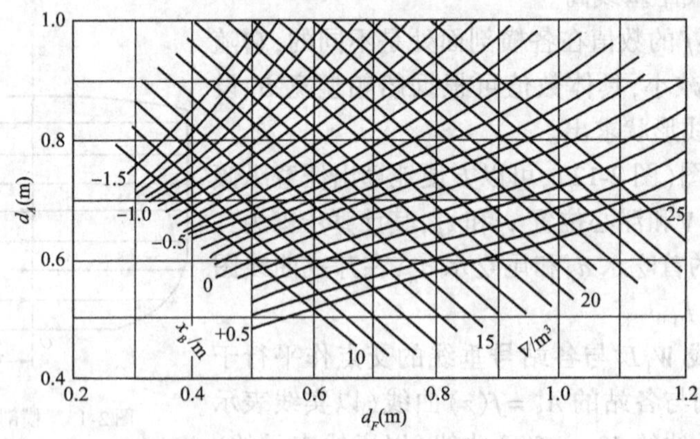

图2-14　费尔索夫图谱

已知船的首、尾吃水,可在费尔索夫图谱中直接查出相应的排水体积∇和浮心纵向坐标 x_B。反之,如已知船的排水体积∇和浮心纵向坐标 x_B,也可从图谱中查出相应的首吃水 d_F和尾吃水 d_A。

第五节　储备浮力及载重线标志

船舶在局部破损后仍能漂浮在水面的能力是由储备浮力来保证的。所谓储备浮力是指满载水线以上主体水密部分的体积所能产生的浮力,它对稳性、抗沉性和淹湿性等有很大的影响。船体损坏后,海水进入舱室后吃水必然增加,如果船舶具有足够的储备浮力,则仍能浮于水面而不致沉没。因此储备浮力是确保船舶安全航行的一个重要指标。

储备浮力通常以满载排水量的百分数来表示,其大小根据船舶类型、航行区域以及载运货物的种类而定。内河驳船的储备浮力为其满载排水量的10%~15%,海船为20%~50%,军舰的储备浮力往往在100%以上。

为保证安全航行,国际上于1966年制定了《1966年国际载重线公约》(ICLL1966),以后又进行了修订,即《1966年国际载重线公约1988年议定书》。中国海事局也颁布了《船舶与海上设施法定检验规则》,其中《国际航行海船法定检验技术规则》(2008)第1分册第3篇“载重线”、《国内航行海船法定检验技术规则》(2011)第3篇“载重线”和《内河船舶法定检验技术规则》(2011)第4篇“载重线”分别规定了对国际航行海船、国内航行海船和内河航行船舶的最小干舷、最小船首高度和载重线标志等的要求。规则规定在船中两舷侧勘画载重线标志,表明该船在不同航区、不同季节中航行时所允许的最大吃水线,以此规定船舶安全航行所需的最小干舷和最小储备浮力。

图2-15为国际航行船舶在船中央舷侧的载重线标志,它由一个外径为300mm、内径为250mm的圆环和横贯圆环中心的长为450mm、宽为25mm的一条水平线,以及在圆环前方540mm处的长为230mm、宽为25mm的若干水平线段所组成。各水平线段是船舶按其航行的区域和季节而定的载重水线,从下到上各线段及对应字母所表示的意义是:

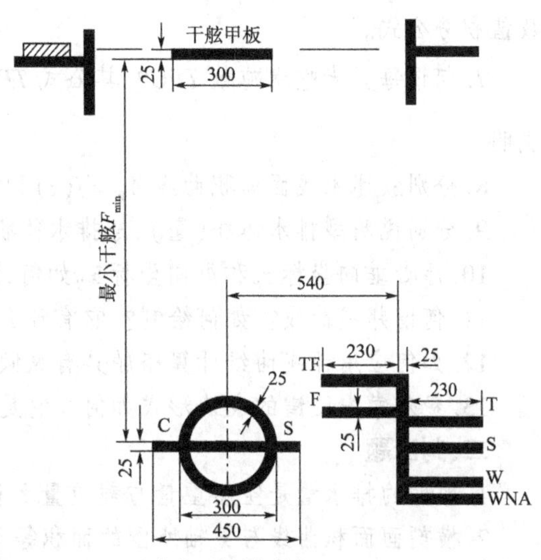

图2-15 载重线标志

WNA——冬季北大西洋载重线;W——冬季载重线;S——夏季载重线;T——热带载重线;F——夏季淡水载重线;TF——热带淡水载重线;圆环两侧的字母“C”、“S”表示勘定干舷的检验机关是“中国船级社”。

国内航行海船的载重线标志不同于国际航行船舶,圆形标志的下方半圆为实心图形,各季节载重线字母用汉语拼音表示。“X”为夏季,“R”为热带,“Q”为夏季淡水,“RQ”为热带淡水。内河航行船舶的载重线标志圆环上的字母“CS”是标注在圆环的左方,字母“A”(或“B”、“C”)表示该船航行的区域是内河A级(或B级、C级)航区。有的国内航行船舶的载重线标志上的字母用“ZC”字样,则表示该船是由国内各省、市、自治区的地方船舶检验机构执行检验和发证的。

若实际吃水超过规定的载重线上缘(即载重线标志被水淹没),则表明该船已处于超载状态,其结果造成储备浮力减小,航行的安全性得不到保障,港务监督机构应不准其出港。

关于航区的划分,最小干舷的确定等,可参阅上述有关规则的规定。

SIKAO YU LIANXI

一、简答题

1. 船舶的平衡条件是什么?船舶的漂浮状态通常有哪几种情况?表征各种浮态的参数有哪几个?

2. 船舶的重量 W 和重心位置 $G(x_G,y_G,z_G)$ 如何计算?

3. 民用船舶的空载排水量和满载排水量的含义如何?

4. 按垂向计算系统和纵向计算系统,叙述船舶的排水体积∇和浮心位置 $B(x_B,y_B,z_B)$ 的计算原理及具体步骤,并分别写出其积分基本公式和数值积分公式。

5. 垂向和纵向计算系统通常各应用于哪种浮态?

6. 以水线面面积曲线为例说明定上限积分和变上限积分的含义,并用梯形法写出两者的数值积分公式。

7. 何谓每厘米吃水吨数 TPC? 其公式 $TPC=\dfrac{wA_W}{100}$是如何导出的? 它有什么用途? 试举例说明。

8. 分别叙述水线面面积曲线 $A_W=f(z)$ 和横剖面面积曲线 $A_S=f(x)$ 的特性。

9. 分别说明型排水体积(量),总排水体积(量)和储备浮力的含义是什么。

10. 浮心垂向坐标 z_B 和纵向坐标 x_B 如何计算?

11. 何谓邦戎曲线? 如何绘制? 它有什么用途?

12. 如何应用邦戎曲线计算船舶具有纵倾浮态下的排水体积∇和浮心位置 $B(x_B,z_B)$?

13. 费尔索夫图谱的表达形式如何? 它是如何绘出的? 有什么用途? 试举例说明。

二、判断题

1. 船舶的排水量是空船重量与载重量之和。

2. 横剖面面积曲线与 x 轴所围的面积等于水线面面积。

3. 船舶在纵倾状态下的排水量和浮心位置,可以利用邦戎曲线图或费尔索夫图谱求出。

4. 载重线标志表明了船舶安全航行所需的最小干舷和最小储备浮力。

5. 船舶在局部破损后仍能漂浮在水面的能力是由储备浮力来保证的。

三、单项选择题

1. 当船舶的 $W=\Delta$、$x_g\neq x_b$、$y_g=y_b=0$ 时,船舶处于________。

A. 正浮状态　　B. 单纯横倾状态

C. 单纯纵倾状态　　D. 任意倾斜状态

2. 船舶的平衡条件是:________。

A. 重力与浮力的大小相等而方向相反　　B. 重力与浮力的大小相等而方向相同

C. 重心 G 和浮心 B 在同一铅垂线上　　D. A 和 C

3. 可利用________面积曲线进行________积分,求纵倾状态下的排水体积和浮心坐标。

A. 横剖面、垂向　　B. 水线面、垂向

C. 水线面、纵向　　D. 横剖面、纵向

4. 横剖面面积曲线与 x 轴所围的面积的形心纵向坐标等于________纵向坐标。

A. 浮心　　B. 重心

C. 稳心　　D. 漂心

5. 包括壳板及附体在内的排水体积称为________。

A. 型排水体积　　B. 总排水体积

C. 总排水量 D. 载重量

四、计算题

1. 某船主船体重 2000t,重心 $x_G = -1.5$m,$z_G = 3.5$m;上层建筑重 100t,重心 $x_G = -35$m,$z_G = 12$m;机械设备重 200t,重心 $x_G = -36$m,$z_G = 2.5$m;其他固定重量为 50t,重心 $x_G = -3$m,$z_G = 8.5$m;求空船重量及重心位置。

2. 某海船中横剖面是长方形。各水线长均为 128m,最大宽度为 15.2m,每隔 1.22m 自上而下各水线面面积系数是:0.80、0.78、0.72、0.62、0.24 和 0.04。试列表计算:

(1)各水线的每厘米吃水吨数;

(2)各水线下的排水量和浮心垂向坐标;

(3)自上而下第二水线下的排水量和浮心垂向坐标;

(4)最高水线下的方形系数;

(5)最高水线下的棱形系数。

3. 某船长为 60m,其水线下横剖面均为等边三角形,从尾垂线起各站的宽度值为:0.3、1.6、4.3、5.0、4.6、4.0、3.3(单位为 m),试求:(1)水线面漂心位置 x_F;(2)排水体积∇;(3)浮心位置 x_B、z_B;(4)方形系数 C_B。

4. 某船的一个煤舱长为 24m,自尾至首各横剖面面积为 5.7、8.7、11.3、10.1、8.8(单位为 m^2)这些剖面的形心在基线以上的高度分别为 3.7、3.5、3.3、3.5、3.6(单位为 m)。剖面之间的间距为 6m。设煤舱的积载因数(每吨煤所占体积的 m^3 数)为 1.56m^3/t。试列表计算:(1)该舱载煤吨数;(2)该舱的重心位置(基线以上距离以及距煤舱尾舱壁的距离)。

5. 某海船各水线的排水量为 10804、8612、6511、4550、2810、1331、263(单位为 t),各水线间距为 1.22m,求在吃水为 7.8m 时船的浮心垂向坐标 z_B。

6. 某海船各水线面面积为 200、185、160、125、30(单位为 m^2),试求该水线面的每厘米吃水吨数 TPC,并按一定的比例绘制 $TPC=f(d)$ 曲线。若设其水线间距为 0.5m,试求船在各水线下的排水体积,并按比例绘制$\nabla=f(d)$曲线(列表计算)。

7. 某海船具有表 2-5 所列数据:

表 2-5

水线号	0	1	2	3	4	5	6
水线面积(m^2)	630	810	936	1024	1104	1164	1220

水线间距 $\delta d = 1.10$m,按梯形法列表计算并绘制:(1)排水量曲线;(2)每厘米吃水吨数曲线。

8. 某货船在 A 港内吃水 $d = 5.35$m,要进入 B 港,其吃水不能超过 $d_1 = 4.60$m,船在 $d_2 = 5.50$m 时,$(TPC)_2 = 18.60$t/cm,在吃水 $d_3 = 4.50$m 时,$(TPC)_3 = 14.8$t/cm,假定每厘米吃水吨数对于吃水的变化是一直线,求船进入 B 港前必须卸下的货物重量。

9. 某船船长 $L = 164$m,船宽 $B = 19.7$m,方形系数 $C_B = 0.50$,水线面系数 $C_{WP} = 0.73$,在海水中平均吃水 $d = 8.20$m,求船进入淡水中的平均吃水。

10. 某船在海水中的正常吃水 $d = 2.20$m,排水量 $\Delta = 930$t,水线面面积 $A_W = 606m^2$,型深 $D = 3.35$m,在甲板处的水线面面积 $A_W = 658m^2$,假定船的水上部分舷侧是直线形状,求储备浮

力占排水量的百分数。

11. 某内河客货船的尺度和要素如下：吃水 $d = 2.40\text{m}$，方形系数 $C_B = 0.654$，水线面系数 $C_{WP} = 0.785$，假定卸下货物重量 $p = 8\%$ 排水量。求船舶的平均吃水（设在吃水变化范围内船舷是垂直的）。

12. 某船费尔索夫图谱如图 2-14 所示，当首吃水 $d_F = 0.65\text{m}$ 和尾吃水 $d_A = 0.8.\text{m}$ 时，求其浮心纵向坐标 x_B 及排水体积 ∇。

第三章 初 稳 性

● **学习目标**

知识目标

1. 掌握船舶稳性的基本概念;
2. 掌握船舶初稳性高及复原力矩的计算方法;
3. 了解静水力曲线图中稳性曲线的绘制方法;
4. 理解重量移动和装卸载荷对船舶浮态及初稳性的影响,掌握相关计算方法;
5. 理解自由液面和悬挂重量对船舶初稳性的影响,掌握相关计算方法;
6. 了解船舶典型装载情况下浮态和初稳性的计算方法;
7. 掌握船舶倾斜试验原理和方法。

能力目标

1. 具备计算船舶初稳性高的能力;
2. 具备识读静水力曲线图中稳性曲线的能力;
3. 具备计算重量移动和装卸载荷对船舶浮态及初稳性的影响的能力;
4. 具备计算自由液面和悬挂重量对船舶初稳性的影响的能力;
5. 具备识读船舶典型装载情况下浮态和稳性计算书的能力;
6. 具备进行船舶倾斜试验的能力。

第一节 概 述

船舶在外力作用下偏离其平衡位置而倾斜,当外力消失后,能自行回复到原来平衡位置的能力,称为船舶稳性。或者说船舶稳性是船舶在外力作用消失后保持其原有位置的能力。

在第二章中曾提到:船舶静止漂浮于水面某一位置时,受到重力和浮力两个作用力,其大小相等,但方向相反,而且两者的作用点在同一铅垂线上,这时船舶处于平衡状态。但船舶在海上航行时,经常受到风浪等各种外力的干扰,使其产生倾斜,这样就破坏了原来正浮时的平衡状态。船舶在受到外力干扰产生倾斜后会不会翻转,当外力消失后船舶会不会回复到原来的平衡位置,这就是船舶的稳性问题。

图 3-1 所示的是某船的横剖面,该船在外力(倾斜力矩)作用下缓慢地倾斜一个小角度,水线由正浮时的 WL 变成倾斜后的 W_1L_1,船的重量在倾斜前后没有改变,船的重心保持在原来的位置,故船的排水体积的大小亦没有变化。但由于水线位置的变化,船体的排水体积(水下)的形状已经改变,故浮心自原来位置 B 点移到 B_1 点。此时,浮心和重心不再位于同一铅垂线上,因而浮力和重力形成一个力偶,促使船回复到原来的平衡位置,如图 3-1a)所示。

自重心 G 作直线 GZ 垂直于通过 B_1 的垂线(即浮力作用线),则力偶的矩等于 $\Delta\,\overline{GZ}$,称为复原力矩,通常以 M_R 来表示,即

$$M_R = \Delta\,\overline{GZ} \tag{3-1}$$

式中:Δ——船舶排水量,t;

$\overline{GZ}$——复原力臂。

若复原力矩与倾斜力矩的方向相反,则它起着抵抗倾斜力矩的作用,M_R 为正值。此时,一旦外力消失,它能使船舶回复到原来正浮的平衡位置。若复原力矩与倾斜力矩的方向相同,它不仅不起抵抗倾斜的作用,反而促使船舶继续倾斜,此时 M_R 为负值,如图 3-1b)所示。

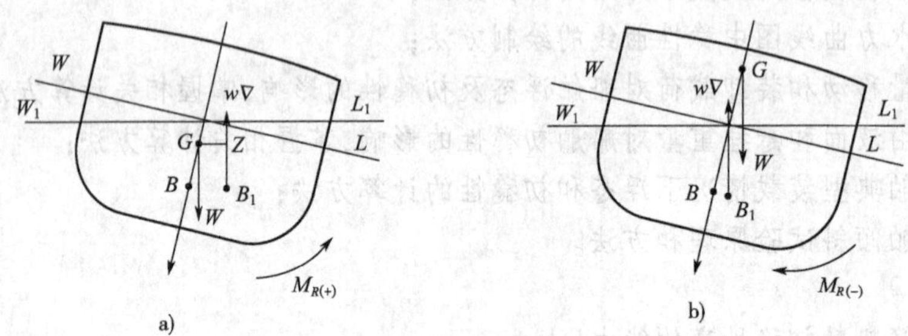

图 3-1 横剖面

船舶在任何方向的倾斜,可分成如下两种基本浮态:船舶的横向倾斜,即向左舷或右舷一侧的倾斜(简称横倾);船舶的纵向倾斜,即向船首或船尾的倾斜(简称纵倾)。倾斜力矩的作用平面平行于中横剖面时称为横倾力矩,它使船舶产生横倾。倾斜力矩的作用平面平行于中纵剖面时称为纵倾力矩,它使船舶产生纵倾。假若倾斜力矩的作用是从零开始逐渐增加,使船舶倾斜时的角速度很小,可忽略不计,则这种倾斜下的稳性称为静稳性。若倾斜力矩是突然作用在船上,使船舶倾斜有明显的角速度的变化,则这种倾斜下的稳性称为动稳性。船舶在横向和纵向抵抗倾斜的能力,分别称为横稳性和纵稳性。

造成船舶离开原来平衡位置的是倾斜力矩,它产生的原因有:风和浪的作用、船上货物的移动、旅客集中于某一舷侧、拖船的急牵、火炮的发射以及船舶回转等,其大小取决于这些外界条件。促使船舶回复到原来平衡位置的是复原力矩,其大小取决于排水量、重心和浮心的相对位置等因素。因此,在倾斜力矩和复原力矩这一对矛盾中,前者是外因,后者是内因。在本章及第四章中讨论船舶稳性问题时,着重研究船舶复原力矩的计算及其有关的影响因素。同时把稳性问题分为下面两部分进行讨论:

(1)初稳性(或称小倾角稳性)—— 一般指倾斜角度小于 10°~15°或上甲板边缘开始入水前(取其小者)的稳性。

(2)大倾角稳性—— 一般指倾角大于 10°~15°或上甲板边缘开始入水后的稳性。

把稳性划分为上述两部分的原因是,在研究船舶小倾角稳性时可以引入某些假定,即使浮态的计算简化,又能较明确地获得影响初稳性的各种因素之间的规律。此外,船舶的纵倾一般都属于小角度情况。大角度倾斜一般只在横向倾斜时产生,因此大倾角稳性也称为大倾角横稳性。本章将讨论初稳性问题。

第二节　浮心的移动、稳心及稳心半径

船舶在外力作用下产生倾斜以后,其水下部分体积的形状会发生变化,因此体积形心(即浮心)必然向倾斜的一侧移动,而新的浮心位置的计算确定,则是求出复原力矩的关键。在讨论稳性问题时,首先需要确定倾斜水线的位置,这样才能求出浮心位置和浮力作用线的位置,然后分析复原力矩的大小及方向。

一、等体积倾斜水线

如图3-2所示,设船舶平浮时的水线为 WL,在外力作用下横倾一小角度 φ 后的水线为 W_1L_1。由于船仅受倾斜力矩的作用,排水体积保持不变,故倾斜水线 W_1L_1 应是等体积倾斜水线。为了确定 W_1L_1 的位置,对入水楔形 LOL_1 和出水楔形 WOW_1,分别进行分析。

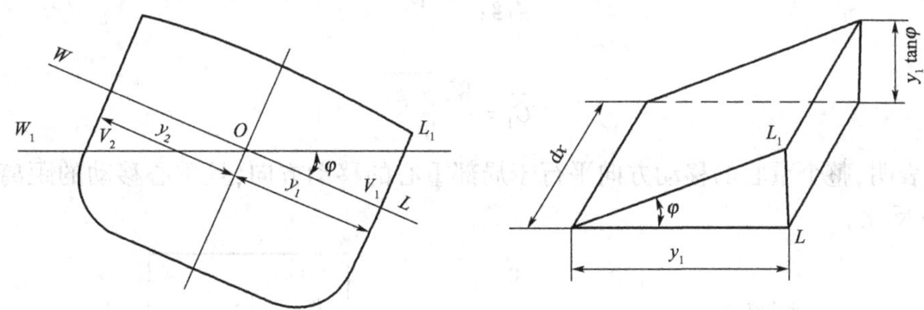

图3-2　等体积倾斜水线

从图3-2中可以看出:

三角形 LOL_1 的面积为

$$\frac{1}{2}y_1^2\tan\varphi$$

沿船长取 dx 一小段,其体积

$$dV_1 = \frac{1}{2}y_1^2\tan\varphi dx$$

整个入水楔形的体积

$$V_1 = \int_{-\frac{L}{2}}^{\frac{L}{2}} \frac{1}{2}y_1^2\tan\varphi dx = \tan\varphi\int_{-\frac{L}{2}}^{\frac{L}{2}} \frac{1}{2}y_1^2 dx$$

同理,可以求出出水楔形的体积

$$V_2 = \tan\varphi\int_{-\frac{L}{2}}^{\frac{L}{2}} \frac{1}{2}y_2^2 dx$$

在等体积倾斜的情况下,出水楔形的体积和入水楔形的体积必然相等,即 $V_1 = V_2$。由此可得

$$\int_{-\frac{L}{2}}^{\frac{L}{2}} \frac{1}{2}y_1^2 dx = \int_{-\frac{L}{2}}^{\frac{L}{2}} \frac{1}{2}y_2^2 dx \tag{3-2}$$

积分 $\int_{-\frac{L}{2}}^{\frac{L}{2}} \frac{1}{2}y_1^2 dx$ 及 $\int_{-\frac{L}{2}}^{\frac{L}{2}} \frac{1}{2}y_2^2 dx$ 分别表示水线面 WL 在轴线 O-O 两侧的面积对于轴线 O-O

的静矩,如图 3-3 所示。因此,式(3-2)表示水线面 WL 对于轴线 O-O 的面积静矩等于零,亦即 O-O 通过水线面 WL 的形心(或称为漂心)。由此可以得出结论:两等体积水线面的交线 O-O 必然通过原水线面 WL 的漂心。这样,当已知船的倾角 φ(小角度)及原水线面 WL 的漂心位置后,立即可以确定倾斜 φ 角以后的等体积水线 W_1L_1 的位置。

上述结论同样适用于船舶的纵倾情况。

二、浮心的移动

为了便于研究船舶在倾斜后浮心的移动情况,先简要介绍一下重心移动原理。图 3-4 表示由重量 W_1 及 W_2 两个物体所组成的系统,其总重量 $W = W_1 + W_2$,重心在 G 点。若将其中重量为 W_1 的物体从重心 g_1 点移至 g_2 点,则总重量 W 的重心将自 G 点移至 G_1 点,且有

$$\overline{GG_1} // \overline{g_1g_2}$$

$$\frac{\overline{GG_1}}{\overline{g_1g_2}} = \frac{W_1}{W}$$

或

$$\overline{GG_1} = \frac{W_1\ \overline{g_1g_2}}{W} \tag{3-3}$$

上式表明,整个重心的移动方向平行于局部重心的移动方向,且重心移动的距离 $\overline{GG_1}$ 与总重量 W 成反比。

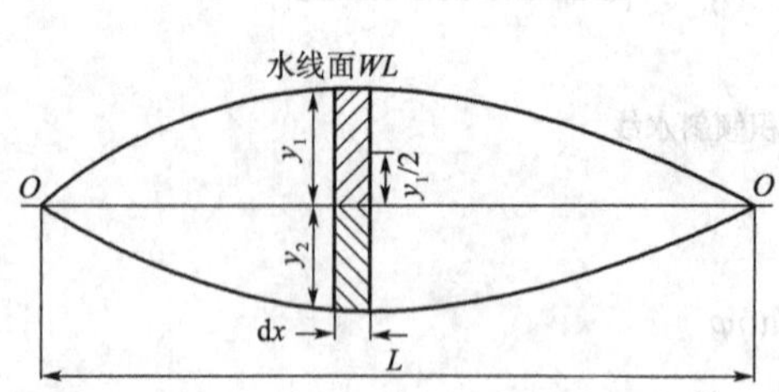

图 3-3　水线面

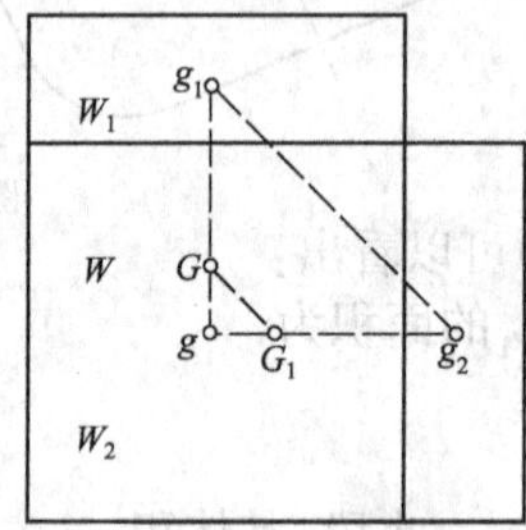

图 3-4　重心移动

现根据上述重心移动原理来分析船舶倾斜后浮心的移动距离。如图 3-5 所示,船在平浮时的水线为 WL,排水体积为 ∇,横倾小角度 φ 后的水线为 W_1L_1。设 V_1、V_2 表示入水及出水楔形的体积,g_1、g_2 表示入水及出水楔形的体积形心。由于 $V_1 = V_2$,因此可以认为,船在横倾至 W_1L_1 时的排水体积相当于把楔形 WOW_1 这部分体积移至 LOL_1 处,其形心则自 g_2 移至 g_1。设船横倾后的浮心自原来的 B 点移至 B_1 点,利用重心移动原理,可以求得浮心的移动距离为

$$\overline{BB_1} = \overline{g_1g_2}\ \frac{V_2}{\nabla} \tag{3-4}$$

且

$$\overline{BB_1} // \overline{g_1g_2}$$

由于 $V_1 = V_2$,故 $\overline{g_1O} = \overline{g_2O} = \frac{1}{2}\overline{g_1g_2}$,代入式(3-4),得

$$\overline{BB_1} = 2\ \overline{g_1O}\ \frac{V_1}{\nabla} \tag{3-5}$$

上式右端 $V_1\,\overline{g_1O}$是入水楔形体积对于倾斜轴线 $O\text{-}O$ 的静矩。从图 3-6 中可以看出

$$V_1\,\overline{g_1O} = \int_{-\frac{L}{2}}^{\frac{L}{2}} \frac{1}{2}y \cdot y\tan\varphi \mathrm{d}x \cdot \frac{2}{3}y = \frac{1}{3}\tan\varphi\int_{-\frac{L}{2}}^{\frac{L}{2}} y^3\mathrm{d}x$$

在 φ 为小角度时，$\tan\varphi\approx\varphi$，故

$$2V_1\,\overline{g_1O} = \frac{2}{3}\varphi\int_{-\frac{L}{2}}^{\frac{L}{2}} y^3\mathrm{d}x$$

积分式 $\frac{2}{3}\int_{-\frac{L}{2}}^{\frac{L}{2}} y^3\mathrm{d}x$ 为水线面 WL 的面积对于纵向中心轴线 $O\text{-}O$ 的横向惯性矩 I_{T}，因此

$$2V_1\,\overline{g_1O} = I_{\mathrm{T}}\varphi$$

将上式代入式(3-5)得

$$\overline{BB_1} = \frac{I_T}{\nabla}\varphi \tag{3-6}$$

由式(3-6)可见，浮心移动的距离$\overline{BB_1}$与横向惯性矩 I_T、横倾角 φ 成正比，而与排水体积∇成反比。

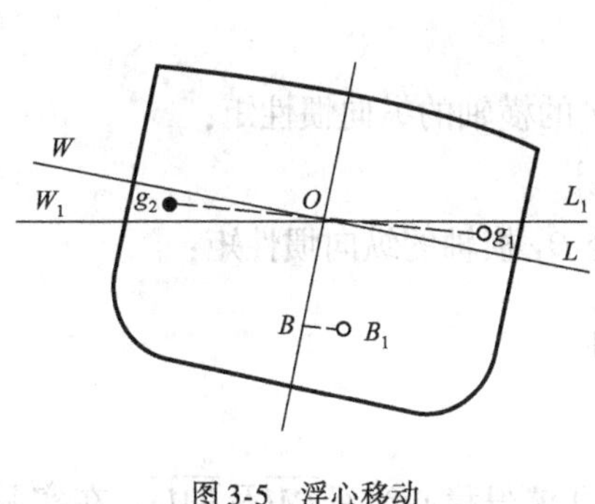

图 3-5 浮心移动

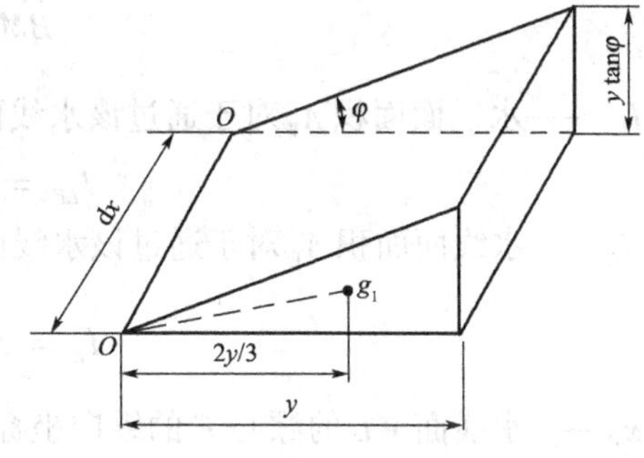

图 3-6 入水楔形

三、稳心及稳心半径

船舶在横倾 φ 角后，浮心自原来的位置 B 沿某一曲线移至 B_1，这时浮力的作用线垂直于 W_1L_1，并与原正浮时的浮力作用线(中线)相交于 M 点(图 3-7)。当 φ 为小角度时，曲线$\overset{\frown}{BB_1}$可看作是圆弧的一段，M 点为曲线$\overset{\frown}{BB_1}$的圆心，而$\overline{BM}=\overline{B_1M}$为曲线$\overset{\frown}{BB_1}$ 的半径。船舶在小角度倾斜过程中，可假定倾斜前后的浮力作用线均通过 M 点，因此，M 点称为横稳心(或初稳心)，$\overline{BM}$称为横稳心半径(或初稳心半径)。

当 φ 为小角度时，圆弧$\overset{\frown}{BB_1}\approx\overline{BB_1}=\overline{BM}\varphi$，将它代入式(3-6)，则得横稳心半径

$$\overline{BM} = \frac{I_T}{\nabla} \tag{3-7}$$

式(3-7)的导出是在研究等体积小角度倾斜时所得到的，而在实际解决初稳性问题时，可推广到倾斜角

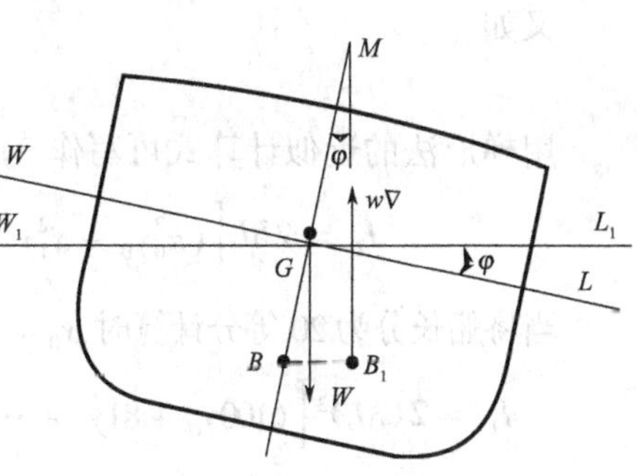

图 3-7 稳心与稳心半径

度在10°~15°之间的情况。这相当于假定船舶在等体积小角度倾斜过程中,浮心移动曲线是以横稳心半径为半径的圆弧,稳心 M 点位置保持不变,浮力作用线均通过稳心 M。根据这个假定既可使讨论问题简化,又能在实用中计算简便。

船舶在等体积纵倾时的情况,与上面所讨论的横倾情况相同,完全可以得出类似的结果(图3-8)。纵稳心半径

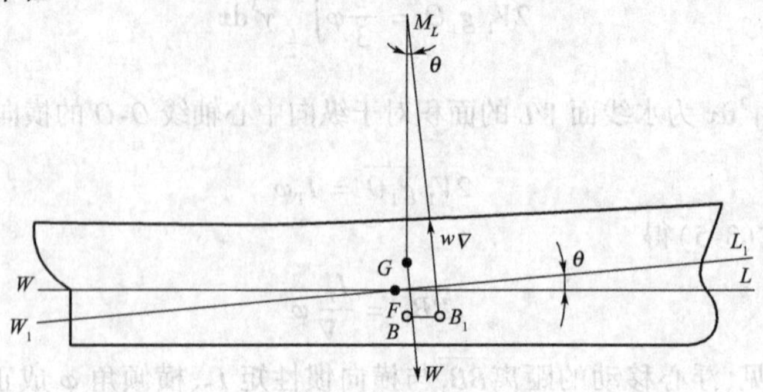

图3-8 纵稳心

$$\overline{BM_L} = \frac{I_{LF}}{\nabla} \tag{3-8}$$

式中:I_{LF}——水线面面积 A_W 对于通过该水线面漂心 F 的横轴的纵向惯性矩;

$$I_{LF} = I_L - A_w x_F^2 \tag{3-9}$$

I_L——水线面面积 A_W 对于通过该水线面中站处 Oy 横轴的纵向惯性矩;

$$I_L = 2\int_{-\frac{L}{2}}^{\frac{L}{2}} x^2 y \mathrm{d}x$$

x_F——水线面 WL 的漂心 F 的纵向坐标。

从式(3-7)及式(3-8)可知,如能算出 I_T 及 I_{LF} 则可求得稳心半径 $\overline{BM}$ 及 $\overline{BM_L}$。在实际计算中,水线面面积惯性矩可根据型线图或型值表用近似计算法求得,例如

$$I_T = \frac{2}{3}\int_{-\frac{L}{2}}^{\frac{L}{2}} y^3 \mathrm{d}x$$

用梯形法的近似计算式可写作

$$I_T = \frac{2}{3}\delta L\left[(y_0^3 + y_1^3 + y_2^3 + \cdots + y_n^3) - \frac{1}{2}(y_0^3 + y_n^3)\right]$$

又如

$$I_{LF} = I_L - A_w x_F^2$$

用梯形法的近似计算式可写作

$$I_L = 2\delta L\left[(x_0^2 y_0 + x_1^2 y_1 + x_2^2 y_2 + \cdots + x_n^2 y_n) - \frac{1}{2}(x_0^2 y_0 + x_n^2 y_n)\right]$$

当将船长分为20等分计算时,$x_0 = -10\delta L, x_2 = -9\delta L, \cdots, x_{10} = 0, \cdots, x_{19} = 9\delta L, x_{20} = 10\delta L$,故

$$I_L = 2(\delta L)^3\left[(100y_0 + 81y_1 + \cdots + 0 + \cdots + 81y_{19} + 100y_{20}) - \frac{1}{2}(100y_0 + 100y_{20})\right]$$

这里只给出了近似计算的表达式,在实际工作中可按表格形式进行计算。

第三节 初稳性公式和稳性高

船舶横倾某一小角度 φ 时，如船上的货物并未移动，则重心位置 G 保持不变，而浮心则自 B 点移至 B_1 点，如图3-9a）所示。此时重力 W 的作用点 G 和浮力 Δ 的作用点 B_1 不在同一铅垂线上，因而产生了一个复原力矩 M_R，即

$$M_R = \Delta \overline{GZ} = \Delta \overline{GM}\sin\varphi \tag{3-10}$$

式中：$\overline{GZ}$——复原力臂；

$\overline{GM}$——横稳性高，亦称初稳性高。

当横倾角度较小时，$\sin\varphi \approx \varphi$，故式（3-10）可写成

$$M_R = \Delta \overline{GM}\varphi \tag{3-11}$$

式（3-10）或式（3-11）称为初稳性公式。

从复原力矩 M_R 和横倾方向（或从稳心 M 和重心 G 的相对位置）之间的关系，可以判断船舶平衡状态的稳定性能。

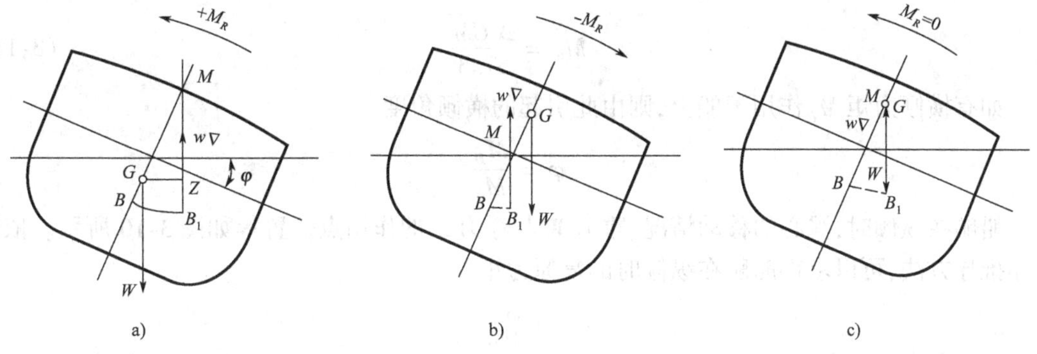

图3-9 重心与稳心的关系

（1）重心 G 在稳心 M 之下，M_R 的方向与横倾方向相反，当外力消失后，它能使船舶回复至原来的平衡状态，所以称为稳定平衡，如图3-9a）所示。此时，$\overline{GM}$ 和 M_R 都为正值。

（2）重心 G 在稳心 M 之上，M_R 的方向与横倾方向相同，它使船舶继续倾斜而不再回复至原来的平衡状态，所以称为不稳定平衡，如图3-9b）所示。此时，$\overline{GM}$ 和 M_R 都为负值。

（3）重心 G 和稳心 M 重合，$\overline{GM}=0$，$M_R=0$，当外力消失后，船不会回复到原来位置，也不会继续倾斜，称为中性平衡或随遇平衡，如图3-9c）所示。

船舶在水面上的平衡状态不外乎上述三种情况，其中（2）、（3）两种情况是不允许出现的，因为这种船舶在倾斜后不可能回复到原来的平衡位置，也就是说，这种船舶的稳性得不到保证。

从式（3-10）或式（3-11）中可以看出：船舶在一定排水量下产生小横倾时，横稳性高 $\overline{GM}$ 越大，复原力矩 M_R 也越大，也就是抵抗倾斜力矩的能力越强。因此，横稳性高 $\overline{GM}$ 是衡量船舶初稳性的主要指标。但是横稳性高过大的船，摇摆周期短，在海上遇到风浪时会产生急剧的摇摆，所以横稳性高的数值要选取适当。表3-1所列为各类船舶在设计排水量时横稳性高的大致范围，表3-2所列为我国建造的一些船舶的横稳性高的数值。

各类船舶横稳性高的范围　　表 3-1

船舶类型	$\overline{GM}$(m)	船舶类型	$\overline{GM}$(m)
客船	0.3~1.5	战列舰	2.0~3.0
干货船	1.3~1.0	巡洋舰	0.9~1.8
油船	1.5~2.5	驱逐舰	0.7~1.2
拖船	0.5~0.8	鱼雷艇	0.5~0.8
渔船	1.5~1.0	潜艇(水上)	0.3~0.8
航空母舰	2.7~3.5	潜艇(水下)	0.2~0.4

我国一些船舶的横稳性高　　表 3-2

船舶类型	$\overline{GM}$(m)	船舶类型	$\overline{GM}$(m)
12000t 货船	0.97	4500m³ 挖泥船	2.17
7500t 远洋客货船	0.74	24000t 油船	3.48
25000t 散装货船	1.30	>94.39kW 拖船	1.03

根据初稳性公式,可以求得引起船舶横倾 1°所需的横倾力矩公式。以 M_0 表示引起横倾 1°所需的横倾力矩,令 $\varphi = 1° = \frac{1}{57.3}$rad,根据式(3-11),这个力矩和复原力矩相平衡,即

$$M_0 = \frac{\Delta\ \overline{GM}}{57.3} \tag{3-12}$$

如有横倾力矩 M_H 作用于船上,则由此引起的横倾角度

$$\varphi = \frac{M_H}{M_0}$$

船舶在纵倾时,浮心的移动情况、重力 W 与浮力 Δ 的作用点位置等如图 3-10 所示。依照上述推导方法,可以求得船舶在纵倾时的复原力矩

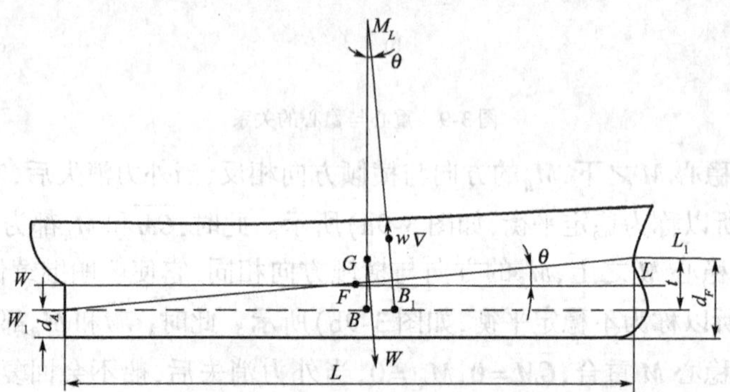

图 3-10　纵倾与浮心

$$M_{RL} = \Delta\ \overline{GM_L}\sin\theta \tag{3-13}$$

式中:$\overline{GM_L}$——纵稳性高。

由于船舶的纵倾角度 θ 较小,故 $\sin\theta \approx \theta$,代入式(3-13)得

$$M_{RL} = \Delta\ \overline{GM_L}\theta \tag{3-14}$$

式(3-13)或式(3-14)称为纵稳性公式。纵稳心 M_L 较重心 G 高得多。通常,纵稳性高 $\overline{GM_L}$ 与船长 L 为同一数量级,因此在设计船舶时,除浮吊等特种船舶外,一般不必考虑纵向稳性问题。

通常用首尾的吃水差来表达船舶的纵倾情况。若船长为 L,首尾吃水差为 t(首倾时 t 取作正值,尾倾时 t 取作负值),则纵倾角 θ 为

$$\theta \approx \tan\theta = \frac{t}{L}$$

将上式代入式(3-14),得

$$M_{RL} = \Delta\,\overline{GM_L}\,\frac{t}{L} \tag{3-15}$$

根据上式可以求得引起船舶纵倾 1cm 所需的纵倾力矩(即每厘米纵倾力矩)公式。以 MTC 表示每厘米纵倾力矩,令 $t = 1\text{cm} = \frac{1}{100}\text{m}$,代入式(3-15),则有

$$MTC = \frac{\Delta\,\overline{GM_L}}{100L} \tag{3-16}$$

由于浮心和重心之间的距离$\overline{BG}$与纵稳心半径$\overline{BM_L}$相比是一个小值,因此可以认为$\overline{GM_L} \approx \overline{BM_L}$,式(3-16)可近似写成

$$MTC = \frac{\Delta\,\overline{BM_L}}{100L} \tag{3-17}$$

如有纵倾力矩 M_T作用于船上,由此引起的纵倾值 t(以厘米计)为

$$t = \frac{M_T}{MTC} \tag{3-18}$$

概括说来,船舶初稳性中最重要的问题是,弄清楚浮心 B、重心 G 和稳心 M 的位置以及三者之间的关系,这里可作一简短的小结:

初稳性高$\overline{GM}$是衡量船舶初稳性的重要指标,可写成

$$\overline{GM} = \overline{KB} + \overline{BM} - \overline{KG} \tag{3-19}$$

式中:$\overline{KB}$——浮心高度(或以浮心垂向坐标 z_B表示);

$\overline{BM}$——初稳心半径(或称横稳心半径);

$\overline{KG}$——重心高度(或以重心垂向坐标 z_G表示)。

令$\overline{BG} = \overline{KG} - \overline{KB}$为浮心和重心之间的距离,则上式亦可写成

$$\overline{GM} = \overline{BM} - \overline{BG}$$

同样,纵稳性高$\overline{GM_L}$可写成

$$\overline{GM_L} = \overline{KB} + \overline{BM_L} - \overline{KG} \tag{3-20}$$

式中:$\overline{BM_L}$——纵稳心半径。

上式又可写成

$$\overline{GM_L} = \overline{BM_L} - \overline{BG}$$

第四节 船舶静水力曲线图

在上述各节中,讨论了船舶在静止正浮状态下浮性和初稳性的基本原理及其计算问题。这些计算结果通常都要绘制成综合性的曲线图,即船舶静水力曲线图。图 3-11 为某货船的静水力曲线图。

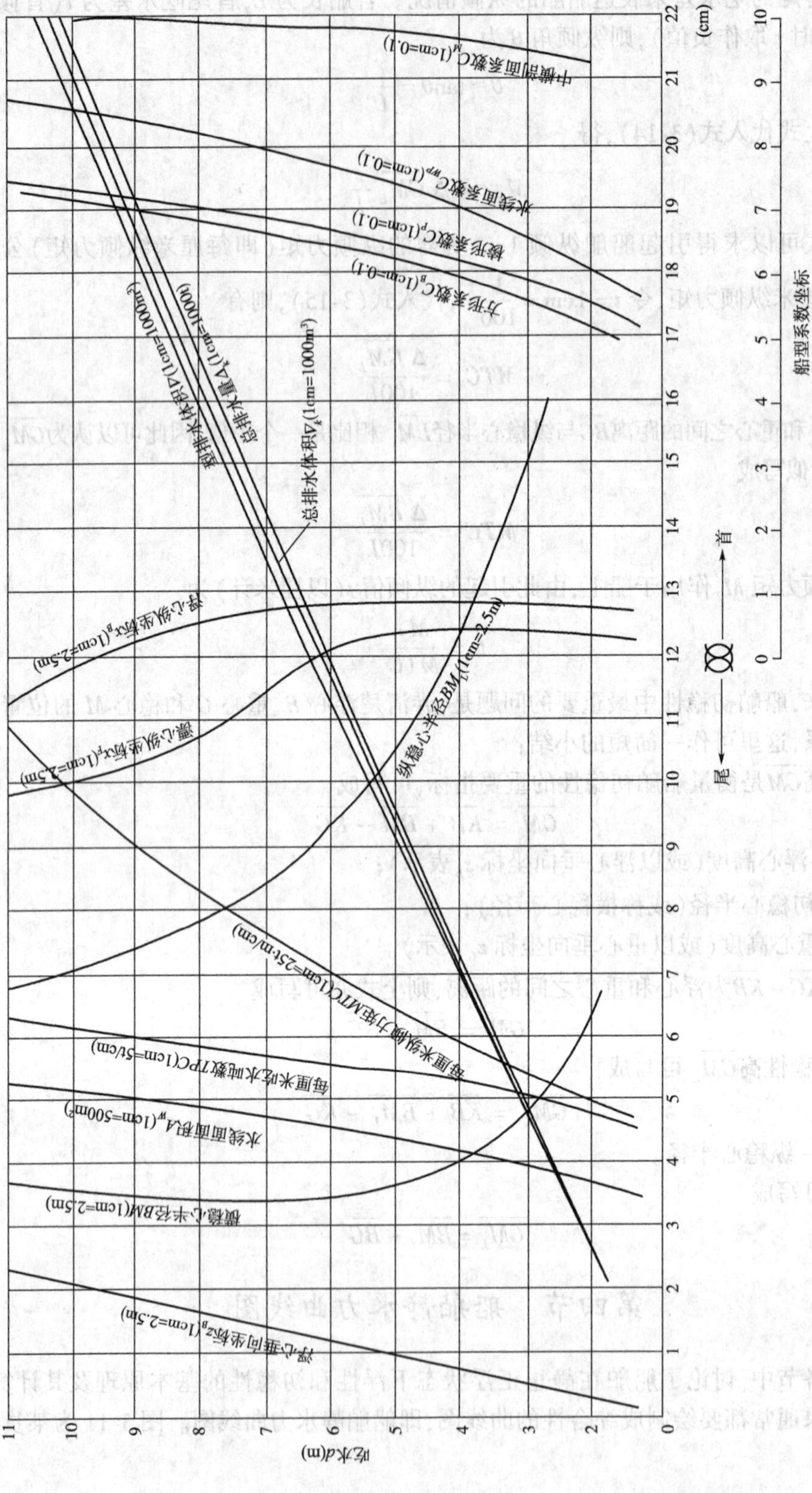

吃水d(m)

0 1 2 3 4 5 6 7 8 9 10 11

(cm)

0 1 2 3 4 5 6 7 8 9 10 11 12 13 14 15 16 17 18 19 20 21 22

中横剖面系数C_M(1cm=0.1)

水线面系数C_{WP}(1cm=0.1)

棱形系数C_P(1cm=0.1)

方形系数C_B(1cm=0.1)

型排水体积∇(1cm=1000m³)

总排水量Δ(1cm=1000t)

总排水体积∇_k(1cm=1000m³)

浮心纵坐标x_B(1cm=2.5m)

漂心纵坐标x_F(1cm=2.5m)

纵稳心半径BM_L(1cm=2.5m)

每厘米纵倾力矩MTC(1cm=25t·m/cm)

每厘米吃水吨数TPC(1cm=5t/cm)

水线面面积A_W(1cm=500m²)

横稳心半径BM(1cm=2.5m)

浮心垂向坐标z_B(1cm=2.5m)

尾 ⟵ ⊗ ⟶ 首

0 1 2 3 4 5 6 7 8 9 10

船型系数坐标

图3-11 某货船的静水力曲线图

静水力曲线图全面表现了船舶在静止正浮状态下浮性和稳性要素随吃水而变化的规律。图中一般应包括下列曲线：

(1)型排水体积 ∇曲线；

(2)总排水体积 ∇_K曲线；

(3)总排水量 Δ_K曲线；

(4)浮心纵向坐标 x_B曲线；

(5)浮心垂向坐标 z_B(或$\overline{KB}$)曲线；

(6)水线面面积 A_W曲线；

(7)漂心纵向坐标 x_F曲线；

(8)每厘米吃水吨数 TPC 曲线；

(9)横稳心半径$\overline{BM}$曲线(或横稳心垂向坐标 z_M曲线)；

(10)纵稳心半径$\overline{BM}_L$ 曲线(或纵稳心垂向坐标 z_{ML}曲线)；

(11)每厘米纵倾力矩 MTC 曲线；

(12)水线面系数 C_{WP}曲线；

(13)中横剖面系数 C_M曲线；

(14)方形系数 C_B曲线；

(15)棱形系数 C_P曲线。

其中，(1)～(8)为浮性曲线，(9)～(11)为稳性曲线，(12)～(15)为船型系数曲线。

各造船厂或设计部门目前都是用计算机进行船舶静水力曲线计算并绘制静水力曲线图。用手工计算时一般都采用表格形式。

第五节　重量移动对船舶浮态及初稳性的影响

船舶在使用过程中，其装载情况是经常变化的，例如，客货装载情况的不同，航行中燃料、粮食、淡水等消耗物品的变化，以及重量移动等，所有这些都会引起船的浮态和稳性的变化。

当船上的重量移动时，船的排水量虽然保持不变，但其浮态和初稳性是变化的。为简便计，先分别讨论重量在垂向、横向及纵向的移动情况，然后再研究重量在任意方向的移动情况。

一、重量的垂向移动

将船上某一重量为 p 的货物自 A 点(垂向坐标 z_1)沿垂直方向移至 A_1点(垂向坐标 z_2)，移动的距离为(z_2-z_1)，如图 3-12 所示。由于船的排水量和浸水部分的形状都没有化，故浮心 B 及稳心 M 的位置保持不变。至于船的重心，则由原来的 G 点垂向移动至 G_1点，根据重心移动原理可得

$$\overline{GG_1}=\frac{p(z_2-z_1)}{\Delta}$$

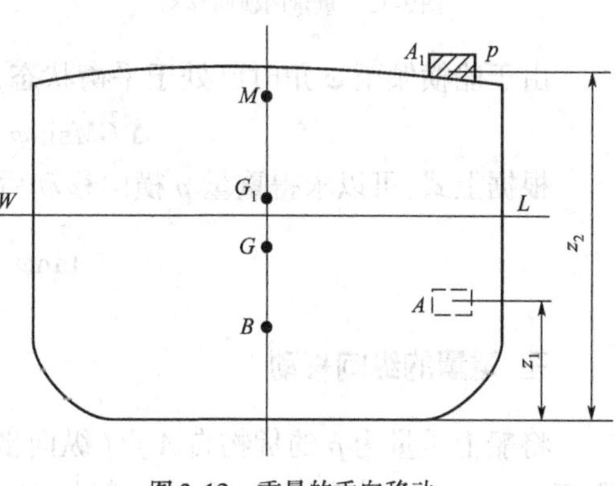

图 3-12　重量的垂向移动

从图 3-12 中可以看到，由于重心的移动，引起了初稳性高的改变。设原来的初稳性高为 $\overline{GM}$，新的初稳性高为 $\overline{G_1M}$，则有

$$\overline{G_1M} = \overline{GM} - \overline{GG_1}$$

即

$$\overline{G_1M} = \overline{GM} - \frac{p(z_2 - z_1)}{\Delta} \tag{3-21}$$

式中：p——货物的重量。同理，新的纵稳性高

$$\overline{G_1M_L} = \overline{GM_L} - \frac{p(z_2 - z_1)}{\Delta} \tag{3-22}$$

通常纵稳性高的数值很大，$\overline{GG_1}$ 相对 $\overline{GM_L}$ 来说是一个小量，在实用上常可认为 $\overline{G_1M_L} \approx \overline{GM_L}$。

从式（3-21）可见，如把重量垂直向上移动，则将提高船的重心，其结果使初稳性高减小。由此可见，提高船的重心对稳性不利。反之，如把重量向下移动，则将降低船的重心，其结果使初稳性高增加，故降低船的重心是提高船舶稳性的有效措施之一。

二、重量的横向移动

将船上重量为 p 的货物自 A 点（横向坐标 y_1）沿横向水平方向移至 A_1 点（横向坐标 y_2），移动的距离为 $(y_2 - y_1)$，如图 3-13 所示。船的重心自原来的 G 点横向移动至 G_1 点，根据重心移动原理可得

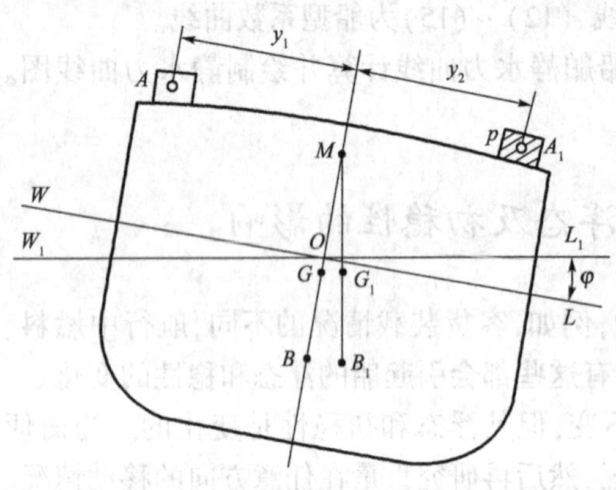

图 3-13　重量的横向移动

$$\overline{GG_1} = \frac{p(y_2 - y_1)}{\Delta}$$

这时，重力的作用线通过 G_l，不再与原来的浮心 B 在同一铅垂线上。因此，船舶将发生横倾，浮心自 B 点向横倾一侧移动。当倾斜到某一角度 φ 时，新的浮心 B_1 与 G_l 在同一铅垂线上，船就保持新的平衡状态，并浮于新的水线 W_1L_1。

重量的横向移动相当于形成一个横倾力矩

$$M_H = p(y_2 - y_1)\cos\varphi$$

船在横倾 φ 角后的复原力矩

$$M_R = \Delta\,\overline{GM}\sin\varphi$$

由于船横倾至 φ 角时已处于平衡状态，故 $M_R = M_H$，即

$$\Delta\,\overline{GM}\sin\varphi = p(y_2 - y_1)\cos\varphi$$

根据上式，可以求得重量 p 横向移动后船的横倾角正切

$$\tan\varphi = \frac{p(y_2 - y_1)}{\Delta\,\overline{GM}} \tag{3-23}$$

三、重量的纵向移动

将船上重量为 p 的货物自 A 点（纵向坐标 x_1）沿纵向水平移至 A_1 点（纵向坐标 x_2），移动的距离为 $(x_2 - x_1)$，如图 3-14 所示。船的重心由 G 点移至 G_1 点，因此船将产生纵倾，并浮于新的

水线 W_1L_1,其纵倾角为 θ,应用上述重量横向移动的处理办法,完全可以得到类似的结果。参照式(3-23)可知,重量沿纵向移动后船的纵倾角可由下式求得:

$$\tan\theta = \frac{p(x_2 - x_1)}{\Delta\, \overline{GM_L}} \tag{3-24}$$

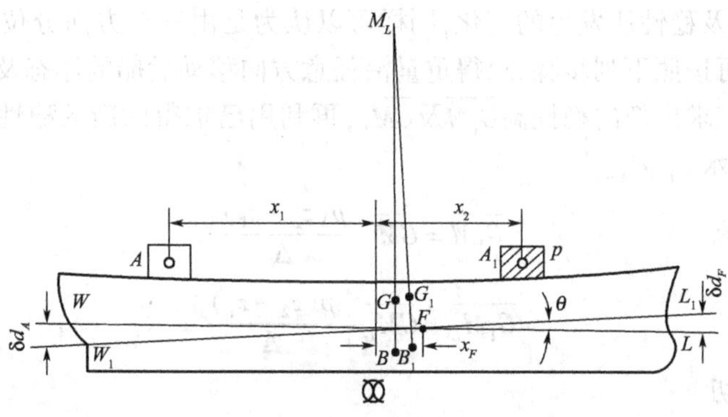

图 3-14 重量的纵向移动

船舶纵倾通常用首尾吃水差来表示,因此需要了解重量沿纵向移动后首尾吃水的变化情况。在本章第二节中已经证明:等体积倾斜的水线面 W_1L_1 与原水线面 WL 的交线必然通过 WL 的漂心 F。这样,首尾吃水的变化可从图 3-14 中的三角形 LFL_1 及 WFW_1 中求得

$$\delta d_F = \left[\frac{L}{2} - x_F\right]\tan\theta = \left[\frac{L}{2} - x_F\right]\frac{p(x_2 - x_1)}{\Delta\, \overline{GM_L}} \tag{3-25}$$

$$\delta d_A = -\left[\frac{L}{2} + x_F\right]\tan\theta = -\left[\frac{L}{2} + x_F\right]\frac{p(x_2 - x_1)}{\Delta\, \overline{GM_L}} \tag{3-26}$$

若船原来的首吃水为 d_F,尾吃水为 d_A,则重量沿纵向移动后的首尾吃水分别为

$$d'_F = d_F + \delta d_F = d_F + \left[\frac{L}{2} - x_F\right]\frac{p(x_2 - x_1)}{\Delta\, \overline{GM_L}}$$

$$d'_A = d_A + \delta d_A = d_A - \left[\frac{L}{2} + x_F\right]\frac{p(x_2 - x_1)}{\Delta\, \overline{GM_L}} \tag{3-27}$$

四、重量沿任意方向的移动

将船上重量为 p 的货物自 A_1 点(x_1, y_1, z_1)移至 A_2 点(x_2, y_2, z_2),如图 3-15 所示。

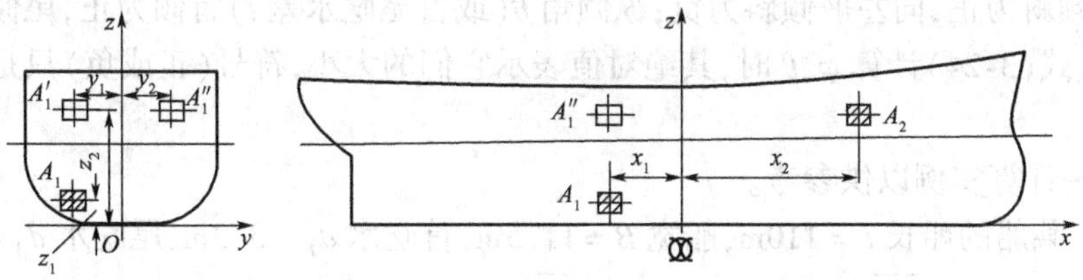

图 3-15 重量沿任意方向的移动

可以认为:重量沿任意方向的移动由下列三个方向的分位移所组成,即

沿垂直方向的移动:$A_1A_1{}' = (z_2 - z_1)$

沿水平横向的移动:$A_1{}'A_1{}'' = (y_2 - y_1)$

沿水平纵向的移动:$A_1{}''A_2 = (x_2 - x_1)$

至于船的浮态及稳性所发生的变化,同样可以认为是由三个方向分位移的变化所产生的总结果。这样,便可按照下列步骤,求得重量沿任意方向移动后船的浮态及稳性。首先考虑重量沿垂直方向移动,求出新的稳性高$\overline{G_1M}$及$\overline{GM_L}$,再利用已求得的新的稳性高,求出横倾角φ、纵倾角θ及首尾吃水d_F、d_A。

(1)新的稳性高

$$\overline{G_1M} = \overline{GM} - \frac{p(z_2 - z_1)}{\Delta}$$

$$\overline{G_1M_L} = \overline{GM_L} - \frac{p(z_2 - z_1)}{\Delta}$$

(2)横倾角正切

$$\tan\varphi = \frac{p(y_2 - y_1)}{\Delta\,\overline{G_1M}}$$

(3)纵倾角正切

$$\tan\theta = \frac{p(x_2 - x_1)}{\Delta\,\overline{GM_L}}$$

(4)首尾吃水的变化

$$\delta d_F = \left[\frac{L}{2} - x_F\right]\frac{p(x_2 - x_1)}{\Delta\,\overline{GM_L}}$$

$$\delta d_A = -\left[\frac{L}{2} + x_F\right]\frac{p(x_2 - x_1)}{\Delta\,\overline{GM_L}}$$

(5)船的最后首尾吃水

$$d'_F = d_F + \delta d_F$$

$$d'_A = d_A + \delta d_A$$

必须指出:在讨论上述问题时,是按坐标系统来进行分析的,在应用有关公式计算船的浮态和稳性时,应该弄清正负号的关系,以免发生错误。这里再着重说明一下:x值在船中前为正,在船中后为负;y值在右舷为正,在左舷为负;z值以基线以上为正,在基线以下为负;横倾角φ向右舷倾斜为正,向左舷倾斜为负;纵倾角θ(或首尾吃水差t)首倾为正,尾倾为负。在根据式(3-23)、式(3-24)计算φ、θ时,其绝对值表示它们的大小,符号(正或负)只是表示倾斜的方向。

下面举一计算实例以供参考。

例3-1 某船的船长$L = 110$m,船宽$B = 11.5$m,首吃水$d_F = 3.3$m,尾吃水$d_A = 3.2$m,排水量$\Delta = 2360$t,初稳性高$\overline{GM} = 0.8$m,纵稳性高$\overline{GM_L} = 115$m,漂心纵向坐标$x_F = -2.2$m。现将船上重量为$p = 50$t的载荷自位置1处($x_1 = 25$m,$y_1 = 3$m,$z_1 = 2.5$m)移到位置2处($x_2 = 10$m,$y_2 = 1.5$m,$z_2 = 6$m),求船的浮态和初稳性。

解：（1）新的初稳性高

$$\overline{G_1M}=\overline{GM}-\frac{p(z_2-z_1)}{\Delta}=0.8-\frac{50\times(6-2.5)}{2360}=0.726\text{m}$$

（2）新的纵稳性高

$$\overline{G_1M_L}\approx\overline{GM_L}=115\text{m}$$

（3）船的横倾角正切

$$\tan\varphi=\frac{p(y_2-y_1)}{\Delta\ \overline{G_1M}}=\frac{50\times(1.5-3)}{2360\times0.726}=-0.044$$

即 $\varphi=2.5°$，向左舷倾斜。

（4）船的纵倾角正切

$$\tan\theta=\frac{p(x_2-x_1)}{\Delta\ \overline{GM_L}}=\frac{50\times(10-25)}{2360\times115}=-0.00276$$

即 $\theta=0.16°$，表示尾倾。

（5）船倾斜后的首尾吃水

$$d'_F=d_F+\left(\frac{L}{2}-x_F\right)\tan\theta=3.3+(55+2.2)\times(-0.00276)=3.14\text{m}$$

$$d'_A=d_A-\left(\frac{L}{2}+x_F\right)\tan\theta=3.2-(55-2.2)\times(-0.00276)=3.35\text{m}$$

第六节 装卸载荷对船舶浮态及初稳性的影响

由于装卸载荷，会引起船舶排水量及重心发生变化，从而使船舶的浮态及初稳性也产生变化。现根据装卸载荷的大小，分别讨论如下。

一、装卸小量载荷对船舶浮态及初稳性的影响

在船上任意位置处增加小量载荷（不超过排水量的10%），会使船的吃水增加，并产生横倾和纵倾。为了简便起见，分两个步骤进行讨论：

第一步：首先假定载荷装载的位置在水线面漂心 F 的垂直线上。这样，只改变船的平均吃水和稳性高，而不产生横倾和纵倾。

第二步：然后再把载荷移到指定的位置，以确定船的横倾和纵倾。

1. 在漂心垂直线上任意位置装卸载荷对船舶浮态及稳性的影响

设船原平浮于水线 WL，吃水为 d，排水量为 Δ，浮心 B、重心 G、稳心 M、漂心 F 的位置如图3-16所示。现将重量为 p 的载荷装在通过漂心 F 垂直线上的 A 处，其坐标为（x_F、0、z）。

船在增加载荷前平浮于水线 WL，这时有

$$\Delta=w\nabla$$

$$x_G=x_B$$

船在增加载荷 p 后浮于水线 W_1L_1，设平均吃水的增量是 δd，水线 WL 与 W_1L_1 之间所增加

的一薄层排水体积为 δV，则

$$\Delta + p = w(\nabla + \delta V)$$
$$p = w\delta V$$

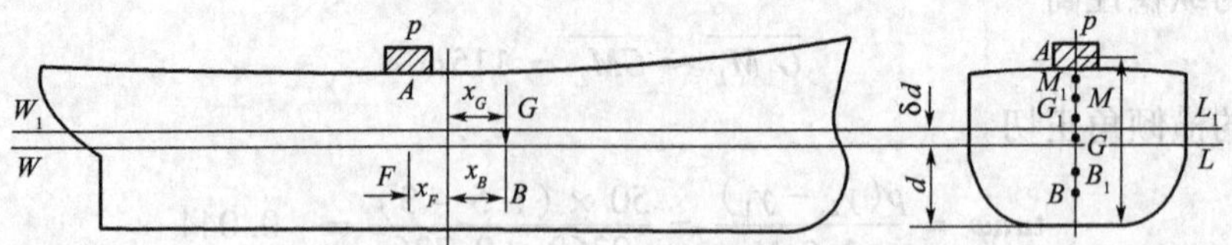

图 3-16　漂心垂直线上装卸载荷对船舶浮态及稳性的影响

上式表明，载荷 p 由浮力的增量 $w\delta V$ 所平衡。由于 p 是小量载荷，水线面 WL 与 W_1L_1 十分接近，可以认为 δV 的体积形心与水线面 WL 的漂心在同一垂直线上，因此，载荷 p 与浮力增量 $w\delta V$ 的作用点在同一铅垂线上。这时船将不产生横倾和纵倾，而只是增加平均吃水，其增加数值

$$\delta d = \frac{\delta V}{A_W} = \frac{p}{wA_W} \tag{3-28}$$

式中：A_W——WL 的水线面积。

但是，这时船的浮心、重心及稳心分别由原来的 B、G、M 点移至 B_1、G_1、M_1 点，因而稳性高也将由原来的 $\overline{GM}$ 变为 $\overline{G_1M_1}$。为了确定新的稳性高，先讨论船在横倾某一小角度 φ 时复原力矩的情况。

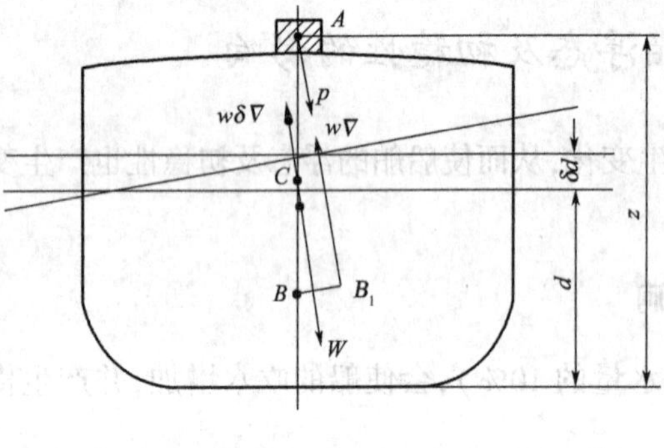

图 3-17　复原力矩图

设新的稳性高为 $\overline{G_1M_1}$，则横倾 φ 角时的复原力矩

$$M_R = (\Delta + p)\ \overline{G_1M_1}\sin\varphi \tag{3-29}$$

同时，复原力矩也可以从分析图 3-17 所示的情况中求得

$$M_R = \Delta\ \overline{GM}\sin\varphi - p\ \overline{CA}\sin\varphi$$

式中：$\overline{CA}$——浮力增量 $w\delta V$ 的作用点至载荷 p 的作用点之间的垂向距离，即

$$\overline{CA} = z - \left(d + \frac{\delta d}{2}\right)$$

故

$$M_R = \Delta\ \overline{GM}\sin\varphi - p\left[z - \left(d + \frac{\delta d}{2}\right)\right]\sin\varphi \tag{3-30}$$

比较式(3-29)和式(3-30)，可得到以下等式

$$(\Delta + p)\ \overline{G_1M_1} = \Delta\ \overline{GM} - p\left[z - \left(d + \frac{\delta d}{2}\right)\right]$$

经整理后可得新的初稳性高

$$\overline{G_1M_1} = \overline{GM} + \frac{p}{\Delta + p}\left[d + \frac{\delta d}{2} - z - \overline{GM}\right] \tag{3-31}$$

根据上式,可以判断载荷 p 的高度 z 对于初稳性高的影响。从式(3-31)中看出

若 $z = d + \frac{\delta d}{2} - \overline{GM}$,则$\overline{G_1M_1} = \overline{GM}$,即初稳性高不变;

若 $z > d + \frac{\delta d}{2} - \overline{GM}$,则$\overline{G_1M_1} < \overline{GM}$,即初稳性高减少;

若 $z < d + \frac{\delta d}{2} - \overline{GM}$,则$\overline{G_1M_1} > \overline{GM}$,即初稳性高增加。

由此可以设想,在船上有一高度为$\left(d + \frac{\delta d}{2} - \overline{GM}\right)$的平面(称为中和面或极限平面),当载荷 p 的重心刚好位于此平面时,则对于初稳性高没有影响。若装载的货物高于此中和面,则减小初稳性高,反之,将增加初稳性高。

至于装载货物 p 后对于纵稳性的影响,与上述情况相似,参照式(3-31)可得新的纵稳性高

$$\overline{G_1M_{L_1}} = \overline{GM_L} + \frac{p}{\Delta + p}\left[d + \frac{\delta d}{2} - z - \overline{GM_L}\right] \tag{3-32}$$

由于 $d + \frac{\delta d}{2} - z$ 的数值和$\overline{GM_L}$ 相比是小量,可以忽略,因此新的纵稳性高可近似写成

$$\overline{G_1M_{L_1}} \approx \overline{GM_L} - \frac{p}{\Delta + p}\overline{GM_L} = \frac{\Delta}{\Delta + p}\overline{GM_L} \tag{3-33}$$

在卸除小量载荷的情况下,同样可以应用上述有关公式分析计算船舶的浮态及初稳性,只需把载荷重量 p 改为 $-p$,并应注意到平均吃水的增量 δd 是负值。

2. 在任意位置装卸载荷对船舶浮态及稳性的影响

设重量为 p 的载荷装在船上 A 处,其坐标为(x,y,z),如图 3-18 所示。重量 p 加在船上任意位置 A 处而引起浮态及稳性的变化,可按下列步骤求得:

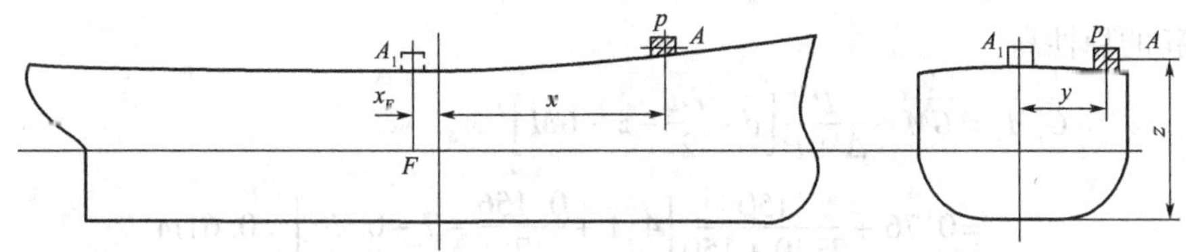

图 3-18 任意位置上装卸载荷的影响

(1)先假定重量 p 装在 A_l(坐标 x_F,0,z)处,则

平均吃水增量

$$\delta d = \frac{p}{wA_W}$$

新的初稳性高

$$\overline{G_1M_1} = \overline{GM} + \frac{p}{\Delta + p}\left[d + \frac{\delta d}{2} - z - \overline{GM}\right]$$

新的纵稳性高

$$\overline{G_1M_{L_1}} = \overline{GM_L} + \frac{p}{\Delta + p}\left[d + \frac{\delta d}{2} - z - \overline{GM_L}\right] \approx \frac{\Delta}{\Delta + p}\overline{GM_L}$$

(2)将重量 p 自 A_1(坐标 x_F、0,z)移至 A(坐标 x,y,z)处,则

$$\tan\varphi=\frac{py}{(\Delta+p)\overline{G_1M_1}}$$

$$\tan\theta=\frac{p(x-x_F)}{(\Delta+p)\overline{G_1M_{L_1}}}$$

首尾吃水的变化

$$\delta d_F=\left[\frac{L}{2}-x_F\right]\frac{p(x-x_F)}{(\Delta+p)\overline{G_1M_{L_1}}}$$

$$\delta d_A=-\left[\frac{L}{2}+x_F\right]\frac{p(x-x_F)}{(\Delta+p)\overline{G_1M_{L_1}}}$$

(3)船的最后首尾吃水

$$d'_F=d_F+\delta d+\delta d_F$$
$$d'_A=d_A+\delta d+\delta d_A$$

在卸除小量载荷的情况下,也可应用上述各式,只需将重量 p 改为 $-p$。

为了便于掌握本节的主要内容,举一计算实例以供参考。

例 3-2 某海船 $L=91.5\text{m}$,$B=14.0\text{m}$,$d_F=3.75\text{m}$,$d_A=4.45\text{m}$,平均吃水 $d_m=4.1\text{m}$,$w=1.025\text{t/m}^3$,$\Delta=3340\text{t}$,$A_W=936.6\text{m}^2$,$x_F=-3.66\text{m}$,$\overline{GM}=0.76\text{m}$,$\overline{GM_L}=101\text{m}$。现将重量为 $P=150\text{t}$ 的载荷装在船上坐标为 $x=6\text{m}$,$y=0.5\text{m}$,$z=7\text{m}$ 处,求装上载荷后船的浮态和初稳性。

解: (1)装载 P 后的平均吃水增量

$$\delta d=\frac{P}{wA_W}=\frac{150}{1.025\times936.6}=0.156\text{m}$$

(2)新的稳性高

$$\overline{G_1M_1}=\overline{GM}+\frac{P}{\Delta+P}\left[d+\frac{\delta d}{2}-z-\overline{GM}\right]$$

$$=0.76+\frac{150}{3340+150}\left[4.1+\frac{0.156}{2}-7-0.76\right]=0.61\text{m}$$

$$\overline{G_1M_{L_1}}\approx\frac{\Delta}{\Delta+P}\overline{GM_L}=\frac{3340}{3340+150}\times101=96.66\text{m}$$

(3)横倾角正切

$$\tan\varphi=\frac{Py}{(\Delta+P)\overline{G_1M_1}}=\frac{150\times0.5}{(3340+150)\times0.61}=0.0352$$

即 $\varphi\approx2°$,向右舷倾斜。

(4)纵倾角正切

$$\tan\theta=\frac{P(x-x_F)}{(\Delta+P)\overline{G_1M_{L_1}}}=\frac{150\times(6+3.66)}{(3340+150)\times96.66}=0.0043$$

即 $\theta\approx0.25°$,表示首倾。

(5)首尾吃水的变化

$$\delta d_F = \left(\frac{L}{2} - x_F\right)\tan\theta = \left(\frac{91.5}{2} + 3.66\right)\times 0.0043 = 0.212\text{m}$$

$$\delta d_A = -\left(\frac{L}{2} + x_F\right)\tan\theta = -\left(\frac{91.5}{2} - 3.66\right)\times 0.0043 = -0.181\text{m}$$

(6)最后船的首尾吃水

$$d'_F = d_F + \delta d + \delta d_F = 3.75 + 0.156 + 0.212 = 4.12\text{m}$$
$$d'_A = d_A + \delta d + \delta d_A = 4.45 + 0.156 - 0.181 = 4.43\text{m}$$

二、装卸大量载荷对船舶浮态及初稳性的影响

当船上增加或卸除大量的载荷(超过排水量的10%)时,应用上面有关公式来计算船舶的浮态和稳性就不够准确了。这是因为在装卸大量载荷时,船的吃水变化较大,因此新水线与原水线的水线面面积、漂心位置等差别较大。在这种情况下,应根据静水力曲线图中有关资料进行计算,才能得到比较正确的结果。这里需要应用的静水力曲线资料是:

(1)排水量Δ曲线;

(2)浮心坐标x_B及z_B曲线;

(3)漂心纵向坐标x_F曲线;

(4)横稳心半径$\overline{BM}$曲线;

(5)每厘米纵倾力矩MTC曲线。

设船舶原来的排水量为Δ,重心纵向坐标为x_G,重心垂向坐标为z_G。当装上大量载荷P(其重心在坐标x、y、z处)后,排水量

$$\Delta_1 = \Delta + P$$

此时,船的重心位置

$$x_{G_1} = \frac{\Delta x_G + Px}{\Delta + P}$$
$$z_{G_1} = \frac{\Delta z_G + Pz}{\Delta + P}$$

在静水力曲线图横坐标上按比例量取排水量$\Delta + P$,从这点作垂线与排水量曲线相交,再从交点引水平线与纵坐标轴相交,即得相应的正浮吃水d_1,如图3-19所示,根据吃水d_1可从有关曲线上量得:x_{B_1},z_{B_1},$\overline{KB_1}$,$\overline{B_1M_1}$,x_{F_1}及MTC_1等数值。

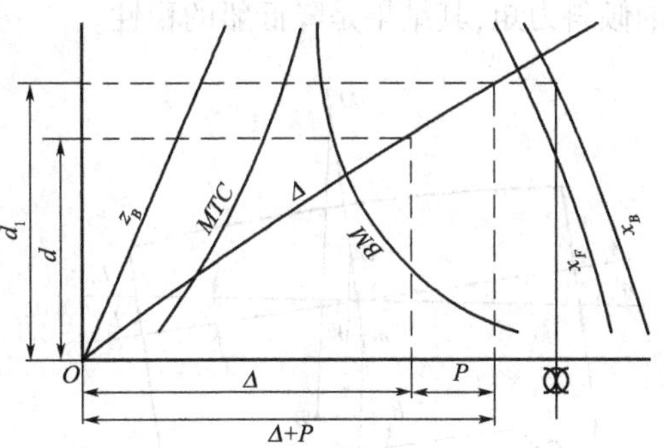

图3-19 静水力曲线图

因此,排水量为$\Delta + P$时的初稳性高

$$\overline{G_1M_1} = \overline{KB_1} + \overline{B_1M_1} - z_{G_1}$$

在静水力曲线图上根据$\Delta + P$量取相关数值时,系假定P装在$A_1(x,0,z)$处,船舶处于正浮状态。现将P移至$A(x,y,z)$处,如图3-20所示,则横倾角正切

$$\tan\varphi = \frac{py}{(\Delta + P)\ \overline{G_1M_1}}$$

船的重心 G_1 和浮心 B_1 不一定在同一铅垂线上，如图 3-20 所示，由此所引起的纵倾力矩可以从下式求得

$$M_T = (\Delta + p)(x_{G_1} - x_{B_1})$$

此时，船的纵倾

$$t = \frac{M_T}{100MTC_1}$$

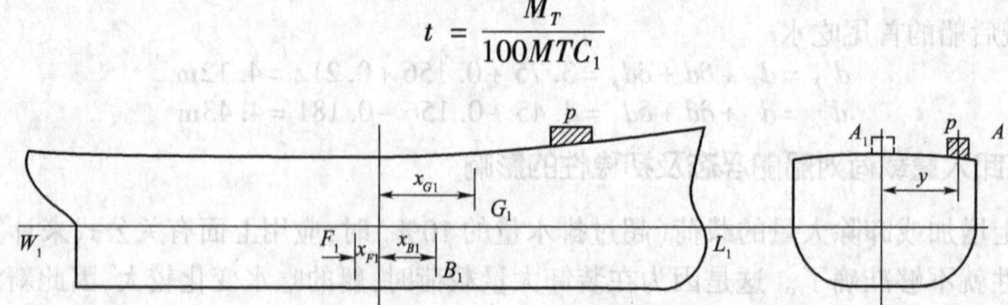

图 3-20 装卸大量载荷的影响

船的首尾吃水

$$d_F = d_1 + \left(\frac{L}{2} - x_{F_1}\right)\frac{t}{L}$$

$$d_A = d_1 - \left(\frac{L}{2} + x_{F_1}\right)\frac{t}{L}$$

对于卸除载荷的情况，也可用同样的方法进行计算，这时在静水力曲线图的横坐标上应截取的排水量为 Δ 和 $\Delta - p$，在应用有关公式时需把载荷重量 p 改为 $-p$。

第七节 自由液面对船舶初稳性的影响

船上设有淡水舱、燃油舱、压载水舱等舱柜，如果舱内液体没有装满，船舶在倾斜时，舱内的液体就会流向倾斜一舷，且液面保持与水面平行，这种可以自由流动的液面称为自由液面。当液体流动后，液体体积的形状会发生变化，它的重心会向倾斜一侧移动，因而产生一个额外的倾斜力矩，其结果是降低船的稳性。

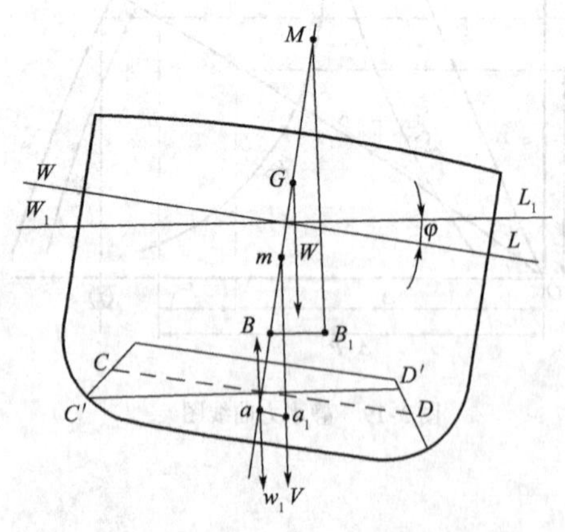

图 3-21 自由液面对船舶初稳性的影响

如图 3-21 所示，设船的排水量为 Δ，自由液体的体积为 V，液体的重量密度为 w_1。当船处于正浮状态时，其重心在 G 点，舱内的自由液面 CD 平行于水线 WL，其重心在 a 点。当船横倾一小角度 φ 后，舱内液体的自由表面也发生倾斜而变为 $C'D'$，且平行于新水线 W_1L_1，其重心由 a 点移至 a_1 点。设在 a 点加上一对大小相等、方向相反的共线力 w_1V，则可以看作船的重心不变，但增加了一个横倾力矩，其数值为

$$M_h = w_1 V \overline{aa_1} = w_1 V \overline{am}\sin\varphi \tag{3-34}$$

式中：m——自由液体倾斜后重量作用线和正浮时重量作用线的交点；

$\overline{am}$——液体重心移动曲线 aa_1 在 a 处的曲率半径。

这种情况和本章第二节中讨论船舶等体积倾斜时浮心移动的情况相类似。在小倾角范围内，aa_1 可看作圆弧，m 为其圆心，$\overline{am}$为其半径。参照式(3-7)可知

$$\overline{am} = \frac{i_x}{V}$$

式中：i_x——自由液面的面积对其倾斜轴线的横向惯性矩；

V——舱内液体的体积。

这样，自由液面产生的横倾力矩可写成

$$M_h = w_1 V \frac{i_x}{V}\sin\varphi = w_1 i_x \sin\varphi$$

因此，在船横倾 φ 角后，除了船本身的复原力矩 $M_R = \Delta\,\overline{GM}\sin\varphi$ 外，还有一个自由液面所产生的横倾力矩。在这种情况下，船的实际复原力矩

$$M_{R_1} = \Delta\,\overline{GM}\sin\varphi - w_1 i_x \sin\varphi = \Delta\left(\overline{GM} - \frac{w_1 i_x}{\Delta}\right)\sin\varphi \tag{3-35}$$

或船的实际初稳性高

$$\overline{G_1M} = \overline{GM} - \frac{w_1 i_x}{\Delta} \tag{3-36}$$

式中：$-\dfrac{w_1 i_x}{\Delta}$——自由液面对初稳性高的修正值。其数值只与自由液面的大小、船的排水量有关，而与自由液体的体积无关。

由式(3-36)可见，自由液面的影响使初稳性高减少了$\dfrac{w_1 i_x}{\Delta} = \dfrac{w_1\,\overline{am}V}{\Delta}$。参照式(3-21)可知，这个影响相当于把液体的重心由 a 点提高到 m 点，因此 m 点亦称为自由液体的虚重心。

用类似方法可以求得自由液面对于纵稳性高的影响

$$\overline{G_1M_L} = \overline{GM_L} - \frac{w_1 i_y}{\Delta} \tag{3-37}$$

式中：i_y——自由液面的面积对其倾斜轴线的纵向惯性矩。

如果船上有多个自由液面的舱柜，则可先算出各自的 $w_i i_x$，然后把它们加起来除以船的排水量，即得所有自由液面对初稳性高的修正值 $-\dfrac{\sum w_i i_x}{\Delta}$，即

$$\overline{G_1M} = \overline{GM} - \frac{\sum w_i i_x}{\Delta} \tag{3-38}$$

同理，对于纵倾情况有

$$\overline{G_1M_L} = \overline{GM_L} - \frac{\sum w_i i_y}{\Delta} \tag{3-39}$$

从式(3-36)可以看出，自由液面的影响是减小了船的初稳性高，即降低了船的初稳性。如果自由液面的面积很大，可能使船失掉初稳性。为了减小自由液面对初稳性的不利影响，最有效的办法是在船内设置纵向舱壁。下面举一个简单例子，说明设置纵向舱壁对减小自由液面影响的效果。

设有一个长为 l,宽为 b 的矩形自由液面,如图 3-22a)所示。在横倾时,该自由液面对于其倾斜轴的惯性矩

$$i_x = \frac{1}{12}lb^3$$

若采用纵向舱壁将其分成两个相同的部分,如图 3-22b)所示,则自由液面 A_l 及 A_2 对于其倾斜轴的面积惯性矩的总和

$$\sum_{j=1}^{2} i_{x_j} = 2\frac{1}{12}l\left(\frac{b}{2}\right)^3 = \frac{1}{4}\frac{lb^3}{12}$$

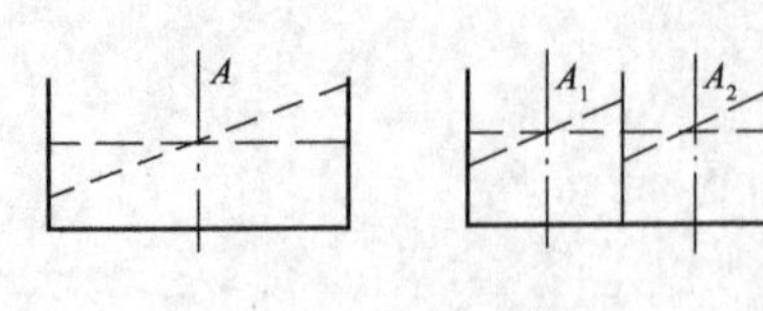

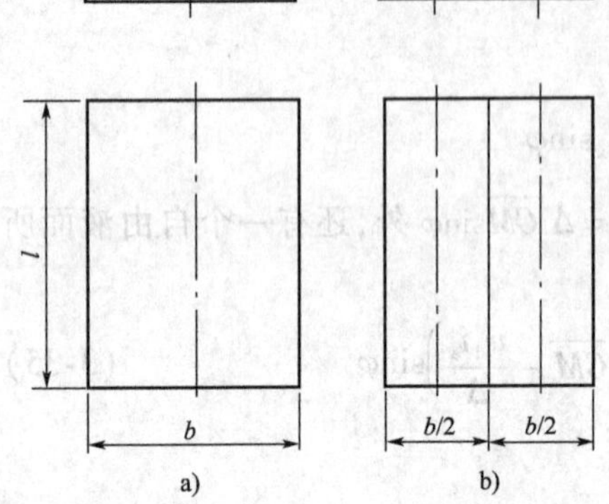

图 3-22 自由液面等分后对稳性的影响

由此可见,用纵向舱壁将自由液面等分后,自由液面对稳性的不利影响可减小至$\frac{1}{4}$。

同样可以证明,如果用两道纵向舱壁将自由液面分成三等份,则其影响可减小至$\frac{1}{9}$。进一步推论为:将舱室进行 n 等分后,自由液面的影响可减少到未分舱前$\frac{1}{n^2}$。

因此,船上宽度较大的油舱、水舱等通常都要设置纵向舱壁,以减小自由液面对稳性的不利影响。

第八节 悬挂重量对船舶初稳性的影响

船舶的悬挂重量有未固定的救生艇、用起重机吊起的货物,以及未加固定的悬挂重量等。在船舶发生倾斜时,它们对稳性均会产生不利影响。

设船上有一悬挂于 A 点的重物 P,其重心位于 D 点,悬挂长度 l,如图 3-23 所示。当船横倾一小角度 φ 后,重物 P 自 D 移至 D_1 点。若在 D 点加上一对大小相等、方向相反的共线力 P,则可以看作船的重心不变,但增加了一个横倾力矩,即

$$M_h = pl\sin\varphi$$

故船在横倾 φ 角时的实际复原力矩

$$M_{R_1} = \Delta\,\overline{GM}\sin\varphi - Pl\sin\varphi$$
$$= \Delta\left(\overline{GM} - \frac{pl}{\Delta}\right)\sin\varphi \qquad (3\text{-}40)$$

或船的实际初稳性高

$$\overline{G_1M} = \overline{GM} - \frac{Pl}{\Delta} \qquad (3\text{-}41)$$

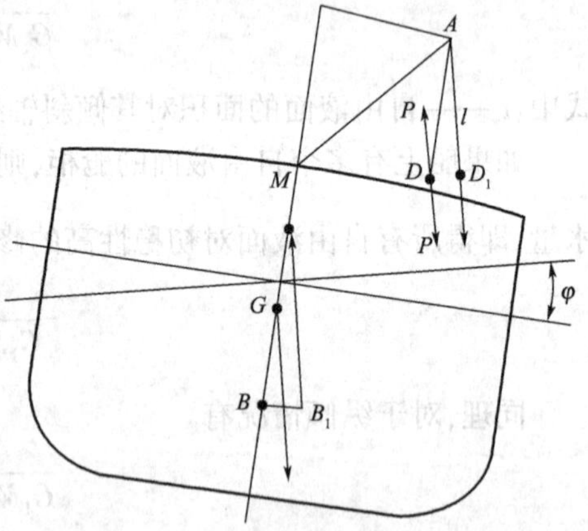

图 3-23 悬挂重物对稳性的影响

由式(3-41)可见,悬挂重量的影响使初稳性高减小$\frac{Pl}{\Delta}$。参照式(3-21)可知,这个影响相

当于把重量 P 自 D 点垂向移至悬挂点 A,故 A 点称为悬挂重量的虚重心。

用同样方法,可以求得悬挂重量情况下船的纵稳性高

$$\overline{G_1M_L}=\overline{GM_L}-\frac{Pl}{\Delta} \tag{3-42}$$

最后,简要介绍一下装卸液体载荷或悬挂重量对船舶浮态和稳性的影响,对于这类问题,在计算稳性高时必须考虑下列两种影响:

(1)首先根据式(3-31)和式(3-32)算出装卸载荷后的稳性高。

(2)再考虑自由液面或悬挂载荷对稳性高的影响,这可根据式(3-38)、式(3-39)或式(3-41)、式(3-42)求得其最后的稳性高,并据此进行船舶浮态的计算。

第九节 船舶在各种装载情况下浮态及初稳性的计算

在上面各节中,讨论了装卸载荷对船舶浮态和稳性的影响,应用这些原理,就可以计算船舶在各种装载情况下的浮态和初稳性。

船舶的装载情况千变万化,不可能一一加以计算,故在设计阶段,只对几种典型的装载情况进行浮态和初稳性的计算,其中应包括初稳性最恶劣时的装载情况。我国海事局颁发的《船舶与海上设施法定检验规则》中,对各类船舶(如客船、货船、油船、拖船、渔船等)所需计算的基本装载情况有明确的规定,并对各类船舶的最小初稳性高也做了规定,如果计算结果能符合有关规则的要求,则表示所设计的船舶具有足够的初稳性。

对于普通货船来说,所需计算的典型装载情况有满载出港、满载到港、空载(或压载)出港和空载(或压载)到港四种状态。

船舶在各种装载情况下浮态和初稳性的计算,通常包括下列三个部分:

(1)各种装载情况下重量和重心位置的计算——每种典型载况单独列一张计算表。

(2)各种装载情况下浮态及初稳性的计算——每种典型载况单独列一张计算表。

(3)各种装载情况下浮态及稳性计算综合表——主要将各种载况下算得的船舶浮态和稳性进行汇总,便于全面了解船舶的浮态和稳性情况。

表3-3、表3-4、表3-5中列举了某船的计算实例,以供参考。

载况重量和重心位置计算(满载出港) 表3-3

项　目	重量 W_i(t)	重心距船中 x_{G_i}(m)	重心距中线 y_{G_i}(m)	重心距基线 z_{G_i}(m)
空船	859.00	-4.03	0	3.80
固定重量	10.80	-12.84	0	4.41
供给品	0.30	-29.00	0	2.40
燃油	89.66	-0.60	0	0.72
柴油	21.56	-21.70	0	1.45
淡水	17.02	-31.73	0	3.51
滑油	2.83	-24.60	0	0.30
压载水	0.00	4.22	0	0.73
货物	1604.83	4.24	0	4.11

续上表

项　目	重量 W_i(t)	重心距船中 x_{G_i}(m)	重心距中线 y_{G_i}(m)	重心距基线 z_{G_i}(m)
其他	67.05	4.24	0	4.11
总计Σ	$\Delta=2673.05$	$x_G=0.879$	$y_G=0.000$	$z_G=3.868$

注:此种表格还有满载到港、压载出港、压载到港三张,此处从略。

各载况的浮态及初稳性计算 表3-4

项　目	单位	符号及公式	满载出港	满载到港	压载出港	压载到港
排水量	t	Δ	2673.05	2557.37	1469.89	1354.21
平均吃水	m	d	4.400	4.237	2.618	2.437
重心纵向坐标	m	x_G	0.879	1.295	-1.879	-1.329
浮心纵向坐标	m	x_B	0.994	1.077	1.653	1.701
重心竖向坐标	m	z_G	3.868	3.985	2.593	2.705
纵稳心距基线高	m	z_{ML}	84.249	85.489	117.271	126.181
纵向初稳心高	m	$\overline{GM}_L=z_{ML}-z_G$	80.381	81.504	114.678	123.476
每厘米纵倾力矩	kN·m	$MTC=\Delta\dfrac{\overline{GM}_L}{100L}$	315.97	306.52	247.89	245.90
漂心纵向坐标	m	x_F	-0.978	-0.782	1.082	1.186
纵倾力臂	m	x_G-x_B	-0.115	0.218	-3.532	-3.030
纵倾力矩	kN·m	$M_T=\Delta(x_G-x_B)$	-3068.4	5579.49	-5191.68	-4102.71
纵倾值	m	$t=\dfrac{M_T}{100\cdot MTC}$	-0.097	0.182	-2.094	-1.668
首吃水增量	m	$\mathrm{d}d_F=\left(\dfrac{L}{2}-x_F\right)\left(\dfrac{t}{L}\right)$	-0.05	0.093	-1.014	-0.805
尾吃水增量	m	$\mathrm{d}d_A=-\left(\dfrac{L}{2}+x_F\right)\left(\dfrac{t}{L}\right)$	0.047	-0.089	1.081	0.863
首吃水	m	$d_F=d+\mathrm{d}d_F$	4.35	4.33	1.604	1.631
尾吃水	m	$d_A=d+\mathrm{d}d_A$	4.447	4.148	3.698	3.300
横稳心距基线高	m	z_M	5.125	5.121	6.040	6.330
未修正初稳心高	m	$\overline{GM}_o=z_M-z_G$	1.257	1.136	3.447	3.625
自由液面修正值	m	$\mathrm{d}\,\overline{GM}$	0.047	0.049	0.086	0.093
实际初稳心高	m	$\overline{GM}=\overline{GM}_o-\mathrm{d}\,\overline{GM}$	1.210	1.087	3.361	3.532

各载况的浮态及稳性总结表 表 3-5

项 目	单位	符号	满载出港	满载到港	压载出港	压载到港	要 求
排水量	t	Δ	2673.05	2557.37	1469.89	1354.21	
平均吃水	m	d	4.400	4.237	2.618	2.437	
首吃水	m	d_F	4.350	4.330	1.604	1.631	
尾吃水	m	d_A	4.447	4.148	3.698	3.300	
重心纵向坐标	m	x_G	0.879	1.295	-1.879	-1.329	
重心竖向坐标	m	z_G	3.868	3.985	2.593	2.705	
进水角	°	θ_j	29.044	30.417	44.738	46.642	
横摇周期	s	T_θ	7.488	7.996	4.676	4.673	
实际初稳心高	m	$\overline{GM}$	1.210	1.087	3.361	3.532	≥0.15
30°处复原力臂*	m	L_M	0.728	0.724	1.680	1.653	≥0.2
最大复原力臂对应角*	°	θ_m	41.785	41.160	55.515	55.874	≥25
消失角*	°	θ_v	≥80	84.417	≥80	≥80	
稳性衡准数*		K	6.885	6.971	11.194	9.933	≥1
稳性校核结果			满足要求	满足要求	满足要求	满足要求	

注:带*号者是大倾角稳性的计算结果。

第十节 船舶倾斜试验

初稳性高$\overline{GM}$是衡量船舶稳性的重要指标,因此,正确地求出初稳性高$\overline{GM}$是十分重要的。其数值可由下式确定,即

$$\overline{GM}=\overline{KB}+\overline{BM}-\overline{KG} \text{或} \ \overline{GM}=(z_B+\overline{BM})-z_G$$

或

$$z_G=(z_B+\overline{BM})-\overline{GM}=z_M-\overline{GM} \tag{3-43}$$

式中,浮心垂向坐标z_B和横稳心半径$\overline{BM}$可以根据型线图及型值表相当精确地求得,因而问题的关键在于重心垂向坐标z_G值是否精确。

在船舶设计阶段计算所得的重量和重心位置,与船舶建成后的实际重量和重心位置往往有一定差异。故在船舶建成以后都要进行倾斜试验,以便准确地求得重量及重心的位置。这不仅可以用来计算该船的稳性,而且为以后设计同类型船舶提供了可靠的参考资料。因此,倾斜试验的目的是确定船舶的重量和重心位置,试验的结果要求精确可靠。

一、倾斜试验的原理

当船正浮于水线WL时,其排水量为Δ。若将船上A点处的重物P横向移动某一距离l至A_l点,则船将产生横倾并浮于新水W_1L_1,如图 3-24 所示。

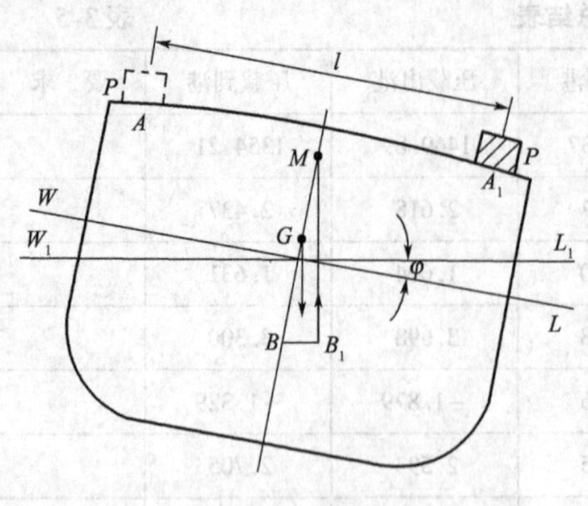

图 3-24 横向移动重量时船的横倾

从船上载荷移动的计算公式可知，此时船的横倾角 φ 正切

$$\tan\varphi = \frac{Pl}{\Delta\,\overline{GM}}$$

上式也可改写为

$$\overline{GM} = \frac{Pl}{\Delta\tan\varphi} \tag{3-44}$$

将式(3-44)代入式(3-43)，即可得到船重心垂向坐标 z_G 的计算式

$$z_G = (z_B + \overline{BM}) - \frac{Pl}{\Delta\tan\varphi} \tag{3-45}$$

若已测得船的首吃水、尾吃水和船中吃水，即可根据静水力曲线或邦戎曲线求得船的排水量 Δ、浮心垂向坐标 z_B 和横稳心半径 $\overline{BM}$ 以及浮心纵向坐标 x_B，另外已知移动重量 P、横向移动距离 l，并测量出横倾角 φ，将它们分别代入式(3-45)后，即可得到船的重心垂向坐标 z_G。在有初始纵倾的情况下，如图 3-25 所示，可根据式(3-46)求得重心纵向坐标 x_G。

$$x_G = x_B - (z_G - z_B)\tan\theta \tag{3-46}$$

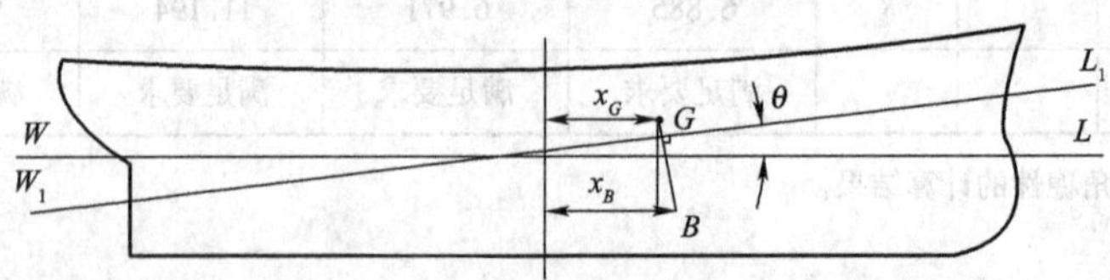

图 3-25 有初始纵倾的情况下求重心纵向坐标

二、倾斜试验方法

试验前，应先测量首、尾吃水和船中吃水以及水的重量密度，以便精确地求出排水量。

倾斜试验所用的移动重物一般是生铁块，将它们分成 P_1、P_2、P_3、P_4 四组，堆放于甲板上指定的位置(如图 3-26 所示)，每组重物的重量相等，即 $P_1 = P_2 = P_3 = P_4$。

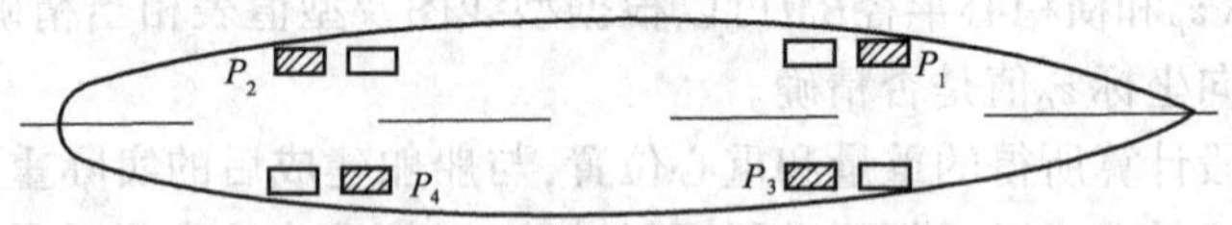

图 3-26 倾斜试验移动重量的布置

为了形成足够的倾斜力矩，使船能产生 2°～4°的横倾角，移动重物的总重量约为船舶排水量的 1%～2%，移动的距离 l 约为船宽的 $\frac{3}{4}$。

横倾角 φ 一般用图 3-27 所示的摆锤进行测量。摆锤用细绳挂在船上的 O 点处，下端装有

水平标尺。当船横倾时,可在标尺上读出摆锤移动的横向距离 k,则船的横倾角正切

$$\tan\varphi = \frac{k}{\lambda}$$

式中:λ——悬挂点 O 至标尺的垂直距离。为了减小测量误差,λ 应尽可能取得大些。

摆锤下端装有翼板并浸在油槽或水槽内,其目的是使摆锤能迅速停止摆动,便于读得精确的 k 值。通常在船上设置 2 ~ 3 个摆锤,分别装在首部、中部和尾部。横倾角 φ 取几个摆锤所得数据的平均值。

此外,横倾角也可用 U 形玻璃水管测量,如图 3-28 所示。设 U 形管中两侧玻璃管中心的横向水平距离为 λ,在横倾后 U 形管中两侧玻璃管的水位高度相差 b,则船的横倾角正切

$$\tan\varphi = \frac{b}{\lambda}$$

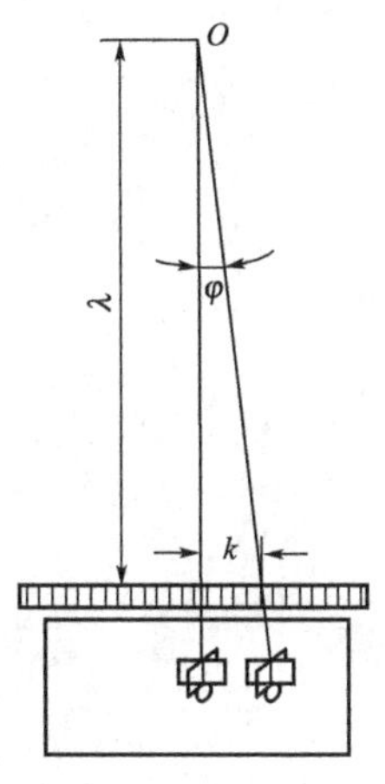

图 3-27 横倾角与摆锤

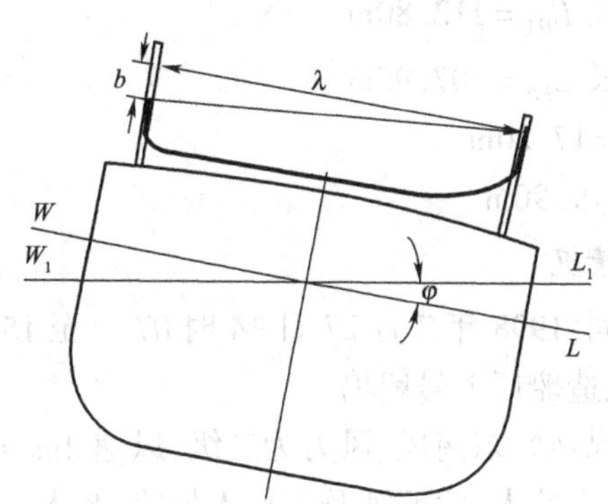

图 3-28 横倾角与 U 形玻璃水管

为了提高试验结果的精确程度,应使被试验的船舶重复倾斜几次,亦即在试验时需按一定的次序将船上各组重量重复移动多次,每次将重物作横向移动后,应计算其横倾力矩 M 及测量相应的横倾角 φ。设整个试验共倾斜 n 次,每次相应的力矩为 $M_1, M_2, \cdots, M_n$,横倾角为 $\varphi_1, \varphi_2, \cdots, \varphi_n$,则可根据下式

$$\overline{GM} = \frac{M}{\Delta\tan\varphi}$$

算出各次的$\overline{GM}$值,然后取其算术平均值,即得船的初稳性高。

但在实际计算中,常用最小二乘法原理以求得更准确的$\overline{GM}$数值。

$$\overline{GM} = \frac{1}{\Delta} \cdot \frac{\sum_{i=1}^{n} M_i \tan\varphi_i}{\sum_{i=1}^{n} \tan^2\varphi_i}$$

三、倾斜试验注意事项

为保证试验的正确性,在试验时应注意以下几点:

(1)试验应选风力不大于 2 级的晴天进行,地点应选在静水的遮蔽处所。试验时应注意风和水流的影响,尽可能使船首正对风向和水流方向,最好在坞内进行倾斜试验。

(2)为不妨碍船的横倾,应将系泊缆绳全部松开。

(3)凡船上能自行移动或晃动的物体都应设法固定,机器停止运转,与试验无关时人员均应离船,留在船上的人员都有固定位置,不能随意走动。

(4)船上的各类液体舱柜都应抽空或注满,以消除自由液面的影响,如有自由液面则应查明其大小,以便进行修正。

(5)试验时,将船上的装载情况(包括试验时在船上的人员重量和位置)以及船上缺少或多余的物资都应作详细记录,以便将试验结果修正到空载状态。

(6)试验时各项工作应有统一的指挥,观察记录工作务必认真仔细。

四、倾斜试验实例

1. 船的主尺度

船舶总长 $L_{OA}=112.80\text{m}$

垂线间长 $L_{PP}=107.95\text{m}$

型宽 $B=17.20\text{m}$

型深 $D=9.90\text{m}$

2. 试验情况

日期时间:1998 年 7 月 27 日 14 时 07 分至 15 时 10 分

地点:某造船厂 1 号船坞

天气情况:晴,东南风、风力为二级,风速 2m/s

参加者:主持人、验船师及工作人员等 18 人

系泊情况:首尾缆绳松开,船舶呈自由状态

水比重:在船中部距水表面 0.5m 深处测得水密度 $\rho=0.99\text{t/m}^3$,水温 30℃

3. 试验时吃水测量情况(包括船底板厚度)

首:右舷 1.18m,左舷 1.19m,平均 1.185m

中:右舷 2.70m,左舷 2.70m,平均 2.700m

尾:右舷 4.23m,左舷 4.21m,平均 4.220m

4. 计算吃水

平板龙骨厚度 $t_k=0.0165\text{m}$

首吃水 $d_F=1.185\text{m}$

舯吃水 $d_m=2.700\text{m}$

尾吃水 $d_A=4.220\text{m}$

型首吃水 $d_F=1.1685\text{m}$

型舯吃水 $d_m=2.6835\text{m}$

型尾吃水 $d_A=4.2035\text{m}$

纵倾角 $\theta=\arctan\left[\dfrac{d_F-d_A}{L_{PP}}\right]=\arctan\left[\dfrac{1.1685-4.2035}{107.95}\right]=-1.6104°$

5. 移动重量及测试设备布置

(1)试验移动重量(压铁)分四堆,左右舷各两堆,原始布置如表 3-6 所示。

原 始 布 置 表 3-6

名 称	重量(t)	重心距舯(m)	重心距中心线(m)	重心距基线(m)
一号堆压铁(#118 右)	7	22.175	7.20	15.10
二号堆压铁(#118 左)	7	22.175	-7.20	15.10
三号堆压铁(#42 右)	7	-27.225	6.50	14.85
四号堆压铁(#42 左)	7	-27.225	-6.50	14.85

(2)试验移动重量顺序如表 3-7 所示。

移 动 重 量 顺 序 表 3-7

编 号	左 舷	右 舷	移动力矩(kN·m)	总移动力矩(kN·m)
初始位置 0	尾□ □ 首	尾■ ■首	0	0
1	□	■□■	1008.0	1008.0
2		□■□■	910.0	1918.0
3	□	■□■	-910.0	1008.0
4	□ □	■ ■	-1008.0	0
5	□ □■	■	-1008.0	-1008.0
6	□■□■		-910.0	-1918.0
7	□ □■	■	910.0	-1008.0
8	□ □	■ ■	1008.0	0

(3)U 形玻璃管布置情况:

No. 1U 形管位于尾部#119 左右舷,两玻璃管中心距 $\lambda_1 = 16.24m$;

No. 2U 形管位于首部#39 左右舷,两玻璃管中心距 $\lambda_2 = 15.45m$。

6. 多余重量表

多余重量表如表 3-8 所示。

多 余 重 量 表 表 3-8

序 号	项 目	位 置	重量 w_i (t)	重心位置 纵向(距舯) 距离 x (m)	纵向(距舯) 力矩 M_x (kN·m)	竖向(距基线) 距离 z (m)	竖向(距基线) 力矩 M_z (kN·m)
1	油漆	#120	1.694	23.475	397.7	12.6	213.44
2	重油	No. 6 舱	20.000	17.875	-3575.0	0.09	18.00
3	混合油	No. 7 舱(左)	12.000	-36.435	-4372.2	0.255	30.60
4	轻油	No. 18 舱(左)	10.000	-45.305	-4530.5	5.90	590.00

续上表

序号	项目	位置	重量 w_i (t)	重心位置			
				纵向(距舯)		竖向(距基线)	
				距离 x (m)	力矩 M_x (kN·m)	距离 z (m)	力矩 M_z (kN·m)
5	重油	No.7 舱(右)	8.000	−35.235	−2818.8	0.39	31.20
6	压载水	No.1 舱(左,右)	327.800	30.015	98389.2	0.95	3114.10
7	调平压铁	上甲板#130	5.000	29.975	1498.8	12.65	632.50
8	试验压铁	上甲板#118	14.000	22.175	3104.5	15.10	2114.00
9	试验压铁	上甲板#42	14.000	−27.225	−3811.5	14.85	2079.00
10	实验人员 12 人	上甲板	0.780	−3.825	−29.8	10.75	83.85
11	实验人员 6 人	上甲板	0.390	−3.825	−14.9	15.35	59.87
12	人员行李等	尾楼	5.000	−37.975	−1898.8	14.50	725.00
13	备品和供应品		4.000	−49.975	−1999.0	9.00	360.00
14	总计		422.664	19.008	80339.7	2.378	10051.6

7. 不足重量表

不足重量表如表 3-9 所示。

不足重量表　　表 3-9

序号	项目	位置	重量 w (t)	重心位置			
				纵向(距舯)		竖向(距基线)	
				距离 x (m)	力矩 M_x (kN·m)	距离 z (m)	力矩 M_z (kN·m)
1					0.00		0.000
	不足质量总计		0	0.000	0.0	0.000	0.0

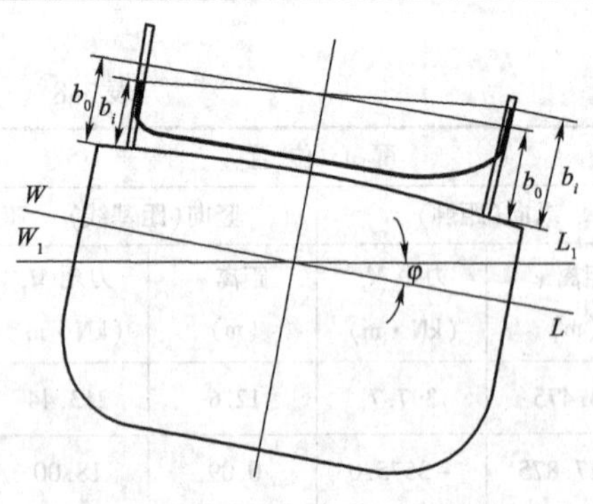

图 3-29　液面高度测量

8. U 形管测量装置液位测量记录表

由于 U 形管中的液面高度上下波动,在读数时应记录上下液面高度各 5 次,然后取其平均值。以下给出了 No. 1U 形管左右玻璃管的液面高度测量记录的平均值(mm),见表 3-10。表内第一栏为重量未移动时的初始读数,记作 b_0、b_i为重量移动后各次液面高度测量记录的平均值,见图 3-29。

9. 试验状态下排水量、浮心坐标及横稳心坐标的确定

已知水密度 $\rho = 0.99\ \mathrm{t/m^3}$,根据计算平均型吃水 $d_m = 2.6835\mathrm{m}$,从静水力曲线中求得以下数据(表 3-11)。

液面高度测量记录的平均值 表 3-10

重量移动序号 i		0	1	2	3	4	5	6	7	8
左侧	读数平均值 b_i	630	556.1	427.2	519.3	626.4	726.5	815.6	726.7	621.8
	相对值 $b_{左}=b_i-b_0$	0	-73.9	-202.8	-110.7	-3.6	96.5	185.6	96.7	-8.2
右侧	读数平均值 b_i	720.9	827.1	897.7	830.8	726.7	620.5	533.4	621.7	740.6
	相对值 $b_{右}=b_i-b_0$	0	106.2	176.8	109.9	5.8	-100.4	-187.5	-99.2	19.7
两侧液面差 $b=\lvert b_{右}-b_{左}\rvert$		0	180.1	379.6	220.6	9.4	196.9	373.1	195.9	27.9
横倾角 $\tan\varphi=\dfrac{b}{\lambda_1}$		0	0.01109	0.02337	0.01358	0.00058	0.01212	0.02297	0.01206	0.00172

注:No.2U 形管的记录表形式相同,从略。

从静水力曲线中求得的数据 表 3-11

序 号	项 目	数 值	单 位
1	排水量 Δ_1	3162.56	t
2	横稳心垂向坐标 KM	9.351	m
3	浮心垂向坐标 z_B	1.436	m
4	浮心纵向坐标 x_{B_1}	0.240	m
5	每厘米纵倾力矩 MTC	66.475	t · m/cm
6	修正后排水量 $\Delta=\Delta_1\dfrac{\rho}{1.025}$	3054.57	t
7	修正后浮心纵向坐标 $x_B=x_{B_1}+\dfrac{100(d_F-d_A)MTC}{\Delta_1}$	-6.139	m

10. 液舱装载及自由液面表(表 3-12)

液舱装载及自由液面表 表 3-12

序号	舱 名	位置	液体容积 (m^3)	装载量 (t)	横向惯性距 (m^4)	液体密度 ($t\cdot m^{-3}$)	自由液面惯量矩 $I\times\rho$(t · m)
1	No.6 舱重油			20	90	0.9	81
2	No.7 舱(左)混合油			12	80	0.9	72
3	No.7 舱(右)重油			8	80	0.9	72
4	No.18 舱(左)轻油			10	70	0.84	59
5	自由液面修正量 $dGM=\Sigma I\times\dfrac{\rho}{\Delta}$						0.093

11. 倾角和初稳性计算表

倾角和初稳性计算表(最小二乘法)如表 3-13 所示。

倾角和初稳性计算表 表 3-13

No.	重量移动序号 i	0	1	2	3	4	5	6	7	8	Σ
1	No.1 测点 $\tan\varphi_1$	0	0.0111	0.0234	0.0136	0.0006	0.0121	0.0230	0.0121	0.0018	
2	No.2 测点 $\tan\varphi_2$	0	0.0136	0.0240	0.0130	0.0007	0.0120	0.0229	0.0119	0.0015	

续上表

No.	重量移动序号 i	0	1	2	3	4	5	6	7	8	Σ
3	平均值 $\tan\varphi=\frac{1}{2}(\tan\varphi_1+\tan\varphi_2)$	0	0.0124	0.0237	0.0133	0.0007	0.0121	0.0229	0.0120	0.0016	
4	$\tan^2\varphi$	0	0.0002	0.0006	0.0002	0	0.0001	0.0005	0.0001	0	0.00171
5	倾侧力矩 M(kN·m)	0	100.8	1918.0	100.8	0	100.8	1918	100.8	0	786.8
6	$M\tan\varphi$	0	12.457	45.426	13.390	0	12.152	43.968	12.057	0	139.450
7	$GM_o=\frac{\sum M\tan\varphi}{\Delta\sum\tan^2\varphi}=\frac{139.45}{3054.57\times8\times0.00171}=2.670\text{m}$										

12. 试验状态船舶有关参数表

试验状态船舶有关参数表如表 3-14 所示。

试验状态船舶有关参数表 表 3-14

序号	项　目	数　值	单　位
1	计算型首吃水 d_F	1.1685	m
2	计算型尾吃水 d_A	4.2035	m
3	计算平均型吃水 d_m	2.6835	m
4	纵倾角 θ	−1.6104	(°)
5	排水量 Δ	3054.57	t
6	横稳心垂向坐标 $\overline{KM}$	9.351	m
7	浮心垂向坐标 z_B	1.436	m
8	浮心纵向坐标 x_B	−6.139	m
9	实测初稳性高 $\overline{GM}_o$	2.670	m
10	自由液面修正值 $\mathrm{d}\,\overline{GM}$	0.093	m
11	经自由液面修正后初稳性高 $\overline{GM}=\overline{GM}_o-\mathrm{d}\,\overline{GM}$	2.577	m
12	重心垂向坐标 $z_G=\overline{KM}-\overline{GM}$	6.774	m
13	重心纵向坐标 $x_G=x_B-(z_G-z_B)\tan\theta$	−5.990	m

13. 空船重量及重心位置计算表

空船重量及重心位置计算如表 3-15 所示。

空船重量及重心位置计算表 表 3-15

项　目	重量(t)	重心距舯(m)	重心距中心线(m)	重心距基线(m)
试验状态	3054.57	−5.990	0	6.774
多余重量	−442.664	19.008	0	2.378
不足重量	0			
空船重量Σ	2611.91	−10.227	0	7.519

SIKAO YU LIANXI

一、简答题

1. 什么是船舶稳性？

2. 复原力矩是怎样形成的(作图说明并写出复原力矩表达式)？

3. 什么是船舶的静稳性和动稳性？什么是船舶的横稳性和纵稳性？

4. 在研究船舶稳性时为什么将稳性分成初稳性和大倾角稳性，如何划分？

5. 什么是"等体积倾斜"？如何确定等体积倾斜水线的位置？

6. 什么叫稳心、稳心半径？稳心半径主要与哪些因素有关？

7. 初稳性公式适用范围如何？为什么？

8. 什么叫横稳性高？为什么说它是衡量船舶初稳性好坏的主要指标？如何应用它判断船舶的稳定性？为什么船一般总是横向倾覆而不是纵向翻掉？

9. 在横剖面图上绘出浮心 B、重心 G 和横稳心 M 的位置，并标出浮心、重心和横稳心的垂向坐标 z_B、z_G 和 z_M，以及横稳心半径$\overline{BM}(r)$，说明它们与横稳性高$\overline{GM}(h)$之间的关系。

10. 已知船的长度 L，平均吃水 d，水线面面积漂心位置 x_F 和纵倾值 t，通过作图写出船舶首倾 θ 角后的首尾吃水公式。

11. 什么是船舶静水力曲线？它包括哪几种性质的曲线？各自又包括哪些曲线？各曲线走向如何？静水力曲线有什么用途？能否根据某一吃水查出船舶的有关静水力性能？

12. 船上重量移动(包括垂向、横向、纵向移动)对稳性和浮态的影响如何？

13. 船舶装上或卸下小量重量，对稳性和浮态的影响如何？要使船舶在装卸重量后，不产生倾斜，该重量应装卸在什么地方。为什么？若还要船舶的初稳性高$\overline{GM}$也不变，那么重量又应该装卸在什么地方？为什么？

14. 说明装上或卸下大量重量对船的稳性和浮态的影响。为什么要利用静水力曲线来计算，并叙述其计算步骤。

15. 悬挂重量和滚动重量对初稳性高有什么影响？

16. 自由液面对船舶稳性有什么影响？减小自由液面影响的办法有哪些？

17. 提高(或改善)船舶初稳性的措施有哪些？最有效的措施是什么？为什么？

18. 叙述船舶倾斜试验的目的和基本原理以及试验方法、步骤和注意事项。

二、判断题

1. 若复原力矩与倾斜力矩的方向相反，则它起着抵抗倾斜力矩的作用。

2. 当装卸大量载荷时，应根据静水力曲线计算船舶的浮态和稳性。

3. 自由液面的存在可改善船舶的初稳性。

4. 在船舶发生倾斜时，悬挂重量对稳性会产生不利影响。

5. 悬挂点为悬挂重量的虚重心。

三、单项选择题

1. ________是指倾斜角度小于10°~15°的稳性。

A. 横稳性　　B. 初稳性　　C. 动稳性　　D. 静稳性

2. 初稳性范围内,两等体积水线面的交线必然通过原水线面 WL 的________。

A. 浮心　　B. x 轴　　C. 稳心　　D. 漂心

3. 船舶在等体积小角度倾斜过程中,浮心移动曲线是以________为圆心的圆弧。

A. 浮心　　B. 重心　　C. 初稳心　　D. 漂心

4. 水面船舶满足稳定平衡状态的条件为________。

A. 重心高于稳心　　B. 重心低于稳心　　C. 重心低于漂心　　D. 重心等于稳心

5. 少量装卸平行沉浮的条件是装卸重物的重心位于水线面________的垂线上。

A. 浮心　　B. 重心　　C. 漂心　　D. 稳心

6. 在少量装卸中,若装卸货物 P 的重心在中和面或极限平面上,则船舶的初稳性高度将________。

A. 增大　　B. 减小　　C. 不改变　　D. 不确定

7. 自由液面对初稳性高的修正值与________无关。

A. 自由液体重量密度　　B. 船的排水量

C. 自由液面大小　　D. 自由液体体积

8. 为减小自由液面对船舶稳性的影响,将液柜等距离设置一道水密纵向舱壁,则自由液面对船舶稳性的影响为原影响的________。

A. 1/2　　B. 1/4　　C. 1/9　　D. 1/10

9. 船内悬挂重物在船舶倾斜时将使稳性高度降低,当重物渐渐上升,在上升过程中船舶稳性高度________。

A. 继续降低　　B. 将升高　　C. 不改变　　D. 不确定

10. 倾斜实验的目的是为了确定船舶的空船________。

A. 浮心高度　　B. 重心高度　　C. 漂心高度　　D. 稳心高度

四、计算题

1. 试计算矩形对其对称轴的惯性矩,矩形的高为 h,宽为 b,并证明 $\frac{2}{3}\int_{-\frac{L}{2}}^{\frac{L}{2}} y^3 \mathrm{d}x$ 为水线面 WL 的面积对于纵向中心轴线 $O\text{-}O$ 的横向惯性矩 I_T。

2. 某内河船的排水量 $\Delta = 820\mathrm{t}$,水线面面积对 x 轴的惯性矩 $I_T = 2380\mathrm{m}^4$,初稳性高 $\overline{GM} = 1.70\mathrm{m}$,求重心在浮心以上的高度。

3. 某长方形起重船的主要尺度为:船长 $L = 15\mathrm{m}$,船宽 $B = 9.0\mathrm{m}$,型深 $D = 2.0\mathrm{m}$,起重船主体重 $P_1 = 56\mathrm{t}$,其重心高度 $\overline{KG_1} = 0.85\mathrm{m}$,船的上层建筑重 $P_2 = 78\mathrm{t}$,重心高度 $\overline{KG_2} = 7.5\mathrm{m}$,水的重量密度 $w = 1.025\mathrm{t/m}^3$,试计算:

(1) 横稳性高 $\overline{GM}$;

(2) 纵稳性高 $\overline{GM_L}$。

4. 某巡洋舰的排水量$\Delta=10200\text{t}$，船长$L=200\text{m}$，当尾倾为1.3m时，水线面面积的纵向惯性矩$I_L=420\times10^4\text{m}^4$，重心的纵向坐标$x_G=-4.23\text{m}$，浮心的纵向坐标$x_B=-4.25\text{m}$，水的重量密度$w=1.025\text{t/m}^3$。试求纵稳性高$\overline{GM}_L$。

5. 一方形剖面的匀质物体正浮于淡水中，水的重量密度为1.000t/m^3，试问该物体的重量密度w_1为多少时才能保持其稳定漂浮状态？

6. 已知某内河船的数据为船长$L=48\text{m}$，船宽$B=8.2\text{m}$，吃水$d=1.2\text{m}$，方形系数$C_B=0.68$，横稳性高$\overline{GM}=1.8\text{m}$，纵稳性高$\overline{GM}_L=92.0\text{m}$，试求：

(1)横倾1°力矩；

(2)纵倾1cm力矩；

(3)如果把船上10t重物横向移动2m，纵向移动5m(往船尾方向移动)，求重物移动后的横倾角、纵倾角及首尾吃水。假定水线面漂心x_F的位置在船中央。

7. 某船正浮时初稳性高$\overline{GM}=0.6\text{m}$，排水量$\Delta=10000\text{t}$，把船内100t货物向上移动3m，再横向移动10m，求货物移动后船的横倾角φ。

8. 某船有初始横倾角$\varphi=2°36'$，现将重量为3%排水量的货物横向移动，使船复原到正浮位置。已知船的初稳性高$\overline{GM}=1.30\text{m}$，求货物移动的距离。

9. 某巡洋舰的首吃水$d_F=5.65\text{m}$，尾吃水$d_A=5.97\text{m}$，每厘米纵倾力矩$MTC=2720\text{kN}\cdot\text{m}$，试问：若前后舱之间的距离$l=156\text{m}$，要从后舱抽出多少吨油到前舱方可使船平浮？

10. 某船主要数据为：船长$L=135\text{m}$，船宽$B=14.2\text{m}$，首吃水$d_F=5.2\text{m}$，尾吃水$d_A=4.8\text{m}$，排水量$\Delta=5200\text{t}$，横稳性高$\overline{GM}=0.95\text{m}$，纵稳性高$\overline{GM}_L=150\text{m}$，每厘米吃水吨数$TPC=13.8\text{t/cm}$，漂心纵向坐标$x_F=-3.5\text{m}$，试求：在$x=-35\text{m}$，$y=1.0\text{m}$，$z=9.0\text{m}$处装载200t货物后船的浮态。

11. 某船长$L=100\text{m}$，首吃水$d_F=4.2\text{m}$，尾吃水$d_A=4.8\text{m}$，每厘米吃水吨数$TPC=80\text{t/cm}$，每厘米纵倾力矩$MTC=750\text{kN}\cdot\text{m}$，漂心纵向坐标$x_F=4.0\text{m}$。若船上装载120t的货物，问货物装在何处才能使船的首吃水和尾吃水相等？

12. 已知某内河长方形船的船长$L=100\text{m}$，船宽$B=12\text{m}$，吃水$d=6\text{m}$，重心垂向坐标$z_G=3.6\text{m}$，该船的中纵剖面两边各有一淡水舱，其尺度为：长$l=10\text{m}$，宽$b=6\text{m}$，深$a=4\text{m}$。在初始状态两舱都装满了淡水。试求：

(1)在右侧一个舱内的水耗去一半时船的横倾角；

(2)如要消除横倾，则船上$x=8\text{m}$，$y=-4\text{m}$处的60t货物应移至何处？

13. 已知某内河船的主要尺度和要素为：船长$L=58\text{m}$，船宽$B=9.6\text{m}$，首吃水$d_F=1.0\text{m}$，尾吃水$d_A=1.3\text{m}$，方形系数$C_B=0.72$，纵稳性高$\overline{GM}_L=65\text{m}$，为了通过浅水航道，必须移动船内的某些货物，使船处于平浮状态，假定货物从尾至首最大的移动距离为$l=28.0\text{m}$，求必须移动的货物重量。

14. 已知某船排水量$\Delta=19004\text{t}$，平均吃水$d_m=9\text{m}$，稳性高$\overline{GM}=0.63\text{m}$，船内有一双层底未装满燃油，舱的首尾向长度$l=14.6\text{m}$，左右向宽度$b=9\text{m}$(设舱的形状为长方体)，燃油的密度$\rho=0.98\text{t/m}^3$，问其自由液面使$\overline{GM}$改变了多少？并求自由液面修正后的稳性高度。

15. 已知某船排水量$\Delta=19503\text{t}$，当船上吊机将船上货物吊起，货重$P=100\text{t}$，初始重心距悬挂点$l=22\text{m}$，问此悬挂货物使$\overline{GM}$改变了多少？在货物起吊上升的过程中$\overline{GM}$是否继续改变？

为什么？

16. 某内河客船的一舷受到风的作用，受风面积 $A_f=410\text{m}^2$，受风面积的中心在基线以上的高度为 $z_f=4.7\text{m}$，风压为 $P=490\text{Pa}$，已知船的要素为：船长 $L=75.0\text{m}$，船宽 $B=8.1\text{m}$，吃水 $d=2.2\text{m}$，方形系数 $C_B=0.645$，初稳性高 $\overline{GM}=1.4\text{m}$，假定水阻力中心在其水线处，试求该船受风力作用时的横倾角。

17. 若船靠岸时有 80 位乘客集中到一舷，已知乘客移动到舷边的距离 $l=4.0\text{m}$，每个乘客重量为 60kg，船舶每横倾 1°的力矩 $M_0=82\text{kN}\cdot\text{m}$。求此时该船的横倾角。

18. 某内河驳船 $\Delta=1100\text{t}$，平均吃水 $d=2.0\text{m}$，每厘米吃水吨数 $TPC=6.50\text{t/cm}$，在 6 个同样的舱内装石油（石油的重量密度 $w_1=0.93\text{t/m}^3$），每个舱内都有自由液面。油舱为长方形，其尺度为 $l=15.0\text{m}$，$b=6.0\text{m}$，船的初稳性高为 $\overline{GM}=1.86\text{m}$，若把右舷中间的一个舱中重量为 $P=120\text{t}$ 的油完全抽出，其重心垂向坐标 $z_G=0.80\text{m}$，试求船的横倾角。

19. 某长方形船在港内进行倾斜试验，其主尺度和主要数据为：船长 $L=32\text{m}$，船宽 $B=9.15\text{m}$，首吃水 $d_F=1.83\text{m}$，尾吃水 $d_A=3.66\text{m}$，移动重量 $P=3\text{t}$，横移距离 $l=4.6\text{m}$，摆锤长 $\lambda=4.6\text{m}$，摆动距离 $k=0.1\text{m}$，试验后尚需从船上 $x=-8.2\text{m}$，$z=2.4\text{m}$ 处卸去 50t 的重量。试求该重量卸去后的重心高度和首、尾吃水。

20. 某内河船做倾斜试验时的排水量 $\Delta=7200\text{t}$，吃水 $d=6.0\text{m}$，水线面面积 $A_W=1320\text{m}^2$。全部移动载荷的总重量是 50t，移动距离 $l=9.25\text{m}$，摆锤长 $\lambda=3.96\text{m}$，最大摆动距离 $k=0.214\text{m}$。试验后还需加装 850t 重的燃油。重心在基线之上 5.18m 处，油的重量密度 $w_1=0.86\text{t/m}^3$，自由液面惯性矩 $i_x=490\text{m}^4$，试求最后的横稳性高 G_1M_1。

第四章 大倾角稳性

● **学习目标**

知识目标

1. 理解大倾角稳性的基本概念；
2. 理解静稳性曲线的计算方法；
3. 理解静稳性曲线的特征；
4. 掌握静、动稳性曲线的应用和稳性衡准方法；
5. 初步掌握改善船舶稳性的主要措施。

能力目标

1. 具备运用稳性横截曲线计算静稳性曲线的能力；
2. 初步具备对船舶进行稳性衡准的能力。

第一节 概 述

由初稳性一章可知，船舶在一定排水量下，其初稳心高度$\overline{GM}$为一定值，用它来判别船舶初稳性的好坏及计算小量载荷的装卸和移动等问题是十分简便的。但是，船舶若在较大的外力矩作用下（如遇恶劣风浪等），横倾角将超过10°～15°范围，这时，初稳性研究的一些假定条件就不适用了，因此便不能再用初稳性来判别船舶是否具用足够的稳性。还有一些重要问题，比如，船舶在航行中究竟能抵抗多大的外力矩；船舶横倾到什么程度将丧失稳性而倾覆等，都超出了初稳性的研究范围。所以我们还需要研究船舶的大倾角稳性，以便全面考查船舶在各种装载情况下是否都具有足够的稳性。

对于小倾角情况，由初稳性一章可知，其复原力矩为

$$M_R = \Delta\,\overline{GZ} = \Delta\,\overline{GM}\sin\varphi$$

这一初稳性公式是建立在两个假定条件基础之上的，一是等体积倾斜轴线过原水线面漂心；二是浮心移动曲线是圆弧的一段，其圆心为初稳心 M，半径为初稳心半径$\overline{BM}$。

根据上述假定可以看出，在初稳性范围，排水量一定情况下，初稳心高度$\overline{GM}$为一定值，因此，复原力矩仅是倾角的正弦函数，故用$\overline{GM}$来判别初稳性较为简便。

大倾角情况如图4-1所示。船舶横倾一大角度 φ 后，浮于水线 $W_\varphi L_\varphi$。这时船的重心不变，但由于排水体积的形状发生了变化，浮心由 B_0 点沿曲线移至 B_φ点。这样重力与浮力就形成了复原力矩 M_R，M_R 可写成

$$M_R = \Delta\,\overline{GZ} = \Delta l$$

式中：$l=\overline{GZ}$——重力作用线与浮力作用线之间的垂直距离，称为复原力臂或静稳性臂。

对于一定的船，静稳性臂 l 随排水量Δ、重心高度$\overline{KG}$及横倾角 φ 而变。在排水量Δ及重心

高度$\overline{KG}$一定时，$\overline{GZ}$只随 φ 而变，如图 4-2 所示。

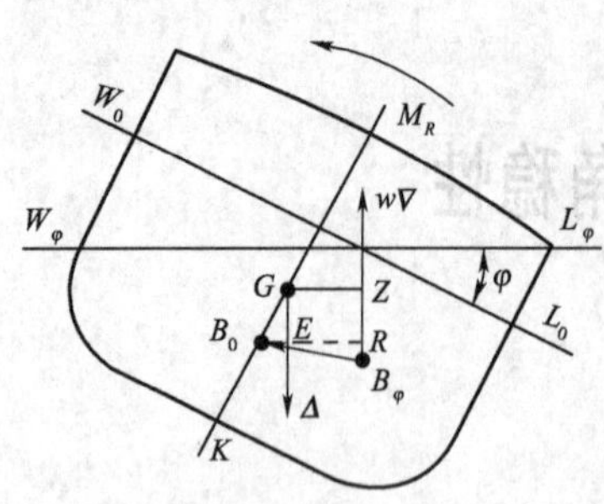

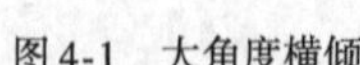
图 4-1 大角度横倾

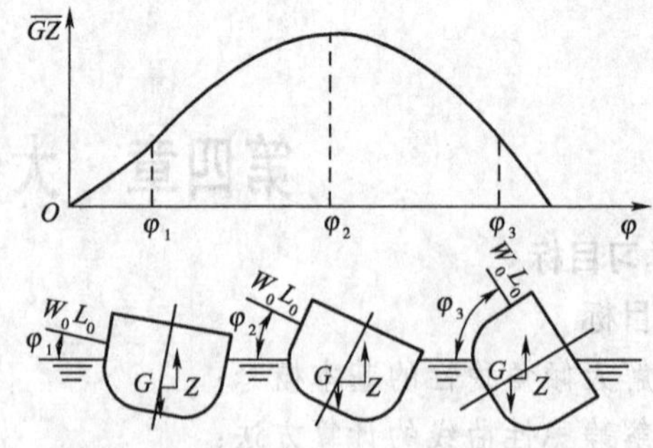

图 4-2 复原力臂随 φ 的变化

从小倾角和大倾角情况的复原力矩公式看来，两者几乎没有什么原则差别，即复原力矩大小均要由复原力臂决定。但是，在小倾角时$\overline{GM}$为定值，复原力臂$\overline{GZ}=\overline{GM}\sin\varphi$，而在大倾角时，分析图 4-1 可发现，由于入水和出水楔形形状的不对称，等体积倾斜水线不再通过正浮水线面漂心，浮心移动曲线也不再是一圆弧，因而浮力作用线与船体中线也不再交于初稳心 M 点，即“$\overline{GM}$”为变量。所以，对大倾角稳性来讲，复原力矩大小虽仍由复原力臂 l 决定，l 随倾角 φ 而变化，但不能用“$\overline{GZ}=\overline{GM}\sin\varphi$”来计算。由此可知，大倾角稳性不能套用初稳性的结论，大倾角稳性研究的主要问题是复原力矩（或力臂）随倾角的变化规律。

从图 4-1 可以看出，静稳性臂可以用下式表示

$$\overline{GZ}=\overline{B_0R}-\overline{B_0E}$$

或

$$l=l_b-l_g \tag{4-1}$$

式中，$l_b=\overline{B_0R}$——浮心沿水平横向移动的距离，其大小完全由排水体积的形状来决定，故称为形状稳性臂；$l_g=\overline{B_0E}=\overline{B_0G}\sin\varphi$，其大小主要由重心位置来决定，故称为重量稳性臂。

因静稳性臂 l 随倾角 φ 的变化规律较复杂，故通常根据计算结果绘制成静稳性臂 l 随倾角 φ 变化的曲线图，见图 4-3。该曲线表示了船舶在不同倾角时静稳性臂 l 的大小，因此是衡量船舶大倾角稳性的重要依据。

如果把初稳性公式中的复原力臂$\overline{GZ}$写成下式

$$\overline{GZ}=l=\overline{GM}\sin\varphi\approx\overline{GM}\varphi$$

并把其随倾角的变化也画在图 4-3 上，则从图上可看出，在小倾角时，三条曲线基本上是重合的，但随着倾角的增加，初稳性公式就不符合实际情况了。这也说明了研究大倾角稳性的必要性。

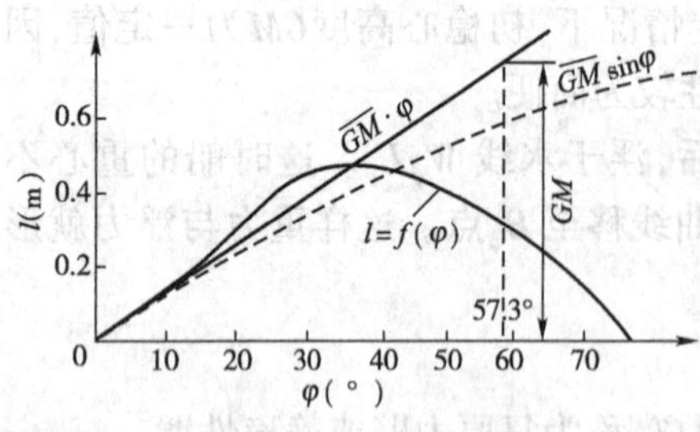

图 4-3 静稳性曲线图

由上述可知，大倾角稳性首先要研究静稳性曲线 $l=f(\varphi)$ 的计算方法，然后才能根据它分析船舶的静稳性及动稳性等问题。

在大倾角稳性讨论中，为了使研究问题的简化，仍

然假定船舶处于静水中,同时不考虑横倾时因首尾不对称而引起的纵倾影响。

第二节　静稳性曲线的计算

在大倾角稳性中,静稳性曲线的计算方法有多种,这些方法各有优缺点。从图4-1中可以看出,只要能确定船舶横倾后浮力作用线的位置,便可以立刻得到静稳性臂 l。因此,静稳性臂的计算便可归结为如何求船舶倾斜后浮力作用线的位置。下面仅介绍一种直接计算不同倾角时,各水线下的排水体积及浮力作用线位置的方法(简称直接法)。此法计算原理通俗易懂,便于掌握。

一、计算原理

如图4-4所示,船舶正浮于水线 W_0L_0 时,排水体积 ∇_0,浮心为 B_0 点,重心为 G 点。当船横倾一较大角度 φ 后,假定倾斜水线 $W_\varphi L_\varphi$ 与原水线相交于 O 点。且倾斜水线下的排水体积为 ∇_φ,浮心位于 B_φ 点。这时倾斜后的浮力作用线到重心 G 之距离 $\overline{GZ}$ 即为船舶在这种装载情况下的静稳性臂 l。

从式(4-1)可知,静稳性臂 l 为

$$l = l_b - l_g$$

式中,重量稳性臂 l_g 的大小主要取决于重心位置。然而,对于一般船舶,其装载情况是多样的,故仅计算和校核一种装载情况的静稳性臂是不够的,它不能代表其他装载情况。为了使计算简便,先假定一重心位置 S,如图4-4所示,其适合于任意吃水情况,并按此假定重心计算出静稳性臂 l_S,然后利用下式计算实际装载情况(重心在 G 点)时的静稳性臂 l,即

$$l = l_S - \overline{SG}\sin\varphi = l_S - (\overline{KG} - \overline{KS})\sin\varphi$$

即

$$l = l_S - (z_G - z_S)\sin\varphi \tag{4-2}$$

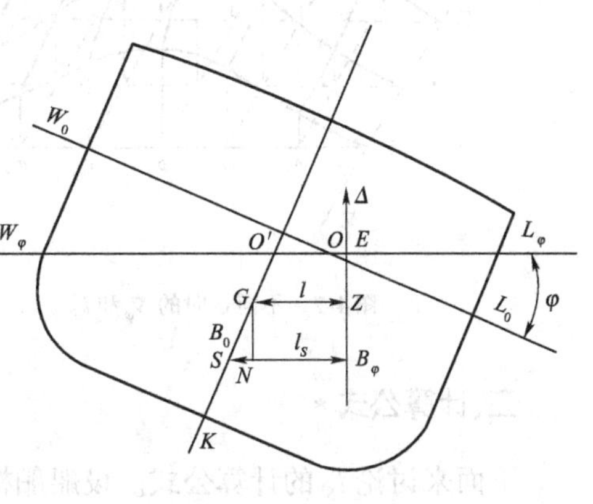

图4-4　大角度横倾

式中:z_G——某装载情况下的重心坐标;

z_S——某装载情况下的假定重心坐标。

下面的问题就是要求得假定重心 S 到浮力作用线间的距离 l_S。为求取 l_S,过假定重心 S 作垂直于 $W_\varphi L_\varphi$ 的垂线 $N_\varphi N_\varphi$,作为计算参考轴线,平行于 $W_\varphi L_\varphi$ 作一系列水线,如图4-5所示。然后求各水线下的排水体积及浮心至 $N_\varphi N_\varphi$ 轴平面的距离 l_S,并将结果绘制成倾角为 φ 时的 $\nabla_\varphi - l_S$ 曲线,如图4-6所示。这样,对倾角为 φ 时的任一装载情况(即任一排水量)下的 l_S 值都可以从图4-6中查出。同理,对不同的倾角 φ 均可求得 $\nabla_\varphi - l_S$ 曲线,如图4-7所示,若将它们合并成一张图,则称为稳性横截曲线,如图4-8所示。

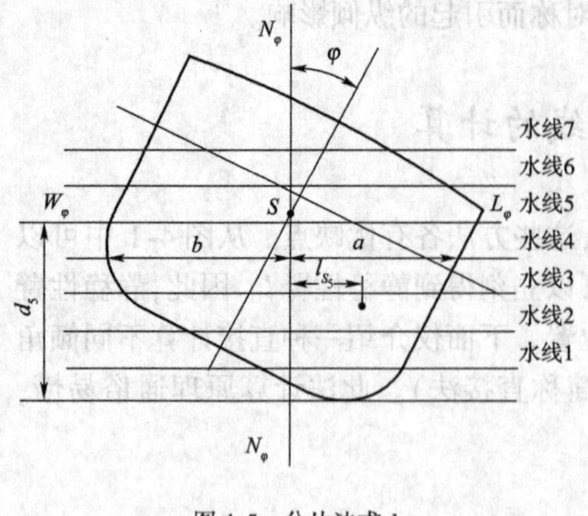

图 4-5　分片法求 l_S

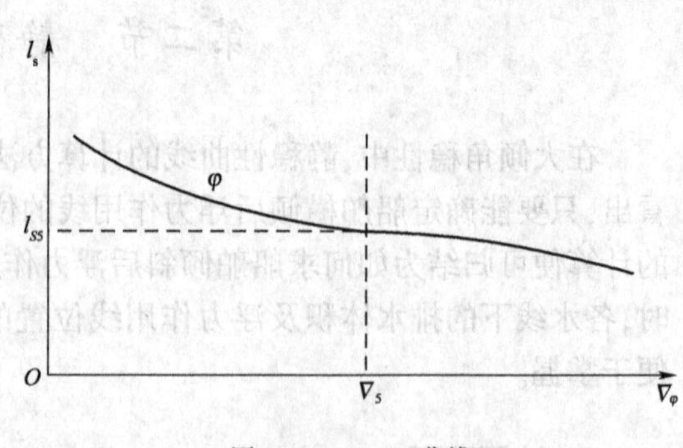

图 4-6　$\nabla_\varphi - l_S$ 曲线

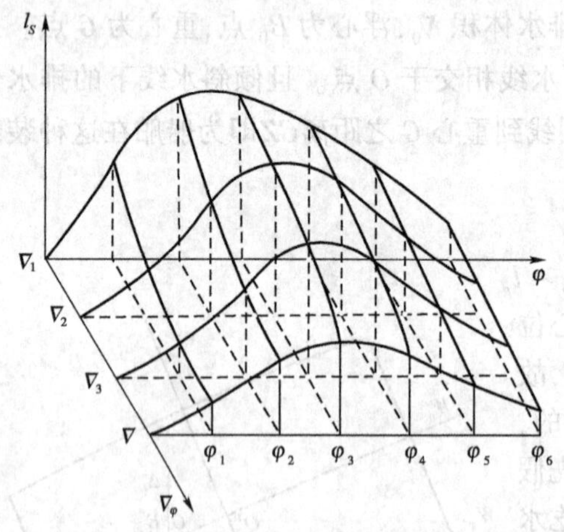

图 4-7　不同 φ 时的 ∇_φ 和 l_S

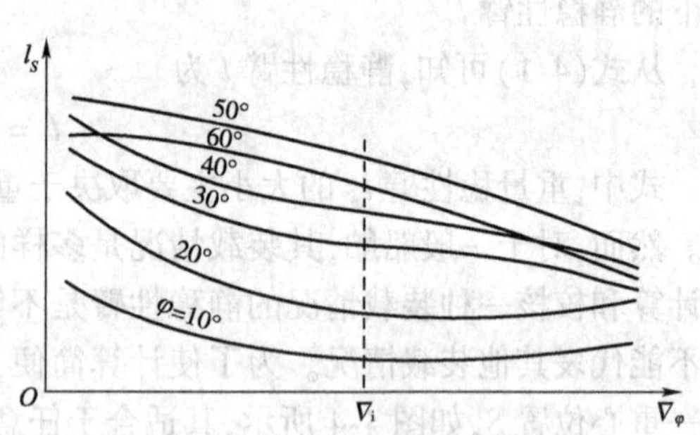

图 4-8　稳性横截曲线

二、计算公式 *

下面来讨论 l_S 的计算公式。设船舶横倾角为 φ，由重心计算公式可知，某一水线以下的排水体积相对于假定重心 S 的静稳性臂（见图 4-5）

$$l_S = \frac{M_\varphi}{\nabla_\varphi} \tag{4-3}$$

式中，M_φ 为排水体积 ∇_φ 对 $N_\varphi N_\varphi$ 轴的静矩。

1. 排水体积 ∇_φ 的计算

在图 4-5 中，高度为 d_i 的任一倾斜水线 W_iL_i，在大倾角时水线面形状关于 $N_\varphi N_\varphi$ 轴并不对称，如图 4-9 所示。设 $a+b$ 为水线面宽度值，则水线面面积为

$$A_{W_i} = \int_{-\frac{L}{2}}^{+\frac{L}{2}} (a+b)\,\mathrm{d}x \tag{4-4}$$

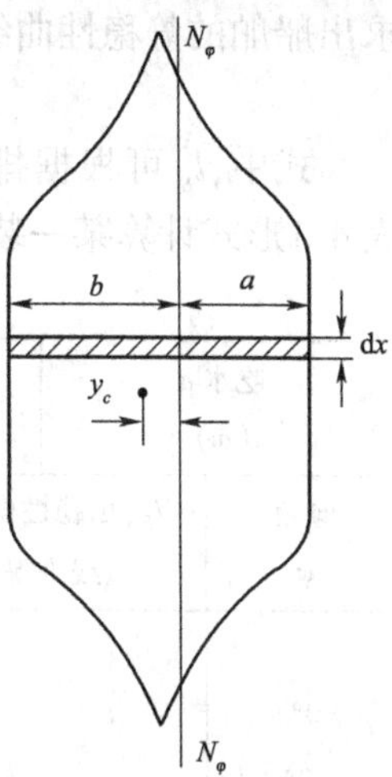

图 4-9　水线面 A_{W_i}

若计算水线面面积时，将船长 L 分成 20 等份，即取 21 个站，间距 $\delta L=\dfrac{L}{20}$，站号从船尾至船首依次编为 0～20，各站相应的宽度为 (a_0+b_0)，(a_1+b_1)，(a_2+b_2)，…，$(a_{19}+b_{19})$，$(a_{20}+b_{20})$。在用梯形法进行计算时，式(4-4)可写成

$$A_{W_i}=\int_{-\frac{L}{2}}^{+\frac{L}{2}}(a+b)\mathrm{d}x\approx\delta L\sum{}'(a+b)_j$$

其中

$$\sum{}'(a+b)_j=(a_0+a_1+\cdots+a_{19}+a_{20}-\frac{a_0+a_{20}}{2})+(b_0+b_1+\cdots+b_{19}+b_{20}-\frac{b_0+b_{20}}{2})$$

若 $W_\varphi L_\varphi$ 高度为 d_i，并设水线间距为 δd，则排水体积为

$$\begin{aligned}\nabla_\varphi&=\int_0^{d_i}A_W\delta d\\&\approx\frac{1}{2}\delta\mathrm{d}[(A'_{w_0}+A_{w_1})+(A_{w_1}+A_{w_2})+\cdots+(A_{w_i-1}+A_{w_i})]\end{aligned}\tag{4-5}$$

2. 排水体积 ∇_φ 对 $N_\varphi N_\varphi$ 轴的静矩计算

由图 4-9 可知，水线面面积 A_{W_i} 对 $N_\varphi N_\varphi$ 轴的面积静矩为

$$\begin{aligned}M_{A_i}&=\int_{-\frac{L}{2}}^{+\frac{L}{2}}\frac{a}{2}a\mathrm{d}x-\int_{-\frac{L}{2}}^{+\frac{L}{2}}\frac{b}{2}b\mathrm{d}x=\frac{1}{2}\int_{-\frac{L}{2}}^{+\frac{L}{2}}a^2\mathrm{d}x-\frac{1}{2}\int_{-\frac{L}{2}}^{+\frac{L}{2}}b^2\mathrm{d}x\\&\approx\frac{\delta L}{2}[(a_0^2+a_1^2+\cdots+a_{19}^2+a_{20}^2-\frac{a_0^2+a_{20}^2}{2})-(b_0^2+b_1^2+\cdots+b_{19}^2+b_{20}^2-\frac{b_0^2+b_{20}^2}{2})]\end{aligned}$$

设倾斜水线面的形心坐标为 y_c，如图 4-9 所示，取厚度为 dd 的一薄水层进行分析，可得排水体积 ∇_φ 对 $N_\varphi N_\varphi$ 轴的静矩

$$M_\varphi=\int_0^{d_i}y_cA_W\mathrm{d}d=\int_0^{d_i}M_A\mathrm{d}d$$

所以，上式的梯形法计算公式可写为

$$M_\varphi\approx\frac{1}{2}\delta d[(M_{A_0}+M_{A_1})+(M_{A_1}+M_{A_2})+\cdots+(M_{A_{i-1}}+M_{A_i})]\tag{4-6}$$

将式(4-5)、式(4-6)的计算结果代入式(4-3)就可求得，倾角为 φ 时，任一水线 $W_\varphi L_\varphi$ 下排水体积相对于假定重心 S 的静稳性臂。对不同的倾角 φ 计算绘制 $\nabla_\varphi—l_s$ 曲线，并将其合并成一张图，则成为稳性横截曲线图。

三、静稳性曲线的计算和绘制

有了稳性横截曲线图，便可根据船舶在各种装载情况下的重心高度及排水量，按式(4-2)

求出船舶的静稳性曲线

$$l = l_S - (z_G - z_S)\sin\varphi$$

式中，l_S 可根据排水量，从稳性横截曲线图（图 4-8）上查得。l_S 随倾角 φ 而变，一般按表 4-1形式计算某一装载情况下的静稳性曲线。

静稳性曲线 $l_S = f(\nabla_\varphi, \varphi)$ 计算表　　表 4-1

吃水 d (m)		排水量 Δ (t)	实际重心高度 z_G (m)	假定重心高度 z_S (m)
倾角 φ	l_S（由稳性横截曲线查得）	$\sin\varphi$	$(z_G - z_S)\sin\varphi$	$l = l_S - (z_G - z_S)\sin\varphi$
0° 10° 20° 30° 40° ⋮				

手工计算大倾角稳性的工作量较大，为了尽量使计算简便，一般都采用乞氏法，列表进行计算。现在大多采用计算机程序进行大倾角稳性计算。

四、手工计算静稳性曲线的具体步骤*

乞氏法具有纵坐标数目相同的情况下，精确度较辛氏法、梯形法高的优点。也就是说，采用乞氏法沿船长方向积分时，只要取较少的站数（一般取 9 ~ 10 个站数）就能满足通常所要求的精确度。

乞氏法采用不等间距站线，应用乞氏法时，需按表 4-2 根据分站数确定站线位置。

乞氏站线的位置　　表 4-2

分站数 n	距船舯的距离，以 $l(=L_{PP}/2)$ 的分数表示					
	x_1/l	x_2/l	x_3/l	x_4/l	x_5/l	x_6/l
2	0.5773					
3	0	0.7071				
4	0.1876	0.7947				
5	0	0.3745	0.8325			
6	0.2666	0.4225	0.8662			
7	0	0.3239	0.5297	0.8839		
8	0.1026	0.4062	0.5938	0.8974		

续上表

分站数 n	距船舯的距离,以 $l(=L_{PP}/2)$ 的分数表示					
	x_1/l	x_2/l	x_3/l	x_4/l	x_5/l	x_6/l
9	0	0.1679	0.5288	0.6010	0.9116	
10	0.0838	0.3127	0.500	0.6873	0.9062	
12	0.0669	0.2888	0.3667	0.6333	0.7112	0.9331

(1)绘制乞氏横剖面图,一般取 9~12 个站号即可,如图 4-10 所示。为了避免混淆,船中以前的剖面用实线画出,船中以后的剖面用虚线画出。乞氏剖面要画到浸水甲板线为止,对每一个剖面还要画出梁拱线。为了提高计算的准确性,比例应适当取得大些(一般比型线图比例大 1 倍)。

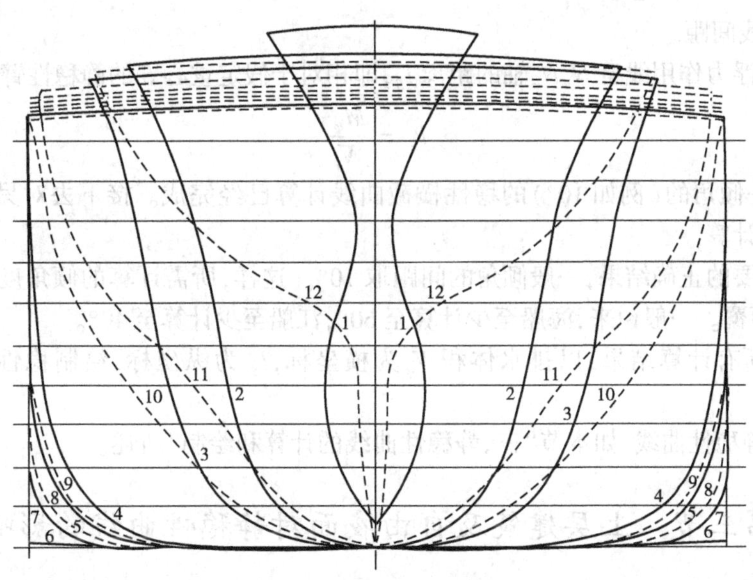

图 4-10　乞氏剖面图

(2)在透明纸上画 8~12 根等间距的水线以及 $N_\varphi N_\varphi$ 轴,水线的间距越小计算的精确度越高;最上面一根水线应高于满载水线,以便稳性横截曲线能够反映船舶各种装载情况。

(3)将透明纸覆盖在乞氏剖面图上,并凑至所要求的位置,轴线 $N_\varphi N_\varphi$ 应通过假定重心 S 点,且与中心线的夹角恰为所需计算的角度(例如 10°、20°、30°等),0 号水线应和乞氏剖面图上最外边的轮廓线相切,如图 4-11 所示。假定重心 S 点距基线的高度 z_S,一般取低于 $0.7D$(D 为型深),z_S 较小则相对于假定重心 S 的静稳性臂 l_S 较大,易于绘制稳性横截曲线。

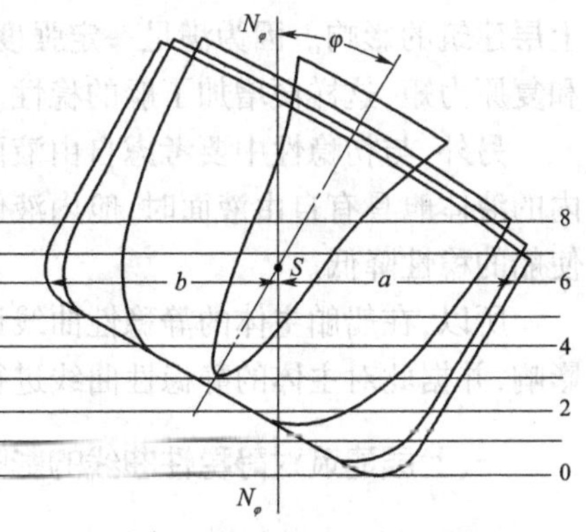

图 4-11　透明纸覆盖在乞氏剖面图上

(4)量取每一倾斜水线处各横剖面在 $N_\varphi N_\varphi$ 轴两边的坐标值 a 和 b,根据乞氏法计算公式,即式(4-7)和

式(4-8),列表计算各水线面面积 A_{W_i},及其对 $N_\varphi N_\varphi$ 轴的面积静矩 M_{A_i}。

$$A_{W_i}=\frac{L}{n}[(a_0+a_1+\cdots+a_{n-1}+a_n)+(b_0+b_1+\cdots+b_{n-1}+b_n)] \tag{4-7}$$

$$M_{A_i}=\frac{L}{2n}[(a_0^2+a_1^2+\cdots+a_n^2+a_n^2)-(b_0^2+b_1^2+\cdots+b_{n-1}^2+b_n^2)] \tag{4-8}$$

式中,n 为乞氏站数,即所取的乞氏剖面数。

(5)根据计算所得的各水线面面积 A_{W_i} 及其面积静矩 M_{A_i},采用梯形法,根据式(4-9)和式(4-10)列表计算各倾斜水线下的排水体积 V_φ 及其对 $N_\varphi N_\varphi$ 轴的体积静矩 M_φ。

$$\nabla_\varphi=\frac{1}{2}\delta d[(A'_{w_0}+A_{w_1})+(A_{w_1}+A_{w_2})+\cdots+(A_{w_{i-1}}+A_{w_i})] \tag{4-9}$$

$$M_\varphi=\frac{1}{2}\delta d[(M_{A_0}+M_{A_1})+(M_{A_1}+M_{A_2})+\cdots+(M_{A_{i-1}}+M_{A_i})] \tag{4-10}$$

式中,δd 为水线间距。

然后计算浮力作用线至 $N_\varphi N_\varphi$ 轴的距离 l_S,即相对于假定重心 S 的静稳性臂,l_S 为

$$l_S=\frac{M_\varphi}{\nabla_\varphi}$$

至此,某一倾角的(例如10°)的稳性横截曲线计算已经完成。接下去对另一倾角(例如20°)进行类似计算。

为得到必要的正确结果,一般倾角的间距取10°。这样,所需计算的倾角度数为 $\varphi=10°$、20°、30°…至倾覆。一般说来,海船至少计算至60°,江船至少计算至40°。

(6)根据所有计算结果,以排水体积 V_φ 为横坐标,l_S 为纵坐标,绘制稳性横截曲线,如图4-8所示。

(7)绘制静稳性曲线,如本节"三、静稳性曲线的计算和绘制"所述。

第三节 上层建筑及自由液面对静稳性曲线的影响

上节计算的静稳性曲线,仅计算了船的主体部分,即仅计算到上甲板为止。在一般情况下,稳性曲线算到上甲板即可,但有些船舶按规范规定,还可计入符合强度及水密性等要求的上层建筑的影响。因为满足一定强度及水密性等要求的上层建筑在入水后也产生相应的浮力和复原力矩,这样便增加了船的稳性。

另外,与初稳性中要考虑自由液面对初稳心高度的影响相似,在大倾角稳性研究中,当船内的液体舱具有自由液面时,舱内液体的重心将随船的倾斜而移动,形成一个倾斜力矩,从而使船的稳性降低。

所以,在船舶主体的静稳性曲线计算完毕后,有时还要计算上层建筑和自由液面对稳性的影响,并据此对主体的静稳性曲线进行必要的修正。下面对这两个问题分别予以讨论。

一、上层建筑对静稳性曲线的影响

1. 计入上层建筑影响的静稳性曲线计算原理

图4-12表示某一横剖面处考虑上层建筑影响的情况。图中,W_0L_0 为船舶正浮时的水线,

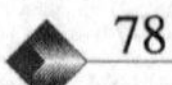

当船舶横倾 φ 角度后，浮于水线 $W_\varphi L_\varphi$。设上层建筑入水部分的横剖面面积为 δA，面积形心在 g 处。由图可以看出，入水面积 δA 对参考轴 $N_\varphi N_\varphi$ 静矩为

$$\delta m = \delta A \times \overline{OP}$$

沿入水上层建筑的长度 l 方向积分，便可求得入水部分的体积及其对 $N_\varphi N_\varphi$ 轴的静矩，即

$$\delta V = \int_{-\frac{l}{2}}^{+\frac{l}{2}} \delta A \mathrm{d}x$$

$$\delta M = \int_{-\frac{l}{2}}^{+\frac{l}{2}} \delta m \mathrm{d}x$$

因船舶主体在倾斜水线 $W_\varphi L_\varphi$ 时的排水体积 ∇_φ 及其对 $N_\varphi N_\varphi$ 轴的静矩 M_φ 已在上节中求得，故考虑上层建筑以后的总排水体积及其对 $N_\varphi N_\varphi$ 轴的静矩分别为

$$\nabla'_\varphi = \nabla_\varphi + \delta V$$

$$M_\varphi = M_\varphi + \delta M$$

因而，考虑上层建筑后，浮力作用线至 $N_\varphi N_\varphi$ 轴的距离，即相对于假定重心 S 的静稳性臂为

$$l'_S = \frac{M'_\varphi}{\nabla'_\varphi}$$

再据式(4-2)即可求得考虑上层建筑后的静稳性臂，即

$$l' = l'_S - (z_G - z_S)\sin\varphi \tag{4-11}$$

图 4-13 是某船满载出港时的静稳性曲线图，图中虚线是不考虑上层建筑的静稳性曲线，实线是计入上层建筑的静稳性曲线。由图可见，两者的差别是很大的。

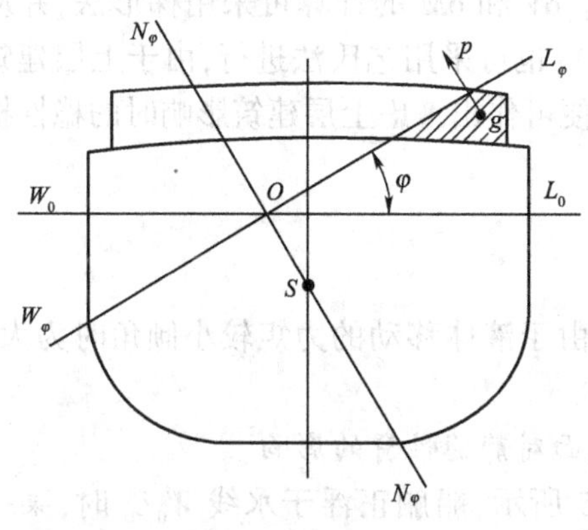

图 4-12　上层建筑入水情况

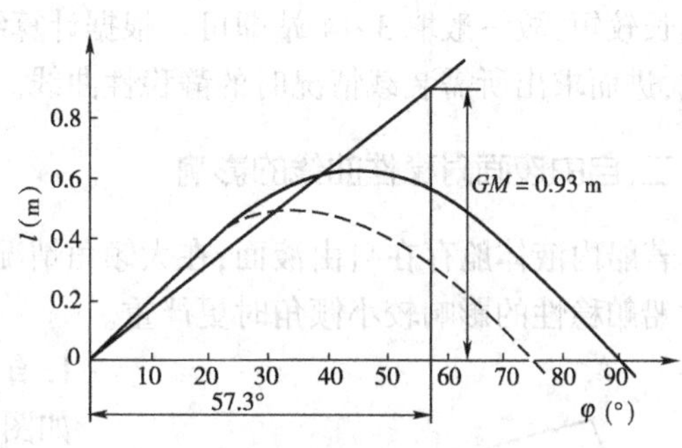

图 4-13　静稳性曲线图

2. 计算方法*

如上所述，考虑上层建筑后，静稳性曲线的计算在于求其横剖面面积及其形心，有了该面积及其形心坐标后，再按一定的近似计算方法便可求得上层建筑入水部分的体积及其对参考轴的静矩，接着计算静稳性臂就很方便了。

由于上层建筑的形状比较简单，其入水部分的横剖面可简化成三角形或四边形，因而利用图解法求其面积及其形心较为简便。方法如下：

(1)上层建筑入水部分横剖面为三角形。如图 4-14a)所示，上层建筑入水部分横剖面为三角形，其面积为

$$\delta A = \frac{1}{2}\overline{ac}\cdot\overline{bd}$$

面积形心 g 的位置可用作图法求得：等分三角形两边，得中点 e 和 f，则直线 ae 和 bf 的交点即为三角形的形心 g。

(2)上层建筑入水部分横剖面为四边形。如图 4-14b)所示，其面积可看成由两个三角形组成。两个三角形的面积及其形心可以利用上述方法求得。四边形的形心 g 也可用作图法求得。即设 g' 及 g'' 分别为三角形 abc 及 adc 的形心，连接 g' 和 g''，并与直线 ac 交于 k 点，令 $\overline{gg'}=\overline{kg''}$，则 g 点即为四边形的形心。

据上述方法求得面积及其形心后，就可在图上量出形心至参考轴 $N_\varphi N_\varphi$ 的距离，进而算出面积静矩 δm。

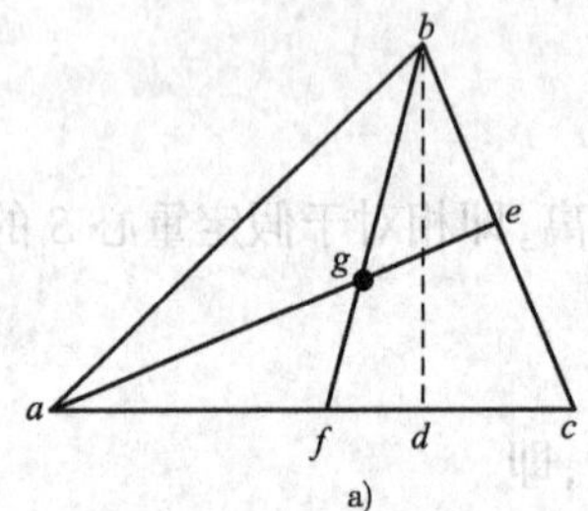

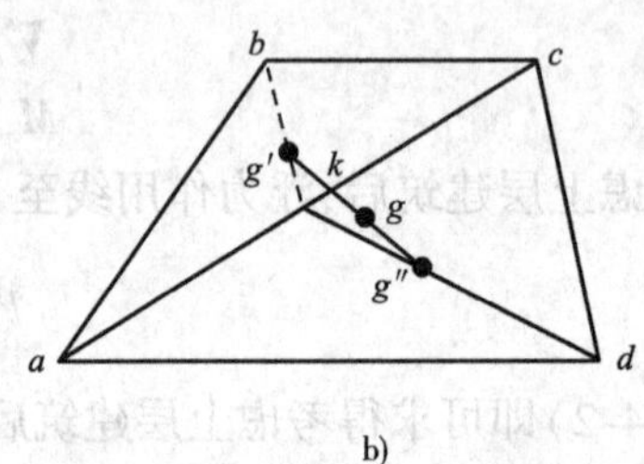

图 4-14　面积形心的作图法

对于上层建筑的每一横剖面、每一倾角情况，都应算出其面积 δA 及面积静矩 δm，然后才可计算入水部分体积 δV 及其对 $N_\varphi N_\varphi$ 轴的静矩 δM。δV 和 δM 的计算可采用梯形法，并应根据上层建筑的具体情况分段进行(如分首楼、尾楼等)；也可采用乞氏法进行，由于上层建筑相对船长较短，故一般取 3 ~4 站即可。根据计算结果便可作出考虑上层建筑影响时的稳性横截曲线，进而求出所需装载情况时的静稳性曲线。

二、自由液面对稳性曲线的影响

若船内液体舱存在自由液面，在大倾角情况下，由于液体移动的力矩较小倾角时为大，所以对船舶稳性的影响较小倾角时更严重。

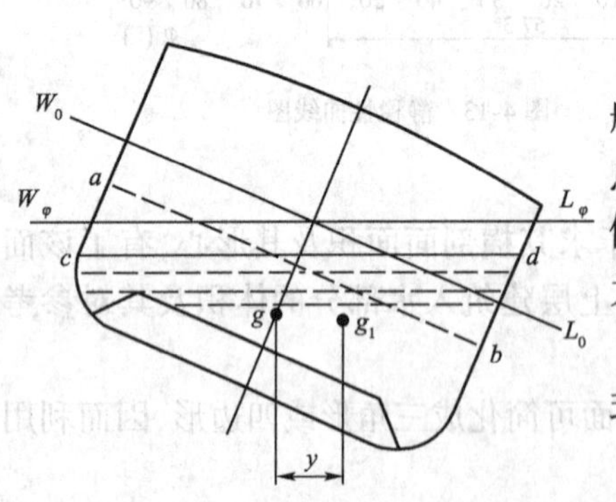

图 4-15　舱内自由液面的影响

1. 自由液面对静稳性臂的影响

如图 4-15 所示，船舶正浮于水线 W_0L_0 时，某一液舱中装有重量密度为 w_1 的液体，其液面在 ab，重心在 g 点。当船横倾 φ 角度而浮于水线 $W_\varphi L_\varphi$ 后，舱内液体向倾斜一侧移动，液面为 cd，重心移至 g_1 点，移动的距离为 y，因此产生的倾斜力矩 M_H 为

$$M_H = w_1 V y$$

式中：V——舱内液体体积；

w_1——舱内液体的重量密度。

设船的排水量为 Δ，复原力臂为 l，则船舶原来的复原力矩 M_R 为

$$M_R = \Delta l$$

考虑自由液面影响后，船舶的实际复原力矩 M'_R 为

$$M_R' = \Delta l - M_H = \Delta\left(l - \frac{w_1 V y}{\Delta}\right) = \Delta(l - \delta l)$$

式中，$\delta l = \frac{M_H}{\Delta} = \frac{w_1 V y}{\Delta}$为自由液面对稳性的影响，可见，自由液面的存在将降低船舶的稳性，故 δl 称为自由液面对静稳性臂的影响值(或称修正值)。

2. δl 的计算*

由上述讨论可知，静稳性臂修正值 δl 的大小主要决定于液体体积及其倾斜后重心移动的距离 y。液体体积可按规范并据有关资料求得，y 值的大小则不能利用由液面对初稳性影响的有关公式计算，故必须直接计算倾斜前后液体的形心位置。倾斜前液体的形心位置就是液体占据的那部分舱容的体积形心，可方便地求得；而倾斜后液体的形心位置，要由液体移动后之形状来决定，它一般采用图解法，即把液体舱的横剖面简化成三角形或四边形，从而求得液体移动后的形心位置。

利用图解法求 δl 的具体步骤如下：

(1)将所计算的液舱分成适当站数，并画出各站的横剖面形状。

(2)画出各倾角时的液面线。

(3)用图解法求出液面线下的横剖面面积及其形心位置(如图 4-14 所示)。

(4)沿舱长方向近似计算，便可求得舱内液体体积及重心位置，进而求得 M_H 及 δl。

为了简便起见，对某些不太规则的剖面形状可先化作三角形或四边形。图 4-16 是某船的尾尖舱，在计算时我们先把它的剖面简化成$\triangle ABC$，然后画出各倾角的液面线，并把各液面线下的面积形心(0，1，2，…)也相应地标记在图上。

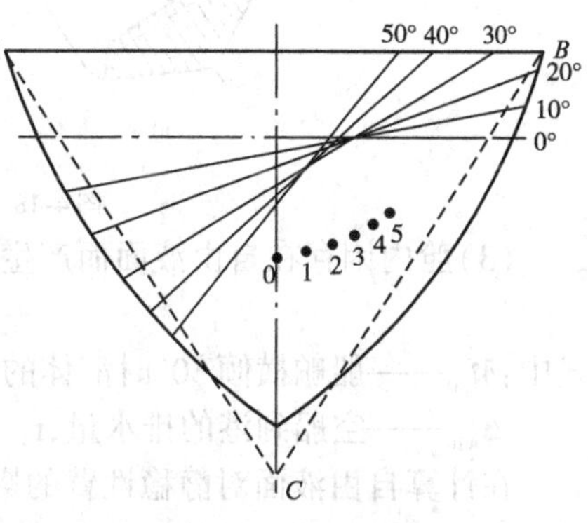

图 4-16　某船尾尖舱横剖面

为了减少计算和作图的工作量，有时可采用下面更简便的办法来计算 δl：

(1)只画出液舱的某一平均剖面，即对形状较规则的液舱，可用中央一横剖面代替其他剖面。

(2)用作图法求出各等面积倾斜液面下的面积形心位置。

(3)分别量出各倾斜液面下面积形心的横向移动距离 y。

(4)假定上述值 y 即为该液舱液体在各倾角时体积形心的横向移动距离，若舱内液体体积为 V，则 δl 可方便地求得。

该简便算法可利用表4-3形式进行。图4-17为自由液面修正前后的静稳性曲线。

静稳性臂修正值 δl 计算表 表4-3

横倾角 φ	10°	20°	30°	40°	50°	60°	70°
液体重心移动距离 y(m)							
倾斜力矩函数 w_1Vy							
静稳性臂修正值 $\delta l=\frac{w_1Vy}{\Delta}$							

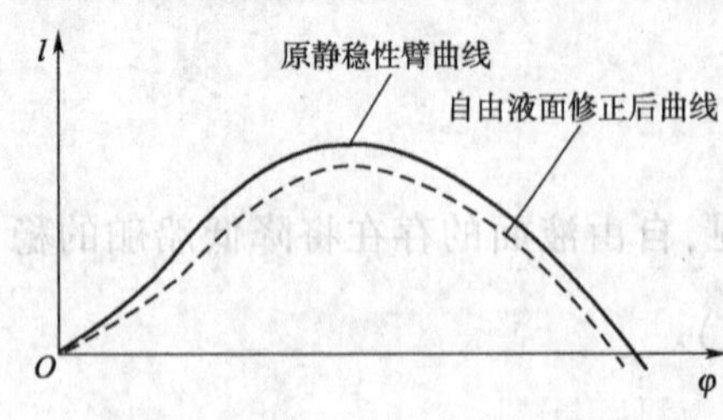

图4-17 自由液面修正前后的静稳性曲线

船舶在航行过程中,舱内的燃油或淡水数量是变化的,因而对静稳性臂曲线的影响也是变化的。图4-18a)表示液体舱室接近装满的情况;图4-18b)表示接近空舱的情况;图4-18c)表示液体约为半舱的情况。

从图中可以看出,在接近满舱或空舱时,自由液面对稳性的影响很小,但在半舱时其影响较大。在稳性计算中,应该把影响最大的情况作为进行修正的依据。因此,我国《海船法定检验技术规则》中规定:

(1)在计算大倾角自由液面影响时,舱内液体应取舱容的50%。

(2)舱内液体在接近满舱(98%以上)或空舱(存有通常剩余液体)时,可不计其自由液面对初稳性高及稳性曲线的影响(但对满载液货舱等除外),因为此时所产生的倾斜力矩很小。

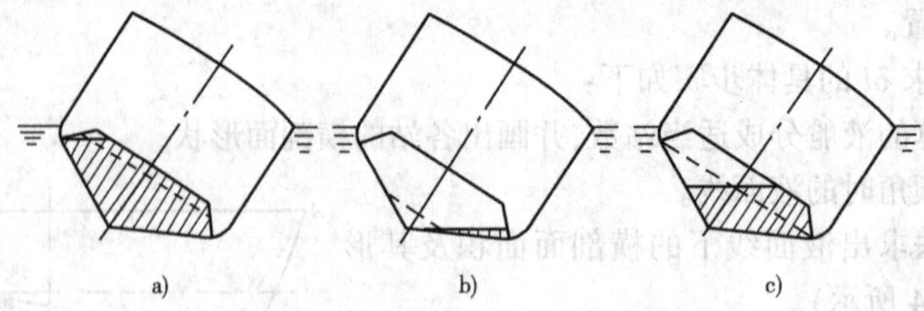

图4-18 液体舱室满舱、空舱和半舱的情况

(3)舱内因存在自由液面而产生的倾斜力矩符合下列条件者,可不予计算,即

$$M_{30} < 0.0981\Delta_{\min}$$

式中:M_{30}——船舶横倾30°时液体的移动力矩,kN·m;

$\Delta_{\min}$——空船到港的排水量,t。

在计算自由液面对静稳性臂的影响时,一般只考虑燃油舱及淡水舱即可,而压载水舱在加压载水时通常都是装满的,可以不必考虑。为了减小自由液面的影响,船上在使用燃油和淡水时,将某一舱中的燃油或淡水用完后再用其他舱中的燃油或淡水,尽量使存在自由液面的舱数最少。

第四节 静稳性曲线的特征

静稳性曲线是船舶在某装载情况下静稳性臂 l 随横倾角 φ 变化的曲线图。因复原力矩 $M_R=\Delta l$,所以,如果在静稳性曲线图的纵坐标上,按不同比例标出复原力矩 M_R 的值,则静稳性曲线图就可以同时表示静稳性臂 l、复原力矩 M_R 和横倾角 φ 之间的关系,如图4-19所示。

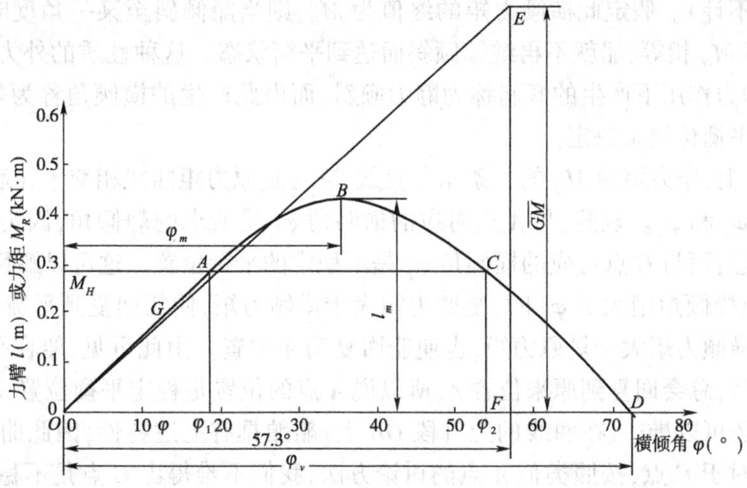

图 4-19 静稳性曲线图

一、静稳性曲线在原点处的斜率

由初稳性一章可知,船舶横倾一小角度 φ 时,其复原力矩 M_R 为

$$M_R = \Delta\ \overline{GM}\sin\varphi$$

从本章又知道,M_R 又可以用静稳性臂 l 来表示,即

$$M_R = \Delta l$$

对于小角度横倾,上两式相等,则有

$$l = \overline{GM}\sin\varphi$$

将上式对 φ 求导,可得

$$\frac{\mathrm{d}l}{\mathrm{d}\varphi} = \overline{GM}\cos\varphi$$

从上式可以看出,当横倾角 $\varphi\to0$ 时,$\cos\varphi\to1$,故有

$$\left(\frac{\mathrm{d}l}{\mathrm{d}\varphi}\right)_{\varphi\to0} = \overline{GM}$$

上式说明:船舶在正浮的平衡位置,静稳性臂 l 对横倾角 φ 的导数等于初稳性高度$\overline{GM}$。由于导数的几何意义是曲线上一点处的斜率,故对静稳性曲线来说,其原点处切线的斜率等于初稳性高度$\overline{GM}$(图 4-19),即

$$\tan\alpha = \frac{EF}{OF} = \frac{\overline{GM}}{1\mathrm{rad}} = \overline{GM}$$

这一特性对于绘制和检验静稳性曲线开始一段的正确性很有用处。在绘制静稳性曲线图时,通常可先在 $\varphi=57.3°$(1rad)处取高度为$\overline{GM}$的一点 E,连 OE 线,若静稳性曲线正确,则在原点处应与线 OE 相切。

二、稳定平衡与不稳定平衡位置

设有一随船的横倾角而变的横倾力矩逐渐作用于船上,使船慢慢地产生倾斜(其角速度

小到可以忽略不计)。假定此横倾力矩的终值为 M_H，则当船倾斜至某一角度时，其复原力矩 M_R 与横倾力矩 M_H 相等，船就不再继续倾斜而达到平衡状态。这种性质的外力矩作用称为静力作用，船在静力作用下产生的倾斜称为静力倾斜，而由此产生的横倾角称为静倾角，静倾角的数值可根据平衡位置来决定。

在图 4-19 上，作力矩为 M_H 的一条水平直线，它与复原力矩曲线相交于 A 和 C 两点，其相应的横倾角为 φ_1 和 φ_2。显然，与 A 点对应的横倾角 φ_1 是所求的静倾角，因为这时船舶处于稳定的平衡状态；而与 C 点对应的横倾角 φ_2 是不稳定的平衡位置。这可以解释如下：

在 A 点，当横倾角稍大于 φ_1 时，复原力矩大于横倾力矩，使船回复到平衡位置 A；当横倾角小于 φ_1 时，横倾力矩大于复原力矩，也使船回复到 A 位置。由此可见，船在平衡位置 A 时，受到较小干扰后，总会回复到原来位置 A，所以说 A 点的位置是稳定平衡位置，φ_1 是所要求的静倾角。由图还可以推广，在曲线的上升段 OB 上，船舶具有上述特性，因此曲线的上升段是稳定平衡段。对于 C 点，按照类似 A 点的讨论方法，我们不难得出 C 点是不稳定平衡位置的结论，而 BD 段(曲线的下降段)是不稳定平衡段。

三、最大静稳性臂及其对应的横倾角

从图 4-19 可以看出，静稳性曲上的最高点 B 表示船舶所能承受的最大静倾力矩，即船本身所具有的最大复原力矩(臂)，或称最大静稳性臂 $l_{\max}$，其对应的横倾角 $\varphi_{\max}$ 称为极限静倾角。显然，$l_{\max}$ 和其对应的 $\varphi_{\max}$ 是衡量船舶大倾角稳性的重要指标。

四、稳性消失角及稳距 $\overline{OD}$

如图 4-19 所示，静稳性曲线上的 D 点处复原力矩 $M_R=0$，与之对应的横倾角称为稳性消失角 φ_v。$\overline{OD}$ 之间的距离称为稳距，它表示船舶在该范围内具有复原力矩。当船舶横倾角超过稳性消失角后，船的复原力矩变为负值，其作用使船继续倾斜直至倾覆。稳性消失角也是表示船舶稳性好坏的标志之一。

五、甲板边缘入水角

从图 4-19 还可以看出，在曲线的上升段有一反曲点 G，在 G 点以下曲线上升较快，过了 G 点，曲线上升趋势减慢，G 点处曲线斜率最大。这种现象是由于船舶横倾时，水未淹过甲板边缘前，形状稳性臂增加很快，一旦水淹过甲板边缘，增加的趋势就减缓下来。因此，对大多数船型来说，反曲点 G 所对应的倾角大致为甲板边缘开始入水的角度。

六、静稳性曲线下的面积

由力学原理可知，力矩乘转角等于功。船舶在横倾力矩作用下产生倾斜，若该力矩是静力性质的，那么，该横倾力矩随倾角的变化应完全与复原力矩随倾角的变化一致(否则将有角速度)。此时，横倾力矩所做的功全部转化为船舶的位能，即

$$T=\int_0^{\varphi} M_H \mathrm{d}\varphi=\int_0^{\varphi} M_R \mathrm{d}\varphi$$

上式表明，这样的横倾力矩做的功等于静稳性曲线下相应的面积，如图 4-20 所示。显然，

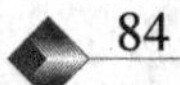

静稳性曲线下的面积越大,船舶的稳性越好。因此,静稳性曲线下的面积也是表征船舶稳性好坏的重要标志之一。

根据上述静稳性曲线的特性,我们分析几种典型的静稳性曲线图,如图4-21所示。

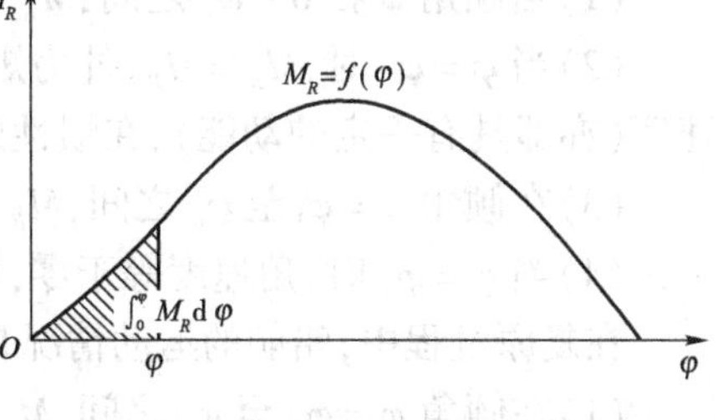

图4-20　静稳性曲线下的面积

(1)对于图4-21a):初稳性高度较大,静稳性臂的最大值l_{max}也不小,稳性消失角可达60°~90°。这是船宽较大、干舷较小的船舶的稳性曲线具有的特征(如内河船)。一般来说,这种船的稳性是足够的,但在海上遇到风浪时会产生剧烈的摇摆,对于海船来说,这种稳性曲线并不理想。

(2)对于图4-21b):初稳性高度较小,但曲线很快地超出原点处的切线,l_{max}也不小,稳性范围较大。这是干舷较高的海洋船舶稳性曲线具有的特征。

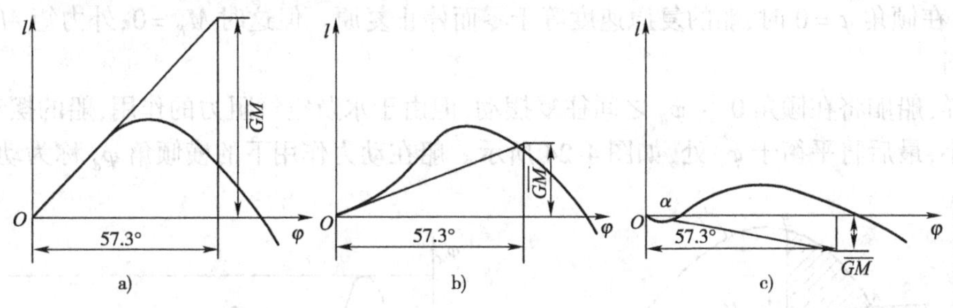

图4-21　三种典型的静稳性曲线图

(3)对于图4-21c):初稳性高度为负值,这种船在静水中虽然不会倾覆,但因正浮位置是不稳定平衡,故具有一永倾角α。其大倾角稳性较差,一般不允许出现这种情况。

第五节　动　稳　性

一、基本原理

前面讨论的船舶稳性问题,都是属于静稳性范畴。即假定外力矩逐渐作用在船上,船在倾斜过程中倾斜得很慢,因而认为角速度等于零。当外力矩M_H与复原力矩M_R相等时,船即平衡于某一横倾角φ_1,φ_1称为静横倾角,如图4-22所示。船上横向移动重物或在船的一侧装卸小量货物等情况,都可以看作是外力矩的静力作用。

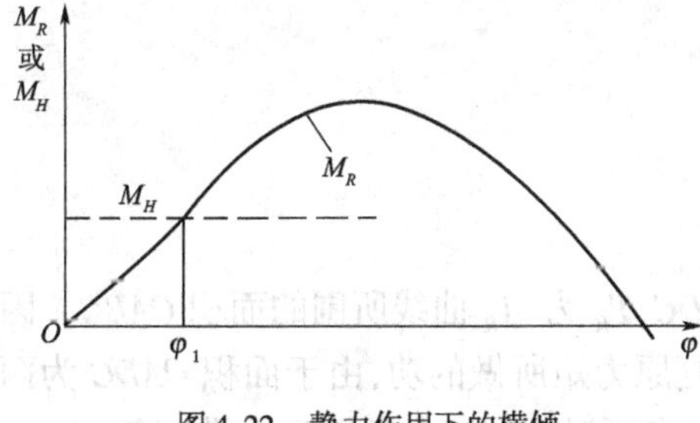

图4-22　静力作用下的横倾

但实际船舶在海上航行时经常受到外力矩M_H的突然作用,如阵风的突然吹袭、海浪的猛烈冲击等。船舶在受到外力矩M_H的突然作用后将很快地产生倾斜,且在倾斜过程中具有一定的角速度,这种情况与静力作用完全不同。

如图4-23所示,设有一个外力矩M_H突然作用

在船上，使船以很快的速度产生倾斜。现对船在受力后的运动情况具体分析如下。

在倾斜过程中，船舶的运动情况是：

(1)当倾角 φ 在 $0\sim\varphi_1$ 之间，$M_R<M_H$ 船在外力矩作用下加速倾斜。

(2)当 $\varphi=\varphi_1$ 时，$M_R=M_H$，外力矩虽已不能再使船舶继续倾斜，但由于船舶具有一定的角速度(亦即具有一定的动能)，在惯性的作用下船将继续倾斜。

(3)在倾角 $\varphi=\varphi_1$ 至 φ_d 之间，$M_R>M_H$，船舶减速倾斜。

(4)当 $\varphi=\varphi_d$ 时，角速度等于零，船即停止倾斜，但这时 $M_R>M_H$，故船舶开始复原。

在复原过程中，船舶的运动情况是：

(1)在倾角 $\varphi=\varphi_d$ 至 φ_1 之间，$M_R>M_H$，船舶加速复原。

(2)当 $\varphi=\varphi_1$ 时，$M_R=M_H$，复原力矩已不能再使船舶复原，但由于船舶具有一定的角速度，故将继续复原。

(3)在倾角 $\varphi=\varphi_1$ 至0之间，$M_R<M_H$，船的复原速度减小。

(4)在倾角 $\varphi=0$ 时，船的复原速度等于零而停止复原。但这时 $M_R=0$，外力矩 M_H 又使船产生倾斜。

这样，船舶将在倾角0与 φ_d 之间往复摆动，但由于水及空气阻力的作用，船的摆动角速度逐渐减小，最后将平衡于 φ_1 处，如图4-24所示。船在动力作用下的横倾角 φ_d 称为动横倾角。

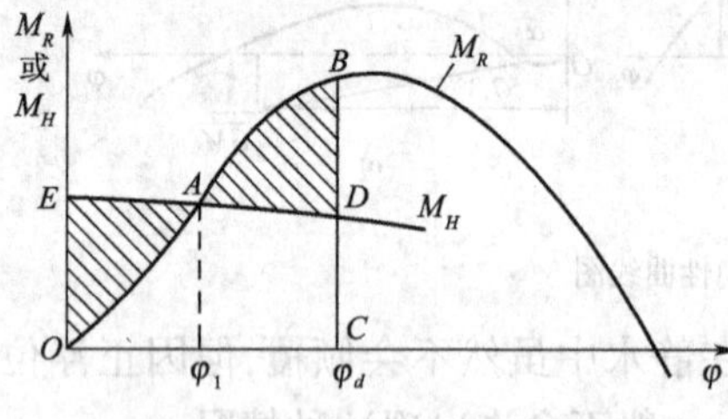

图4-23 动力作用下的横倾

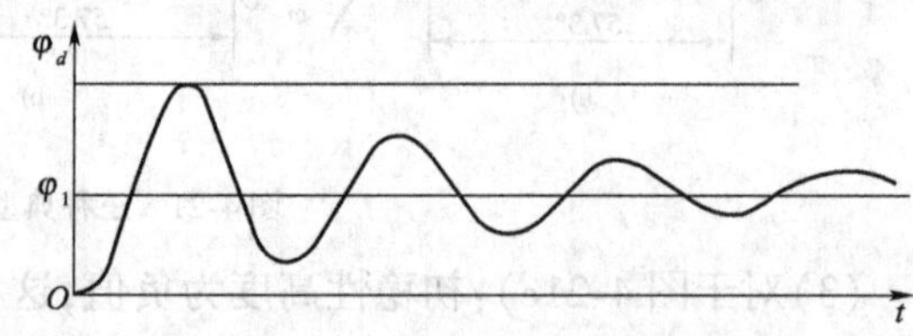

图4-24 倾斜过程中船舶的往返摆动

从上述分析可知，船舶在外力矩 M_H 的动力作用下，即使已经达到了 $M_R=M_H$，船舶仍将继续倾斜，直至 φ_d 时才开始复原运动。而动横倾角 φ_d 较静横倾角 φ_1 大很多，这当然是比较危险的情况，故在讨论船舶的大倾角稳性时，必须研究动稳性问题。

在外力矩的动力作用下，船舶倾斜时具有一定的角速度，只有当外力矩 M_H 所做的功完全由复原力矩 M_R 所做的功抵消时，船的角速度才变为零而停止倾斜。根据这个原理，我们可以决定动力作用下的动横倾角 φ_d。

当船舶由 $\varphi=0$ 倾斜至 φ_d 时，外力矩 M_H 所做的功

$$T_H=\int_0^{\varphi_d}M_H\mathrm{d}\varphi$$

复原力矩 M_R 在 $\varphi=0$ 与 φ_d 之间所做的功

$$T_R=\int_0^{\varphi_d}M_R\mathrm{d}\varphi$$

从图4-23中可以看出：T_H 为曲线 M_H 所围面积 $OEDC$，T_R 为 M_R 曲线所围的面积 $OABC$。因此，面积 $OEDC$ = 面积 $OABC$，表示外力矩所做的功等于复原力矩所做的功，由于面积 $OADC$ 为两者所共有，则面积 OEA = 面积 ABD(图中阴影线部分)，D 点所对应的倾斜角即为动横倾角 φ_d。

综上所述,关于静稳性和动稳性的特点可概括如下:船舶在外力矩的静力作用下,横倾时的角速度很小,可以认为等于零。而当复原力矩 M_R 和倾斜力矩 M_H 相等时即达到平衡状态。因此,船舶的静稳性是以复原力矩来表达的。

船舶在外力矩的动力作用下,横倾时具有角速度。只有当外力矩所做的功 T_H 完全由复原力矩所做的功 T_R 抵消时,船的角速度才变为零而停止倾斜。因此,船舶的动稳性是以复原力矩所做的功来表达的。

二、动稳性曲线

由上述可知,当船舶自正浮横倾至某一倾角 φ 时,复原力矩所做的功是

$$T_R = \int_0^{\varphi} M_R \mathrm{d}\varphi$$

式中,复原力矩随倾角变化的规律是由静稳性曲线来表示的,如图 4-25a)所示。所以,复原力矩所做的功又可表示为

$$T_R = \int_0^{\varphi} M_R \mathrm{d}\varphi = \Delta \int_0^{\varphi} l \mathrm{d}\varphi$$

或

$$T_R = \Delta l_d$$

式中,$l_d = \int_0^{\varphi} l \mathrm{d}\varphi$ 称为动稳性臂;T_R 和 l_d 随倾角变化的曲线称为动稳性曲线,如图 4-25b)所示。

可见,动稳性曲线是静稳性曲线的积分曲线。利用这一特性,有了静稳性曲线,就可以用近似计算方法求出动稳性曲线。

静稳性曲线和动稳性曲线有如下关系:

(1)在 $\varphi = 0$ 处,静稳性臂 $l = 0$,动稳性臂 $l_d = 0$,这是 l_d 的最小值。

(2)当 φ 等于极限静倾角 φ_{max} 时,静稳性臂达最大值 l_{max},在动稳性曲线上表现为反曲点 A'。

(3)当 φ 等于稳性消失角时,静稳性臂 $l = 0$,动稳性臂 l_d 达最大值 $l_{d\,max}$。

(4)动稳性曲线在某一倾角处的纵坐标代表静稳性曲线至该倾角处所围面积。例如,在图 4-25 中,动稳性曲线的纵坐标 $A'C'$ 代表静稳性曲线图的面积 OAC;而 $B'D'$ 代表面积 OAB。

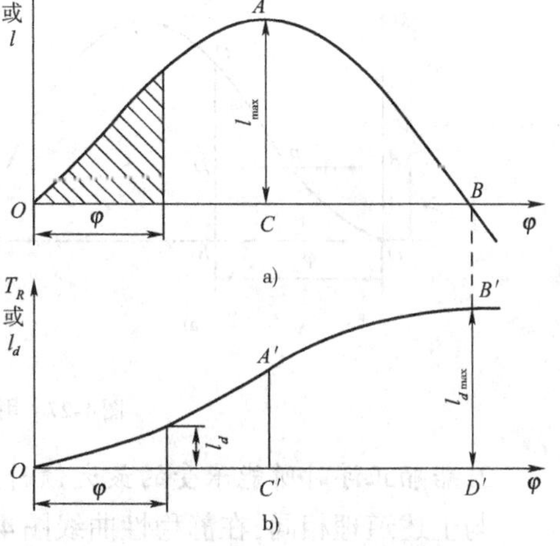

图 4-25　静、动稳性曲线及其关系

三、静稳性曲线和动稳性曲线的应用

船舶在航行时,受到的外力的性质和受力的情况是多种多样的,根据静稳性曲线或动稳性曲线,可以求得船舶在外力作用下的动倾角或者船舶所能承受的最大外力矩。这些问题在讨论船舶稳性中十分重要,下面分几种情况讨论。

1. 船舶在一个不变的横倾力矩作用下的动倾角

设船受一风力为 F 的阵风(假定 F 不随 φ 变化)作用下产生横向漂移。于是,水下部分受到一个水阻力 R 作用。在稳定状态下,两个力大小相等、方向相反。由于 F 和 R 不在同一水平线上,相距 z_f,因而形成一个使船横倾的力矩 M_f,见图 4-26。该横倾力矩 M_f 为

$$M_f = Fz_f$$

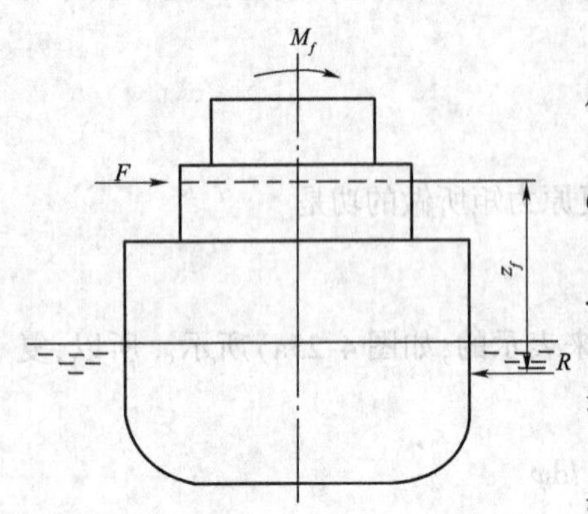

图 4-26 风力和横倾力矩

船在横倾力矩 M_f 动力作用下的动倾角 φ_d 可以利用静稳性曲线求得。方法如下:

在图 4-27a)上,作水平线 AD,令 $OA = M_f$,并使面积 OAB = 面积 BCD,也即复原力矩所做的功 $T_R = \int_0^{\varphi_d} M_R d\varphi$(即面积 OCE)与横倾力矩所做的功 $T_f = M_f\varphi$(即面积 $OADE$)相等,如此,C 点对应的角度即为所求之动倾角 φ_d。

但是,借助移动直线 AD 以凑得相等的两个面积比较麻烦,故通常利用动稳性曲线来求 φ_d。

方法如下:

因为横倾力矩 M_f 做的功 $T_f = M_f\varphi$ 是一条直线,其斜率为 M_f,当 $\varphi = 1\text{rad} = 57.3°$时,$T_f = M_f$。这样,我们可在图 4-27b)的横坐标上的 $\varphi = 57.3°$处垂直量取 M_f 得 N 点,连接 ON,则直线 ON 即为 T_f 随 φ 变化的规律,而直线 T_f 与曲线 T_R 的交点 C'表示横倾力矩 M_f 所做的功与复原力矩 M_R 所做的功相等,因此,C'点对应的倾角即为动倾角 φ_d。

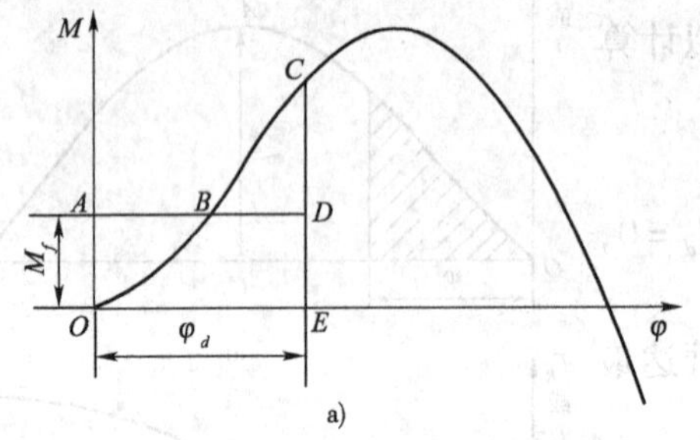

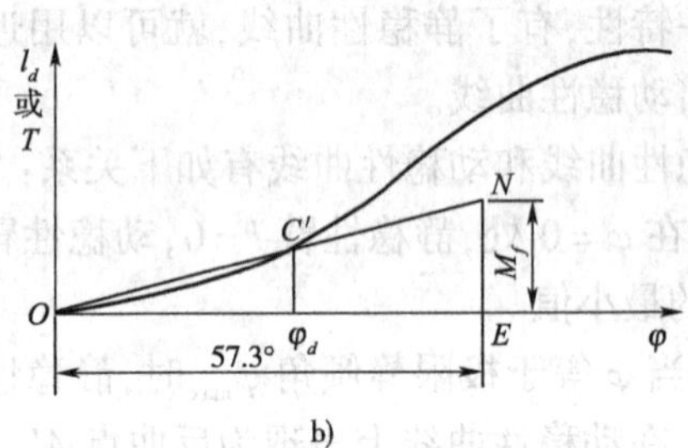

图 4-27 用静、动稳性曲线确定动横倾角

2. 船舶正浮时所能承受的最大倾斜力矩 $M_{f\max}$(或力臂 $l_{f\max}$)

与上述道理相同,在静稳性曲线图 4-28a)上,作一水平线使面积 OFG = 面积 GHK,因 K 点在曲线的下降段上,过 K 点以后不再有两个力矩做功相等的可能,则$\overline{OF}$即为所求的最大倾斜力矩 $M_{f\max}$(或力臂 $l_{f\max}$),K 点对应的倾角称为极限动倾角 $\varphi_{d\max}$。

在动稳性曲线图 4-28b)上,过 O 点作与动稳性曲线相切的切线 OK',此直线表示最大倾斜力矩 $M_{f\max}$所做的功,OK'直线在 $\varphi = 57.3°$处的纵坐标便是所求的最大倾斜力矩 $M_{f\max}$(或力臂 $l_{f\max}$),切点 K'对应的倾角便是极限动倾角 $\varphi_{d\max}$。

3. 风浪联合作用下船舶所能承受的最大倾斜力矩 $M_{f\max}$(或 $l_{f\max}$)

这种情况是指船舶受到波浪作用产生摇摆,当船向迎风一舷横摇至最大摆幅 φ_0 并开始反

向横摇时，突然受到一阵风吹袭（图4-29）。这种情况最为危险，因为此时复原力矩的方向与风倾力矩的方向一致，两个力矩之和促使船舶加速倾斜。下面分别介绍求动倾角 φ_d 和最大倾斜力矩 $M_{f\max}$（或力臂 $l_{f\max}$）的方法。

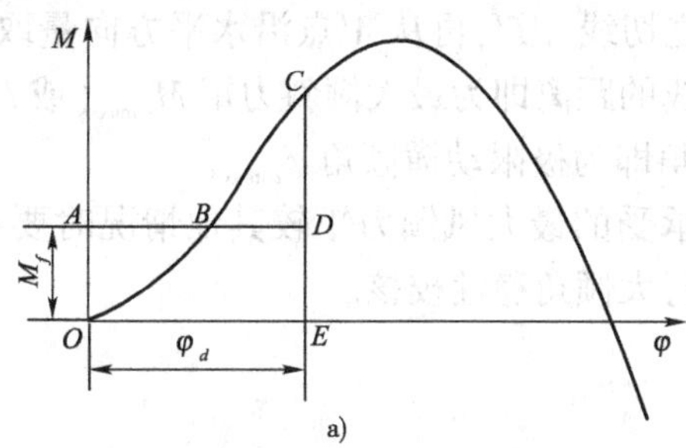

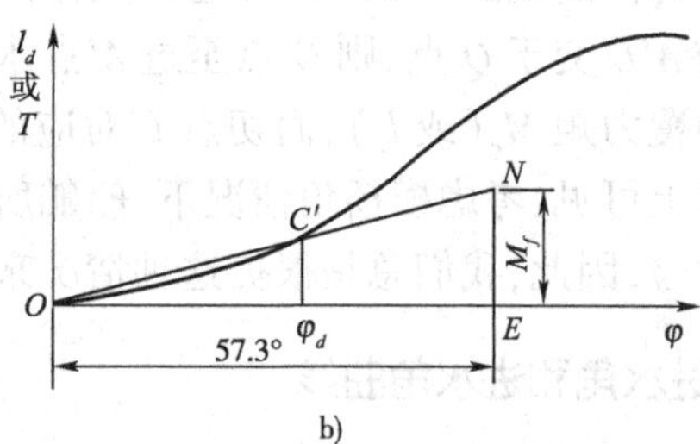

图4-28　极限动倾角

（1）求动倾角 φ_d。由于船舶是左右对称的，故其静、动稳性曲线必对称于过 O 点的纵轴，如图4-30所示。在图4-30a）上，截取 $\overline{OG}=\varphi_0$，作一水平线 BE，令 $\overline{GB}=M_f$（M_f 为风倾力矩），并使面积 ABC = 面积 CDE，则 D 点对应的倾角即为动倾角 φ_d。从图上可以看出，若不考虑横摇角 φ_0，在同样的 M_f 作用下，动倾角 φ'_d 要比考虑横摇角 φ_0 的动倾角 φ_d 小很多（或者说，若不考虑横摇角 φ_0，船所能承受的 M_f 要较考虑 φ_0 的 M_f 大许多）。

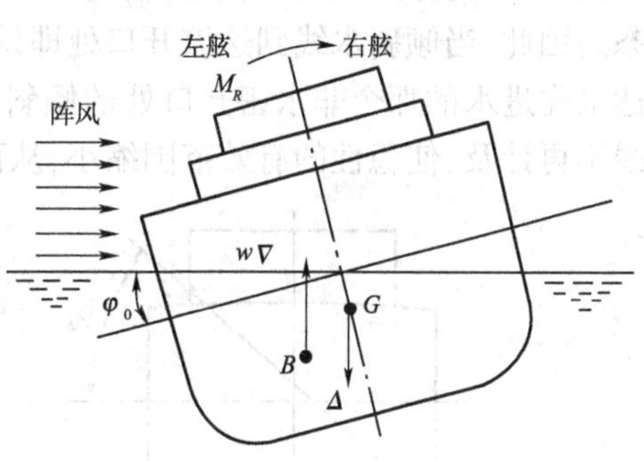

图4-29　风浪联合作用

在动稳性曲线图4-30b）上，向左量取 φ_0，与曲线交于 A' 点，由 A' 沿横轴量取57.3°并作垂线，在该垂线上，由过 A' 点的水平线向上截取 $B'N'=M_f$，连 $A'N'$ 与动稳性曲线交于 D' 点，则 D' 点对应的倾角即为动倾角 φ_d。从图4-30a）和图4-30b）看出，所得 φ_d 是完全一致的。

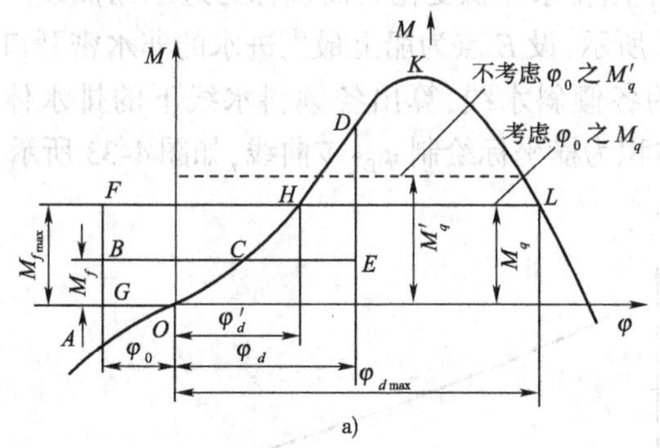

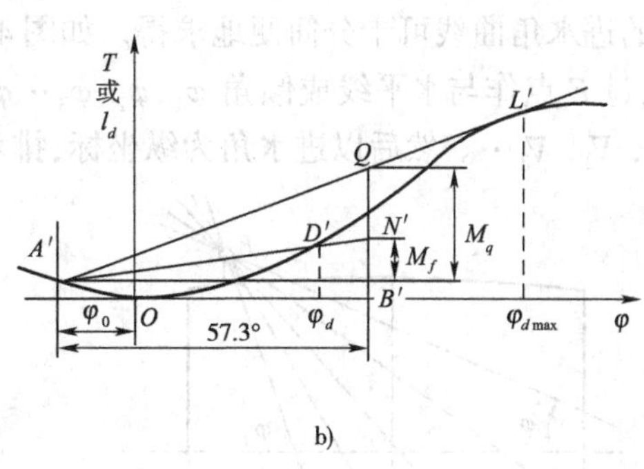

图4-30　在风浪联合作用下的稳性曲线

（2）求最大倾斜力矩 $M_{f\max}$（或 $l_{f\max}$）。在静稳性曲线图4-30a）上，作水平线 FL 使面积 AFH = 面积 HKL，L 点在曲线之下降段上，则 $\overline{GF}$ 即为船舶在风浪联合作用下所能承受的最大倾斜力矩 $M_{f\max}$（或 $l_{f\max}$），也就是使船倾覆的最小力矩（或力臂），因而又可称其为最小倾覆力矩

(或力臂),记作 M_q(或 l_q)。与 L 相对应的倾角叫做极限动倾角 $\varphi_{d\max}$,它表示船舶所允许横倾的最大角度,达到或超过这个角度船便倾覆。从图上看出,若不考虑横摇角 φ_0,则船的最小倾覆力矩 M'_q(或力臂 l'_q)将比 M_q(或 l_q)大很多(如虚线所示)。

在动稳性曲线图 4-30b)上,过 A' 点作曲线之切线 $A'L'$,再从 A' 点沿水平方向量取 57.3°,作垂线与 $A'L'$ 交于 Q 点,则 Q 点至过 A' 点水平线的距离即为最大倾斜力矩 $M_{f\max}$(或 $l_{f\max}$),也即最小倾覆力矩 M_q(或 l_q),而切点 L' 对应的倾角即为极限动横倾角 $\varphi_{d\max}$。

从以上可见,考虑横摇角情况下,船舶所能承受的最大风倾力矩较其他情况时要小,对船来说最危险,因此,我们总是根据这种情况来进行大倾角稳性校核。

四、进水角和进水角曲线

船舶的甲板及上层建筑的侧壁上有许多开口(例如舱口、门和窗等),如果这些开口不是水密的,则当船舶倾斜时,水面达到某一开口处,海水将灌入船身主体内部,使船舶处于危险状态。因此,当倾斜水线到达该开口处即认为船舶丧失稳性。故在稳性校核时,还要计算水线到达最先进水的那个非水密开口处的倾斜角度 φ_E,φ_E 即称为进水角。进水角以后的静稳性曲线不再计及,使稳性的有效范围缩小,从而也就降低了船舶的抗风浪能力(图 4-31)。

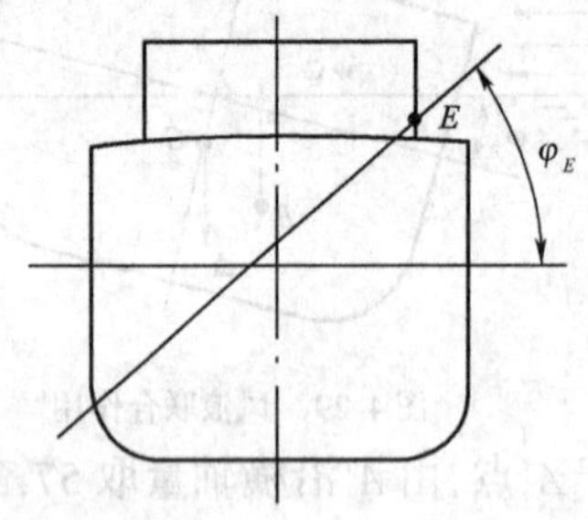

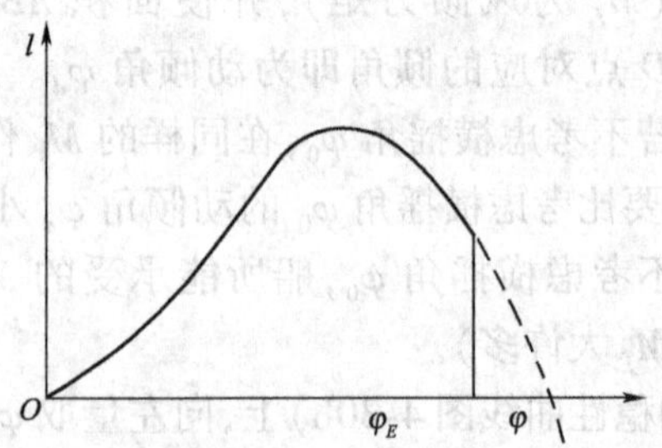

图 4-31 进水角和稳性有效范围的减小

船舶的进水角随排水体积的变化而变化,φ_E 随排水体积变化的曲线称为进水角曲线。船舶的进水角曲线可十分简便地求得。如图 4-32 所示,设 E 点为船上最先进水的非水密开口下缘,过 E 点作与水平线成倾角 φ_1,φ_2,φ_3…φ_5 的各倾斜水线,算出各倾斜水线下的排水体积 ∇_1, ∇_2, ∇_3…。然后以进水角为纵坐标,排水体积为横坐标绘制 φ_E- ∇曲线,如图 4-33 所示。

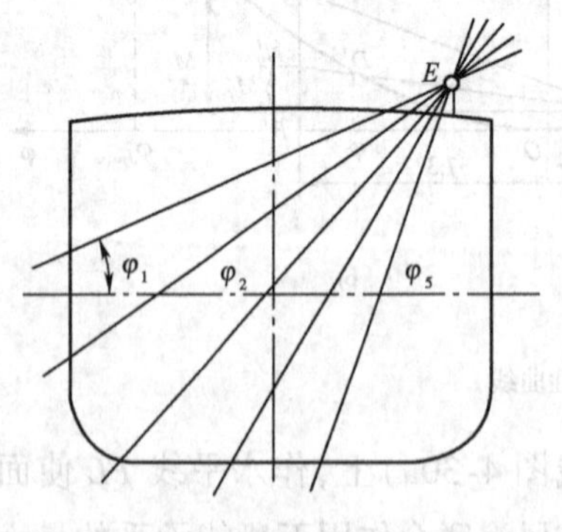

图 4-32 不同吃水的进水角

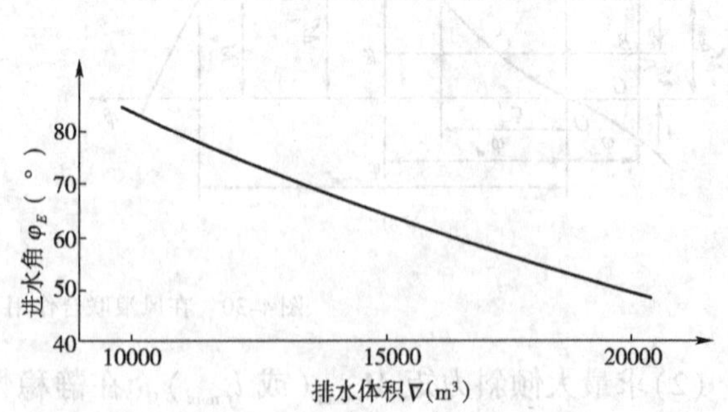

图 4-33 进水角曲线

设船舶在某一排水量时的稳性曲线如图4-34所示，根据排水体积在图4-33中查得进水角φ_E，并把它画在图4-34上。显然，这时船舶的稳性曲线的有效部分至进水角φ_E处为止，最后，根据有效部分确定最小倾覆力矩M_q(或力臂l_q)。

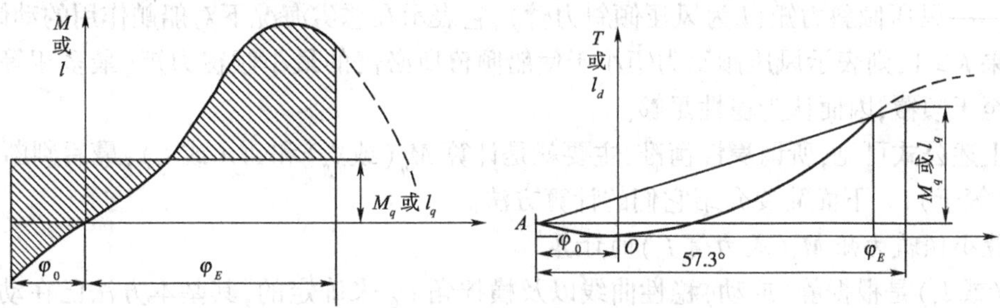

图4-34　进水角下的最小倾覆力矩

第六节　稳性衡准

关于船舶稳性的衡准，各国的船舶检验部门或验船机构都有各自的规范。本节中，简要介绍我国海事局2011年颁布的《国内航行海船法定检验技术规则》中有关船舶稳性方面的要求。此外，我国海事局还颁布了《国际航行海船法定检验技术规则》、《内河船舶法定检验技术规则》。如果船舶在各种装载情况下的稳性都能满足规则中有关稳性的要求，则认为所设计建造的船舶具有足够的稳性。

由于船舶的稳性随装载情况而有所不同，所以不可能(也不必要)对每种装载情况均校核其稳性，只需对几种典型的装载情况进行校核。船舶类型不同，所校核的装载情况也不同。规范对此都有明确的规定。例如，普通货船，需要校核的装载情况有：满载出(到)港、空载(或加压载)出(到)港四种，除上述四种装载情况外，如对稳性有更不利的其他情况(如航行于冰区的船舶，应考虑船体水线以上部分结冰而对稳性产生的不利影响)，也必须加以校核。此外，船舶类型不同，所要核算的装载情况亦不同，《海船法定检验技术规则》对此都有明确的规定。

我国《海船法定检验技术规则》是假定船舶没有航速，受横浪作用发生共振横摇，当摇至迎风一舷最大摆幅时，受一阵风作用而不致倾覆。《海船法定检验技术规则》把此海况作为船舶可能遇到的最危险情况来考虑，有关的衡准、规定都由此前提出发。

一、稳性衡准数 K

稳性衡准数K是对船舶稳性最基本、最重要的要求之一，利用它对船舶的动稳性作基本的衡准。我国《海船法定检验技术规则》对各类船舶的稳性衡准数K作了相应的规定，即应符合下列不等式

$$K = \frac{M_q}{M_f} \geqslant 1$$

或

$$K = \frac{l_q}{l_f} \geqslant 1$$

式中：K——稳性衡准数；

M_q——最小倾覆力矩（l_q 为最小倾覆力臂），它表示船舶在最危险情况下抵抗外力矩的极限能力；

M_f——风压倾斜力矩（l_f为风压倾斜力臂），它表示在恶劣海况下对船舶作用的动倾力矩。

如果 $K\geqslant 1$，则表示风压倾斜力矩小于使船倾覆所必需的最小倾覆力矩（最多相等），所以船舶不至于倾覆，因而认为稳性足够。

由上述公式可见，所谓稳性衡准，主要就是计算 M_q（或 l_q）和 M_f（或 l_f），最后判断 K 值是否大于（等于）1。下面简要介绍它们的计算方法。

1. 最小倾覆力矩 M_q（或力臂 l_q）的计算

M_q（或 l_q）是根据静（或动）稳性曲线以及横摇角 φ_0 来确定的，其基本方法已在动稳性和静稳性曲线的应用中进行过讨论，这里仅介绍 φ_0 的计算方法。

关于 φ_0 的计算是基于船舶零航速且横对波浪的。船舶在波浪中航行时，其横摇程度不仅与波浪有关，而且还与船型、船舶装载情况、附体等因素有关。

规则规定对圆舭形船舶，横摇角按下列公式计算

$$\varphi_0 = 15.28C_1C_4\sqrt{\frac{C_2}{C_3}} \quad (^\circ)$$

式中：C_1、C_2、C_3、C_4——系数。

系数 C_1、C_2、C_3、C_4 是分别与一些因素有关的系数。下面介绍如何选取这些系数。

系数 C_1 与波浪的波长、波高及周期有关。由于在船舶的自摇周期 T_φ 等于波浪周期 T_W 时，横摇最严重，所以 C_1 可以根据船舶的自摇周期 T_φ 及航区由图 4-35 查得。船舶自摇周期按下式计算

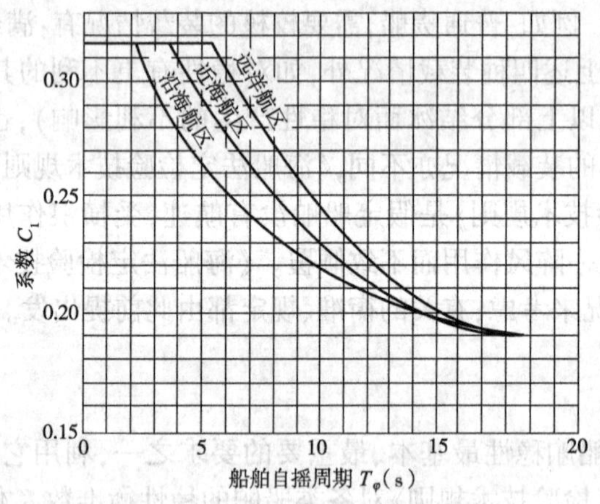

图 4-35 不同航区的 T_φ 与 C_1

$$T_\varphi = 0.58f\sqrt{\frac{B^2 + 4\overline{KG}^2}{\overline{GM_0}}}$$

式中：f——系数，按船舶的$\dfrac{B}{d}$值由表 4-4 查得；

B——不包括船壳板的最大船宽，m；

d——所核算装载情况下的型吃水，m；

$\overline{KG}$——所核算装载情况下船舶重心至基线的垂向高度，m；

$\overline{GM_0}$——所核算装载情况下未计及自由液面修正的船舶初稳性高，m。

系　数　f　　表 4-4

B/d	2.5 及以下	3.0	3.5	4.0	4.5	5.0	5.5	6.0	6.5	7.0 及以上
f	1.00	1.03	1.07	1.10	1.14	1.17	1.21	1.24	1.27	1.30

对于遮蔽航区船舶，C_1 值按沿海航区从图 4-35 查得乘以 0.80。

规则把航区分为四类，即远海（远洋）航区、近海航区、沿海航区和遮蔽航区，船舶的稳性按此四类不同航区进行核算。所谓远洋航区是指无限航区；近海航区是指渤海、黄海及东海距岸不超过 200 海里的海域，台湾海峡、南海距岸不超过 120 海里（台湾岛东海岸、海南岛东海岸及南海岸距岸不超过 50 海里）的海域；沿海航区是指比近海航区距岸更近的海区，一般为 10～20海里的海域；遮蔽航区是指沿海航区内遮蔽条件较好、波浪较小，且岛屿与海岸之间距离不超过 10 海里（但台湾海峡沿岸海域内，上述距离减半）的海域。由此可见，航区的划分实际上反映了对风浪大小不同的考虑，航行于不同航区的船舶必然受到不同风浪的作用。

系数 C_2 主要与波浪的有效波倾角系数有关，按下式计算

$$C_2 = 0.13 + \frac{0.6\,\overline{KG}}{d}$$

当 $C_2 > 1.0$ 时，取 $C_2 = 1.0$；当 $C_2 < 0.68$ 时，取 $C_2 = 0.68$。

系数 C_3 主要与船舶的宽度吃水 $\frac{B}{d}$ 比有关，按表 4-5 查得。

系　数　C_3　　表 4-5

B/d	2.5 及以下	3.0	3.5	4.0	4.5	5.0	5.5	6.0	6.5	7.0 及以上
C_3	0.011	0.013	0.015	0.017	0.018	0.019	0.020	0.021	0.022	0.023

系数 C_4 主要与船舶的类型和舭龙骨的尺寸有关，按表 4-6 查得。

系　数　C_4　　表 4-6

A_b/LB (%)	0	0.5	1.0	1.5	2.0	2.5	3.0	3.5	4.0 及以上
干货船、油船、集装箱船、海驳	1.000	0.754	0.685	0.654	0.615	0.577	0.523	0.523	0.523
客船、渔船、拖船	1.000	0.885	0.823	0.769	0.708	0.654	0.577	0.546	0.523

表中 A_b 是舭龙骨的总面积（m^2），L 为垂线间长（m），B 为型宽（m）。对于有方龙骨的船舶，可将其侧面积计入舭龙骨面积 A_b 之内；对设有减摇装置的船舶，在计算 φ_0 时，不应计入其作用。

对其他特殊线型的船舶，C_2、C_3 和 C_4 的取值应经验船部门同意。对折角线型船舶，φ'_0 可按下式计算

$$\varphi'_0 = 0.8\varphi_0$$

式中：φ_0——相应于无舭龙骨圆舭型船的横摇角。

2. 风压倾斜力矩 M_f(或力臂 l_f)的计算

风压倾斜力臂 l_f(m)可按下式求得

$$l_f = \frac{pA_fZ}{9810\Delta}$$

式中:p——单位计算风压,Pa 即 N/m^2,根据航区、计算风力作用力臂 Z 由表 4-7 查得;

A_f——船舶受风面积,m^2,即船体水线以上部分的侧投影面积;

Z——受风面积中心至水线的距离,m,即计算风力作用力臂;

Δ——所核算情况之排水量,t。

A_f 和 Z 可根据总布置图按规则计算得到。

单位计算风压 p(单位:Pa) 表 4-7

航　区	计算风力作用力臂 Z(m)						
	1.0	1.5	2.0	2.5	3.0	3.5	4.0
远海航区	829	905	976	1040	1099	1145	1185
近海航区	448	493	536	574	603	628	647
沿海、遮蔽航区	228	248	268	284	301	314	326
航　区	计算风力作用力臂 Z(m)						
	4.5	5.0	5.5	6.0	6.5	≥7.0	
远海航区	1219	1249	1276	1302	1324	1347	
近海航区	667	683	698	711	724	736	
沿海、遮蔽航区	336	343	350	357	363	368	

二、初稳性高和静稳性曲线

船舶除必须利用稳性衡准数 K 进行稳性衡准外,我国《海船法定检验技术规则》还规定,船舶在各种装载情况下经自由液面修正后的初稳心高度$\overline{GM}$和静稳性曲线应满足下列要求:

(1)初稳心高度$\overline{GM}$不应小于 0.15m(除规范中另有特殊规定者外)。

(2)横倾角 $\varphi \geq 30°$处的复原力臂应不小于 0.2m。如船体进水角 $\varphi_E < 30°$,则进水角处的复原力臂应不小于 0.2m。

(3)船舶最大复原力臂所对应的横倾角 φ_{max}应不小于 25°。

当船舶的船宽与型深比$\frac{B}{D}$大于 2 时,φ_{max}可分别比上述(3)所规定的值小 $\delta\varphi$。

$$\delta\varphi = 20\left(\frac{B}{D} - 2\right)(K - 1)$$

式中:D——船舶型深,m;

B——不包括船壳板的最大船宽,m,当 $B > 2.5D$ 时,取 $B = 2.5D$;

K——计算所得的稳性衡准数,当 $K > 1.5$ 时,取 $K = 1.5$。

对遮蔽航区的船舶,以下规定可作为上述要求的等效要求:

(1)最大复原力臂对应的横倾角 φ_{max}应不小于 15°。

(2)最大复原力臂值应不小于下式规定值

$$l_{max} = 0.2 + 0.022(30 - \varphi_{max})$$

(3)进水角 φ_E 应不小于最大复原力臂对应角 φ_{max}。

上述3项规定也是对船舶稳性的基本要求,这些规定实际上限定了静稳性曲线的面积和形状。

上面我们简要地介绍了非国际航行海船稳性校核的基本方法及有关问题。国际航行海船的稳性校核计算可参阅《国际航行海船法定检验技术规则》,其基本原理相同,但具体规定和形式有所不同,与国际海事组织IMO的有关稳性的规则一致。内河(包括长江)船的稳性计算和校核原理与海船大体相同,但具体公式和标准数据是有区别的,详细内容可参阅《内河船舶法定检验技术规则》。

下面,对船舶稳性衡准的基本思想概括说明如下:稳性曲线只表示船舶本身所具有抵抗外力矩的能力,或者说,只表示船舶本身所具有的稳性能力,至于船舶受到的力矩究竟有多大,以及是否经受得住,这要看外力矩的作用情况而定。外力矩主要来自风浪的作用,而风浪的大小又与离岸距离及水域开阔程度等因素有关。因此《海船法定检验技术规则》中,把航区分为四类:即远海(无限)、近海、沿海和遮蔽航区;对内河,《内河船舶法定检验技术规则》则把航区划分为三级,即 A、B、C 级航区,另加 J 级(急流江段),并以此作为计算外力的依据。对于拖船和客船等,除风浪作用外,还会受到其他外力作用,这些在规则中都有明确规定,这里不再重复。

船舶稳性校核计算是编制稳性报告书的依据和重要内容,关于稳性报告书的详细内容请参阅有关手册。

第七节　稳性的影响因素和改善稳性的措施

船舶在倾斜以后浮力作用线的位置完全由水线以下的船体形状所决定。因此,船的主尺度和横剖面形状对稳性都有影响,了解这些影响对指导船舶设计具有一定的意义。现对稳性影响较大的几个因素叙述如下,并简要介绍改进稳性的措施。

一、稳性的影响因素

1.船体几何要素的影响

(1)干舷高度对稳性的影响。如图4-36所示,设 A、B 两种船型,除型深外,其他几何要素及重心高度均相同,即 B 船的干舷较 A 船高。在倾斜水线未超过 A 船的甲板边缘时,两者的稳性相同。而当倾斜水线超过 A 船的甲板边缘后,B 船的复原力臂较 A 船大,故 B 船静稳性曲线的最大复原力臂、极限静倾角及稳距等都较 A 船为大。由此可见,增加干舷可有效地改善船的稳性。

(2)船宽对稳性的影响。如图4-37所示,设 A、B 两种船型,除船宽外,其他的几何要素及重心高度均相同,即 B 船的宽度较 A 船大。船宽大者水线面惯性矩也大,故 B 船的初稳性高大于 A 船。另外,船宽大者,出、入水楔形的移动力矩也大,因而复原力臂也大。但船宽大者甲板边缘入水角较小,因此,B 船静稳性曲线的最大复原力臂所对应的横倾角较 A 船为小。

(3)横剖面形状对稳性的影响。A、B 两船，尺度、排水体积和重心高度均相同，但 A 船的横剖面形状是 U 形，B 船是 V 形，从而 B 船的水线面系数比 A 船大，所以 B 船初稳性高和复原力臂均比 A 船大，如图 4-38 所示。

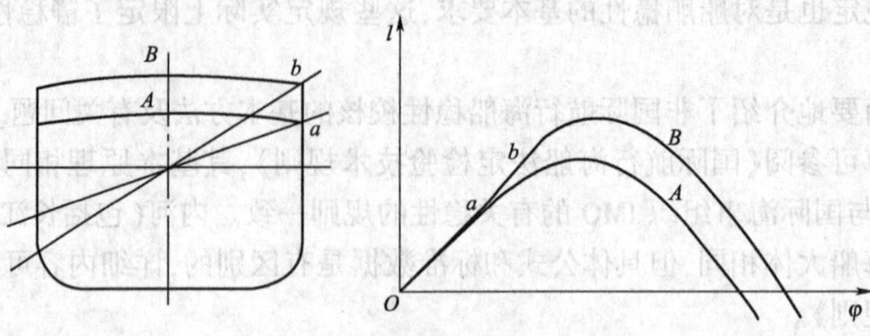

图 4-36　干舷对初稳性的影响

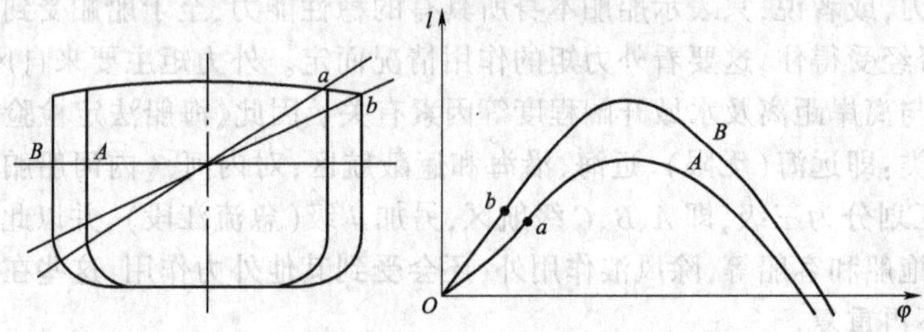

图 4-37　船宽对稳性的影响

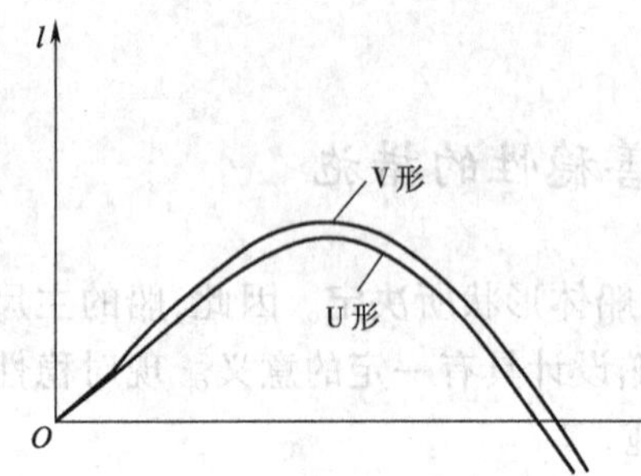

图 4-38　横剖面形状对稳性的影响

此外，水线以上的横剖线适当"外飘"和采用较大的舷弧，都可增加倾角较大时的复原力臂。

2. 重心位置对稳性的影响

如图 4-39 所示，设船舶重心在 G 点时的复原力臂为 l，若重心垂直向上移动了一段距离至 G_1 处，则其复原力臂为

$$l' = l - \overline{GG_1}\sin\varphi$$

如果重心下移至 G_2 处，则其复原力臂为

$$l'' = l + \overline{GG_2}\sin\varphi$$

从图中可以看到：提高重心将使初稳性高 $\overline{GM}$、复原力臂 l 和稳距都相应减小。降低重心，则作用相反。由此可见，重心位置对船舶稳性有重大的影响。

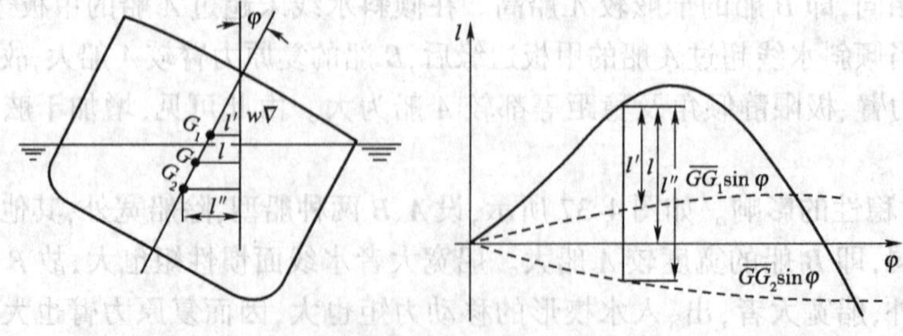

图 4-39　重心位置对稳性的影响

二、改善稳性的措施

1. 增大静稳性曲线下的有效面积

静稳性曲线下的有效面积越大,表示在某一倾角下复原力矩抵抗外力矩动力作用所做的功也越大,说明大倾角稳性越好。通过下面几种方法可增大静稳性曲线下的有效面积。

(1)增加干舷。这是提高船舶稳性的有效措施之一,某些稳性不足的老船可将载重线降低以增加干舷高度。

(2)增大非水密开口进水角。

(3)增加船舶首、尾横剖面的外飘和采用较大舷弧。它们的作用在于增加入水一舷的体积及复原力矩,从而增加静稳性曲线下的有效面积。

(4)增加船宽。这是提高船舶初稳性的有效措施之一,有些老船初稳性不足时,常在船的两舷水线附近加装相当厚的护木和浮箱等,或在舷侧加装一个凸出体。

(5)降低重心高度。降低重心高度可使初稳性高度和静稳性臂及稳距都相应提高,是提高船舶稳性的根本措施。降低船舶重心的具体方法有:在设计时,限制上层建筑的层数和长宽;采用轻型结构;简化舱室设备;机械、设备尽量往船体下层布置等。对已建好的船舶,可采用加压载的办法降低其重心。

(6)适当划分液舱,控制自由液面的影响。最有效的方法是在液舱中设置纵向舱壁及减小液舱高度。

2. 减小倾斜力矩

减小倾斜力矩可使稳性基本衡准数 K 提高,这是提高大倾角稳性的有效措施。具体方法有以下几点。

(1)缩短上层建筑的长宽,降低上层建筑的高度,以减小受风面积。

(2)客船应在布置上采取措施避免过多的旅客集中一舷。

(3)设置减摇装置或增大中横剖面系数来增大船舶横摇阻尼,减小横摇角。

(4)拖船的拖钩位置应尽量降低,以降低急牵力矩。

(5)舷墙上应开排水孔,以使甲板上的水能及时、迅速地排除,减小附加的横倾力矩。

(6)采取措施防止载荷移动,减小附加横倾力矩。这对于散装货船及装有悬吊货物的船舶尤为重要。最后应该指出,改善船舶稳性和改善船舶的其他性能应作统筹考虑,才能得到比较满意的效果。

SIKAO YU LIANXI

一、简答题

1. 简要概括绘制静稳性曲线的计算步骤。

2. 简述进水角的大小对最小倾覆力臂 l_q 的大小有什么影响?

3. 简述我国《海船法定检验技术规则》中如何规定计算自由液面的影响？

4. 简述影响稳性因素及提高稳性的主要措施。

二、判断题

1. 船舶在动力作用下，当倾斜力矩所做的功 T_H 等于复原力矩所做的功 T_R 时达到平衡状态，不再继续倾斜。

2. 横倾静力矩做的功等于静稳性曲线下相应的面积。

3. 稳性衡准数 $K \geqslant 1$ 表示船舶稳性不够。

4. 进水角以后的静稳性曲线不再计及，使稳性的有效范围缩小。

5. 考虑横摇角情况下，船舶所能承受的最大风倾力矩较其他情况时大，对船来说更安全。

三、单项选择题

1. 在大倾角时，等体积倾斜水线______过正浮水线面漂心，浮心移动曲线______是一圆弧，因而浮力作用线与船体中线______交于初稳心。

A. 不通、不、不　　B. 不通、一、不　　C. 不通、不、一　　D. 通、一、一

2. 液体舱室在______时，自由液面对稳性的影响较大。

A. 满舱　　B. 接近满舱　　C. 空舱　　D. 半舱

3. 静稳性曲线在原点处切线的斜率等于______。

A. 稳性消失角　　B. 静倾角　　C. 动横倾角　　D. 初稳心高度

4. 当船舶横倾角超过稳性______后，船的复原力矩变为负值，其作用使船继续倾斜直至倾覆。

A. 消失角　　B. 极限静倾角　　C. 动倾角　　D. 静倾角

5. ______可改善船舶的稳性。

A. 增加干舷　　B. 增加船宽　　C. 降低重心高度　　D. A + B + C

四、计算题

1. 某船在满载出港时的排水体积 $\nabla = 19960\ m^3$，重心高度 $\overline{KG} = 7.84$ m，假定重心高度 $\overline{KS} = 7.145$m 时，据稳性横截曲线查得各横倾角时的 l_S 值如表 4-8 所示。

求作该装载状态下的静稳性曲线，并据此检验其稳性是否符合海船稳性规范要求。

表 4-8

横倾角 φ(°)	10	20	30	40	50	60
l_S(m)	0.300	0.660	0.846	0.952	0.962	0.900

2. 某船的排水量 $\Delta = 600$t，初横稳心高度 $\overline{GM} = 1.2$m，在各横倾角时的静稳性臂 l 如表 4-9 所示。若船的重心升高 0.2m，求作新的静稳性曲线，并比较重心升高前后的稳性。

表 4-9

φ(°)	0	10	20	30	40	50	60	70	80	90
l(m)	0	0.18	0.32	0.40	0.38	0.30	0.16	−0.06	−0.22	−0.42

3. 某船在各横倾角时的静稳性臂 l 如表 4-10 所示，试计算并绘出动稳性曲线。

表 4-10

φ(°)	0	10	20	30	40	50	60	70	80	90
l(m)	0	0.12	0.28	0.64	0.91	0.93	0.74	0.44	0.08	−0.35

4. 已知某船的排水量 $\Delta = 500\text{t}$，其动稳性臂 l_d 如表 4-11 所示。该船进水角 $\varphi_E = 30°$，当船具有横摇角 $\varphi_0 = 0°$，$\varphi_0 = 10°$ 时，分别求其极限动倾力矩。

表 4-11

φ(°)	0	10	20	30
l_d(m)	0	0.1	0.3	0.6

5. 已知某船航行于沿海航区，排水量 $\Delta = 600\text{t}$，动稳性曲线 $l_d = f(\varphi)$ 如表 4-12 所示。

表 4-12

φ(°)	0	10	20	30	40	50	60	70	80
l_d(m)	0	0.010	0.045	0.100	0.170	0.260	0.370	0.435	0.475

该船舱室进水角 $\varphi_E = 35°$，当船航行时遇到阵风吹袭，其受风面积 $A_f = 450\text{m}^2$，受风面积中心在水线以上高度 $z = 6\text{m}$。求横摇角分别为 0°和 −15°时，该船的动倾角各为多少？稳性衡准数各为多少？

6. 某内河船的排水量 $\Delta = 540\text{t}$，吃水 $d = 1.8\text{m}$，静稳性臂如表 4-13 所示。在进行大修时，将左舷一个重为 $p = 25\text{t}$，重心在 $y = 2\text{m}$，$z = 1.4\text{m}$ 处的主机拆除。求拆除主机后船的横倾角。已知每厘米吃水吨数 $TPC = 3.6\text{t/cm}$。

表 4-13

φ(°)	0	10	20	30	40	50	60	70	80
l(m)	0	0.090	0.300	0.550	0.725	0.838	0.725	0.475	0

7. 同第 6 题的船，向左舷倾斜 $\varphi = 50°$。如果再受到一突加的横倾力矩 $M_f = 8 \times 10^4\text{N} \cdot \text{m}$ 作用后，船向相反方向倾斜。试求此时的横倾角。

第五章 抗 沉 性

● **学习目标**

知识目标

1. 掌握渗透率、可浸长度、限界线、许用舱长等概念；
2. 初步掌握舱室进水后船舶浮态和稳性计算；
3. 了解抗沉性的衡准。

能力目标

具备第一、二类舱室进水后船舶浮态和稳性的计算的能力。

第一节 进水舱的分类及渗透率

船舶在使用过程中，可能发生船体破损等海损事故，从而使大量海水进入船体，危及船舶的安全。因此，船舶设计阶段需要考虑抗沉性问题。

所谓抗沉性，是指船舶发生海损事故，一舱或数舱进水后仍然保持一定浮性和稳性的能力，它是船舶的重要航海性能之一。船舶之所以具有抗沉性，主要与船舶的储备浮力和破舱稳性有关，而船舶具有的储备浮力和破舱稳性又与船舶的水密舱壁的合理布置有关。具有一定抗沉性要求的船舶，当一舱或数舱进水后，由于水密舱壁的存在，使水不至于漫延全船，故船舶的下沉不会超过一定的极限位置，并且具有一定的稳性。

所以，抗沉性的研究主要是两类问题：一是在船舶舱壁已定情况下，求船舶在一舱或数舱进水后的浮态及稳性；二是在船舶设计过程中，从抗沉性要求出发，计算分舱的极限长度，即可浸长度。

船舶舱室的结构随船舶种类及舱室用途的不同而异，并且舱室进水后淹没的状态也各不相同。为了讨论方便，本节先将进水舱室进行分类并介绍渗透率的概念。

一、进水舱的分类

在抗沉性计算中，根据船舱进水情况，可将进水舱分为下列三类：

(1)第一类舱：舱的顶部位于水线之下，船体破损后，水即灌满全舱。即舱内的淹水量不随淹水后的水线位置而变，同时没有自由液面。如双层底舱和顶盖在水线以下的深舱柜等均属此类，如图 5-1a)所示。

(2)第二类舱：进水舱未被灌满，舱内水与船外水不相联通，有自由液面。为调整船舶浮态而灌水的舱室，以及船体破损处已经堵塞但水未被抽干的舱室都属于此类，如图 5-1b)所示。

(3)第三类舱：舱顶在水线以上，舱内水与船外水相通，因此舱内水面与船外水面保持同一水平面。这是破舱中最为普遍的典型情况,如图5-1c)所示。

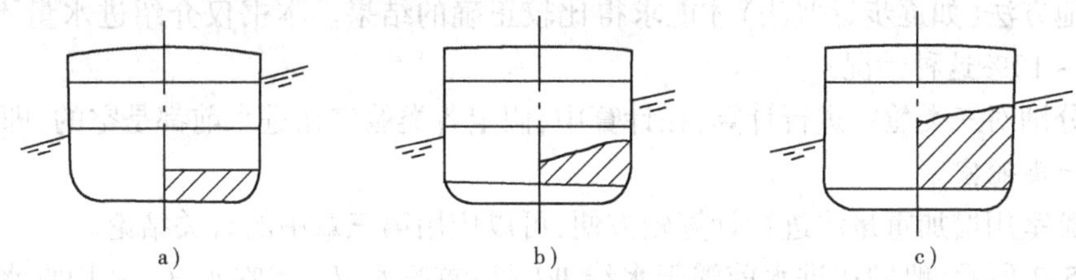

图5-1　三类进水舱

二、渗透率

船舶破损后,进水舱室能被水浸占的容积与该舱室总容积的百分比,称为渗透率,又称体积渗透率μ_V,即

$$\mu_V = \frac{V_1}{V}$$

或

$$V_1 = \mu_V V \tag{5-1}$$

式中:V_1、V——进水容积和空舱容积。

由于船舶舱室内有各种结构构件、设备、机械和货物等,它们都占据一定的舱室容积,并且随船舶及舱室的不同,它们占据的总容积也不同,所以,各类船舶的不同舱室之渗透率是不同的。我国《海船法定检验技术规则》规定的μ_V值如表5-1所列。

舱室处所渗透率　　表5-1

处　所	渗透率μ_V	处　所	渗透率μ_V
装载液体的处所	0~0.95①	机器处所	0.85
起居处所	0.95	货物、煤、物料储藏专用处所	0.60

注:①部分装载的舱的渗透率应与该舱所载液体的量相一致。装载液体的舱一旦破损,应假定所载液体从该舱完全流失,并由海水替代至最后平衡时的水线面。

除上述体积渗透率外,还有面积渗透率μ_a,表示实际淹水面积与空舱面积之比。μ_V与μ_a之间并无一定联系,通常μ_V小于μ_a,但并非所有情况都如此,在一般计算中,μ_V与μ_a可取相同的数值。

第二节　舱室进水后船舶浮态及稳性的计算

舱室进水后船舶浮态及稳性的计算一般称为破舱稳性计算。计算方法常分为两大类:一是把假定破舱进水看成是进水舱增加的液体载荷,故称为增加重量法;另一是把破舱后的进水区域看成是不属于船的,即该部分的浮力已经损失,损失的浮力借增加吃水来补偿,这样,对整个船舶来说,其排水量保持不变,故这种损失浮力法又称为固定排水量法。

当船舶破损进水量不超过排水量的10%~15%时,应用上面两种方法并依据初稳性公式来计算船舶浮态及稳性,其结果(如复原力矩、横倾角、纵倾角、首尾吃水等)是完全一致的。

但算出的初稳高度数值不同,这是因为稳心高度是对应于一定排水量的缘故。若进水量较大,只有用其他方法(如逐步近似法)才能求得比较正确的结果。本书仅介绍进水量不超过排水量的10% ~15%这种情况。

下面分别对三类舱室进行计算,在计算中,假定各类舱室在进水前都是空的,即$\mu_V=1$。

1. 第一类舱室

这类舱室用增加重量法进行计算较方便,可以应用第三章中的有关结论。

如图5-2所示,船舶在进水前浮于水线 WL 处:首吃水 d_F,尾吃水 d_A,平均吃水 d,排水量 Δ,横稳心高$\overline{GM}$,纵稳心高$\overline{GM_L}$,水线面积 A_W, 漂心纵坐标 x_F。设进水舱的体积为 V,其重心在 $C(x,y,z)$处。按增加重量法,我们可以把进入该舱的水看成是在 C 处增加了大小为 $p=wV$ 的液体载荷,且无自由液面。因此,舱室进水后,船舶浮态及稳性可按下列步骤计算:

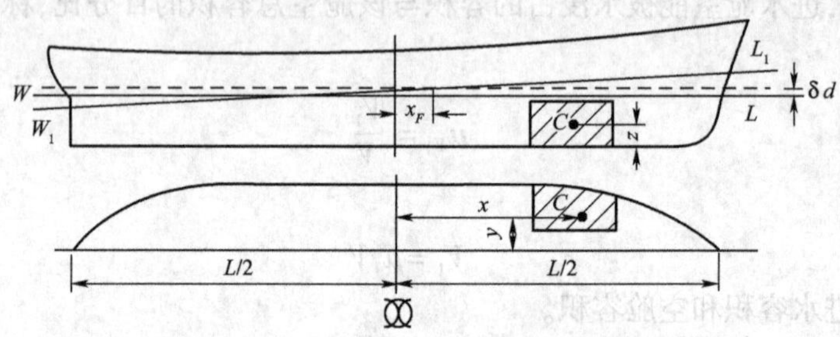

图5-2 第一类舱进水计算图

(1)平均吃水增量:

$$\delta d=\frac{p}{wA_W}$$

(2)新横稳性高度:

$$\overline{G_1M_1}=\overline{GM}+\frac{p}{\Delta+p}\left(d+\frac{\delta d}{2}-z-\overline{GM}\right)$$

(3)新纵稳性高度:

$$\overline{G_1M_{L1}}=\frac{\Delta}{\Delta+p}\overline{GM_L}$$

(4)横倾角正切:

$$\tan\varphi=\frac{py}{(\Delta+p)\ \overline{G_1M_1}}$$

(5)纵倾角正切:

$$\tan\theta=\frac{p(x-x_F)}{(\Delta+p)\ \overline{G_1M_{L1}}}$$

(6)由于纵倾引起的首尾吃水变化:

$$\delta d_F=\left(\frac{L}{2}-x_F\right)\frac{p(x-x_F)}{(\Delta+p)\ \overline{G_1M_{L1}}}$$

$$\delta d_A=-\left(\frac{L}{2}+x_F\right)\frac{p(x-x_F)}{(\Delta+p)\ \overline{G_1M_{L1}}}$$

(7)船舶最后的首尾吃水：

$$d'_F = d_F + \delta d + \delta d_F$$
$$d'_A = d_A + \delta d + \delta d_A$$

2.第二类舱室

这类舱因存在自由液面，故用增加重量法，计算时要考虑自由液面的影响。

如图5-3所示，船舶原浮于水线WL，排水量为Δ，首吃水为d_F，尾吃水为d_A，平均吃水d，横稳性高$\overline{GM}$，纵稳性高$\overline{GM_L}$，水线面积A_W，漂心纵坐标x_F。设进水舱的体积为V，进水量$p = wV$，其重心在$C(x,y,z)$处，进水舱内自由液面对其本身的纵向主轴和横向主轴的惯性矩分别为i_x和i_y。这类舱进水后，船舶浮态及稳性可按下面步骤计算：

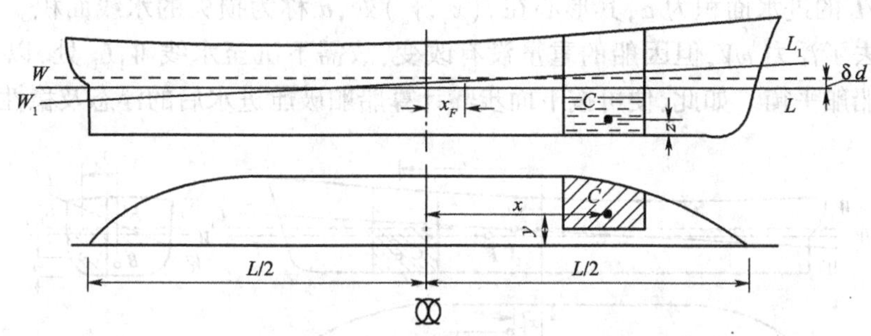

图5-3 第二类舱进水计算图

(1)平均吃水增量：

$$\delta d = \frac{p}{wA_W}$$

(2)新横稳性高度：

$$\overline{G_1M_1} = \overline{GM} + \frac{p}{\Delta + p}\left(d + \frac{\delta d}{2} - z - \overline{GM}\right) - \frac{wi_x}{\Delta + p}$$

(3)新纵稳性高度：

$$\overline{G_1M_{L_1}} = \frac{\Delta}{\Delta + p}\overline{GM_L} - \frac{wi_y}{\Delta + p}$$

(4)横倾角正切：

$$\tan\varphi = \frac{py}{(\Delta + p)\ \overline{G_1M_1}}$$

(5)纵倾角正切：

$$\tan\theta = \frac{p(x - x_F)}{(\Delta + p)\ \overline{G_1M_{L_1}}}$$

(6)由纵倾引起的首尾吃水变化：

$$\delta d_F = \left(\frac{L}{2} - x_F\right)\frac{p(x - x_F)}{(\Delta + p)\ \overline{G_1M_{L_1}}}$$

$$\delta d_A = -\left(\frac{L}{2} + x_F\right)\frac{p(x - x_F)}{(\Delta + p)\ \overline{G_1M_{L_1}}}$$

(7)船舶最后的首尾吃水：

$$d'_F = d_F + \delta d + \delta d_F$$
$$d'_A = d_A + \delta d + \delta d_A$$

3. 第三类舱室*

这类舱室破损进水后，舱内水面与船外水面保持同一水平面，其进水量要由最后的水线来决定。因此，用增加重量法来计算就很不方便，宜用损失浮力法进行计算，并认为舱室进水后船舶排水量和重心位置保持不变。

如图5-4所示，船舶浮于水线 WL，排水体积 ∇，吃水 d，横稳性高 $\overline{GM}$，纵稳性高 $\overline{GM_L}$，水线面积 A_W，漂心 F 纵向坐标 x_F。设进水舱在水线 WL 以下的体积为 V，其重心在 $C(x,y,z)$ 处，该舱在水线处 WL 的进水面积为 a，其形心在 $f(x_a,y_a)$ 处，a 称为损失的水线面积。当该舱进水后，船舶即失去了浮力 wV，但因船的重量没有改变，故需下沉至水线 W_1L_1 处，以获得补偿浮力，方能保持船舶平衡。如此，便可按下面步骤计算船舶破舱进水后的浮态及稳性。

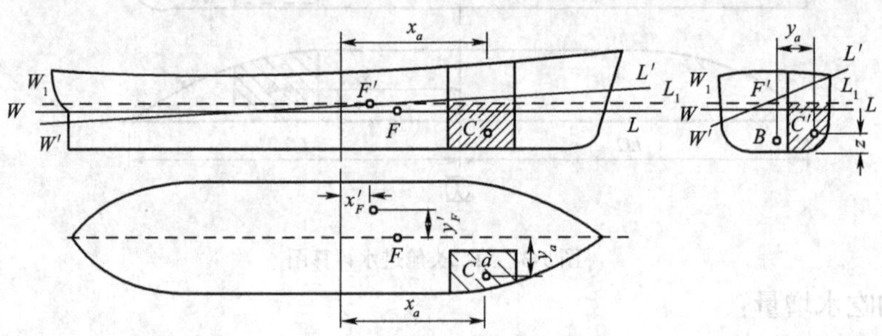

图5-4　第三类舱进水计算图

(1)平均吃水增量：

$$\delta d = \frac{V}{A_W - a}$$

式中：$A_W - a$——剩余水线面面积。

(2)剩余水线面面积的漂心位置 $F'(x'_F, y'_F)$：

$$x'_F = \frac{A_W x_F - a x_a}{A_W - a}$$

$$y'_F = \frac{-a y_a}{A_W - a}$$

(3)剩余水线面积 $(A_W - a)$ 对通过其漂心 F' 的纵轴和横轴的惯性矩：

$$I'_T = I_T - (i_x + a y_a^2) - (A_W - a) y_F'^2$$
$$I'_L = I_L - [i_y + a(x_a - x_F)^2] - (A_W - a)(x'_F - x_F)^2$$

式中：I_T、I_L——原水线面积 A_W 对通过其漂心横向和纵向的惯性矩；

i_x、i_y——损失的水线面积对通过其本身形心的横向和纵向的惯性矩。

(4)船舶浮心坐标的变化：

由图5-4可以看出，损失的浮力 wV 的作用点在 C 处，而补偿的浮力 $w\delta d(A_W - a)$ 的作用点在 $\left(x'_F, y'_F, d + \frac{\delta d}{2}\right)$ 处。可以认为，由于体积 V 由 C 处移至 $\left(x'_F, y'_F, d + \frac{\delta d}{2}\right)$ 处，从而引起船舶

浮心位置的移动。根据重心移动原理可知,破舱后浮心位置变化为

$$\delta x_B = -\frac{V(x - x'_F)}{\nabla}$$

$$\delta y_B = -\frac{V(y - y'_F)}{\nabla}$$

$$\delta z_B = -\frac{V\left[z - \left(d + \frac{\delta d}{2}\right)\right]}{\nabla}$$

(5)横、纵稳心半径的变化:

$$\delta \overline{BM} = \frac{I'_T}{\nabla} - \frac{I_T}{\nabla}$$

$$\delta \overline{BM_L} = \frac{I'_L}{\nabla} - \frac{I_L}{\nabla}$$

(6)横、纵稳性高度的变化:

因船舶重心在进水前后保持不变,故有

$$\delta \overline{GM} = \delta z_B + \delta \overline{BM}$$

$$\delta \overline{GM_L} = \delta z_B + \delta \overline{BM_L}$$

(7)新的横、纵稳性高度:

$$\overline{GM_1} = \overline{GM} + \delta \overline{GM}$$

$$\overline{GM_{L_1}} = \overline{GM_L} + \delta \overline{GM_L}$$

(8)横倾角正切:

$$\tan\varphi = \frac{V(y - y'_F)}{\nabla \overline{GM_1}}$$

(9)纵倾角正切:

$$\tan\theta = \frac{V(x - x'_F)}{\nabla \overline{GM_{L_1}}}$$

(10)由纵倾引起的首、尾吃水变化:

$$\delta d_F = \left(\frac{L}{2} - x'_F\right)\frac{V(x - x'_F)}{\nabla \overline{GM_{L1}}}$$

$$\delta d_A = -\left(\frac{L}{2} + x'_F\right)\frac{V(x - x'_F)}{\nabla \overline{GM_{L_1}}}$$

(11)船舶最后的首尾吃水:

$$d'_F = d_F + \delta d + \delta d_F$$

$$d'_A = d_A + \delta d + \delta d_A$$

4.一组舱室进水

船舶的一组舱室同时进水后的浮态及稳性计算也可以采用上述方法。在这种情况下,可以用一个假想的舱室代替进水的一组舱室,该舱室进水后对船舶浮态及稳性的影响与一组舱室同时进水的影响完全相同。我们称这一假想舱为等值舱,而这种计算方法称为等值舱法。为此,首先要计算出等值舱的有关数值:

(1)等值舱的进水体积：

$$V=\sum V_i$$

(2)等值舱的形心位置：

$$x=\frac{\sum V_i x_i}{\sum V_i}$$

$$y=\frac{\sum V_i y_i}{\sum V_i}$$

$$z=\frac{\sum V_i z_i}{\sum V_i}$$

(3)等值舱在原来水线处的损失水线面积：

$$a=\sum a_i$$

(4)等值舱损失水线面积的形心坐标：

$$x_a=\frac{\sum a_i x_{a_i}}{\sum a_i}$$

$$y_a=\frac{\sum a_i y_{a_i}}{\sum a_i}$$

将上述等值舱数据代入前面有关公式(视进水舱为几类舱而定)，即可算出船舶在一组舱室进水后的浮态及稳性。

例5-1　某海船排水量$\Delta=30000$t，船长$L=198$m，船宽$B=30$m，吃水$d=7.9$m，浮心垂向坐标$z_B=4.4$m，重心垂向坐标$z_G=11$m，初稳性高$\overline{GM}=1.98$m，每厘米吃水吨数$TPC=45$t/cm，船内某舱长15m，舱顶在基线以上9.15m，围绕该舱的两道纵舱壁距中线面为3.6m和11m，该舱在双层底以上，双层底高1.5m。假设该舱的渗透率$\mu=0.8$，双层底原已充满压载水。试求舱内进水占全舱体积一半时，该船产生的横倾角，以及船外海水可自由进入舱内时，该船可能产生的最大横倾角。

解：　依题意分两种情况计算：

1.舱内进水占全舱体积一半时的横倾角

因属第二类舱，故按增加重量法计算，步骤如下：

(1)增加的液体载荷：

$$p=wV=1.025\times15\times(9.15-1.5)\times(11-3.6)\times0.8\times\frac{1}{2}$$

$$=348\text{t}$$

(2)增加载荷p后平均吃水增加：

$$\delta d=\frac{p}{TPC}=\frac{348}{45}=7.7\text{cm}=0.077\text{m}$$

(3)增加载荷的重心垂向坐标：

$$z=\frac{1}{4}\times(9.15-1.5)+1.5=3.41\text{m}$$

(4)破损舱室内自由液面对其本身纵轴的惯性矩：

$$i_x=\frac{1}{12}\times(11-3.6)^3\times15\times0.8=405\text{m}^4$$

(5)新的初稳性高度：

$$\overline{G_1M_1}=\overline{GM}+\frac{p}{\Delta+p}\left(d+\frac{\delta d}{2}-z-\overline{GM}\right)-\frac{wi_x}{\Delta+p}$$

$$=1.98+\frac{348}{30000+348}\times\left(7.9+\frac{0.077}{2}-3.41-1.98\right)-\frac{1.025\times405}{30000+348}$$

$$=2\ \text{m}$$

(6)增加载荷 p 的重心横向坐标：

$$y=3.6+(11-3.6)\times\frac{1}{2}=7.3\ \text{m}$$

(7)所求横倾角：

$$\tan\varphi=\frac{py}{(\Delta+p)\overline{G_1M_1}}=\frac{348\times7.3}{(30000+348)\times2}=0.042$$

即 $\varphi=2.4°$

2.求船外水可自由进入舱内时该船可能产生的最大横倾角*

这种情况属于第三类舱，故按损失浮力法计算，步骤如下：

(1)进水舱在吃水7.9m处的进水量：

$$p=wV=1.025\times15\times(7.9-1.5)\times(11-3.6)\times0.8=582\text{t}$$

(2)损失水线面积：

$$a=15\times(11-3.6)\times0.8=89\ \text{m}^2$$

(3)吃水 $d=7.9$m 时，船舶的水线面积：

$$A_W=\frac{100TPC}{w}=\frac{100\times45}{1.025}=4385\ \text{m}^2$$

(4)剩余水线面积：

$$A_W-a=4385-89=4296\ \text{m}^2$$

(5)平均吃水增量：

$$\delta d=\frac{V}{A_W-a}=\frac{582}{4296}=0.13\ \text{m}$$

(6)剩余水线面的漂心横向坐标：

$$y_F'=\frac{-ay_a}{A_W-a}=\frac{-89\times7.3}{4296}=-0.15\text{m}$$

(7)损失的排水体积的形心垂向坐标：

$$z=\frac{1}{2}\times(7.9-1.5)+1.5=4.7\text{m}$$

(8)浮心垂向位置变化：

$$\delta z_B=-\frac{V\left[z-(d+\frac{\delta d}{2})\right]}{\nabla}=\frac{582}{30000}\times\left(7.9+\frac{0.13}{2}-4.7\right)=0.06\ \text{m}$$

(9)横稳心半径的变化：

$$\delta\overline{BM}=\frac{I_T'}{\nabla}-\frac{I_T}{\nabla}$$

$$= -\frac{w}{\Delta}[(i_x + a y_a{}^2) + (A_W - a) y'_F{}^2]$$

$$= -\frac{1.025}{30000} \times [(405 + 89 \times 7.3^2) + 4296 \times (-0.15)^2]$$

$$= -0.18\text{m}$$

(10)进水后的横稳性高度变化：

$$\delta\,\overline{GM} = \delta z_B + \delta\,\overline{BM} = 0.06 - 0.18 = -0.12\text{m}$$

(11)进水后的横稳性高度：

$$\delta\,\overline{GM_1} = \overline{GM} + \delta\,\overline{GM} = 1.98 - 0.12 = 1.86\text{m}$$

(12)所求横倾角：

$$\tan\varphi = \frac{V(y - y'_F)}{\nabla GM_1} = \frac{582 \times (7.3 + 0.15)}{30000 \times 1.86} = 0.078$$

即 $\varphi = 4.4°$。

第三节　可浸长度的计算

抗沉性研究的重要内容之一，就是为具有一定抗沉性要求的船舶确定划分水密舱壁位置提供依据，这个依据就是所谓可浸长度曲线。本节将介绍可浸长度的计算原理和计算方法。

一、限界线、可浸长度及可浸长度曲线

1. 限界线

当船体破损后，海水进入船舱内，船就会下沉。为了保证船舶不至于沉没，我国《海船法定检验技术规则》规定：民用船舶的下沉极限是其舱壁甲板上表面的边线以下 76mm 处，也就是说，船舶在破损后至少要有 76mm 的干舷。在船体侧视图上，舱壁甲板边线以下 76mm 处的一条曲线（与该甲板边线平行）称为安全限界线（简称限界线），如图 5-5 所示。

船舶下沉后的水线不应超过限界线，故限界线上各点的切线表示所允许的最高破舱水线（或称极限破舱水线）。

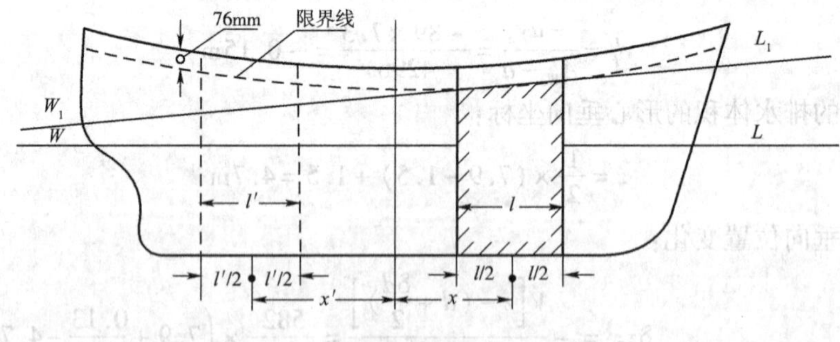

图 5-5　限界线

2. 可浸长度及可浸长度曲线

为了保证船舶破损后的水线不超过限界线，对船舶舱室的长度必须加以限制。船舱的最

大许可长度称为可浸长度，它表示进水后船舶的最高破舱水线恰与限界线相切。

由于在船长的不同位置处，船舱的横剖面大小不同，因此各船舱进水后对船舶的纵倾影响也不同，所以，可浸长度随船长的位置而变。在船体侧视图上，以各进水舱可浸长度的中点距中横剖面的距离 x 为横坐标，以对应位置的可浸长度 l 为纵坐标绘制的曲线称为可浸长度曲线，如图 5-6 所示。

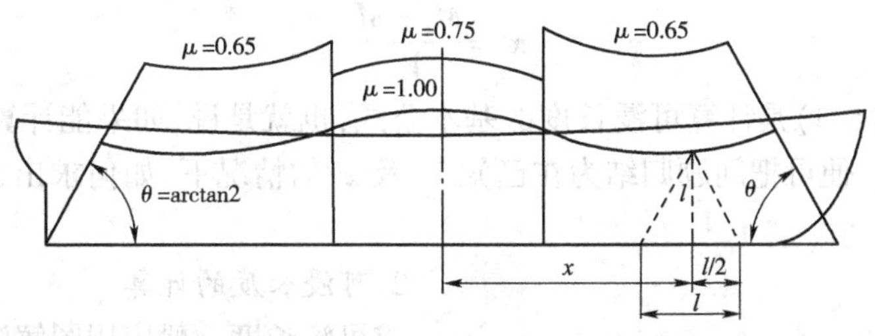

图 5-6 渗透率不同的可浸长度曲线

其中 $\mu=1.0$ 的可浸长度曲线是假定进水舱的渗透率 $\mu=1.0$ 的情况，事实上 μ 总是小于 1.0 的，故在图上还需绘出实际的可浸长度曲线，并注明 μ 的具体数值。由图 5-6 可见，该曲线首尾两端被首尾垂线处 $\theta=\arctan 2$ 的斜线所限制，这是因为在此区域内，舱长之半等于 1/2 可浸长度的缘故。

二、可浸长度的计算原理*

由上述内容可知，可浸长度随船长的位置而变，即可浸长度决定于进水舱的体积及其形心位置。下面就从求进水舱的体积及其形心位置出发，找出可浸长度的计算原理。

1. 进水舱体积 V_i 的计算及其形心纵坐标 x_i 的计算

如图 5-7 所示，船舶原浮于水线 WL 处，排水体积为 ∇，浮心纵坐标为 x_B。设某舱破损进水后，船舶恰浮于极限破舱水线 W_1L_1 处，其排水体积为 ∇_1，浮心纵坐标为 $x_B{}'$。若破舱的进水体积为 V_i，形心纵坐标为 x_i，则船舶恰能浮于极限破舱水线 W_1L_1 处时，必然存在下面关系：

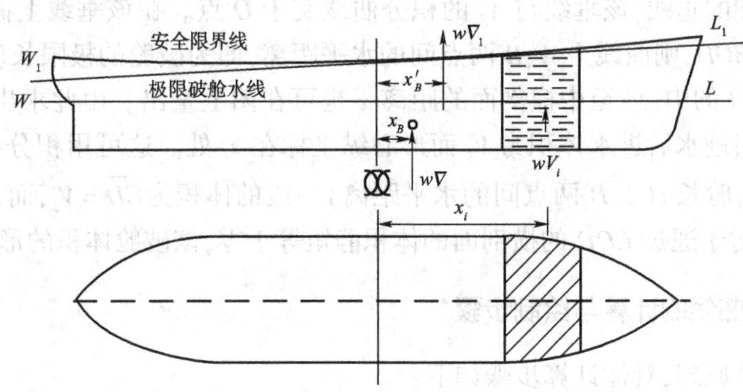

图 5-7 可浸长度计算原理图

破舱进水后的排水体积 ∇_1 为

$$\nabla_1 = \nabla + V_i$$

或写作

$$V_i = \nabla_1 - \nabla \tag{5-2}$$

∇_1 对中横剖面的静矩 M_1 为

$$M_1 = \nabla_1 x_B{}' = \nabla x_B + V_i x_i$$

令 $\nabla x_B = M$(原排水体积对中横剖面的静矩),则破舱的形心纵坐标 x_i 可写为

$$x_i = \frac{M_1 - M}{V_i} \tag{5-3}$$

式(5-2)和式(5-3)是计算可浸长度的基本公式,也就是说,如果能计算出进水舱体积 V_i 及其形心纵坐标 x_i,便可把问题归结为在已知 V_i 及 x_i 的情况下,如何求出进水舱的长度 l 及其位置。

2. 可浸长度的计算

求可浸长度一般应用图解法。其原理如下:

(1)根据邦戎曲线计算并绘制在极限破舱水线下,x_i 附近的一段的横剖面面积曲线 $A_S = f(x)$ 和其积分曲线 $\nabla_1 = f(x)$,如图 5-8 所示。计算极限破舱水线下的体积 ∇_1 及其浮心纵坐标 $x_B{}'$,即

$$\nabla_1 = \int_{-\frac{L}{2}}^{\frac{L}{2}} A_S \mathrm{d}x$$

$$x_B{}' = \frac{\int_{-\frac{L}{2}}^{\frac{L}{2}} x A_S \mathrm{d}x}{\nabla_1}$$

破舱体积的形心纵坐标 x_i 为

$$x_i = \frac{\nabla_1 x_B{}' - \nabla x_B}{V_i}$$

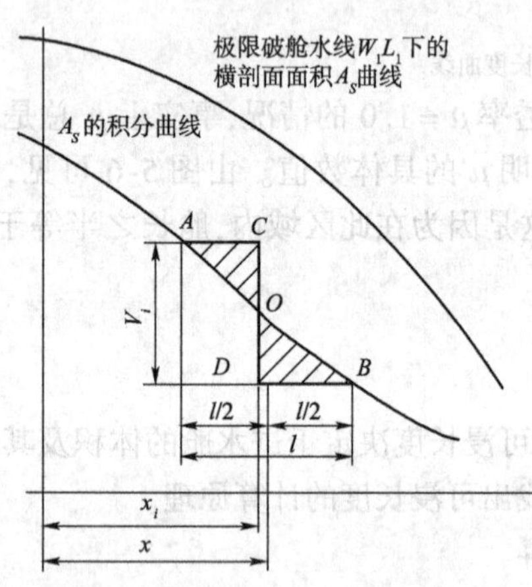

图 5-8　极限破舱水线下的横剖面面积曲线及积分曲线

(2)利用图解法求可浸长度 l。在图 5-8 的横坐标(x 轴)上,定出破舱的形心位置 x_i,并过此位置作横坐标轴的垂线,该垂线与 A_S 的积分曲线交于 O 点。在该垂线上截取 $CD = V_i$ 并使面积 AOC = 面积 BOD,则曲线上 A、B 两点间的水平距离,即为破舱的极限长度(可浸长度 l)。同时该舱中点(即 l 的中点)至中横剖面的距离 x 也可在图上量出。由此求出的舱长和位置,能够满足该舱破损进水后进水体积为 V_i 而形心纵坐标在 x_i 处。这可用积分曲线的特性说明如下:在图 5-8 中,舱长 l(A、B 两点间的水平距离)一段的体积为 $\overline{CD} = V_i$,而面积 AOC = 面积 BOD 则表示该舱对于通过 COD 的横剖面的体积静矩等于零,该破舱体积的形心必在 x_i 处。

三、可浸长度曲线的计算与绘制步骤*

根据上述计算原理,具体计算步骤如下:

1. 绘制极限破舱水线

在如图 5-9 所示的邦戎曲线图上,先从限界线的最低点画一条水平的破舱水线 H,然后在首尾垂线处,自 H 向下量取一段距离 z,其数值可按下式计算

$$z = 1.6D - 1.5d$$

式中：D——舱壁甲板型深；

d——吃水。

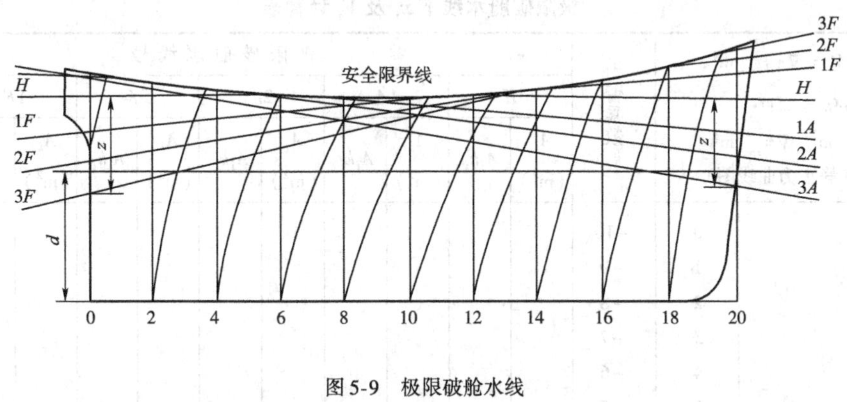

图 5-9 极限破舱水线

在距离 z 内取 2～3 个等分点，并从各等分点作与限界线相切的纵倾极限水线 $1F$、$2F$、$3F$ 和 $1A$、$2A$、$3A$ 等。

通常极限破舱水线取 7～10 条，其中尾倾水线 3～5 条，水平 1 条，首倾水线 3～4 条。这些极限破舱水线对应于沿船长不同舱室进水时船舶的最大下沉限度。

2. 计算与绘制极限破舱水线下的横剖面面积曲线 $A_S=f(x)$ 及其积分曲线 $\nabla_1=f(x)$

一般按表 5-2 形式要求分别进行计算。

极限破舱水线下 $A_S=f(x)$ 曲线及其积分曲线计算表 表 5-2

站 号	横剖面面积	成对和	自上而下之和	体积 $\nabla=\frac{1}{2}\delta L\cdot(\text{IV})$
Ⅰ	Ⅱ	Ⅲ	Ⅳ	Ⅴ
0(尾)				
1				
2 ⋮ 9 10 11 ⋮ 18 19 20(首)				

3. 计算各极限破舱水线下的进水体积 V_i 及其形心纵坐标 x_i

在邦戎曲线图上，分别量出各极限破舱水线的各站横剖面面积，填入表 5-3 中。按表 5-3

所示的近似积分方法，便可算出各极限破舱水线下的进水体积 V_i 及其形心纵坐标 x_i。然后将计算结果绘制成进水舱容积曲线，即 $V_i - x_i$ 曲线，如图5-10所示。

极限破舱水线下 x_i 及 V_i 计算表 表5-3

$L=$__ m，$M=\nabla x_B$__ m^4， $\delta L=$__ m，$x_B=$__ m， $(\delta L)^2=$__ m^2，$\nabla=$__ m^3 (各参数查静水力曲线图)			力臂乘数 k_i	极限破舱水线号										
				H		$1A$		$2A$		$3A$		$1F$		…
				A_i (m^2)	A_ik_i	A_i (m^2)	A_ik_i	A_i (m^2)	A_ik_i	A_i (m^2)	A_ik_i	A_i (m^2)	A_ik_i	…
横剖面站号	尾	0	−10											
		1	−9											
		2	−8											
		3	−7											
		4	−6											
		5	−5											
		6	−4											
		7	−3											
		8	−2											
		9	−1											
		10	0											
	首	11	1											
		12	2											
		13	3											
		14	4											
		15	5											
		16	6											
		17	7											
		18	8											
		19	9											
		20	10											
总和Σ'														
修正值ε														
修正后总值Σ														
$\nabla_1=\frac{L}{20}\Sigma A_i$			m^3											
$V_i=\nabla_1-\nabla$			m^3											
$M_1=(\delta L)^2\Sigma A_ik_i$			m^4											
$m=M_1-M$			m^4											
$x_i=\frac{m}{V_i}$			m											

4. 根据表5-3计算出的各进水体积 V_i 及其形心纵坐标 x_i

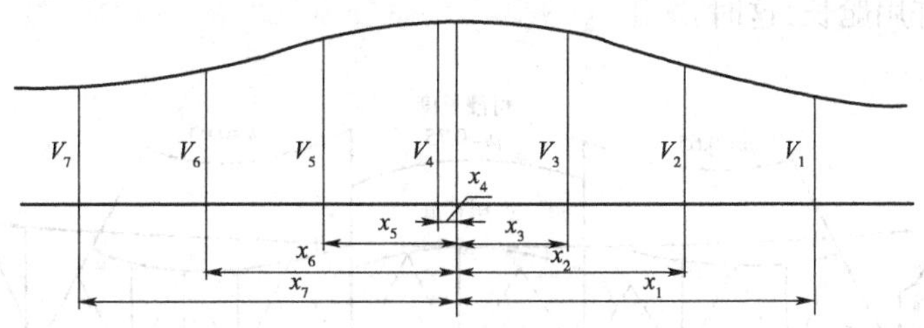

图5-10 进水舱容曲线

在已绘制的限界线下横剖面面积曲线的积分曲线上,按与图5-8相同的原理和方法,便可求出各进水舱的可浸长度 l 及其舱长中点至中横剖面的距离 x。

在实际计算中,常用限界线下的横剖面面积曲线及其积分曲线代替各极限破舱水线下的横剖面面积曲线以及其积分曲线,如图5-11所示,这样可以减少计算和制图的工作量。之所以能这样代替,是因为进水舱的位置通常总是在其相应极限破舱水线与限界线相切附近,如图5-7所示,故极限破舱水线下的横剖面面积曲线与限界线下的横剖面面积曲线在进水舱附近几乎相同;而且,在进水舱附近,限界线下的横剖面面积较极限破舱水线下的横剖面面积略大,故计算所得之可浸长度略小于实际长度,偏于安全。所以,上述用限界线下的横剖面面积曲线及其积分曲线代替各极限破舱水线下的横剖面面积曲线及其积分曲线,在原理上是可行的,在实用上是简便的。

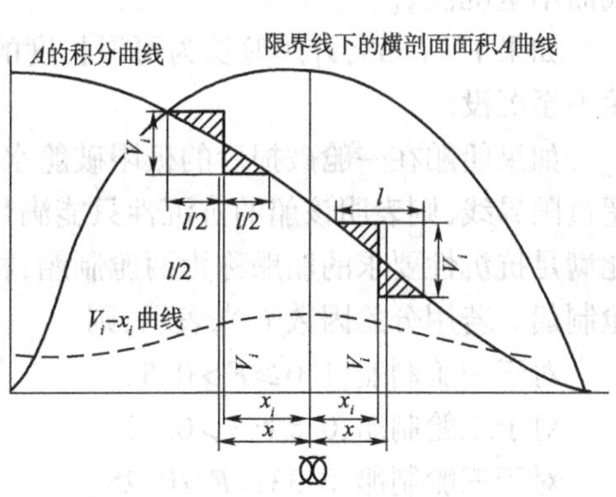

图5-11 可浸长度的图解法

5. 绘制可浸长度曲线

根据上面算得的各进水舱的可浸长度 l 及其中点至中横剖面的距离 x,在船体侧视图上标出各进水舱长的中点,并向上作垂线;然后截取相应的可浸长度 l 为纵坐标,并连成光滑的曲线,即为可浸长度曲线,如图5-6所示。

第四节 分舱因数及许用舱长

由上节可知,位于船长某处的一个舱室破损后,只要该舱长度不超过该处的可浸长度,则认为船舶抗沉性是符合要求的。但是,假如与该舱相邻的舱室也同时破损,则很显然船舶将不能满足抗沉性的要求。所以只用可浸长度来检验船舶舱室的大小(即横舱壁的布置)是否满足抗沉性要求,未免过于粗略,因为它不能体现出各类船舶在抗沉性方面要求的不同。为此,在《海船法定检验技术规则》中采用了一个分舱因数 F 来决定许用舱长。F 是一个等于或小于1.0的系数,因此有

$$许用舱长 = 可浸长度(l) \times 分舱因数(F) = l \cdot F$$

将实际的可浸长度乘以分舱因数 F 后，便得到许用舱长曲线，如图 5-12 所示。假定水密舱壁的布置恰为许用舱长，这时：

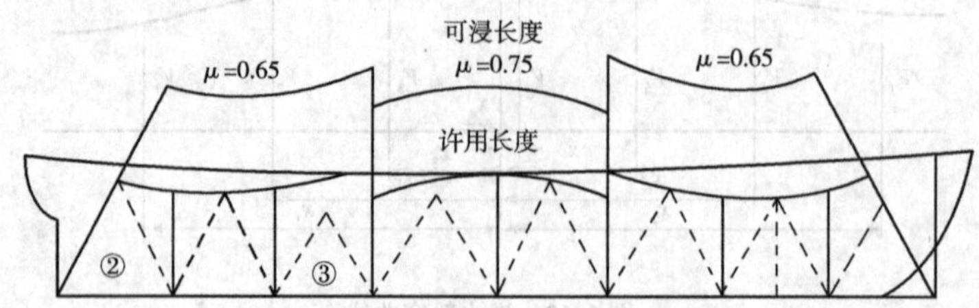

图 5-12　许用舱长曲线

如果 $F=1.0$，许用舱长等于可浸长度，船在一舱破损后恰能浮于极限破舱水线而不至沉没。

如果 $F=0.5$，许用舱长等于可浸长度的一半，船在相邻两舱破损后恰能浮于极限破舱水线而不至沉没。

如果 $F=0.33$，许用舱长为可浸长度的 1/3，船在相邻三舱破损后恰能浮于极限破舱水线而不至沉没。

如果船舶在一舱破损后的极限破舱水线不超过限界线，但在两舱破损后其极限破舱水线超过限界线，则表明该船的抗沉性只能满足一舱不沉的要求，称为一舱制船。相邻两舱破损后能满足抗沉性要求的船舶称为两舱制船；相邻三舱破损后仍能满足抗沉性要求的船舶称为三舱制船。若用分舱因数 F 来表示，则

对于一舱制船，$1.0 \geqslant F > 0.5$；

对于二舱制船，$0.5 \geqslant F > 0.33$；

对于三舱制船，$0.33 \geqslant F > 0.25$。

由上述内容可见，分舱因数 F 是决定船舶抗沉性的一个关键因素，其具体数值与船舶长度、用途及业务性质有关，在《海船法定检验技术规则》中有详细规定，这里就不多介绍。

有了许用舱长曲线，就可依此来确定船舶水密舱壁的布置，即确定舱长。但这只是对舱长从抗沉性角度所作的一种限制，在这种限制下，还要考虑其他条件的影响(如使用等因素)，才能最后确定舱长。如图 5-12 中所示的第②舱，其舱长恰等于许用舱长；而第③舱则因考虑使用等因素，其舱长小于许用舱长。

需要说明，上述可浸长度和许用舱长计算中，都没有考虑破舱后的稳性问题，因此还需依据《海船法定检验技术规则》对破舱稳性的具体要求，进行稳性校核计算。

思考与练习 SIKAO YU LIANXI

一、简答题

1. 什么是船舶的抗沉性、渗透率、限界线、可浸长度、许用舱长？

2. 船舶舱室进水分为几类，它们是怎么划分的？

3. 叙述可浸长度曲线绘制的步骤。

二、判断题

1. 船舶破损后,进水舱室能被水浸占的容积与该舱室总容积的百分比,称为渗透率。
2. 舱室进水后船舶浮态及稳性的计算一般称为完整稳性计算。
3. 第二类舱室用增加重量法计算时要考虑自由液面的影响。
4. 一组舱室同时进水的影响和一假想舱完全相同。称这一假想舱为等值舱。
5. 船舶下沉后的水线可超过限界线76mm。

三、单项选择题

1. 船舶的安全限界线为在船侧由舱壁甲板上表面以下至少________处所划的一条曲线。

A. 76cm　B. 67cm　C. 76mm　D. 67mm

2. 如果 $F=0.5$,船在________破损后恰能浮于极限破舱水线而不至沉没。

A. 一舱　B. 相邻两舱　C. 相邻三舱　D. 相邻四舱

3. 对于二舱制船,分舱因数 F ________。

A. $1.0 \geqslant F > 0.5$　B. $0.5 \geqslant F > 0.33$

C. $0.33 \geqslant F > 0.25$　D. $0.25 \geqslant F > 0.125$

4. 可________曲线来确定船舶水密舱壁的布置,即确定舱长。

A. 安全限界　B. 最高破舱水线　C. 可浸长度　D. 许用舱长

5. 许用舱长 = 可浸长度(l) × ________。

A. 分舱因数　B. 体积渗透率　C. 面积渗透率　D. 分舱数量

四、计算题

1. 已知某船的数据为:$L=95\text{m}$, $B=12.4\text{m}$, $d_F=5.8\text{m}$, $d_A=6.3\text{m}$, $C_B=0.7$, $C_{WP}=0.78$, $x_F=1.4\text{m}$, $\overline{GM}=0.42\text{m}$, $\overline{GM_L}=125\text{m}$。因船体损伤,双层底淹水,该舱的体积 $V=60\text{m}^3$,形心坐标 $x=20\text{m}$, $y=2.7\text{m}$, $z=0.4\text{m}$。求该船损伤后的横倾角和首尾吃水。

2. 某内河船的数据为:$\Delta=800\text{t}$, $d=2.2\text{m}$, $TPC=5.7\text{t/cm}$, $\overline{GM}=1.75\text{m}$,求该船破损后浮态和稳心高。已知浸水舱的进水体积 $V=90\text{m}^3$,形心坐标 $x=x_F$, $y=2.4\text{m}$, $z=1.2\text{m}$,自由液面面积为 $l\times b=12.6\times5(\text{m}^2)$。

3. 某内河船原处于正浮状态,已知数据为:$L=70\text{m}$, $B=10.2\text{m}$, $d=2.3\text{m}$, $TPC=5.7\text{t/cm}$, $C_B=0.68$, $x_F=-0.8\text{m}$, $x_G=3.2\text{m}$, $\overline{GM}=1.2\text{m}$, $\overline{GM_L}=141.5\text{m}$, $z_B=1.24\text{m}$。当船壳板破损后有一长 $l=8\text{m}$,宽 $b=5.1\text{m}$ 的右舷舱淹水,淹水舱在原水线下的体积为 $V=90\text{m}^3$,形心坐标为9,2.5,1.2(m),破舱的水线面形心坐标为9,2.55(m)。求该船破损后的浮态。

4. 已知某船的可浸长度曲线如图5-13所示,现要在舱长中点分别为 x_1 和 x_2 处布置两个货舱,试在图上画出两个货舱的舱壁极限位置。

5. 已知某船在限界线下的横剖面面积曲线和极限破舱水线下进水舱体积曲线,如图5-14及表5-4所示。计算并绘制可浸长度曲线。如机舱的首舱壁在舯后6m处,该舱的渗透率 $\mu=0.85$。求机舱的最大舱长限度,以保证船的抗沉性。

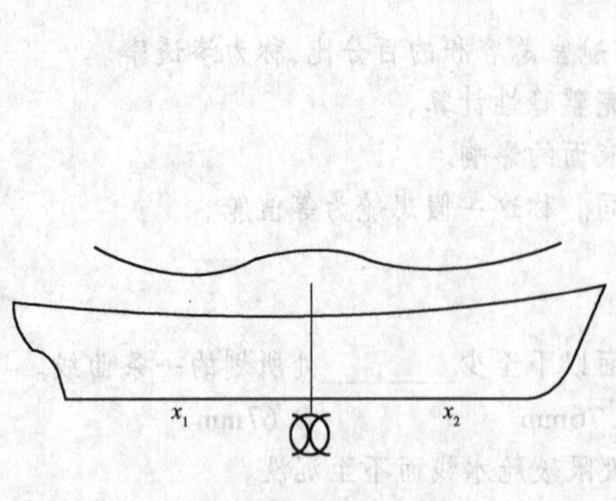

图 5-13

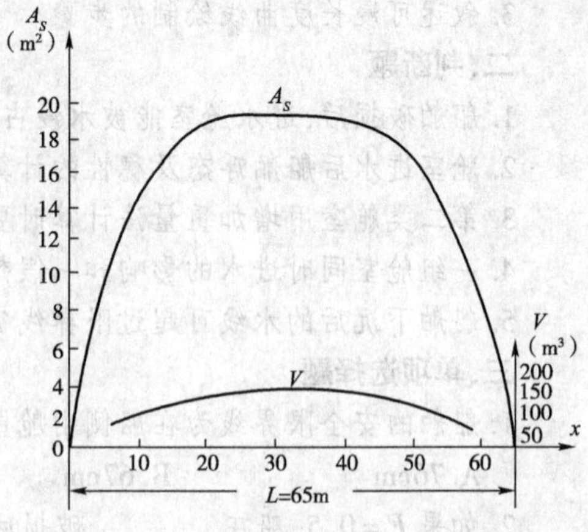

图 5-14

表 5-4

x(m)	0	10	20	30	40	50	60	65
A_S(m^2)	0	13.58	18.21	19.35	18.92	17.14	8.67	0
V(m^3)	—	80	130	150	150	110	—	—

第六章　流体力学基础

● **学习目标**

知识目标

1. 掌握流体力学的基本概念；

2. 理解流体力学基本方程的意义。

能力目标

1. 能运用流体力学基本概念分析问题；

2. 具备运用伯努利方程分析流体运动的能力。

第一节　流体力学的基本概念

一、流体的密度和重度

1. 流体的密度

流体的密度以单位体积流体所具有的质量来表示，它表示流体在空间的密集程度。取包围空间某点的微元体积 ΔV，其中所包含的流体质量为 Δm，比值$\frac{\Delta m}{\Delta V}$即为 ΔV 中流体的平均密度，当 $\Delta V \to 0$ 时，即为该点的密度。

$$\rho = \lim_{\Delta V \to 0} \frac{\Delta m}{\Delta V} \quad (\mathrm{kg/m^3}) \tag{6-1}$$

对空间各点密度相同的均质流体，其密度为

$$\rho = \frac{m}{V} \quad (\mathrm{kg/m^3}) \tag{6-2}$$

式中：ρ——流体密度，$\mathrm{kg/m^3}$；

m——流体质量，kg；

V——流体体积，$\mathrm{m^3}$。

2. 流体的重度

在均质流体中，流体具有的重量与其所占的体积之比，称为重度，用 w 表示，即

$$w = G/V \tag{6-3}$$

式中：w——流体重度，$\mathrm{N/m^3}$；

G——均质流体重量，N；

V——均质流体体积，$\mathrm{m^3}$。

3. 重度与密度的关系

根据牛顿第二定律，流体的重量和质量的关系为 $G = mg$，将此式两边同除以体积，则

$$w = \rho g \tag{6-4}$$

式中：g——重力加速度，$g = 9.81\text{m/s}^2$。

密度和重度均为压力和温度的函数。温度对液体密度的影响很小，一般情况下可以近似地认为液体密度不随温度变化。

在工程上一般认为水的密度 ρ 和重度 w 不变，常取 4℃ 蒸馏水的 $\rho = 1000\text{kg/m}^3$ 和 $w = 9800\text{N/m}^3$ 作为计算值。

二、流体的黏滞性

流体流动时，由于流体与固体壁面的附着力及流体本身的分子运动和内聚力，使各流体层的速度不相等。在两个相邻流体层之间的接触面上，将产生一对阻碍两层流体相对运动的等值反向的摩擦力，叫做内摩擦力。流体流动时产生内摩擦力的这种性质叫做流体的黏滞性。

1. 牛顿内摩擦定律

设有两块平行板，其间充满流体，如图 6-1 所示。设下板固定，上板以速度 u_0 向右移动，由于流体与板面的附着力，紧贴板面的流体附在板上，与板具有相同的速度，即黏在上板面的一层流体以速度 u_0 随上板向右移动。而紧贴下板的一层流体和下板一样静止不动。介于两板之间的各层流体以自上而下逐层递减的速度向右移动，流动较快的流体层带动流动较慢的流体层，因此在流体层之间产生内摩擦力。

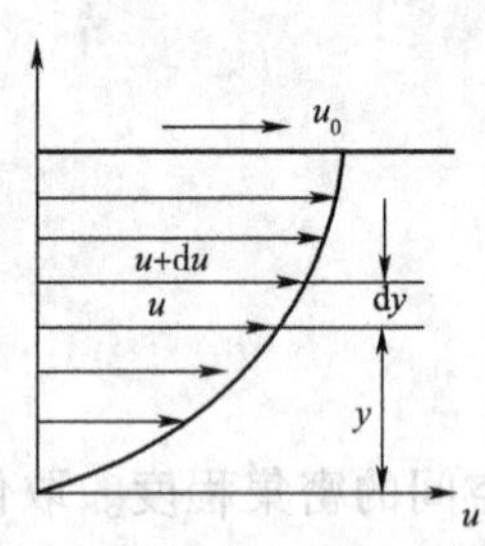

图 6-1　流体层流速分布图

根据牛顿研究的结果，流体运动产生的内摩擦力与沿接触面法线方向的速度梯度成正比，与接触面的面积成正比，与流体的物理性质有关，而与接触面压力无关。这个关系称为牛顿内摩擦定律，其数学表达式为

$$T = \mu F \cdot \frac{\mathrm{d}u}{\mathrm{d}y} \tag{6-5}$$

以面积 F 除上式两侧，得单位面积上的内摩擦力，即黏滞切应力

$$\tau = \mu \frac{\mathrm{d}u}{\mathrm{d}y} \tag{6-6}$$

式中：T——流体层接触面上的内摩擦力，N；

F——流体层之间的接触面积，m^2；

$\frac{\mathrm{d}u}{\mathrm{d}y}$——沿接触面法线方向的速度梯度，1/s；

μ——流体物理性质的比例系数，称为动力黏性系数，Pa·s；

τ——黏滞切应力，N/m^2。

在流体运动中，内摩擦力或切应力总是成对出现的，它们大小相等、方向相反，分别作用在对方流层上。

流体静止时，速度梯度为零，则内摩擦力 T 或切应力 τ 等于零，即流体不呈现内摩擦力或切应力。这说明流体黏滞性只有在流体发生运动或变形时，才呈现出来。而流体的运动或变形一停止，阻碍流体运动的内摩擦力或切应力也随之消失，流体就不呈现黏滞性。

2. 理想流体与实际流体

自然界中的流体都是具有黏性的，因此在流动时就产生内摩擦力或切应力，这就使得对流体的研究变得非常复杂。为了使问题简化，便于分析，在研究流体运动时提出了非黏性流体的概念。非黏性流体就是指忽略了黏滞性的流体，这种流体叫做理想流体。而把具有黏滞性的流体叫做实际流体。研究理想流体的运动可以大大简化理论分析过程，容易得出一些结果。如果黏滞性的影响必须考虑时可以专门对黏滞性的作用进行理论分析或实验研究，然后再对研究的结果加以补充和修正，使实际问题得以解决。这是流体力学中处理复杂问题的一种有效方法。

三、流体的黏度

1. 动力黏度μ

动力黏性系数的物理意义是：在相同$\frac{du}{dy}$情况下，μ值表征流体黏性的大小。由式(6-6)可知，当速度梯度等于1时，在数值上μ就等于接触面上的切应力。

动力黏度的国际单位为$N \cdot s/m^2$或$Pa \cdot s$。在CGS制中用P(泊)，即$dyn \cdot s/cm^2$(达因秒/平方厘米)，较小的单位为cP(厘泊)，它们之间的关系为：

$$1cP = 0.01P$$

$$1P = 10^{-1}Pa \cdot s = 10^{-6}bar \cdot s$$

2. 运动黏度ν

运动黏性系数为流体动力黏度μ与密度ρ之比。其国际单位为m^2/s或cm^2/s，即

$$\nu = \mu/\rho \tag{6-7}$$

运动黏度不像动力黏度那样可以直接表示流体黏性的大小，只有密度相近的流体才可以用来大致比较它们的黏性。

3. 影响黏度的因素

(1)温度。温度对流体黏度的影响较大，它对液体和气体却有相反的影响。温度升高时，液体黏度降低，而气体黏度反而增大。这是由于液体的分子间距较小，相互吸引的内聚力起主要作用，而切应力主要取决于内聚力。当温度升高时，分子间距离增大，液体的内聚力减小，因而切应力也随之减小。而气体的分子间距离较大，内聚力极微小。根据分子运动理论，分子的动量交换率随温度升高而加剧，因而切应力也随之增加。相对地说，温度的影响对液体较气体更为明显。在液压系统中油液，温度变化时，油液黏度变化，使流量发生波动，工作不平稳。所以液压系统中希望采用黏温性能好的油液，即黏度随温度变化越小越好。

(2)压力。液体黏度随压力的升高而增大。因为当液体压力增加时，分子间的距离缩小，其黏度增加。当压力在$3 \times 10^7 Pa$以下时黏度和压力的变化一般呈线性关系。当压力极高时，黏度会急剧增加。所以当液压油压力在$2 \times 10^7 Pa$以上且变化幅度较大时，应当计算其黏度的变化。当液压油压力在$10^7 Pa$以下时，其黏度变化可以忽略不计。

各种机器使用的润滑油，其黏度应保持一定的范围。对于柴油机和辅助锅炉，为使燃油雾化良好，可根据不同性质燃油进行适当加温，以使燃油黏度降低。另外，船舶在低温区域或低温季节航行时，更应注意对燃油和滑油的加温工作，使其黏度降低，以利于沿管道输送。

四、流体流动的两种形态

实践表明,管道中液体流动的速度不同,其运动状态也不同。1883 年英国学者雷诺通过大量实验发现,流体运动存在两种不同的形态,即层流与紊流。

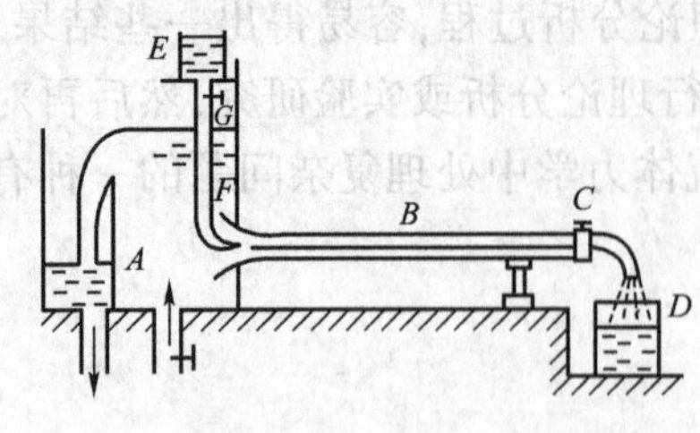

图 6-2 雷诺实验装置

雷诺试验装置如图 6-2 所示,在水箱 A 的侧壁连接一根玻璃管 B,玻璃管末端装有一个阀门 C,用以调节玻璃管中的流量,流经玻璃管的流量用桶 D 来测定,在水箱的上方放置一个小容器 E,其中盛有密度与水箱内液体密度相近的颜色水。从小容器引出一根细管 F,细管下端弯向玻璃管的进口,颜色水的流量由装在细管上的小阀 G 调节。

试验之前,先把水注入水箱,利用溢出使水箱中保持一定的水位,然后徐徐开启玻璃管上阀门 C,让水从玻璃管中流出。为观察玻璃管中水的状态,略开细管上的小阀门 G,使颜色水亦流入玻璃管中。

实验表明,当玻璃管中流速较小时有颜色的液体在无色的水流中形成一条鲜明的直线,如图 6-3a)所示,这说明此时管中水流质点的轨迹是有条不紊的,各流层的质点互不混杂,这种流动状态叫做层流。

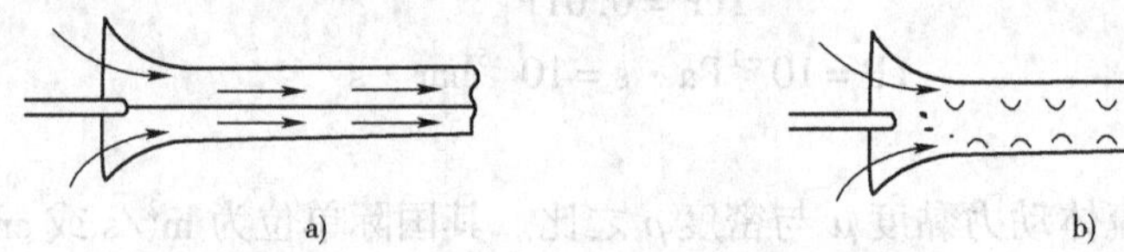

图 6-3 层流与紊流

如果逐渐开大阀门 C,则玻璃管中流速也逐渐增大,于是颜色液体的直线流束微微颤动,发生弯曲。当阀门 C 继续开大,水流速度达到某一数值后,则有颜色液体碎裂成一种紊流状态,最后与水流相混合,如图 6-3b)所示。这说明此管中水质点的轨迹极为混乱,这样的液流叫做紊流。

上述实验并不只限于圆管,流动的液体也并不只限于水,任何其他的实际液体和气体,在任何形状的边界范围内流动时,都可以发生类似的情况。因此可以得出以下结论:任何实际流体的流动都具有两种流动状态,即层流与紊流。

如果将上述实验按照相反程序进行,即先开大玻璃管末端的阀门,使管中液体呈紊流状态,然后逐渐关小阀门,降低管内流速,当流速降低到某一数值后,颜色流束直线又重新出现,此时管中流体呈层流状态。

通常把流动状态转化时,流过圆管过流断面的平均流速称为临界流速。实验表明,由层流转变为紊流时的临界流速大于由紊流转变为层流时的临界流速。前者称为上临界流速,用 v'_c 表示,后者称为下临界流速,用 v_c 表示。这是由于惯性造成的,当流速从小到大时,由于管中液体具有保持原有运动的惯性,即使流速已经较大,仍可保持层流状态。反之,当流速由大到小时,由于管中液体具有保持原有运动的惯性,即使流速较小,流动仍然出现紊流状态。

综合上述实验的结果,可以判别当圆管中液体的平均流速 $v > v'_c$ 时,液流属于紊流形态;

当液流的平均流速 $v<v_c$ 时,液流属于层流形态。当液流的平均流速介于上下临界流速之间,即 $v_c<v<v'_c$ 时,液流形态可能是层流,也可能是紊流,液流形态是不稳定的。这主要取决于圆管中流速的变化规律。如果开始时作层流运动,则当速度逐渐增加到超过 v_c,而未达到 v'_c 时,仍有可能保持其层流状态。如果开始时是紊流运动,当流速逐渐减少到低于 v'_c,但仍大于 v_c 时,仍有可能保持其紊流状态。但是,必须指出,上述条件的两种流动形态都是不稳定的。如原来是层流,在某些偶然因素(如机械振动,固体表面的粗糙度及束流的不均匀等)的影响下,易于转变为紊流。所以一般认为圆管中流速 $v>v_c$ 时,液流属于紊流。因此临界流速可用下临界流速 v_c 值表示。

根据实验和分析可知:临界流速 v_c 值的大小与管径 d、液体密度 ρ 以及液体动力黏度 μ 有关。这些物理量的关系,可以用量纲分析法,写成下列形式:

$$Re_c = \frac{\rho v_c d}{\mu} = \frac{v_c d}{\nu} \tag{6-8}$$

式(6-8)中无量纲数 Re_c 称为临界雷诺数。

有了临界雷诺数 Re_c 的公式,可以提出相应于任意流速 v 的雷诺数表达式,即

$$Re = \frac{v\ d}{\nu} \tag{6-9}$$

由前述可知,当 $v<v_c$ 时,这时 $Re<Re_c$,液流属于层流;当 $v>v_c$ 时,这时 $Re>Re_c$,液流属于紊流。因而可用雷诺数 Re 与临界雷诺数 Re_c 相比较,来判定液流是属于层流或紊流。

通过圆管中液流实验得

$$Re_c = \frac{v_c d}{\nu} = 2320$$

对于圆管流动,知道了流速 v、运动黏度(水 20℃时为 $0.01\text{cm}^2/\text{s}$)ν、管径 d,若 $Re<2320$,管中流动为层流;若 $Re>2320$,则管中流动为紊流。

液流为什么会存在层流和紊流两种状态?为什么临界雷诺数可以作为流态的判别标准呢?这是因为在液体运动中总是存在着维持液体运动的惯性力和阻抗液体运动的黏性力。在流速很小的情况下,黏性力对液体质点的运动起着主导作用,控制质点不作紊流运动,于是出现了层流。当流速很大时,维持液体质点运动的惯性力起着主导作用,使黏性力失去对液体质点运动的控制,这时就会出现紊流。从层流到紊流的转变决定于惯性力与黏性力大小的比值。而临界雷诺数就是液流内部这两种力的对比达到使流态起质变的临界值。

第二节 流体力学基本方程

一、流体静力学基本方程

流体静力学是研究流体平衡(静止)时的规律及这些规律的实际应用。在流体静力学中,由于流体处于静止或相对静止状态,流层之间不呈现黏滞性作用,所以流体静力学所得的结论,对于理想流体和实际流体都是适用的。静止流体中任意点的静压力 p,是由自由表面上压力 p_0 与流体柱重量 ρgh 两部分组成,即

$$p = p_0 + \rho gh \tag{6-10}$$

上式即为流体静力学基本方程。若密度为常数时(即在同一容器的同种流体中),静压力的大小与深度 h 成线性变化。当深度越深静压力越大,反之则相反。

二、流体的连续性方程

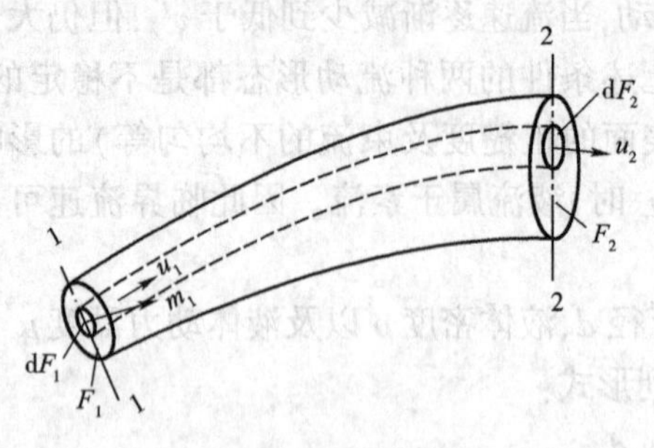

图 6-4 连续性方程

流体的连续性方程是质量守恒定律在流体力学中的具体应用。如图 6-4 所示,为研究方便,设在稳定流动的流场中,取出一微小流束,其两端 1-1和 2-2 上过流断面面积分别为 dF_1 和 dF_2,通过的流速分别为 u_1 和 u_2,并考虑下列条件:

(1)因为是稳定的流动,流速 u_1 和 u_2 不随时间而变化;

(2)流管是由流线组成的,所以流体质点不能穿越流管壁流入或流出;

(3)流体是连续介质和不可压缩的,在两断面间流体没有空隙及压缩现象。

根据这些条件,可以肯定,在 dt 时间内,从过流断面 dF_1 流入的流体质量 $\rho_1 u_1 dF_1 dt$,必定等于从过流断面 dF_2 流出的流体质量 $\rho_2 u_2 dF_2 dt$,即

$$\rho_1 u_1 dF_1 dt = \rho_2 u_2 dF_2 dt$$

考虑到流体不可压缩,即 $\rho_1 = \rho_2$,则

$$dQ = u_1 dF_1 = u_2 dF_2 = \text{常数} \tag{6-11}$$

式(6-11)为不可压缩流体微小流束的连续性方程。它表示稳定流动中微小流束中任意两过流断面的流量均相等。

对于总流,应将上式积分得

$$\int dQ = \int u_1 dF_1 = \int u_2 dF_2$$

如果以 U_1 和 U_2 分别表示过流断面 F_1 和 F_2 上的平均流速,则

$$Q = U_1 F_1 = U_2 F_2 \tag{6-12}$$

式(6-12)就是不可压缩流体稳定流动的连续性方程,它是流体力学中各种流体必须遵循的基本定理之一。将上式写成

$$U_1 / U_2 = F_2 / F_1 \tag{6-13}$$

式(6-13)表明,在稳定流动中,总流过流断面面积与通过该断面上的平均流速成反比。当总流过流断面面积越小,通过该断面上的平均流速越快,反之则相反。

三、流体的伯努利方程

流体的静力学基本方程表达了流体静压力与位置之间的关系,流体的连续性方程表达了流体平均流速与过流断面面积之间的关系。伯努利方程将建立流动流体的速度、压力及位置之间的关系。

1. 理想流体微小流束的伯努利方程

根据动能定理首先导出在重力作用下理想流体微小流束的伯努利方程,从导出的过程中,

可以知道其物理意义。

从仅在重力作用下作稳定流动的理想流体中，取一段微小流束作为分离体，如图 6-5 所示。从微小流束的性质可知，同一过流断面上各点的流速 u 和压力 p 是均匀不变的。取水平面 0-0 为基准面，过流断面 1-1 和 2-2 距基准面的高度为 Z_1 和 Z_2，过流断面面积分别为 $\mathrm{d}F_1$ 和 $\mathrm{d}F_2$，流速分别为 u_1 和 u_2，压力为 p_1 和 p_2。假设在微小时间 $\mathrm{d}t$ 内，微小流束由 1-2 的位置移动到了 1′-2′位置。1-1 断面移动了 $\mathrm{d}S_1$ 到达 1′-1′，$\mathrm{d}S_1 = u_1\mathrm{d}t$；2-2 断面移动了 $\mathrm{d}S_2$ 到达 2′-2′，$\mathrm{d}S_2 = u_2\mathrm{d}t$。

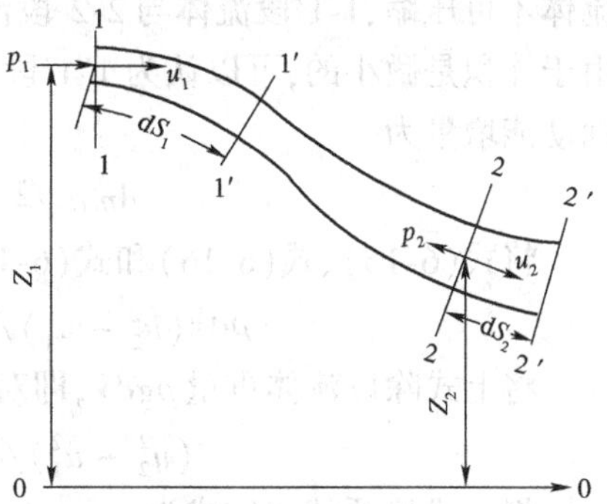

图 6-5　伯努利方程

根据动能定理：作用在运动物体上全部外力所做功的总和，等于同时段内物体动能的增量。用公式表示为

$$\sum w = mu^2/2 - mu_0^2/2 \tag{6-14}$$

式中：$\sum w$——所有外力对物体做功的总和；

u_0——物体初速度；

u——物体末速度。

根据动能定理，现在来分析作用在微小流束上所有外力所做的功和动能变化的情况。

1）压力做功 W_1

作用于微小流束侧表面的压力处处垂直于微小流束运动方向，所以不做功。在 $\mathrm{d}t$ 时间内，只有微小流束两端过流断面上的压力做了功。因为断面移动的距离 $\mathrm{d}S_1$ 和 $\mathrm{d}S_2$ 无穷小，所以过流断面 1-1 和 2-2 上的压力可认为没有变化。1-1 断面上的总压力为 $p_1\mathrm{d}F_1$，移动的距离为 $\mathrm{d}S_1$，则做功为 $p_1\mathrm{d}F_1\mathrm{d}S_1$（力和位移方向一致取正号），2-2 断面上的总压力为 $p_2\mathrm{d}F_2$，移动的距离为 $\mathrm{d}S_2$，则做功为 $-p_2\mathrm{d}F_2\mathrm{d}S_2$（力和位移方向相反取负号）。因此压力做功为

$$W_1 = p_1\mathrm{d}F_1\mathrm{d}S_1 - p_2\mathrm{d}F_2\mathrm{d}S_2$$

而

$$\mathrm{d}F_1\mathrm{d}S_1 = \mathrm{d}F_2\mathrm{d}S_2 = \mathrm{d}V$$

所以

$$W_2 = (p_1 - p_2)\mathrm{d}V \tag{6-15}$$

2）重力做功 W_2

微小流束段 1-1′和 2-2′的位置高度差为$(Z_1 - Z_2)$，而 1′-2 微小流束段虽有质点的流动和替换，但其形状、体积和位置没有变化。因此，计算重力做功时，可以假想充满断面 1′-1′到 2-2 段的流体仍停留在原处，而 1-1′段流体经微小时间 $\mathrm{d}t$ 后移到 2-2′段上；根据连续性方程可知，1-1′段流体体积等于 2-2′段流体体积，又因为体积很小，其重心距基准面的高度可分别看成断面中心的高度 Z_1 和 Z_2，重力作用下位置高度的变化为$(Z_1 - Z_2)$，则重力做功为

$$W_2 = \rho g\mathrm{d}V(Z_1 - Z_2) \tag{6-16}$$

式中，$Z_1 > Z_2$ 时，重力做正功，$Z_1 < Z_2$ 时，重力做负功。

3）流体段动能增量

在稳定流动情况下，经微小时间 $\mathrm{d}t$ 后，1′-2 段流体的质量和各点流速都没有变化，因而动

能不变,因此整个流体段的动能变化仅仅体现在由 1-1′段的动能变成了 2-2′段的动能。因为流体不可压缩,1-1′段流体与 2-2′段流体的体积相同均为 dV,其重量为 $\rho g dV$,质量为 $dm = \rho dV$。由于体积是微小的,可以认为 1-1′段流体内各点流速均为 u_1,2-2′段流体内各点流速均为 u_2,则动能增量为

$$dmu_2^2/2 - dmu_1^2/2 = \rho dV(u_2^2 - u_1^2)/2 \tag{6-17}$$

将式(6-15)、式(6-16)和式(6-17)代入动能定理式(6-14)得

$$\rho dV(u_2^2 - u_1^2)/2 = \rho g dV(Z_1 - Z_2) + dV(p_1 - p_2)$$

将上式除以流体重量 $\rho g dV$,即对单位重量流体来说,可得

$$(u_2^2 - u_1^2)/2g = (Z_1 - Z_2) + (p_1 - p_2)/\rho g$$

将上式移项整理后成为

$$Z_1 + p_1/\rho g + u_1^2/2g = Z_2 + p_2/\rho g + u_2^2/2g \tag{6-18}$$

或

$$Z + p/\rho g + u^2/2g = 常数 \tag{6-19}$$

公式(6-18)和式(6-19)称为理想流体微小流束在重力作用下稳定流动的伯努利方程,它反映了稳定流动中,流体中各点的位置高度 Z、压力 p 和流速 u 三个要素之间的变化规律。

4)理想流体微小流束伯努利方程的意义

在理想流体稳定流动的流体中有一微小流束 1-2,如图 6-6 所示,则沿微小流束的伯努利方程为

$$Z_1 + p_1/\rho g + u_1^2/2g = Z_2 + p_2/\rho g + u_2^2/2g$$

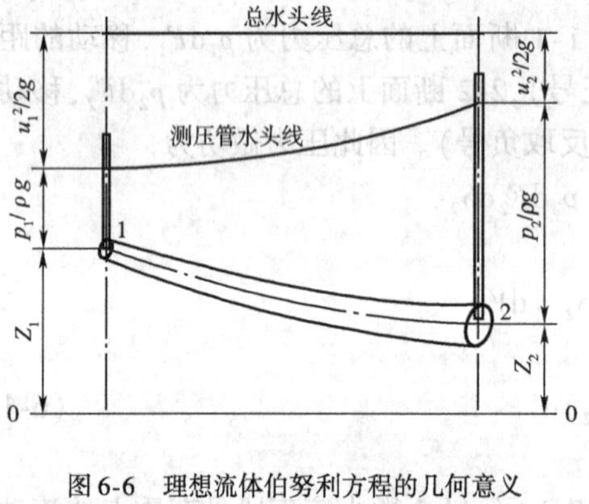

图 6-6 理想流体伯努利方程的几何意义

伯努利方程是流体力学中最常用的方程,只有通过其物理意义和几何意义的讨论,才能深刻理解其实用价值。

(1)物理意义。设有以质量为 dm 的流体质点沿流束 1-2 流动,这质点在 1 处所具有的能量:

①位能 $= dmgZ_1$;

②压能 $= dmgp_1/\rho g$;

③动能 $= dmu_1^2/2$。

所以,该点的总机械能为

$$dmgZ_1 + dmgp_1/\rho g + dmu_1^2/2$$

将上式除以 dmg 可得单位重量流体的总机械能,称为总比能,即

$$Z_1 + p_1/\rho g + u_1^2/2g$$

由伯努利方程可知,在 1 处和 2 处的总比能相等,所以,对微小流束上任何过流断面来说

$$Z + p/\rho g + u^2/2g = 常数$$

从物理意义方面看,Z 为比位能,$p/\rho g$ 为比压能,$u^2/2g$ 为比动能。伯努利方程表明:在重力作用下不可压缩理想流体稳定流动时,沿同一微小流束上所有各点的比位能、比压能和比动能三者之和是相等的。所以,该方程是机械能守恒原理在流体力学中的表达式。

(2)几何意义。对于同一微小流束上任意两点1和2,将伯努利方程中,Z 称为位置水头,$p/\rho g$ 称为压力水头,而这两者之和($Z+p/\rho g$)称为测压管水头,$u^2/2g$ 称为速度水头。它们都具有长度的量纲。

速度水头 $u^2/2g$,表示所研究的流体质点在位置 Z 时,以速度 u 沿垂直方向向上喷射(不计空气阻力)时所能达到的高度。用物理学中匀速运动公式可以证明:如图6-7所示流体,以出口速度 u 垂直向上喷射,由于重力加速度的关系,速度越来越小最后为零而停止上升,即末速度为零,则流体喷射高度 h_u 为

$$h_u=[(\text{初速度}+\text{末速度})/2]\times\text{时间}=ut/2$$

又因末速度 = 初速度 $-gt$,即 $0=u-gt$,则 $t=u/g$ 所以

$$h_u=u^2/2g$$

伯努利方程中位置水头、压力水头及速度水头三者之和称为总水头。把表示同一微小流束上各点总水头的垂直线段上端连成一线,就得总水头线。根据伯努利方程,理想流体的总水头线是和水平基准面平行的水平直线。这也说明理想流体各过流断面上的总水头永远是相等的。如把表示微小流束上各点测压管水头线的垂直线上端连成一线,则得测压管水头线。此线不一定是水平的,其形状随速度水头和压力水头而变化。

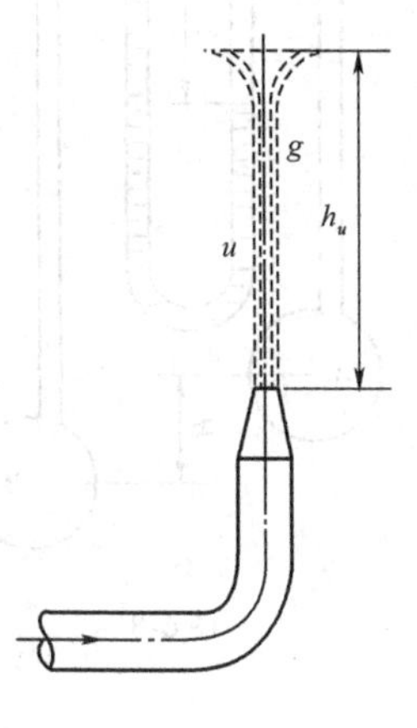

图6-7　速度水头

2. 实际流体微小流束的伯努利方程

流体质点在黏性流体中运动时会引起能量的消耗,机械能转变为热能。但根据能量守恒定律,在运动过程中它的单位重量位能、压能和动能加上损失的能量,应该等于在运动开始时它的单位重量位能、压能和动能之和,即

$$Z_1+p_1/\rho g+u_1^2/2g=Z_2+p_2/\rho g+u_2^2/2g+h'_W \tag{6-20}$$

其中 h'_W 是单位重量流体流动过程中所损耗的能量,称为水头损失。式(6-20)就是应用于黏性流体中的伯努利方程,可以用来确定在黏性流体的定常运动中,沿同一流线上两空间点的物理量之间的关系。

流体力学基本方程中的流体静力学基本方程、流体的连续性方程和流体的伯努利方程,是解决流体中问题的三个重要方程。

思考与练习 SIKAO YU LIANXI

一、简答题

1. 流体的密度、流体的重度之间是什么关系?
2. 简述温度对流体的黏度有何影响。
3. 流体流动的形态有哪几种?如何判别液流处于哪种流态?

4. 简述理想流体伯努利方程建立了流动流体内的什么关系。

二、判断题

1. 流体流动时产生内摩擦力的性质叫做流体的黏滞性。
2. 忽略了黏滞性的流体，叫做实际流体。
3. 水流质点的轨迹是有条不紊的，各流层的质点互不混杂，这种流动状态叫做紊流。
4. 流体的雷诺数大于临界雷诺数，流体的流动为层流。
5. 伯努利方程表明：在重力作用下不可压缩理想流体稳定流动时，沿同一微小流束上所有各点的比位能、比压能和比动能三者之和是相等的。

三、计算题

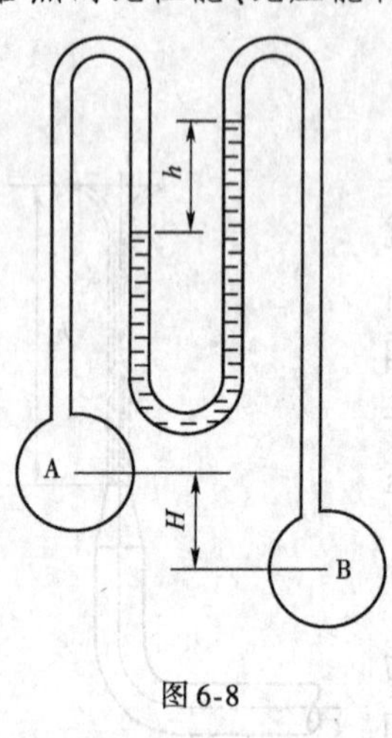

图6-8

1. 某燃料油体积为492cm^3，其质量为0.446kg，试求以国际单位表示的密度ρ和重度w各为多少？
2. 已知水柜水面上大气压$p_a=98000\text{N/m}^2$，试求水柜深度为5m和10m处的静水压力各为多少？
3. 如图6-8所示的差动式比压计中的水银柱高$h=0.03$m，其余液体为水，容器A、B的中心位置高差$H=1$m，求A、B容器中心处的压力差。
4. 某船上一淡水管路，直径$d=50$mm，水的流速$v=1$m/s，水温$t=20$℃，判别圆管中的流动形态。
5. 温度$t=15$℃的水在内径$d=100$mm的圆管中流动，流速从紊流逐渐降低，问流速为多大时才能为层流？

第七章　船舶阻力

● **学习目标**

知识目标

1. 掌握船舶阻力的分类、成因和变化规律；
2. 初步掌握估算阻力的近似方法；
3. 了解相似理论及阻力换算方法；
4. 初步掌握船舶摩擦阻力的计算公式和计算步骤。

能力目标

1. 初步具备估算船舶有效功率的能力；
2. 初步具备运用摩擦阻力的计算公式计算船体摩擦阻力的能力。

第一节　船舶阻力的分类及成因

“船舶阻力”是“船舶快速性”的一个重要组成部分。“船舶快速性”是船舶重要的航海性能之一，它是研究船舶消耗较小功率以维持一定航行速度的学科。

当船舶在水面上航行时，船体处于水和空气两种流体介质中运动，必然受到空气和水对船体的反作用力。这种与船舶运动方向相反的作用力称为船舶阻力。

为了研究方便起见，船舶总阻力按流体种类分为空气阻力和水阻力。对于速度不高的民用船舶，空气阻力仅占其总阻力的2%～4%，所以我们以研究水阻力为主。而水阻力又分为船舶在静水中航行时的静水阻力和在波浪中航行时的汹涛阻力两部分。

静水阻力通常分为裸船体阻力和附体阻力。所谓附体阻力是指突出于裸船体之外的附属体，如舵、舭龙骨、轴支架等所增加的阻力值。静水阻力中的裸船体阻力是船舶阻力的主要成分，是研究的主要内容，为便于叙述，将其称为“船体阻力”。对于附体阻力及汹涛阻力和空气阻力一起统称为附加阻力。船舶阻力构成如图7-1所示。

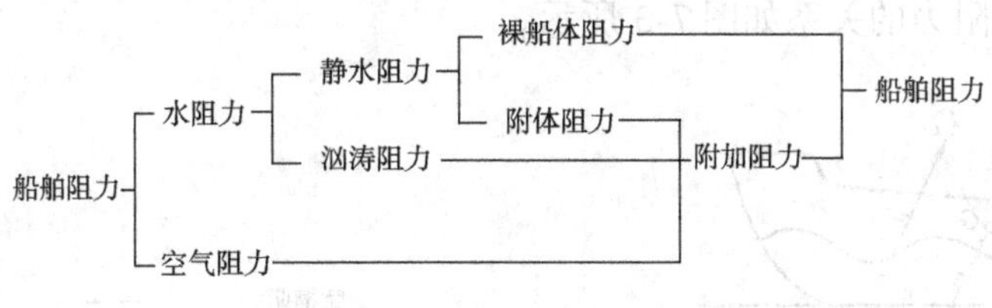

图7-1　船舶阻力构成示意图

一、船体阻力的分类

为了更好地研究和处理船体阻力中的各种问题，根据所研究问题的出发点及阻力产生机理的不同，有如下不同的阻力分类方法。

1. 按产生阻力的物理现象分类

船体阻力按船舶航行过程中船体周围的流动现象和产生阻力的原因来分类，则船体总阻力 R_t 由兴波阻力 R_w、摩擦阻力 R_f 和黏压阻力 R_{pv}，三者组成

$$R_t = R_w + R_f + R_{pv} \tag{7-1}$$

2. 按作用力的方向分类

船体在实际流体中等速直线运动时，一方面受到垂直于船体表面的压力作用，这种压力是由兴波和漩涡等所引起的；另一方面，又受到水质点沿着船体表面切向力的作用，即水的摩擦阻力作用。

由于船体形状对称于纵中剖面，因此，船体湿表面上切向力和压力对于纵中剖面都是对称分布，其合力 P_1 必位于纵中剖面上。在船的重心 G 处加上一对大小等于合力 P_1，但方向相反的力 P 和 P_2，如图 7-2 所示。于是船体可以被看作在重心 G 处受到一个 P 作用力和由 P_1、P_2 组成力偶的作用，该力偶将造成船体纵倾。作用力 P 的垂向分力 Q，支持船体重量，称为支持力。

由以上分析知，船体运动中所受到的总阻力 R_t 就是所有流体作用力沿运动方向的合力，亦即船体表面上所有微面积 $\mathrm{d}S$ 上切向力 τ 和压力 P 在运动方向的合力

$$R_t = -\int_S \tau\cos(\tau, x)\,\mathrm{d}S - \int_S P\cos(P, x)\,\mathrm{d}S \tag{7-2}$$

式中：S——整个船体湿表面积，负号表示该作用力与船体运动方向相反，是阻力。

式(7-2)中，前一项积分表示由作用在船体表面上切向力所造成的阻力，称为摩擦阻力 R_f。第二项积分表示由作用在船体表面上的压力所造成的阻力，称为压阻力 R_p。

由此可知，船体阻力包含有摩擦阻力和压阻力两种阻力成分，即

$$R_t = R_f + R_p \tag{7-3}$$

3. 按流体性质分类

船体阻力中的压阻力含有黏压阻力和兴波阻力两种不同性质的力。黏压阻力只有在黏性流体中存在，但兴波阻力即使在理想流体中仍然存在。由于黏压阻力和摩擦阻力两者都是由于水的黏性而产生的，因此习惯上将两者合并称为黏性阻力 R_v。这样船体总阻力又可以认为是由兴波阻力和黏性阻力两部分组成

$$R_t = R_w + R_v \tag{7-4}$$

其中

$$R_v = R_f + R_{pv}$$

其总阻力与各阻力的关系如图 7-3 所示。

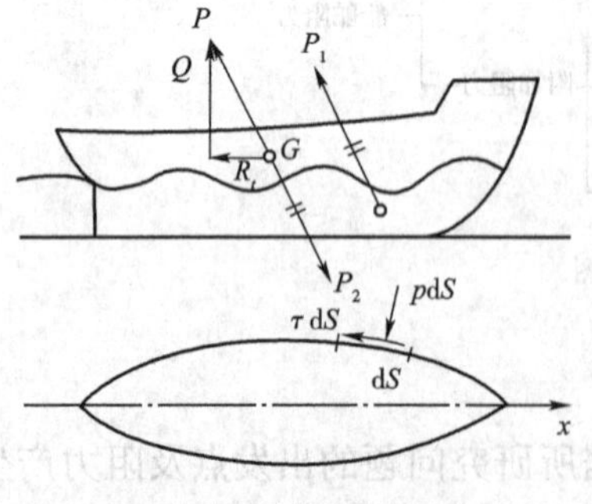

图 7-2　船体受力示意图

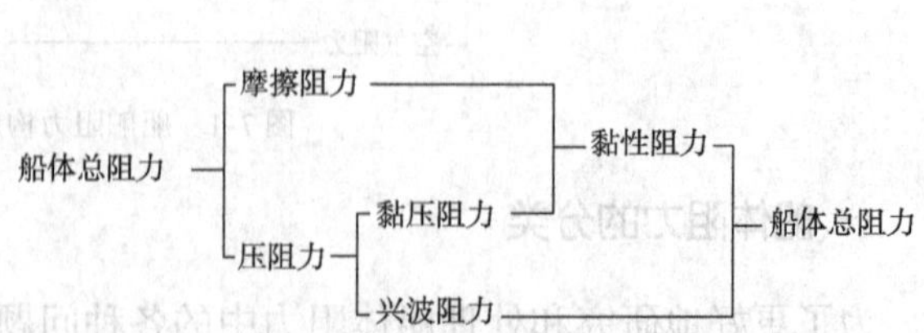

图 7-3　船体总阻力与各阻力的关系

4. 傅汝德阻力分类

需要指出的是：除上述几种阻力分类外，还有其他阻力分类。这里扼要介绍在船舶阻力问题研究中，曾经有很大影响的傅汝德阻力分类法。该分类法将船体总阻力分成摩擦阻力 R_f 和剩余阻力 R_r 两部分，并认为船体摩擦阻力等于相当平板的摩擦阻力。所谓剩余阻力是指船体总阻力中扣除相当平板摩擦阻力所剩部分的阻力，其实质是将黏压阻力和兴波阻力合并在一起称为剩余阻力，即

$$R_t = R_f + R_r \tag{7-5}$$

其中

$$R_r = R_w + R_{pv}$$

二、船体阻力的成因

船体在静水中运动时所受到的阻力与船体周围的流动现象密切有关。根据观察，船体周围的流动情况是相当复杂的，下面就黏压阻力、摩擦阻力和兴波阻力的成因分别加以描述。

1. 黏压阻力

黏性流体流动时，在固体表面上形成的具有很大速度梯度的薄层称为边界层。边界层分离是产生黏压阻力的主要原因。根据边界层理论，若边界层内的水质点从某处脱离边界层流向外部区域，从而在船体附近会发生漩涡运动，这种现象称为边界层分离（或称边界层脱离）。造成边界层分离的原因可这样简单解释：由于绕船体曲面的流体质点流经船体前端点时，速度降低，压力达到最大值。当质点从前端点到达最大剖面处时，速度达最大值，压力为最低值；这个过程的流动特点是流体质点不断加速减压，但它在边界层内的运动受到黏性摩擦力和负压力差的双重作用，因此流体质点的动能不如在理想流体中运动那样大。当流体质点从最大剖面处向尾部流动时，流体质点处于减速增加压区，即它在黏性和正压力差的作用下，其速度迅速降低，直到质点的速度降为零，动能全部耗尽而停滞下来，迫使继续流来的水流质点离开船体表面流动，便形成了边界层分离现象。

边界层分离后，在船体后部升压区的水压力作用下，流体产生倒流，形成许多不稳定的漩涡并与水流一起被冲向船后方。漩涡的产生使船尾部压力降低，从而使船体沿船长方向的压力分布发生变化，即加大了船首尾压力差，产生了阻力。故这种由流体黏性消耗质点动能形成的首尾压力差而产生的阻力称为黏压阻力，用 R_{pv} 表示。

从能量的观点来看，在船尾部形成漩涡要消耗能量，而一部分漩涡被冲向船的后方，同时船尾处又继续不断地产生漩涡，这样船就要不断地供给能量，船损失的这部分能量即可视为增加了一部分阻力——黏压阻力。

边界层分离是产生黏压阻力的主要原因，但并非任何船型的黏压阻力均由边界层分离而产生。对于设计优良的船体，特别是尾部的形状和长度适宜，这时可能不发生边界层分离现象，但黏压阻力仍然存在，仅数值大小不同而已。这是因为越往船尾边界层越厚，结果就使船尾部流线被排挤外移而产生附加速度。根据伯努利方程可知，这一附加速度的产生将导致船尾部的压力下降（与理想流体比较），从而使沿船长方向的压力分布产生变化，形成首尾压力差，即产生黏压阻力。不过这种情况产生的黏压阻力要比因边界层分离而引起的黏压阻力小得多。

2. 摩擦阻力

根据边界层理论,在水中运动的平板上将产生一边界层,边界层内存在着切应力,也即存在摩擦力。船体表面是一个三向曲面,水流经过时,也会产生边界层。虽然船体边界层比平板边界层更为复杂,但是边界层内存在着切应力这是相同的。边界层内切应力的总和即构成了阻碍船舶运动的力——摩擦阻力,用 R_f 表示,这就是摩擦阻力的成因。可见,摩擦阻力是由流体的黏性引起的阻力。

另外从能量的观点来看,当船在静水中运动时,由于水的黏性,船体表面必存在边界层,边界层内流体随船一起运动,运动的能量由船供给,因而产生摩擦阻力。

3. 船行波及兴波阻力

船舶在水面航行时将不断产生向船后传播的波浪,这种波浪称为船行波。船舶航行时为什么形成波浪？波浪对船舶的阻力有什么影响？为了研究这些问题,首先假定水为理想流体,这样便排除了因水的黏性而引起的黏压阻力及摩擦阻力的影响。在这种情况下,如果仍能阐明船体水阻力的存在,那么,这种阻力便是不同于黏性阻力的另一种性质的阻力。

(1)船行波的形成和特征。船舶在水面运动时,之所以会激起成规则队形扩散的波浪(船行波),这是由于船体运动时沿船长方向的水流速度和压力分布不一致的缘故。根据伯努利方程,当水流流经船体时,随着船长方向流速的变化,水面高度也会起变化。在船舶首尾两端的速度最低处,产生水位上升,而在船体中部速度最高区域内,产生水位下降,这就是形成船波的原因。船波的形成使水面受流体动压力的激动又受到它本身的重力作用,以及流体质点所具有的惯性交替影响,结果便产生周期性的振动,形成波浪形(波形)的运动,这种由船运动而形成的波形运动,称为船行波。船行波的形成与自然波浪是相似的,即水质点在原地作圆周运动,而波形作前进运动。这一点可用漂浮的木块并不随波漂流的现象来证实。经研究可知,船行波在传播(即波形的前进运动)过程中,波浪的形状几乎不变,传播速度近似等于船速。

一般来说,一艘型线光顺的船舶兴起的波浪构成一船波系。此船波系又较明显地分成两部分,一部分自船首发生的叫首波系,另一部分自船尾发生的叫尾波系。首波系和尾波系又各自包括首横波、首散波和尾横波、尾散波。整个波系明显地分布在船后的 V 形区域中。

首横波和尾横波的波峰均垂直于船舶前进方向,首横波自首柱后一波峰开始,尾横波自尾柱前一波谷开始。

首散波和尾散波均是一组近似平行的短波,它们自首柱和尾柱稍后处向船体两侧扩散,其波峰中点连线与船体中纵剖面线的夹角为一般为 18°~20°,而其波峰线与船体中纵剖面线的夹角为 36°~40°。

特别值得注意的是:在尾散波所形成的一个三角形区域内首横波与尾横波将发生干扰现象,而首尾散波各不相干扰,首横波与尾散波也不相干扰。

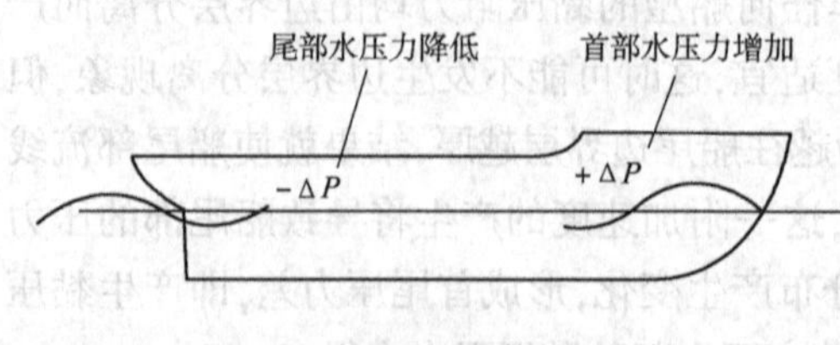

图 7-4 兴波改变船体压力分布

(2)兴波阻力的成因。对船行波的研究可知,船体在运动过程中兴起波浪,由于波浪产生,改变了船体表面的压力分布情况,如图 7-4 所示。船首的波峰使首部压力增加,而船尾的波谷使尾部压力降低,于是产生首尾流体动压力差。这种由兴波引起压力分布的改变所产生的阻力称为兴波阻力，一般用 R_w 表示。

另外兴波阻力也可以从能量观点来解释。如前所述，船行波是不断往船后传播的，其形状及速度几乎不改变，而船行波必具有一定能量，这个能量只能由船舶克服流体阻力作功而转化出来，波浪的存在正说明了兴波阻力的存在。

三、附加阻力

附加阻力包括附体阻力、汹涛阻力和空气阻力。它们在船舶总阻力中占的比例很小。

1. 附体阻力

船舶的舭龙骨、轴支架、舵等装置在水下较深的位置，因而它们产生的阻力主要是摩擦阻力和黏压阻力。

附体阻力的大小与附体的位置、大小、数量和形状有关。确定附体阻力的方法目前有两种：一是利用经验公式，一是应用模型试验。

减小附体阻力的措施有：附体沿船体流线方向设置，以减小黏压阻力；尽可能采用湿面积较小的附体，以减小摩擦阻力；附体沿流线方向应采用流线型剖面等。

2. 汹涛阻力

船舶航行于大风浪中较静水中所增加的阻力，称为汹涛阻力。汹涛阻力的产生主要是由于船在波浪中的纵摇和垂荡运动引起的。海浪的作用改变了船体周围的压力分布，使船体压阻力增加。因海浪使船体湿面积增加，导致摩擦阻力也增加。

汹涛阻力的大小与波浪的高度、遭遇周期及船型有关。一般在船舶设计中，通常不具体计算其大小，仅给出一定的储备功率，以使船舶在汹涛中仍然能维持一定的航速。

3. 空气阻力

船舶水上部分将遭受空气阻力。空气阻力主要由摩擦阻力和黏压阻力两部分组成，由于空气的黏性较小，故摩擦阻力所占比重很小，就目前的一般船舶而言，其受的空气阻力几乎全部是黏压阻力。

空气阻力的大小随上层建筑的形式、大小及风速和风向不同而变化。确定其大小的方法一般有根据试验资料估算和船模试验两种。在设计初期可粗略取为船体阻力的 2% ~4%。

四、污底

船舶在营运过程中，船体水下部分因长期浸泡在水中，除钢板被腐蚀外，海水中的生物，如贝类、海草等将附着在船体上生长，使船体表面凹凸不平，大大增加了船体表面的粗糙度，阻力增加很大，这种现象称为污底。

污底会造成船速下降。一方面由于污底直接增加了阻力，另一方面由于阻力增加导致推进器运转情况改变，致使螺旋桨效率下降。一般认为新船下水后 6 个月，因污底所增加的总阻力可达 10% 以上，船速会有明显下降。所以新船试航应在船壳洁净并在新涂油漆后进行。

由污底而增加的阻力主要与船舶出坞后的时间有关，经验指出，这种阻力增加值可以分为两部分：

(1)一部分称为“真实污底”，它与出坞后的时间呈非线性关系，近似于按双曲线规律变化，如图 7-5 所示。

(2)另一部分称为“船体腐蚀”，它与出坞时间呈线性关系，且数值上较“真实污底”要小

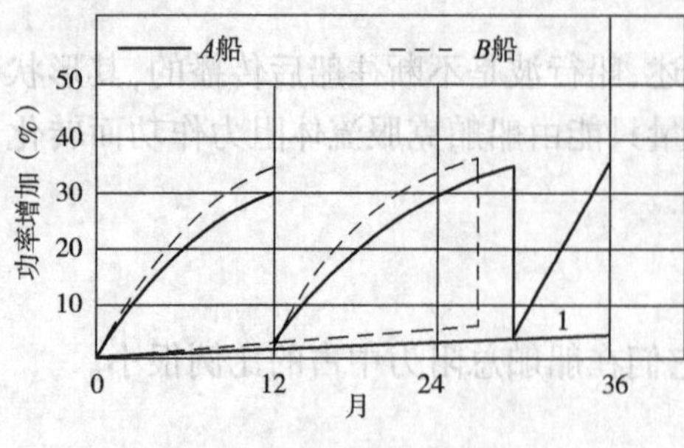

图7-5　污底对功率的影响

得多，图7-5中曲线1即为该部分阻力增值。

因污底而增加的摩擦阻力百分数 F 可用下式来表示：

$$F = \frac{k_1 d}{k_2 + d} + \frac{d_0}{k_3}$$

式中：d——距最后一次出坞的时间，天；

d_0——距新船首次出坞的时间，天；

k_1、k_2、k_3——常数，由在一定航线上航行的一定类型船的试航结果确定。

由污底而增加阻力还与船舶航行的季节和地区有关。这是因为贝类和海草等的生长速度在不同季节和地区是不同的，热带地区由于污底而增加的阻力较一般地区快。

防治污底的方法通常是先在船体表面敷涂两遍防锈漆，然后再涂一、二遍防污漆。因为防污漆的功能可以在层流底层中保持有一定的毒素含量，可以使幼小的贝类、海草等致死，因而有避污作用。此外，污底的海船在淡水港内停泊数日后再行出海，其附着的贝类和海草的大部分因死亡而脱落。我国沿海港口多系淡水港，这是清除污底的天然有利条件，当然对于污底严重的船必须定期进坞除污，重新油漆。

五、阻力曲线和有效功率曲线

影响船体阻力的因素很多，但主要有三个方面：首先是航速 V。航速对阻力的影响较大，随着航速增加，阻力的增长十分显著，在航速较低时阻力的增长相对缓慢，航速越高阻力的增长越快。其次是船型，不同的船型参数往往会导致阻力性能的变化，如长宽比（L/B）小、方形系数（C_B）大的船型对减小船舶的摩擦阻力有利，而细长型的船型对减小船舶的兴波阻力有利。再次是外界条件，船舶在不同的航区中航行，由于外界条件，诸如水深、流体介质和温度等不同，对阻力也会有影响。显然，对于给定的船型，且在一定的外界条件下，船体阻力仅仅是航速的函数，其公式表示为

$$R_t = f(V) \tag{7-6}$$

这种阻力随航速而变化的曲线称为阻力曲线。不同的船型应该对应有不同的阻力曲线，如图7-6a）所示。

若船速为 V 时，船体总阻力为 R_t，则直接用于克服船体阻力所需的功率，称为有效功率，用 P_E 表示，其数值为

$$P_E = R_t V \tag{7-7}$$

考虑到船舶主机在功率传递过程中，将有一部分损失于轴系的传递，另有一部分损失于螺旋桨的扭矩转换推力的过程中，因此有效功率只是主机功率的一部分。

对于一定的船型，考虑到式（7-6），P_E 亦是速度 V 的函数，P_E 随 V 的变化曲线称为有效功率曲线，如图7-6b）所示。比较式（7-6）与式（7-7）可

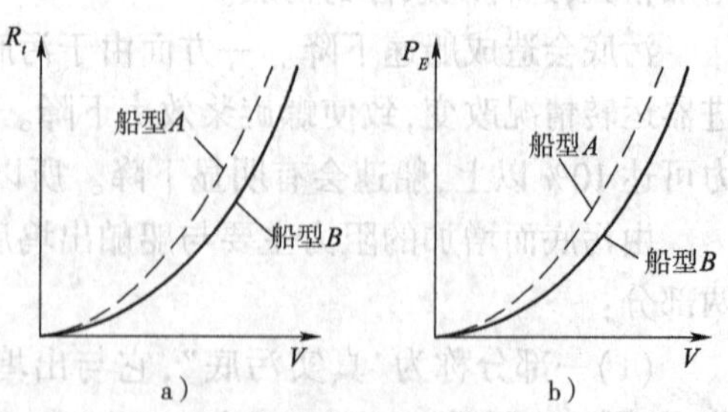

图7-6　阻力曲线和有效功率曲线

知:有效功率 P_E 曲线较之阻力曲线 R_t 是 V 的高一次函数曲线。

第二节 估算阻力的近似方法

虽然我们可以通过船模试验求得船舶的阻力,然而在船舶设计初期,当决定了主尺度和船形系数以后,必须要知道主机功率,以保证船舶能达到设计航速;若是主机功率已知,则需要估计阻力,以确定船的航速。在这个阶段,由于船舶型线尚未确定,因而还不能用船模试验的方法来确定阻力,只能用近似方法估算。另外,对一些小型船舶或次要的船舶,在设计过程中也往往应用近似方法估算其阻力,而无需进行船模试验。

船舶阻力(或有效功率)的近似估算方法,是根据大量船模试验和实船试验所积累的资料,分析、总结而拟定的。因此应用近似估算方法所得结果的准确程度取决于所设计船与母型船或设计船与船模系列之间的相似程度。所以为了提高近似估算的准确性,应有针对性地选择估算方法。

近似估算方法有很多,这里仅介绍目前民用船舶常用的几种,即海军系数法、艾亚法等。

一、海军系数法

海军系数法亦称海军常数法。这是一种应用母型船数据,迅速地决定设计船舶有效功率的方法。虽然这种方法的精确性不高,但由于使用简单、方便,因此常用于比较多种设计方案的阻力性能估算,以及某些对阻力性能作粗略估算的情况。

海军系数法认为,对于船型近似,尺度和航速略同的船舶,它们的总阻力 R_t 与其排水量 Δ 及航速 V 都有如下关系:

$$R_t \propto \Delta^{\frac{2}{3}} \cdot V^2$$

那么,有效功率 P_E 与排水量 Δ 及航速 V 的关系则为

$$P_E \propto \Delta^{\frac{2}{3}} \cdot V^3$$

又可表示为

$$C_e = \frac{\Delta^{\frac{2}{3}} \cdot V^3}{P_E} \tag{7-8}$$

式中:C_e——海军系数;

Δ——排水量,t;

V——航速,kn。

式(7-8)即为海军系数表达式,此式说明,对于船型相近,尺度和航速也略同的船舶,它们的海军系数相同。

因此,通常估算设计船的有效功率时,若能找到母型船,即与所设计船的船型相近、大小和航速差不多的船舶,那么,设计船的有效功率估算步骤如下:

(1)先由母型船资料按式(7-8)求得其海军系数 C_e;

(2)因设计船与母型船之海军系数相同,则设计船的有效功率 P_E 为

$$P_E = \frac{\Delta^{\frac{2}{3}} \cdot V^3}{C_e} \tag{7-9}$$

应注意式(7-9)中的排水量 Δ 和航速 V 均应用设计船的数据。

二、艾亚法*

艾亚法亦称爱尔法。它是统计归纳了大量船模试验和实船试验的资料，并将它们绘成用于估算阻力的曲线图表，成为对应于某一标准船型的阻力(或有效功率)估算方法。

艾亚法适用范围较广，一般对中、低速商船比较适用，也可用于正常尺度的海洋拖船。

估算的有效功率中包含了单桨船通常具有的舭龙骨、舵等附体阻力以及一般货船的空气阻力，合计约占裸船体阻力的8%。所以对双桨船或多螺旋桨船的阻力和对极大上层建筑的空气阻力应另加修正。另外，内河船应用艾亚法求得的有效功率一般还需加10% ~15%的裕量；对于 B/d 值较大的内河浅水船(B/d 在8以上)，估算的结果一般偏大，也应另加修正。

由于艾亚法适用范围较广，特别是对于中、低速船的估算结果与船模试验结果较吻合，所以应用较广泛。但由于该法依据的资料较陈旧，对于新船型，估算的结果误差往往较大；此外艾亚法中未考虑满载水线的形状及进水角等因素，同时此法估算的依据纯属统计资料，很难从理论上予以判断，这是艾亚法的不足之处。

1. 艾亚法的"标准船型"及有效功率

艾亚法规定的直接估算有效功率的"标准船型"参数有：

(1)标准方形系数 C_{BC}，可用下面公式表示：

单桨船

$$C_{BC}=1.08-1.68Fr$$

双桨船

$$C_{BC}=1.09-1.68Fr$$

可见，标准方形系数随傅汝德数 Fr 而变化(或随速长比 $V/\sqrt{L}$ 而变化)，其具体数值如表7-1所列。

(2)标准宽度吃水比：$B/d=2.0$。

(3)标准浮心纵向位置 x_B 亦随傅汝德数 Fr(或 $V/\sqrt{L}$)变化。其具体数值也在表7-1中列出。

(4)标准水线长 $L_{WL}=1.025L_{pp}$。

艾亚法给出的对应于上述标准船型的有效功率 p_E 估算式为

$$p_E=\frac{\Delta^{0.64}V_s^3}{C_0}\times 0.735(\mathrm{kW}) \tag{7-10}$$

式中：Δ——排水量，t；

V_s——静水中试航速度，kn。

系数 C_0 可根据长度排水量系数 $L/\Delta^{1/3}$ 和速长比 $V/\sqrt{L}$(或 Fr)由图7-7查得，这里的 L 均为垂线间长 L_{pp}。查得的 C_0 值仅可适用于标准船型。

2. 按标准船型估算阻力(或有效功率)的步骤

对于所要估算其阻力的设计船舶，由于其船型往往与标准船型不同，即设计船的上述各船型参数与标准船不同，故不能直接运用式(7-10)求取阻力(或有效功率)。解决的办法是：根据设计船与标准船型在相应参数之间的差异，逐项进行修正，最后得到系数 C_0 的修正值。然后用此修正值，再利用公式(7-10)便可估算设计船的阻力(或有效功率)。

标准方形系数 C_{BC} 及标准浮心纵向位置 x_B 表 7-1

$V_s/\sqrt{gL}$	$V/\sqrt{L}$	标准 C_{BC}（单桨船）①	标准 x_B 位置（距船中 %L）	
			单桨船	双桨船
0.148	0.50	0.83	2.00	1.00
0.154	0.52	0.82	1.96	0.96
0.160	0.54	0.81	1.93	0.93
0.166	0.56	0.80	1.90	0.90
0.172	0.58	0.79	1.85	0.85
0.178	0.60	0.78	1.80	0.80
0.184	0.62	0.77	1.73	0.73 前
0.190	0.64	0.76	1.65 前	0.65
0.196	0.66	0.75	1.55	0.55
0.202	0.68	0.74	1.44	0.44
0.208	0.70	0.73	1.31	0.31
0.214	0.72	0.72	1.16	0.16
0.220	0.74	0.71	0.99	–
0.226	0.76	0.70	0.80	0.20
0.232	0.78	0.69	0.55	0.45
0.238	0.80	0.68	0.20	0.80
0.244	0.82	0.67	0.12	1.11
0.250	0.84	0.66	0.45	1.37
0.256	0.86	0.65	0.75	1.57
0.261	0.88	0.64	1.00	1.72
0.267	0.90	0.63	1.20	1.85
0.273	0.92	0.62	1.40	1.96
0.279	0.94	0.61	1.58	2.05
0.285	0.96	0.60	1.74	2.12
0.291	0.98	0.59	1.88	2.19
0.297	1.00	0.58	1.99	2.24
0.303	1.02	0.573	2.09	2.29
0.309	1.04	0.568	2.18	2.33 后
0.315	1.06	0.564	2.25 后	2.37
0.321	1.08	0.560	2.32	2.40
0.327	1.10	0.557	2.37	2.43
0.333	1.12	0.554	2.41	2.45
0.339	1.14	0.552	2.44	2.47
0.345	1.16	0.549	2.47	2.48
0.351	1.18	0.547	2.49	2.49
0.357	1.20	0.545	2.50	2.50
0.363	1.22	0.543	2.51	2.51
0.369	1.24	0.541	2.52	2.52
0.375	1.26	0.539	2.53	2.53
0.380	1.28	0.537	2.54	2.54
0.386	1.30	0.536	2.55	2.55

注：对双螺旋桨船，其 C_{BC} 数值加 0.01。

具体步骤如下：

(1)由所要估算其阻力的设计船舶的 Fr 或 $V\sqrt{L}$及 $L/\Delta^{1/3}$ 值，在图 7-7 上查得相应于标准船型的 C_0 值。

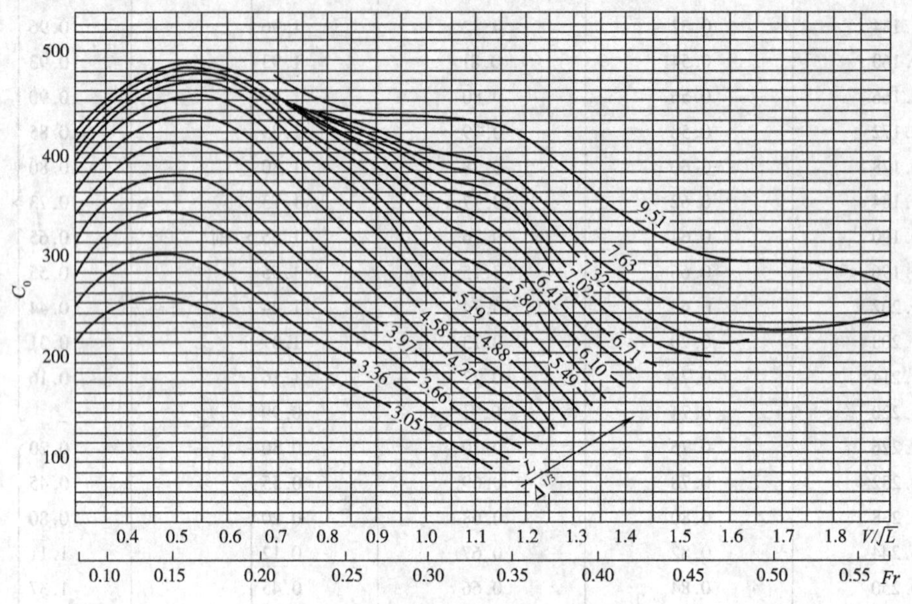

图 7-7　艾尔法标准船型的 C_0 值

(2)根据 Fr 或 $V\sqrt{L}$，由表 7-1 查得对应于标准船型的方形系数 C_{BC}和浮心纵向位置 x_B。

(3)比较设计船与标准船型的各对应参数，并进行修正。方法如下：

①方形系数 C_B 的修正：若设计船的 C_B 小于或大于标准船型的 C_{BC}值时，应对标准船型的 C_0 值增加或减小一个修正值 Δ_1。

当 $C_B > C_{BC}$时

$$\Delta_1 = -3 \times C_B \frac{C_B - C_{BC}}{C_{BC}} C_0 \tag{7-11}$$

当 $C_B < C_{BC}$时，$\Delta_1 = C_0 \times K_{bc}$(增加的百分数)，这里 C_0 所增加的百分数 K_{bc}(%)由表7-2 查得，经方形系数修正后的系数值 C_1 为

$$C_1 = C_0 + \Delta_1$$

②宽度吃水比 B/d 的修正：当设计船的 $B/d \neq 2.0$ 时，则系数 C_1 需另加一个修 Δ_2。Δ_2 可按下式计算

$$\Delta_2 = -10C_B\left(\frac{B}{d} - 2\right)\% \times C_1 \tag{7-12}$$

经方形系数 C_B 和 B/d 修正后的系数 C_2 值为

$$C_2 = C_1 + \Delta_2 = C_0 + \Delta_1 + \Delta_2$$

③浮心纵向位置 x_B 的修正；若设计船的浮心纵向位置 x_B 不在标准位置时，应对系数 C_2 减小一个修正量 Δ_3。为了确定 Δ_3，应按下式(7-13)先算出$(\Delta_3)_0$

$$(\Delta_3)_0 = C_2 \times K_{xc} \tag{7-13}$$

实际 C_B 较小时对 C_0 所增加的百分数 K_{bc} 表 7-2

$100\times\frac{C_{BC}-C_B}{C_{BC}}$	K_{bc}	$100\times\frac{C_{BC}-C_B}{C_{BC}}$	K_{bc}	$100\times\frac{C_{BC}-C_B}{C_{BC}}$	K_{bc}
—	—	5.4	2.88	10.8	7.60
0.2	0.08	5.6	3.04	11.0	7.80
0.4	0.16	5.8	3.20	11.2	8.00
0.6	0.24	6.0	3.36	11.4	8.20
0.8	0.32	6.2	3.52	11.6	8.38
1.0	0.40	6.4	3.68	11.8	8.54
1.2	0.50	6.6	3.84	12.0	8.70
1.4	0.60	6.8	4.00	12.2	8.88
1.6	0.70	7.0	4.16	12.4	9.06
1.8	0.80	7.2	4.33	12.6	9.23
2.0	0.90	7.4	4.51	12.8	9.39
2.2	1.00	7.6	4.69	13.0	9.55
2.4	1.10	7.8	4.87	13.2	9.71
2.6	1.20	8.0	5.05	13.4	9.87
2.8	1.30	8.2	5.23	13.6	10.02
3.0	1.40	8.4	5.41	13.8	10.16
3.2	1.52	8.6	5.59	14.0	10.30
3.4	1.64	8.8	5.77	15.0	11.00
3.6	1.76	9.0	5.95	16.0	11.60
3.8	1.88	9.2	6.13	17.0	12.05
4.0	2.00	9.4	6.31	18.0	12.35
4.2	2.12	9.6	6.49	19.0	12.60
4.4	2.24	9.8	6.67	20.0	12.80
4.6	2.36	10.0	6.85	21.0	12.90
4.8	2.48	10.2	7.03	22.0	13.00
5.0	2.60	10.4	7.21	—	—
5.2	2.74	10.6	7.40		

式中减小百分数 K_{xc}(%)由表 7-3 或表 7-4 查得。但这里需要注意,应根据实际 C_B 修正量来决定 x_B 影响的修正量 Δ_3。

$$\left.\begin{array}{ll}\text{当}\ \Delta_1>0,\text{则} & \Delta_3=-(\Delta_3)_0\\ \text{当}\ \Delta_1<0,\text{且}\ |(\Delta_3)_0|\leqslant\Delta_1,\text{则} & \Delta_3=0\\ \text{当}\ \Delta_1<0,\text{且}\ |(\Delta_3)_0|>\Delta_1,\text{则} & \Delta_3=-|(\Delta_3)_0|-\Delta_1\end{array}\right\}\tag{7-14}$$

经 C_B、B/d、x_B 修正后的系数 C_3 值为

$$C_3=C_2+\Delta_3=C_0+\Delta_1+\Delta_2+\Delta_3$$

④水线长度 L_{WL} 的修正:对于设计船的水线长 L_{WL} 大于或小于标准水线长度,则应将系数 C_3 增加或减少一个修正量 Δ_4

$$\Delta_4=\frac{L_{WL}-1.025L_{pp}}{1.025L_{pp}}\times C_3\tag{7-15}$$

实际 x_B 位置在标准 x_B 位置前时，对 C_2 应减小的百分数 K_{xc} 表 7-3

$V/\sqrt{L}$	实际位置 x_B 在标准 x_B 位置前的距离以船长 L 的百分数计									
	0.2	0.4	0.6	0.8	1.0	1.2	1.4	1.6	1.8	2.0
0.40	0.4	0.8	1.2	1.6	2.0	2.6	3.2	3.8	4.4	5.0
0.42	0.3	0.7	1.0	1.4	1.8	2.4	3.0	3.6	4.2	4.8
0.44	0.2	0.6	0.9	1.2	1.6	2.2	2.8	3.4	4.0	4.6
0.46	0.2	0.5	0.8	1.0	1.4	2.0	2.6	3.2	3.8	4.4
0.48	0.2	0.4	0.7	0.9	1.2	1.8	2.4	3.0	3.6	4.2
0.50	0.2	0.4	0.6	0.8	1.0	1.6	2.2	2.8	3.4	4.0
0.52	0.2	0.4	0.6	0.8	1.0	1.6	2.2	2.8	3.4	4.0
0.54	0.2	0.4	0.6	0.8	1.0	1.6	2.2	2.8	3.4	4.0
0.56	0.2	0.4	0.6	0.8	1.0	1.6	2.2	2.8	3.4	4.0
0.58	0.2	0.4	0.6	0.8	1.0	1.6	2.2	2.8	3.4	4.0
0.60	0.2	0.4	0.6	0.8	1.0	1.6	2.2	2.8	3.4	4.0
0.62	0.2	0.5	0.8	1.1	1.4	1.0	2.6	3.2	3.8	4.4
0.64	0.3	0.7	1.0	1.4	1.8	2.0	3.0	3.6	4.2	4.8
0.66	0.4	0.8	1.3	1.7	2.2	2.8	3.4	4.0	4.6	5.2
0.68	0.5	1.0	1.5	2.0	2.6	3.2	3.8	4.4	5.0	5.6
0.70	0.6	1.2	1.8	2.4	3.0	3.6	4.2	4.8	5.4	6.0
0.72	0.6	1.3	2.0	2.7	3.4	4.1	4.7	5.4	6.1	6.8
0.74	0.7	1.5	2.2	3.0	3.8	4.5	5.3	6.0	6.8	7.6
0.76	0.8	1.6	2.5	3.3	4.2	5.0	5.8	6.7	7.5	8.4
0.78	0.8	1.8	2.7	3.6	4.6	5.5	6.4	7.3	8.2	9.2
0.80	1.0	2.0	3.0	4.0	5.0	6.0	7.0	8.0	9.0	10.0
0.82	1.0	2.1	3.2	4.3	5.4	6.5	7.6	8.6	9.7	10.8
0.84	1.1	2.3	3.4	4.6	5.8	7.0	8.1	9.2	10.4	11.6
0.86	1.2	2.4	3.7	4.9	6.2	7.5	8.7	9.9	11.1	12.4
0.88	1.2	2.6	3.9	5.2	6.6	8.0	9.2	10.5	11.8	13.2
0.90	1.4	2.8	4.2	5.6	7.0	8.4	9.8	11.2	12.6	14.0
0.92	1.4	2.9	4.4	5.9	7.4	8.9	10.4	11.8	13.3	14.8
0.94	1.5	3.1	4.6	6.2	7.8	9.3	10.9	12.4	14.0	15.6
0.96	1.6	3.2	4.9	6.5	8.2	9.8	11.5	13.1	14.7	16.4
0.98	1.6	3.4	5.1	6.8	8.6	10.3	12.0	13.7	15.4	17.2
1.00	1.8	3.6	5.4	7.2	9.0	10.8	12.6	14.4	16.2	18.0
1.02	1.8	3.7	5.6	7.5	9.4	11.3	13.2	15.0	16.9	18.8
1.04	1.9	3.9	5.8	7.8	9.8	11.8	13.7	15.6	17.6	19.6
1.06	2.0	4.0	6.1	8.1	10.2	12.3	14.3	16.3	18.3	20.4
1.08	2.1	4.2	6.3	8.4	10.6	12.7	14.8	16.9	19.1	21.2
1.10	2.2	4.4	6.6	8.8	11.0	13.2	15.4	17.6	19.8	22.0
1.15	2.4	4.8	7.2	9.6	12.0	14.4	16.8	19.2	21.6	24.0
1.20	2.6	5.2	7.8	10.4	13.0	15.6	18.2	20.8	23.4	26.0

实际 x_B 位置在标准 x_B 位置后时，对 C_2 应减小的百分数 K_{xc}　　表 7-4

$V/\sqrt{L}$	实际 x_B 位置在标准 x_B 位置后的距离以船长 L 的百分数计									
	0.2	0.4	0.6	0.8	1.0	1.2	1.4	1.6	1.8	2.0
0.40	1.0	2.0	3.0	4.0	5.0	6.4	7.8	9.2	10.6	12.0
0.42	1.9	1.9	2.8	3.8	4.8	6.1	7.5	8.9	10.2	11.6
0.44	0.8	1.8	2.7	3.6	4.6	5.8	7.2	8.6	9.8	11.2
0.46	0.8	1.7	2.6	3.5	4.4	5.6	6.9	8.3	9.5	10.8
0.48	0.8	1.7	2.5	3.4	4.2	5.4	6.6	8.0	9.2	10.4
0.50	0.8	1.6	2.4	3.2	4.0	5.2	6.4	7.6	8.8	10.0
0.52	0.7	1.5	2.3	3.1	3.8	4.9	6.1	7.2	8.4	9.6
0.54	0.6	1.4	2.2	2.9	3.6	4.6	5.8	6.9	8.0	9.2
0.56	0.6	1.3	2.0	2.8	3.4	4.4	5.6	6.6	7.6	8.8
0.58	0.6	1.2	1.9	2.6	3.2	4.2	5.2	6.3	7.3	8.4
0.60	0.6	1.2	1.8	2.4	3.0	4.0	5.0	6.0	7.0	8.0
0.62	0.6	1.1	1.7	2.3	2.8	3.7	4.7	5.6	6.6	7.6
0.64	0.5	1.1	1.6	2.1	2.6	3.4	4.4	5.3	6.2	7.2
0.66	0.5	1.0	1.4	1.9	2.4	3.2	4.1	5.0	5.8	6.8
0.68	0.5	0.9	1.3	1.7	2.2	3.0	3.8	4.7	5.5	6.4
0.70	0.4	0.8	1.2	1.6	2.0	2.8	3.6	4.4	5.2	6.0
0.72	0.4	0.7	1.0	1.4	1.8	2.5	3.2	4.0	4.8	5.6
0.74	0.3	0.6	0.9	1.2	1.6	2.3	2.9	3.6	4.4	5.2
0.76	0.3	0.5	0.8	1.0	1.4	2.0	2.6	3.3	4.0	4.8
0.78	0.2	0.4	0.7	0.9	1.2	1.8	2.4	3.0	3.6	4.4
0.80	0.2	0.4	0.6	0.8	1.0	1.6	2.2	2.8	3.4	4.0
0.82	—	0.2	0.4	0.6	0.8	1.3	1.8	2.4	3.0	3.6
0.84	—	—	0.2	0.4	0.6	1.1	1.6	2.1	2.6	3.2
0.86	—	—	—	0.2	0.4	0.8	1.3	1.8	2.3	2.8
0.88	—	—	—	—	0.2	0.6	1.0	1.4	1.9	2.4
0.90	—	—	—	—	—	0.4	0.8	1.2	1.6	2.0
0.92	—	—	—	—	—	0.3	0.6	1.0	1.4	1.6
0.94	—	—	—	—	—	0.3	0.5	0.7	1.0	1.2
0.96	—	—	—	—	—	0.2	0.4	0.7	1.0	1.2
0.98	—	—	—	—	—	0.3	0.6	0.9	1.2	1.6
1.00	—	—	—	—	—	0.4	0.8	1.2	1.6	2.0
1.02	—	—	—	—	0.2	0.6	1.0	1.5	1.9	2.4
1.04	—	—	—	0.2	0.4	0.8	1.3	1.8	2.3	2.8
1.06	—	—	0.2	0.4	0.6	1.1	1.6	2.1	2.6	3.2
1.08	—	0.2	0.4	0.6	0.8	1.3	1.9	2.4	3.0	3.6
1.10	0.2	0.4	0.6	0.8	1.0	1.6	2.2	2.8	3.4	4.0
1.15	0.3	0.6	0.9	1.2	1.5	2.2	2.9	3.6	4.3	5.0
1.20	0.4	0.8	1.2	1.6	2.0	2.8	3.6	4.4	5.2	6.0

这样经过 C_B、B/d 和 x_B 修正后的系数 C_4 值为

$$C_4 = C_3 + \Delta_4 = C_0 + \Delta_1 + \Delta_2 + \Delta_3 + \Delta_4$$

(4)设计船的有效功率。设计船的有效功率估算按式(7-10)进行，但需将系数 C_0 以修正后的系数 C_4 代替，即

$$p_E = \frac{\Delta^{0.64} V^3}{C_4} \times 0.735(\text{kW}) \tag{7-16}$$

这里的 P_E 是计入 8% 的附体阻力在内的有效功率，其相应的裸船体有效功率为

$$P_{EB} = P_E/1.08 \tag{7-17}$$

艾亚法的计算可列表进行，表 7-5 是具体估算实例（该船为单桨船）。

艾亚法有效功率估算表 表 7-5

已知量		水线长 $L_{WL} = 125.5\text{m}$ 垂线间长 $L_{pp} = 122.0\text{m}$ 船宽 $B = 16.8\text{m}$ 吃水 $d = 7.94\text{m}$ 排水量（海水）$\Delta = 11970\text{t}$	宽度吃水比 $B/d = 2.12$ 方形系数 $C_B = 0.721$ 浮心纵向位置 $x_B = 0.5\%L$（船中前） $L/\Delta^{1/3} = 5.33$ $\Delta^{0.64} = 406$	
计算顺序	(1)	速度 V(kn)	14	15
	(2)	傅汝德数 $v_S/\sqrt{gL}$	0.208	0.222
	(3)	标准 C_0，查图 7-1	449	424
	(4)	标准 C_{BC}，查表 7-1	0.730	0.705
	(5)	实际 C_B 修正（肥或瘦）(%)：	1.23 瘦	2.27 肥
	(6)	C_B 修正(%) $\begin{cases}\text{若肥：}-C_B\text{ 肥}(\%)\times 3\times\text{实际 }C_B\\ \text{若瘦：查表 7-2}\end{cases}$	+0.51	−4.91
	(7)	C_B 修正量 Δ_1	+2	−21
	(8)	已修正后 C_B 的 C_1	451	403
	(9)	B/d 修正% $= -10C_B\left(\dfrac{B}{d}-2\right)\%$	−0.86	−0.86
	(10)	B/d 修正数量 Δ_2（式 7-12）	−4	−3
	(11)	已修正 B/d 的 C_2	447	400
	(12)	标准 x_B，%L，船中前或后，查表 7-1	1.31，船中前	0.90，船中前
	(13)	实际 x_B，%L，船中前或后。（已知量）	0.50，船中前	0.50，船中前
	(14)	相关%L，在标准看前或后	0.81，船中后	0.40，船中后
	(15)	x_B 修正(%)，查表 7-4	−1.62	−0.55
	(16)	x_B 修正数量，Δ_3（式 7-14）	−1	−2（免）
	(17)	已修正 x_B 后的 C_3	440	400
	(18)	L_{WL} 修正(%) $= \dfrac{L_{WL}-1.025L_{pp}}{1.025L_{pp}}\times 100\%$	+0.3	+0.3
	(19)	L_{WL} 修正量 Δ_4（式 7-15）	+1	+1
	(20)	L_{WL} 修正后的 C_4	441	401
	(21)	V_S^3	2744	3375
	(22)	$p_E = \dfrac{\Delta^{0.64}V_S^3}{C_4}\times 0.735(\text{kW})$	1860	2521

第三节　船舶阻力相似理论和阻力换算

一、相似准则

船模试验是确定船舶阻力的主要方法。为了准确地把船模试验结果换算到实船，船模和实船必须满足下列相似条件。

1. 几何相似

船模和实船所有相应的线性量度成同一比例值，则称为几何相似，即

$$C_L = \frac{L_S}{L_M} = \frac{B_S}{B_M} = \frac{d_S}{d_M} = \cdots \tag{7-18}$$

式中：　C_L——几何相似比值（船模和实船的缩尺比 α）；

L_S、B_S、$d_S\cdots$——实船直线量度；

L_M、B_M、$d_M\cdots$——船模直线量度。

所谓相似船型，即不论船舶的大或小，两者的船型系数和尺度比对应相等。

2. 运动相似

在船模和实船几何相似系统中，在对应瞬时，对应点上速度的方向相同，大小成同一比例，则称为运动相似，即

$$C_V = \frac{u_S}{u_M} = \frac{v_S}{v_M} = \cdots \tag{7-19}$$

式中：C_V——速度相似比值；

u_S——实船流场 A 点流速；

u_M——船模流场 A 点流速；

v_S——实船速度；

v_M——船模速度。

3. 动力相似

在船模和实船运动相似系统中，在对应瞬时，对应点上力的方向相同，大小成同一比例，则称为动力相似，即

$$C_F = \frac{p_S}{p_M} = \frac{\tau_S}{\tau_M} = \frac{R_f}{r_f} = \frac{R_{pv}}{r_{pv}} = \frac{R_w}{r_w} = \frac{R_t}{r_t} = \cdots \tag{7-20}$$

式中：C_F——动力相似比值；

p_S——实船 A 点压应力；

p_M——船模 A 点压应力；

τ_S——实船 A 点切应力；

τ_M——船模 A 点切应力；

R——实船阻力；

r——船模阻力。

二、雷诺定律

由于摩擦阻力是流体质量密度ρ、船长L、船速v以及水的动力黏性系数μ的函数,故可以写成

$$R_f=\varphi(\rho,L,v,\mu)=\sum k\rho^a L^b v^c \mu^d \tag{7-21}$$

为确定以a、b、c、d值,根据流体力学的量纲分析法,上面等式两端的量纲应相同,据此可以列出因次方程如下

$$\left[\frac{ML}{T^2}\right]=\left[\frac{M}{L^3}\right]^a[L]^b\left[\frac{L}{T}\right]^c\left[\frac{M}{LT}\right]^d$$

式中:M——质量,kg;

T——时间,s。

对照等式两端相同量纲的指数,可得

$$\begin{aligned}M:&\quad 1=a+d\\L:&\quad 1=-3a+b+c-d\\T:&\quad -2=-c-d\end{aligned}$$

解以上联立方程,可得

$$a=1-d,b=2-d,c=2-d,\text{于是}$$

$$R_f=\sum k\rho^{1-d}L^{2-d}v^{2-d}\mu^d=\rho L^2v^2\sum k\left(\frac{vL}{\nu}\right)^{-d}$$

现虽仍不知道d的值,但至少可以写成

$$\frac{R_f}{\frac{1}{2}\rho v^2L^2}=f\left(\frac{vL}{\nu}\right)$$

由于湿面积是长度的二次方,所以上式中L^2用湿面积S代替,则有

$$C_f=\frac{R_f}{\frac{1}{2}\rho v^2S}=f(Re) \tag{7-22}$$

这就是雷诺定律,式中C_f是单位面积上的摩擦阻力与水动压力之比,称为摩擦阻力系数,$\frac{vL}{\nu}$称为雷诺数Re。雷诺定律说明,当两船(或船模与实船)几何相似且雷诺数相等时,两者的摩擦阻力系数必相等。

三、傅汝德定律

由于兴波阻力是流体质量密度、船长、船速以及重力加速度的函数,故可以写成

$$R_w=\varphi(\rho,L,v,g)=\sum k\rho^aL^bv^cg^d$$

按量纲分析法,同样可以列出因次方程并得到

$$C_w=\frac{R_w}{\frac{1}{2}\rho v^2S}=f\left(\frac{v}{\sqrt{gL}}\right)=f(Fr) \tag{7-23}$$

这就是傅汝德定律,式中C_w称兴波阻力系数,$v/\sqrt{gL}$称为傅汝德数Fr。傅汝德定律表

明,当两船(或实船与船模)几何相似且傅汝德数相等时,两者的兴波阻力系数亦相等。

傅汝德定律还可由另一形式表示:当两船(或实船与船模)几何相似且傅汝德数相等时,两者的单位排水量兴波阻力亦必相等,即当 $Fr_m = Fr_s$ 时,有下面关系

$$\frac{R_{W_m}}{\Delta_m} = \frac{R_{W_s}}{\Delta_s}$$

这一关系也称傅汝德比较定律,式中 R_{W_m} 和 Δ_m 表示船模的兴波阻力和排水量;R_{W_s} 和 Δ_s 表示实船的兴波阻力和排水量;而 Fr_m 和 Fr_s 表示船模和实船的傅汝德数。

傅汝德比较定律可证明如下:

由于船模的傅汝德数 $Fr_m = v_m/\sqrt{gL_m}$,实船的傅汝德数 $Fr_s = v_s/\sqrt{gL_s}$(v_m 和 v_s 分别表示船模与实船的航速,L_m 和 L_s 分别表示船模与实船的线性长度),两者相等时则有

$$\frac{v_s}{\sqrt{gL_s}} = \frac{v_m}{\sqrt{gL_m}}$$

或者

$$v_s = v_m\sqrt{\frac{L_s}{L_m}} = v_m\alpha^{\frac{1}{2}}$$

式中:α——船模与实船的缩尺比(或称尺度比)。

由于船模与实船几何相似且傅汝德数相等,所以它们的兴波阻力系数必相等,即

$$C_{W_m} = C_{W_s}$$

$$\frac{R_{W_m}}{\frac{1}{2}\rho_m v_m^2 S_m} = \frac{R_{W_s}}{\frac{1}{2}\rho_s v_s^2 S_s}$$

$$R_{W_s} = R_{W_m}\frac{\rho_s v_s^2 S_s}{\rho_m v_m^2 S_m}$$

因为几何相似,故湿面积之比 $S_s/S_m = \alpha^2$,而 $v_s^2/v_m^2 = \alpha$,所以上式可写成

$$R_{W_s} = R_{W_m}\frac{\rho_s}{\rho_m}\alpha^3 \tag{7-24}$$

由于尺度比的三次方即为排水体积之比,于是有

$$\frac{R_{W_s}}{\Delta_s} = \frac{R_{W_m}}{\Delta_m} \tag{7-25}$$

根据傅汝德比较定律,当由试验求得船模的兴波阻力后,就可求得在相应速度(即 $v_s = v_m\alpha^{\frac{1}{2}}$)时的实船兴波阻力。

四、全相似定律

由上述讨论可知,流体黏性阻力是雷诺数的函数,流体兴波阻力是傅汝德数的函数,而总阻力是黏性阻力与兴波阻力之和,因此总阻力同时是雷诺数与傅汝德数的函数,即

$$C_t = \frac{R_t}{\frac{1}{2}\rho v^2 S} = f(Re, Fr) \tag{7-26}$$

这就是全相似定律，它表明当两船（或实船与船模）几何相似且雷诺数与傅汝德数均相等时，两者的总阻力系数必相等。这样，我们便可十分方便地从船模的阻力，换算出实船的阻力，即

$$R_{t_s} = C_{t_m}\frac{1}{2}\rho_s v_s^2 S_s \tag{7-27}$$

但是，全相似是不可能实现的，其理由如下：

若雷诺数相等时，有

$$\frac{v_m L_m}{\nu_m} = \frac{v_s L_s}{\nu_s}$$

或者

$$v_m = v_s \cdot \frac{L_s}{L_m} \cdot \frac{\nu_m}{\nu_s}$$

将上式两边平方，则有

$$v_m^2 = v_s^2\left(\frac{L_s}{L_m}\right)^2\left(\frac{\nu_m}{\nu_s}\right)^2$$

若傅汝德数相等时，有

$$\frac{v_s}{\sqrt{gL_s}} = \frac{v_m}{\sqrt{gL_m}}$$

或者

$$v_m = v_s\sqrt{\frac{L_m}{L_s}}$$

将上式两边平方，则有

$$v_m^2 = v_s^2\frac{L_m}{L_s}$$

当雷诺数与傅汝德数均相等时，则从雷诺数相等时导出 v_m，应等于从傅汝德数相等时导出的 v_m 即

$$v_s^2\left(\frac{L_s}{L_m}\right)^2\left(\frac{\nu_m}{\nu_s}\right)^2 = v_s^2\frac{L_m}{L_s}$$

$$\nu_m^2 = \nu_s^2\left(\frac{L_m}{L_s}\right)^3$$

$$\nu_m = \nu_s\left(\frac{L_m}{L_s}\right)^{\frac{3}{2}} \tag{7-28}$$

上式为满足全相似定律的条件。由式中可见，若要满足实船和船模的全相似，则船模需要在运动黏性系数比水小得多的流体中进行试验，这在试验技术上是很难办到的，也就是说，实船与船模的全相似是不可能实现的，即不能将船模试验测得的总阻力直接换算成实船的总阻力。

五、傅汝德假定

船模与实船不能同时满足雷诺数和傅汝德数相等，所以不可能根据船模试验结果直接求得实船的总阻力。实际上单一的雷诺数相等也是不能实现的。因此，只能在保持傅汝德数相

等的情况下组织试验。为了能从船模试验结果求得实船的阻力,傅汝德作出下列假定:

(1)假定船体总阻力可以分为独立的两部分:一为摩擦阻力 R_f,只与雷诺数有关;另一为黏压阻力 R_{P_v} 与兴波阻力 R_W 合并后的剩余阻力 R_r,只与傅汝德数有关,且适用比较定律。

(2)假定船体的摩擦阻力等于同速度、同长度、同湿面积的平板摩擦阻力。通常称为相当平板假定。

如果满足傅汝德数相等组织船模试验,同时应用傅汝德假定,便可将试验结果换算得实船在相应速度时的阻力。因为由假定知

$$R_{t_s}=R_{f_s}+R_{r_s} \tag{7-29}$$

在相应速度时,由比较定律得

$$R_{r_s}=R_{r_m}\frac{\Delta_s}{\Delta_m}$$

则得

$$R_{t_s}=R_{f_s}+R_{r_m}\frac{\Delta_s}{\Delta_m} \tag{7-30}$$

这里下标 m、s 分别代表船模和实船的数据。考虑到船模剩余阻力 $R_{r_m}=R_{t_m}-R_{f_m}$;而

$$\frac{\Delta_s}{\Delta_m}=\frac{\rho_s}{\rho_m}\cdot\alpha^3$$

则有

$$R_{t_s}=R_{f_s}+(R_{t_m}-R_{f_m})\frac{\rho_s}{\rho_m}\cdot\alpha^3 \tag{7-31}$$

式(7-31)称为傅汝德换算关系。显然,由船模试验得到船模总阻力 R_{t_m},并分别计算船模和实船的摩擦阻力后,即可得实船总阻力。

但严格地讲,傅汝德假定有不完善和不合理的地方,傅汝德方法把船的阻力机械地分成两个独立部分,一个仅与傅汝德数有关,另一个仅与雷诺数有关,而忽略其相互影响,在理论上是不正确的,该方法将兴波阻力和黏压阻力这两个不同性质的阻力合为剩余阻力,并认为符合比较定律,在理论上是不合理的,该方法用"相当平板"代替船体计算船舶的摩擦阻力,也必然给计算结果带来误差。

六、船模试验与阻力换算

1. 船模试验

目前,利用船模,采用不同的试验方法,可以对船模的总阻力、兴波阻力及黏性阻力进行测定。测定的结果,则作为换算实船阻力的依据。

(1)船模总阻力的测定。试验是以用木材做成的与实船几何相似而缩小了尺度的船模在特设的水池中进行的。此水池称为船模试验池。按试验时牵引船模的方式,试验池可分为拖车式与重力式两种。在拖车式船模试验池中,船模靠行驶于池旁轨道上的拖车带动前进,调整拖车速度为一恒定值,则可测定该速度下船模的阻力。在重力式船模试验池中,船模靠落下的重量带动前进,此时船模的阻力与选定的下落重量平衡,即可测定船模对应于该阻力的速度。

试验池是船模试验的主要设备。大型的拖车式试验池,如图7-8所示,一般有上百米以至近千米长,建造精度要求很高。拖车上的试验人员操纵各种电子设备使车架拖曳船模沿水池壁上的轨道运动,装置于拖车架上的各种仪器测量和记录下试验数据。另外,为了消除船模试验所产生的波浪,还在池壁装有消波岸,在池壁始端装有消波器。试验水池并装有造波、风筒等设备,以进行船舶操纵、摇摆、强度、推进等项研究。因此这种试验池试验范围广,结果也可靠,被广泛应用。

小型水池一般为重力式。船模用拖绳进行拖曳,并用自由下落砝码的重力使其运动。船模的阻力是以砝码的重量除以滑轮和传动装置的传动比,并对此系统装置的摩擦量予以修正而得到。船模速度用机械或光电装置来测定。这种水池一般较短,不超过40~50m,试验的精确性较差,试验范围也不广,通常仅供教学用。图7-9为重力式试验水池的示意图。

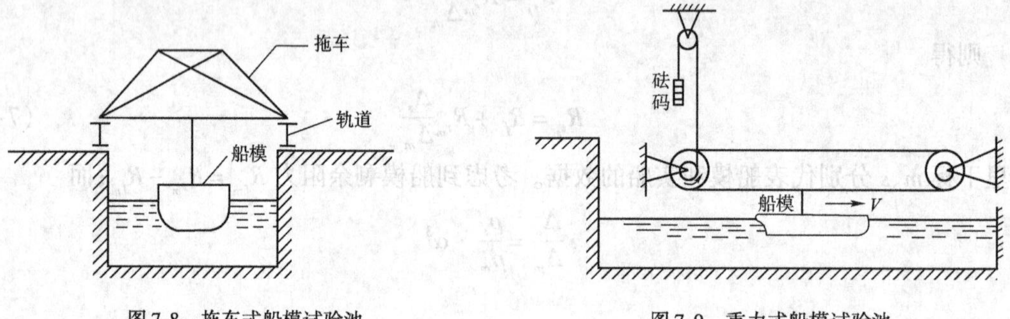

图7-8 拖车式船模试验池　　图7-9 重力式船模试验池

(2)船模兴波阻力的测定。船模兴波阻力的测定是利用波形分析法,通过测量船后或船侧一定距离处的一条或几条波形,并将测量所得各波形参数代入有关公式计算而得的,因此,这种由测量波形的方法所求得的兴波阻力也叫波形阻力。

具体方法之一是,在与船模前进方向平行的截面上,用一台或几台浪高仪测量实际波形;方法之二是,在测量上采用了立体测量法或在船后$L/2 \sim L$处垂直于前进方向的截面上测量波形。前者因浪高仪所测波形长度受试验池宽限制,船首波受池壁反射,会干扰测量波迹,故给测量精度带来影响;而后者不受池壁干扰,但技术较复杂,且精度也受拖车轨道高低不平及船后伴流等的影响。

(3)船模黏性阻力的测定。船模黏性阻力的测定是利用尾流测量法。其基本原理是,通过对船模运动过程中不同位置及深度处的速度和压力的测量,并采用流体力学理论导出的公式,计算出船模的黏性阻力。

具体的测量方法一般是,在船模后较近处的某位置设一测量平面,在该平面中的某一深度上横向布置一组毕托管,在随船模一起前进中,则可测得各点的相对总压力和相对静压力。对于某一给定速度,反复进行多次拖曳,每次改变毕托管的深度,就可测得在该速度下不同深度和宽度范围内的各点压力值。

2. 阻力换算

阻力换算就是将船模试验所测得的阻力换算成实船的阻力。其依据的理论是流体力学的相似理论,即两物体几何相似和两流场运动相似条件下的力学相似,现在的阻力换算方法,一般随着对黏压阻力的不同处理,分为傅汝德法(二因次法)及三因次方法等几种。

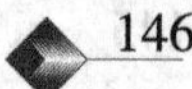

(1)傅汝德换算方法的具体步骤。据据傅汝德假定,将船模总阻力 R_{t_m} 换算成实船总阻力 R_{t_s} 的具体步骤如下:

①由船模试验测得船模的总阻力 R_{t_m};

②用"相当平板"方法计算出船模的摩擦阻力 R_{f_m};

③计算船模的剩余阻力 $R_{r_m}=R_{t_m}-R_{f_m}$;

④应用比较定律,由船模的剩余阻力 R_{r_m} 换算出实船的剩余阻力 R_{r_s},即

$$R_{r_s}=R_{r_m}\frac{\Delta_s}{\Delta_m}$$

⑤用"相当平板"方法求得实船的摩擦阻力 R_{f_s};

⑥据式 $R_{t_s}=R_{r_s}+R_{f_s}$ 算出实船的总阻力 R_{r_s}。

在具体计算时必须注意:在求实船的摩擦阻力时,应考虑表面粗糙度的影响;而求船模的摩擦阻力时,因其较小,且又较光滑,故可不考虑表面粗糙度影响。对于船模与实船的速度,应符合傅汝德数相等条件下的速度关系,即 $v_s=v_m\alpha^{1/2}$。在应用比较定律时,实船与船模排水量之比可表示为

$$\frac{\Delta_s}{\Delta_m}=\frac{\rho_s}{\rho_m}\alpha^3$$

这里要注意实船与船模是否运动在相同密度的流体中,以确定密度值。

(2)三因次换算法。三因次换算方法的实质是将黏压阻力 R_{p_v} 与摩擦阻力 R_f 合并为黏性阻力 R_v 加以换算。这里就不详细介绍。

第四节　船舶摩擦阻力的计算

船体摩擦阻力的计算因其曲面的复杂性,至今尚难精确求解。目前,摩擦阻力的计算以光滑平板摩擦阻力公式为基础,然后考虑船体的一些特殊条件而进行。

一、计算公式

1. 光滑平板摩擦阻力公式

根据流体力学的边界层理论,光滑平板的摩擦阻力 R_f 可用其摩擦阻力系数 C_f 来表示,即

$$C_f=\frac{R_f}{\frac{1}{2}\rho v^2 S} \tag{7-32}$$

这个公式除表示摩擦阻力 R_f 与流体的密度、运动速度 v 及平板湿面积 S 有关外,还与摩擦阻力系数 C_f 有关,而 C_f 是雷诺数 Re 的函数。由于雷诺数 Re 的不同,会出现三种流态,即层流、过渡流和紊流,也就是对于不同的流态,摩擦阻力系数 C_f 是不同的。由于船舶尺度比较大,航速也比较高,故其雷诺数 Re 较大,因此船舶一般均处在紊流流动状态中运动,所以,经常用到的是光滑平板在紊流中的摩擦阻力公式。在公式中,摩擦阻力系数 C_f 可用下面两式计算(还有其他公式):

(1)普兰特—许立汀公式

$$C_f = \frac{0.455}{(\lg Re)^{2.58}} \tag{7-33}$$

(2)1957 年国际船模试验池会议建立的实船—船模换算公式(简称 ITTC 公式)

$$C_f = \frac{0.075}{(\lg Re - 2)^2} \tag{7-34}$$

应该指出式(7-34)并不完全是紊流光滑平板摩擦阻力系数公式,它专用于实船和船模的阻力换算,我国现较多用此公式。而式(7-33)过去经常使用。

2. 船体摩擦阻力计算公式

目前,船体摩擦阻力的计算通常采用傅汝德提出的"相当平板"的计算方法,即认为船体的摩擦阻力和一块"相当平板"的摩擦阻力相等。"相当平板"是指平板的长度等于船长,平板的湿面积等于船的湿面积,平板的运动速度等于船的运动速度,平板周围的流动状态与船的周围流动状态相同。这样,只要已知船的水线长 L_{WL}、船速 v 及湿面积 S,就可利用上述光滑平板的摩擦阻力公式算出船体的摩擦阻力。

二、船体表面弯曲度和船体表面粗糙度的影响

由于船体表面是三维曲面,其周围的流动情况与平板有着明显的不同,因而船体摩擦阻力与平板摩擦阻力亦有所差别。

1. 船体表面弯曲度对摩擦阻力的影响

当水流流经具有纵向弯曲的船体表面时,各处的流速是不同的。总的说来,船体表面的大部分与水流的相对速度较船速 v 大,而仅首尾两端附近较 v 小,因此,水流的平均速度有所增加。但平板各处与水流的相对速度都等于其绝对前进速度,既然纵向弯曲表面的水流之平均相对速度较平板情况为大,其平均边界层厚度必然较薄,这将导致速度梯度和摩擦阻力增大。

船体横向弯曲的影响与纵向弯曲情况相同。实际测量结果指出,具有横向弯曲处其边界层厚度较相当平板薄,在曲度较大的舭部尤为显著,所以阻力也相应增大。此外,有时船首处的边界层流至舭部处,往往会分成纵向和横向流动,其结果使舭部所受的局部摩擦阻力增大。

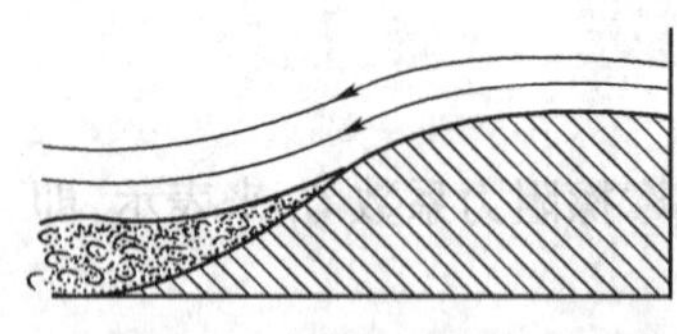

图 7-10　漩涡区对外部流线的影响

船体表面弯曲度的另一个影响方面是由于弯曲表面易发生边界层分离以致产生漩涡,如图 7-10 所示。漩涡区的出现不但改变了外部流线,且漩涡区的水流速度较低,该处的摩擦阻力随之减小。

由此可见,船体弯曲表面的影响相当复杂,由于船体弯曲表面影响使其摩擦阻力与相当平板计算所得结果的差别称为形状效应。研究表明,船体表面弯曲度对摩擦阻力影响较小,一般不作修正。

2. 船体表面粗糙度对摩擦阻力的影响

由于船体表面并不光滑,它具有一定的粗糙度,如实船壳上的焊缝、局部凹凸、锈蚀点及海洋生物附着等均属于此,因此船体的表面粗糙度将使其摩擦阻力较"相当平板"有较大的增加。

大量的实船试验表明,由于船体表面粗糙度引起的摩擦阻力的增量,在紊流状态下可以认为和雷诺数无关。因此,通常的做法是把因表面粗糙度而引起的摩擦阻力系数的增量 ΔC_f 当

作一个不随雷诺数 R_e 而变的常量(即对同一条船舶而言不随航速而变),称为"表面粗糙度补贴"。这样,在实际计算中,总的摩擦阻力系数可取光滑平板摩擦阻力系数 C_f 再加上表面粗糙度补贴 ΔC_f。我国目前取其值为 $\Delta C_f = 0.4 \times 10^{-3}$(对于一般船舶)。

根据上述船体表面粗糙度对摩擦阻力影响的分析,得出了考虑表面粗糙度影响的船体摩擦阻力 R_f 的计算公式为

$$R_f = (C_f + \Delta C_f) \cdot \frac{1}{2}\rho v^2 S \tag{7-35}$$

式中:v——船舶航速,m/s;

ρ——水密度,kg/m³;

S——船体湿面积,m²;

C_f——摩擦阻力系数,可由式(7-33)或式(7-34)求得;

ΔC_f——粗糙度补贴,取值为 0.4×10^{-3}。

三、摩擦阻力的计算步骤

根据"相当平板"的简化计算方法,并利用公式(7-35)计算船体摩擦阻力的步骤如下:

(1)计算船体湿面积。计算船体湿面积通常有下面两种方法:

①根据船体外板展开图,应用近似积分方法进行计算。所得湿面积较为精确,但此法较烦琐。

②根据不同的船型,应采用不同的经验公式来计算湿面积。其中应用较广的有如下几种:

我国长江船型的湿面积公式为

$$S = L_{WL}(1.8d + C_B \cdot B)$$

交通部对于江船系列给出的湿面积公式为

$$S = \frac{59L_{WL}}{64 - \frac{B}{d}}(1.8d + C_B \cdot B)$$

式中:L_{WL}——水线长,m;

B、d——船宽和吃水,m;

C_B——方形系数。

对于巡洋舰尾的海船,公式为

$$S = L_{WL}[1.97d + 1.37(C_B - 0.274)B]$$

若不是巡洋舰尾的海船,则上式 d 之前的系数为 2,其他均相同。

(2)计算雷诺数 Re。计算雷诺数 $Re = \frac{vL_{WL}}{\nu}$时,L_{WL} 为水线长,m;v 为船速,m/s;ν 是水的运动黏性系数,如无特殊注明,对于实船取标准水温 $t = 15$℃时的值。

(3)根据光滑平板摩擦阻力公式算出摩擦阻力系数 C_f。

(4)决定表面粗糙度补贴 ΔC_f 的数值,目前我国一般取 $\Delta C_f = 0.0004$。

(5)根据式(7-35)算出船体的摩擦阻力 R_f。

例 7-1 某海船水线长 $L_{WL}=130\text{m}$,船宽 $B=18\text{m}$,吃水 $d=6.5\text{m}$,航速 $v=12\text{kn}$,方形系数 $C_B=0.56$,求船在该航速下的摩擦阻力。

解: (1)计算船的湿面积 S

$$\begin{aligned}S&=L_{WL}[2d+1.37(C_B-0.274)B]\\&=130\times[2\times6.5+1.37(0.56-0.274)\times18]\\&=2607(\text{m}^2)\end{aligned}$$

(2)计算雷诺数 Re

选取标准温度 $t=15℃$,在该温度下的海水运动黏性系数 $\nu=1.18831\times10^{-6}(\text{m}^2/\text{s})$,航速 $v=0.515\times12=6.18(\text{m/s})$。

$$Re=\frac{vL_{WL}}{\nu}=\frac{6.18\times130}{1.18831\times10^{-6}}=676.09\times10^8\approx7\times10^8$$

(3)求摩擦阻力系数 C_f

$$C_f=\frac{0.075}{(\lg Re-2)^2}=\frac{0.075}{(8+\lg7-2)^2}=1.6007\times10^{-3}$$

(4)取标准表面粗糙度补贴

$$\Delta C_f=0.4\times10^{-3}$$

(5)计算船的摩擦阻力

$$\begin{aligned}R_f&=(C_f+\Delta C_f)\frac{1}{2}\rho v^2S\\&=(1.6007\times10^{-3}+0.4\times10^{-3})\times\frac{1}{2}\times1025\times6.18^2\times2607\\&=102092(\text{N})\end{aligned}$$

思考与练习 SIKAO YU LIANXI

一、简答题

1. 船舶阻力是如何分类的,其形成的原因是什么?
2. 简述附加阻力和污底对船舶阻力的影响。
3. 简述阻力曲线与有效功率曲线的关系。
4. 阐述船体表面弯曲度和表面粗糙度对阻力的影响。

二、单项选择题

1. 船体总阻力包含________。

A. 兴波阻力、摩擦阻力　　B. 摩擦阻力、黏压阻力

C. 兴波阻力、黏压阻力　　D. 兴波阻力、摩擦阻力和黏压阻力

2. 附体阻力的大小与附体的________有关。

A. 位置　　B. 大小　　C. 数量和形状　　D. A + B + C

3. 雷诺定律说明,当船模与实船几何相似且雷诺数相等时,两者的________系数必相等。

A. 兴波阻力　　B. 摩擦阻力　　C. 总阻力　　D. 剩余阻力

4. 实际船模试验,是在保持________的情况下组织试验的。

A. 雷诺数相等　　B. 傅汝德数相等　　C. A + D　　D. 几何相似 + B

三、计算题

1. 某船安装有轴功率为1618kW的主机,航速为28km/h,试按海军系数法估算:

(1)排水量不变而航速达到30km/h时,主机功率应增加多少?

(2)航速不变,排水量增加20%,主机功率应增加多少?

2. 某长江双桨客货船主要要素为 $L_{WL} \times L_{pp} \times B \times d = 108 \times 105 \times 16.4 \times 3.6\text{m}$, $C_B = 0.594$, $C_M = 0.97$, $\Delta = 3680\text{t}$, $C_{Wp} = 0.785$, $x_B = -2.5\% L_{pp}$(中后),试计算速度范围为13、14、15、16、17、18kn时的有效功率(用艾亚法),并绘制有效功率曲线。

3. 设某船长 $L = 80\text{m}$,航速 $v = 25\text{km/h}$ 时,缩尺比 $\alpha = 20$,如果要在试验池中实现雷诺数相等,试问要求的船模速度为多少?在试验池中能否做到这一点?

4. 某海船模型长5m,湿面积为 10m^2,缩尺比 $\alpha = 25$,水温 $t = 20℃$。在速度1.5m/s时,测得模型总阻力为39.24N。试求实船在水温为15℃时的阻力。

5. 某长江双桨客货船 $L_{WL} = 108\text{m}$, $\Delta = 3680\text{t}$,湿面积 $S = 1780\text{m}^2$,航速为16kn。用缩尺比 $\alpha = 40$ 的船模进行试验,测得船模总阻力为5.83N,试验时水温为25℃。求水温为15℃时实船的阻力。

6. 某长江双桨客货船主要要素为:$L_{WL} \times B \times d = 108 \times 16.4 \times 3.6\text{m}$, $C_B = 0.546$,湿面积 $S = 1780\text{m}^2$,航速为28km/h。试计算水温为15℃时船体的摩擦阻力。

7. 已知某海船的要素为:$L_{WL} \times B \times d = 90 \times 13.4 \times 5.5\text{m}$, $C_B = 0.68$,航速14kn。若水温为15℃,取粗糙度补贴 $\Delta C_f = 0.4 \times 10^{-3}$,湿面积公式 $S = (1.7d + C_B B) L_{WL}$。试应用ITTC公式计算该船的摩擦阻力。

第八章 船舶推进

●学习目标

知识目标

1. 掌握螺旋桨的几何特征；
2. 掌握螺旋桨的工作原理；
3. 掌握螺旋桨的工作特性；
4. 掌握螺旋桨与船体相互影响及空泡现象；
5. 掌握螺旋桨的图谱设计方法。

能力目标

1. 具备用机翼原理解释螺旋桨的工作原理的能力；
2. 初步具备用B型螺旋桨图谱进行B型螺旋桨的设计计算的能力；
3. 具备利用螺旋桨的工作特性曲线解释螺旋桨的工作特性的能力。

第一节 概 述

船舶快速性是船舶的重要性能之一。所谓快速性，是指船舶在主机额定功率下，以一定速度航行的能力。船舶快速性包括阻力和推进两部分，船舶设计时应从以下四个方面来考虑快速性的问题：

(1)选择的优良线型，使船舶航行时所遭受的阻力较小；

(2)选择性能优良的推进器，使推进效率较高；

(3)选取合适的主机，使推力较大；

(4)推进器与船体和主机之间相互匹配，协调一致。因此，快速性良好的船舶除应具有优秀的船型以外，还必须具有最佳的推进性能。由此可见，研究船舶的推进问题对于改善快速性具有重大的作用。

船在水面或水中航行时遭受阻力，为了使船舶能保持一定的速度向前航行，必须供给船舶一定的推力，以克服其所受的阻力。作用在船上的推力是依靠专门的装置或机构通过吸收主机发出的能量并把它转换成推力而得到，这种专门吸收与转换能量的装置或机构统称为推进器。推进器种类很多，例如风帆、明轮、直叶推进器、喷水推进器及螺旋桨等。螺旋桨构造简单、造价低廉、使用方便、效率较高，是目前应用最广的推进器(见表8-1)。根据不同船舶工作条件的要求，在普通螺旋桨的基础上，也发展起来一些具有特殊功能的特种螺旋桨，如导管螺旋桨、可调螺距螺旋桨、对转螺旋桨、串列螺旋桨。

本章将仅限于讨论螺旋桨，并主要讨论普通螺旋桨工作原理、工作特性及螺旋桨的设计等问题。

几种推进器的效率和重量　　表 8-1

推进器类型	推进器效率	轴系传送效率	推进系数	推进器质量/(kg/hp)
螺旋桨	0.60 ~ 0.75	0.95 ~ 0.98	0.50 ~ 0.70	0.5 ~ 2.0
明轮	0.40 ~ 0.60	0.70 ~ 0.85	0.30 ~ 0.50	15 ~ 30
直叶推进器	0.55 ~ 0.70	0.85 ~ 0.95	0.45 ~ 0.60	4 ~ 8
喷水推进器	0.55 ~ 0.60	0.90 ~ 0.95	0.50 ~ 0.55	—

第二节　螺旋桨几何特征

一、螺旋桨的组成及名称

螺旋桨俗称车叶，通常由桨叶和桨毂组成（图 8-1）。螺旋桨与尾轴连接部分叫桨毂，桨毂是一个锥形体。为了减小水阻力，在桨毂后端加一整流罩，与桨毂形成一光顺流线形体，称为毂帽。

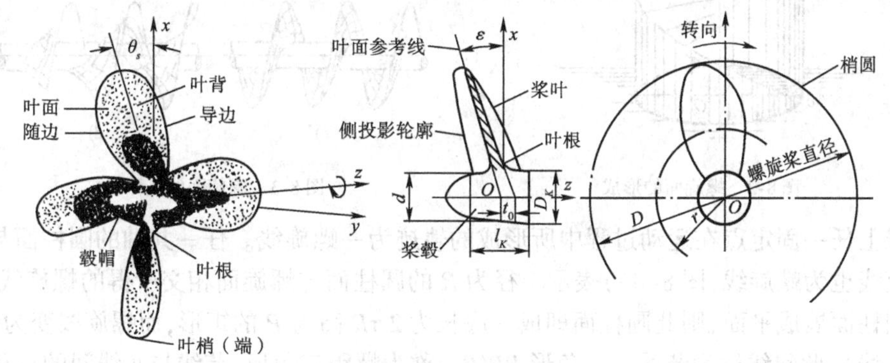

图 8-1　螺旋桨各部分名称

螺旋桨在水中产生推力的部分叫桨叶，桨叶固定在桨毂上。普通螺旋桨常为 3 叶或 4 叶，2 叶螺旋桨仅用于机帆船或小艇上，近来有些船舶（如大吨位大功率的油船），为避免振动而采用 5 叶或 5 叶以上的螺旋桨。

由船尾向前看时所见到的螺旋桨桨叶的一面称为叶面，另一面称为叶背。桨叶与毂连接处称为叶根，桨叶的外端称为叶梢。螺旋桨正车旋转时先入水的一边称为导边，另一边称为随边。螺旋桨旋转时叶梢的圆形轨迹称为梢圆。梢圆的直径称为螺旋桨直径，以 D 表示。梢圆的面积称为螺旋桨的盘面积，以 A_0 表示

$$A_0 = \frac{\pi D^2}{4} \tag{8-1}$$

由船后向前看去，螺旋桨正车旋转为顺时针者称为右旋桨，反之，则为左旋桨。装于船尾两侧之螺旋桨，左桨左旋，右桨右旋称为外旋桨，左桨右旋，右桨左旋称为内旋桨。

二、螺旋面、螺旋线、螺旋桨的几何特征

1. 螺旋面及螺旋线

桨叶的叶面通常是螺旋面的一部分。为了清楚地了解螺旋桨的几何特征，有必要讨论一

下螺旋面的形成及其特点。

设线段 ab 与轴线 OO_1 成固定角度，并使 ab 以等角速度绕轴 OO_1 旋转的同时以等线速度沿 OO_1 向上移动，则 ab 在空间所描绘的曲面即为等螺距螺旋面，如图 8-2 所示。线段 ab 称为母线，母线绕行一周在轴向前进的距离称为螺距，以 P 表示。

根据母线的形状及与轴线间夹角的变化可以得到不同形式的螺旋面。若母线为一直线且垂直于轴线，则所形成的螺旋面为正螺旋面如图 8-3a）所示。若母线为一直线但不垂直于轴线，则形成斜螺旋面，如图 8-3b）所示。当母线为曲线时，则形成扭曲的螺旋面，如图 8-3c）、图 8-3d）所示。

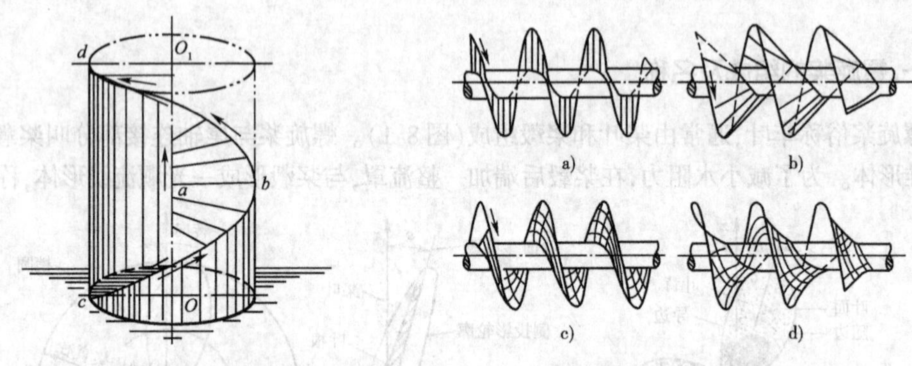

图 8-2 螺旋面的形成

图 8-3 螺旋面的几种形式

母线上任一固定点在运动过程中所形成的轨迹为一螺旋线。任一共轴的圆柱面与螺旋面相交的交线也为螺旋线，图 8-4a）表示半径为 R 的圆柱面与螺旋面相交所得的螺旋线 BB_1B_2。如将此圆柱面展成平面，则此圆柱面即成一底长为 $2\pi R$ 高为 P 的矩形，而螺旋线变为斜线（矩形的对角线），此斜线称为节线。三角形 $BB'B'_2$ 称为螺距三角形，节线与底线间的夹角 φ 称为螺距角，如图 8-4b）所示。由图可知，螺距角可由下式来确定：

$$\tan\varphi = \frac{P}{2\pi R} \tag{8-2}$$

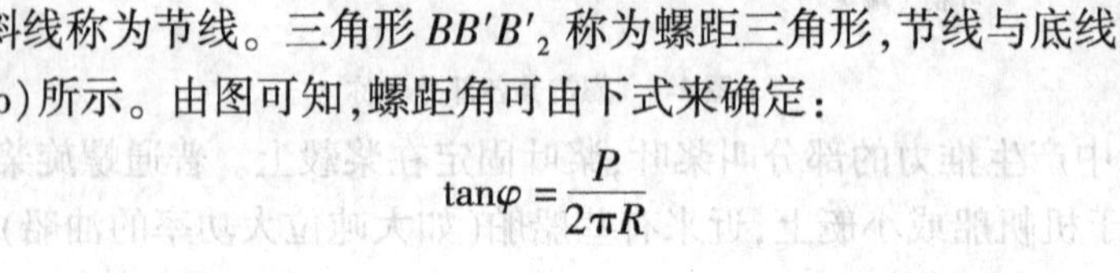

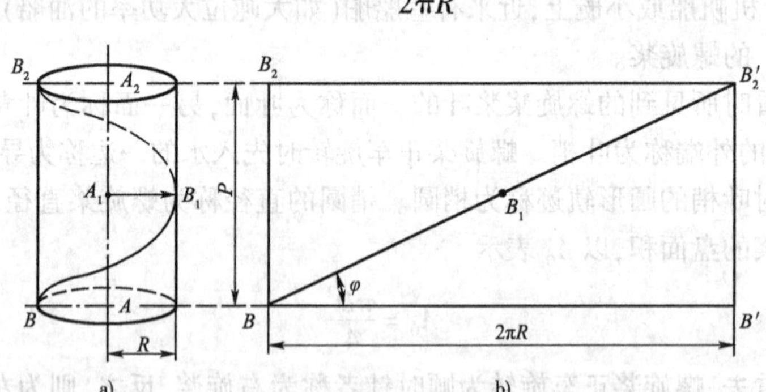

图 8-4 螺旋线及螺距三角形

2. 螺旋桨的面螺距

螺旋桨桨叶的叶面是螺旋面的一部分，见图 8-5a），故任何与螺旋桨共轴的圆柱面与叶面的交线为螺旋线的一段，如图 8-5b）中的 B_0C_0 段。若将螺旋线段 B_0C_0 引长且环绕轴线一周，则其两端之轴向距离等于此螺旋线的螺距 P。若螺旋桨的叶面为等螺距螺旋面之一部分，则

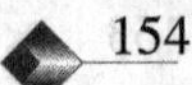

P 即称为螺旋桨的面螺距。面螺距 P 与直径 D 之比 P/D 称为螺距比。将圆柱面展成平面后即得螺距三角形，如图 8-5c）所示。

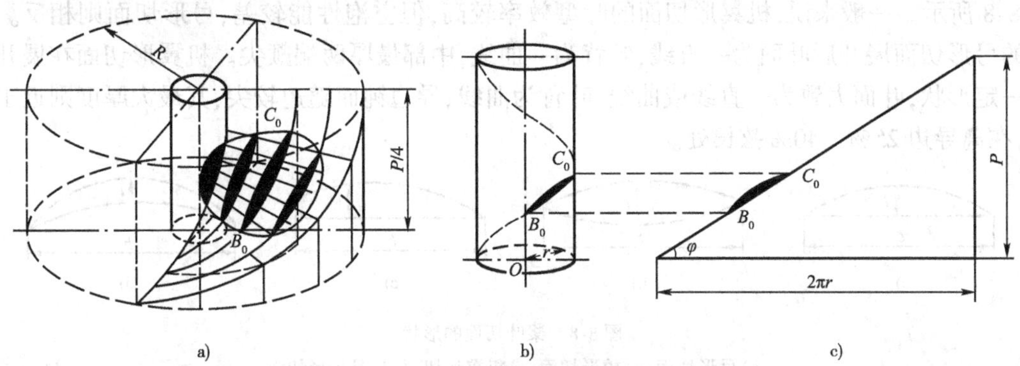

图 8-5　螺旋桨的面螺距

设上述圆柱面的半径为 r，则展开后螺距三角形的底边长为 $2\pi r$，节线与底线之间的夹角 φ 为半径 r 处的螺距角，并可根据下式来确定：

$$\tan\varphi = \frac{P}{2\pi r} \tag{8-3}$$

螺旋桨某半径 r 处螺距角 φ 的大小，表示桨叶叶面在该处的倾斜程度。不同半径处的螺距角是不等的，r 越小则螺距角 φ 越大。图 8-6a）表示三个不同半径的共轴圆柱面与等螺距螺旋桨桨叶相交的情形，其展开后的螺距三角形如图 8-6b）所示。显然，$r_1 < r_2 < r_3$，而 $\varphi_1 > \varphi_2 > \varphi_3$。

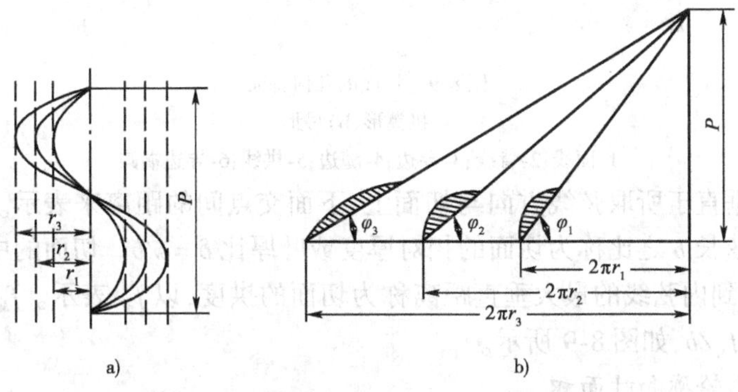

图 8-6　等螺距螺旋桨桨叶不同半径处的螺距角

若螺旋桨叶面各半径处的面螺距不等，则称为变螺距螺旋桨，其不同半径处螺旋线的展开如图 8-7 所示。对此类螺旋桨常取半径为 0.7R 或 0.75R（R 为螺旋桨梢圆半径）处的面螺距代表螺旋桨的螺距，为注明其计量方法，在简写时可写作 $P_{0.7R}$ 或 $P_{0.75R}$。

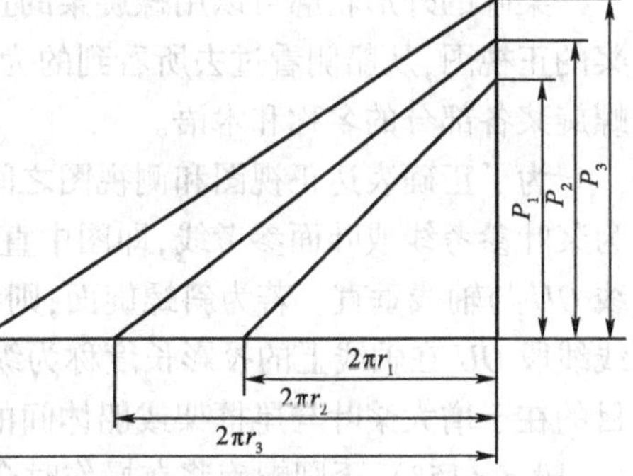

图 8-7　变螺距螺旋桨桨叶不同半径处的螺距及螺距角

3. 桨叶切面

与螺旋桨共轴的圆柱面和桨叶相截所得的截面称为桨叶的切面，简称叶切面或叶剖面。如图 8-5b）所示。将圆柱面展为平面后则得如图 8-5c）所示的叶切面形状，其形状与机翼切面相仿。所以表征机

翼切面几何特性的方法,可以用于桨叶切面。

桨叶切面的形状通常为弓形切面或机翼形切面,特殊的也有棱形切面和月牙形切面,如图 8-8 所示。一般来说,机翼形切面的叶型效率较高,但空泡性能较差,弓形切面则相反。普通的弓形切面展开后叶面为一直线,叶背为一曲线,中部最厚两端颇尖。机翼形切面在展开后无一定形状,叶面大致为一直线或曲线,叶背为曲线,导边钝而随边较尖,其最大厚度则近于导边,在离导边 25% ~40% 弦长处。

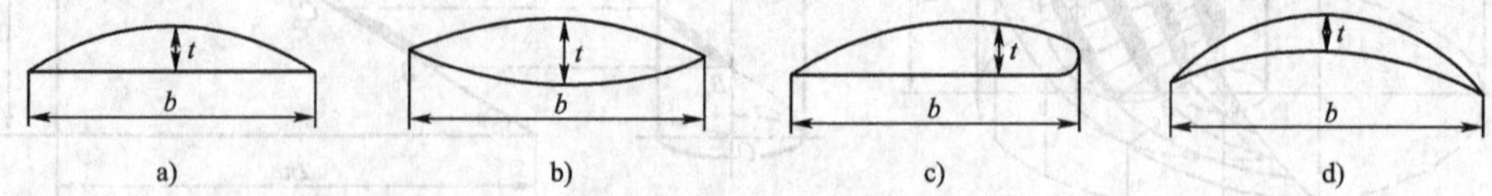

图 8-8 桨叶切面的形状

a)弓形切面;b)棱形切面;c)机翼形切面;d)月牙形切面

切面的弦长一般有内弦和外弦之分。连接切面导边与随边的直线 AB 称内弦(图 8-9),图中所示线段 BC 称为外弦。对于系列图谱螺旋桨来说,通常称外弦为弦线,而对于理论设计的螺旋桨来说,则常以内弦为弦线,弦长及螺距也根据所取弦线来定义。图 8-9 中所示的弦长 b 为系列螺旋桨的表示方法。

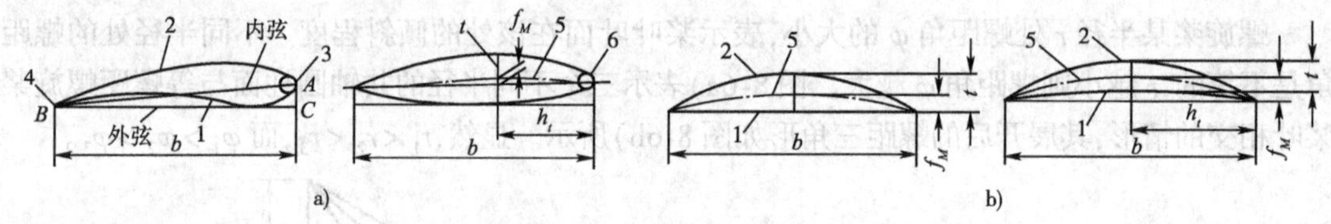

图 8-9 切面的几何特征

a)机翼形;b)弓形

1-面线;2-背线;3-导边;4-随边;5-拱线;6-导边端圆

切面厚度以垂直于所取弦线方向与切面上、下面交点间的距离来表示。其最大厚度 t 称为叶厚,t 与切面弦长 b 之比称为切面的相对厚度或叶厚比 $\delta = t/b$。切面的中线或平均线称为拱线或中线,拱线到内弦线的最大垂直距离称为切面的拱度,以 f_M 表示。f_M 与弦长 b 之比称切面的拱度比 $f = f_M/b$,如图 8-9 所示。

4.桨叶的外形轮廓和叶面积

桨叶的外形轮廓可以用螺旋桨的正视图和侧视图来表示。从船后向船首所看到的为螺旋桨的正视图,从船侧看过去所看到的为侧视图。图 8-10 所示为一普通螺旋桨图,图上注明了螺旋桨各部分的名称和术语。

为了正确表达正视图和侧视图之间的关系,取叶面中间的一根母线作为作图的参考线,称为桨叶参考线或叶面参考线,即图中直线 OU。若螺旋桨叶面是正螺旋面,则在侧视图上参考线 OU 与轴线垂直。若为斜螺旋面,则参考线与轴线的垂线成某一夹角 ε,称为纵斜角。参考线线段 OU 在轴线上的投影长度称为纵斜,用 Z_R 表示。纵斜螺旋桨一般都是向后倾斜的,其目的在于增大桨叶与尾框架或船体间的间隙,以减小螺旋桨诱导的船体振动,但纵斜不宜过大(一般 $\varepsilon < 15°$),否则螺旋桨在操作时会因离心力而增加叶根处的弯曲应力,对桨叶强度不利。

桨叶在垂直于桨轴的平面上的投影称为正投影,其外形轮廓称为投射轮廓。螺旋桨所有

桨叶投射轮廓包含面积之总和称为螺旋桨投射面积，以 A_P 表示。投射面积 A_P 与盘面积 A_0 之比称为投射面比，即

$$投射面比 = A_P/A_0$$

投射轮廓对称于参考线的称为对称叶形。若其外形与参考线不相对称，则为不对称叶形。不对称桨叶的叶梢与参考线间的距离 X_S 称为侧斜，相应的角度为侧斜角。由于桨叶的侧斜方向一般与螺旋桨的转向相反，所以合理选择桨叶的侧斜可明显减缓螺旋桨诱导的船体振动。

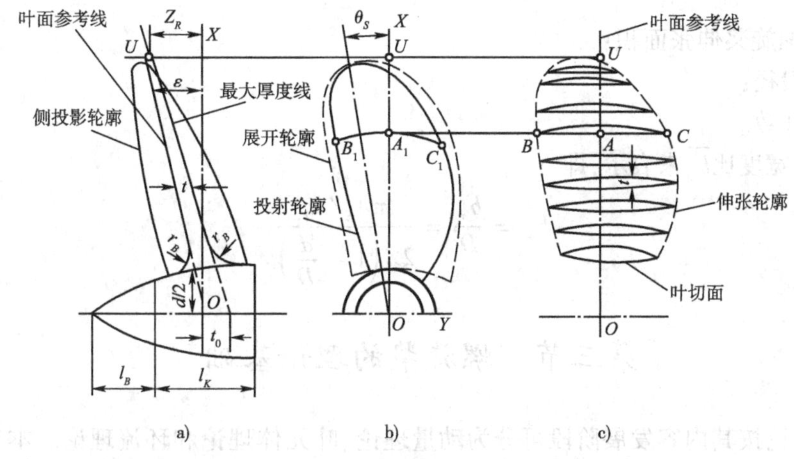

图 8-10　桨叶的外形轮廓

桨叶在平行于包含轴线和辐射参考线的平面上的投影称为侧投影。图上除画出桨叶外形轮廓及参考线 OU 的位置外，还需作出最大厚度线。最大厚度线与参考线 OU 之间的轴向距离 t 表示该半径处叶切面的最大厚度。它仅表示不同半径处切面最大厚度沿径向的分布情况，并不表示最大厚度沿切面弦向的位置。与桨毂相连处的切面最大厚度称为叶根厚度（除去两边填角料）。辐射参考线与最大厚度线的延长线在轴线上交点的距离 t_0 与直径 D 的比值 t_0/D 称为叶厚分数。工艺上往往将叶梢处的桨叶厚度做薄呈圆弧状，为了求得叶梢厚度，需将桨叶最大厚度线延长至梢径，如图 8-10a）所示。

螺旋桨桨毂的形状一般为圆锥体，在侧投影上可以看到其各处的直径并不相等。通常所说的桨毂直径（简称毂径）是指辐射参考线与桨毂表面相交处（略去叶根处的填角料）至轴线距离的两倍，并以 d 来表示，如图 8-10a）所示。毂径 d 与螺旋桨直径 D 的比值 d/D 称为毂径比。

将各半径处共轴圆柱面与桨叶相截的各切面展成平面后，以其弦长置于相应半径的水平线上，并将光顺连接端点所得的轮廓称为伸张轮廓，如图 8-10c）所示。螺旋桨各叶伸张轮廓所包含的面积之和称为伸张面积，以 A_E 表示。伸张面积 A_E 与盘面积 A_0 之比称为伸张面比，即

$$伸张面比 = A_E/A_0$$

将桨叶叶面近似展放在平面上所得的轮廓称为展开轮廓，如图 8-10b）虚线所示。各桨叶展开轮廓所包含面积之和称为展开面积，以 A_D 表示。展开面积 A_D 与盘面积 A_0 之比称为展开面比，即

$$展开面比 = A_D/A_0$$

螺旋桨桨叶的展开面积和伸张面积极为接近,故均可称为叶面积,而伸张面比和展开面比均可称为盘面比或叶面比。盘面比的大小实质上表示桨叶的宽窄程度,在相同的叶数下,盘面比越大,桨叶越宽。

此外,还可用桨叶的平均宽度 b_m 来表示桨叶的宽窄程度,其值按下式求取

$$b_m = \frac{A_E}{Z\left(R - \frac{d}{2}\right)} \tag{8-4}$$

式中:A_E——螺旋桨伸张面积;

d——毂径;

Z——叶数。

或用平均宽度比$\overline{b_m}$来表示,即

$$\overline{b_m} = \frac{b_m}{D} = \frac{\pi A_E/A_0}{2Z\left(1 - \frac{d}{D}\right)} \tag{8-5}$$

第三节 螺旋桨的理论基础*

螺旋桨理论按其内容发展阶段可分为动量理论、叶元体理论和环流理论。本节主要介绍动量理论。

推进器的动量理论早在19世纪末已确立,该理论认为螺旋桨的推力是因其使水产生动量变化所导致的,所以可通过水的动量变更率来计算推力。由于忽略的因素过多,所得到的结果与实际情况有一定的差距,不能用作计算或设计的依据。但是,由于推进器的动量理论还能简略地说明推进器产生推力的原因,而且某些结论也有一定的实际意义,故在本章中作必要的介绍。

在介绍之前,有必要先简要地分析一下螺旋桨在水中运转的情况。我们通常把由于螺旋桨运转使水流产生的运动速度称为诱导速度。为了便于分析研究问题,可以把诱导速度分解为两个分量:一个是平行于桨轴方向,另一个是垂直于轴平面内的圆周方向。沿轴线方向的诱导速度分量称为轴向诱导速度,其方向与螺旋桨轴向运动方向相反。沿圆周方向的诱导速度分量称为周向诱导速度,其方向与螺旋桨旋转方向相同。对于负荷(指螺旋桨承担的推力)较重的螺旋桨常可以发现螺旋桨尾流有较严重的收缩现象,这时水质点还存在径向诱导速度。

由于对诱导速度的处理有所不同,就产生了不同的螺旋桨理论,例如忽略了周向诱导速度的影响,应用动量定理可得到理想推进器理论,若同时考虑周向诱导速度并应用动量矩定理便可得到理想螺旋桨理论。下面就分别来讨论理想推进器理论和理想螺旋桨理论。

一、理想推进器理论

1. 理想推进器的工作概况

为了使问题简单起见,我们假定:

(1)推进器为一轴向尺度趋于零,水可自由通过的盘,该盘可以拨水向后,称为鼓动盘(具有吸收外来功率并推水向后的功能);

(2)水流速度和压力在盘面上均匀分布；

(3)水为不可压缩的理想流体。

根据这些假定而得到的推进器理论,称为理想推进器理论。

设推进器在无限静止流体中以速度 V_A 前进,应用运动转换原理,即认为推进器是固定的,而水流自无穷远前方以速度 V_A 流向推进器(鼓动盘)。图 8-11a)表示包围着推进器的流管。由于推进器的作用,在流管中水质点的速度与流管外不同,在流管以外的水流速度和压力处处相等,均为 V_A 和 p_0,故流管的边界 ABC 和 $A_1B_1C_1$ 是分界面。现在讨论流管内水流轴向速度和压力的分布情况。参阅图 8-11a),在推进器的远前方(AA_1 剖面)压力为 p_0、流速为 V_A。离盘面越近,由于推进器的抽吸作用,水流的速度越大而压力下降,到盘面(BB_1 剖面)的紧前方时,水流的速度为 $V_A+u_{a_1}$ 而压力降为 p_1。当水流经过盘面时,压力突增为 p'_1(这一压力突变是由于推进器的作用而产生),而水流速度仍保持连续变化。水流离开盘面以后,速度将继续增大而压力下降。到推进器的远后方(CC_1 剖面)处,速度将达到最大值 V_A+u_a 而压力回复至 p_0,图 8-11b)和图 8-11c)分别表示流管中水流速度和压力的分布情况。流管内水流轴向速度的增加使流管截面形成收缩,而流管内外的压力差由其边界面的曲度来支持。由于假定推进器在无限深广的流体中运动,故流管以外两端无限远处的压力和水流速度可视为不变。

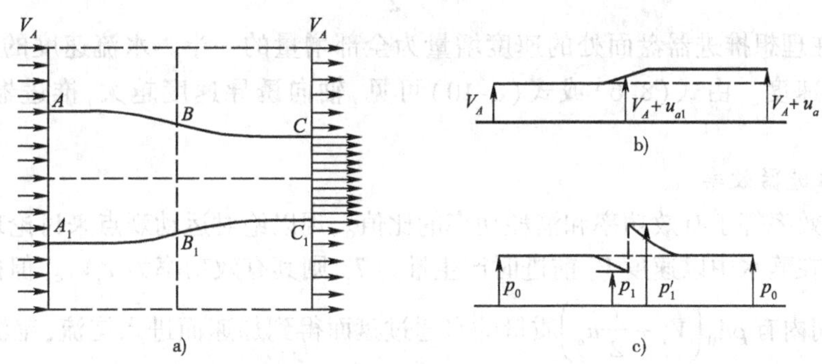

图 8-11　理想推进器的工作情况

根据以上的分析,便可以进一步决定推进器所产生的推力和水流速度之间的关系。

应用动量定理可以求出推进器的推力。单位时间内流过推进器盘面(面积为 A_0)的流体质量为 $m=\rho A_0(V_A+u_{a_1})$,自流管远前方 AA_1 断面流入的动量为 $\rho A_0(V_A+u_{a_1})V_A$,而在远后方 CC_1 断面处流出的动量为 $\rho A_0(V_A+u_{a_1})(V_A+u_a)$,故在单位时间内水流获得的动量增值为

$$\rho A_0(V_A+u_{a_1})(V_A+u_a)-\rho A_0(V_A+u_{a_1})V_A=\rho A_0(V_A+u_{a_1})u_a$$

根据动量定理,作用在流体上的力等于单位时间内流体动量的增量。而流体的反作用力即为推力,故推进器所产生的推力

$$T_i = mu_a = \rho A_0(A_A + u_{a_1})u_a \tag{8-6}$$

以上各式中,ρ 为流体的密度。

为了寻求盘面处速度增量 u_{a1} 与无限远后方速度增量 u_a 的关系,在推进器盘面前和盘面后分别应用伯努利方程。在盘面远前方和紧靠盘面处有下列关系式

$$p_0 + \frac{1}{2}\rho V_A^2 = p_1 + \frac{1}{2}\rho(V_A + u_{a_1})^2$$

故

$$p_1 = p_0 + \frac{1}{2}\rho V_A^2 - \frac{1}{2}\rho(V_A + u_{a_1})^2 \tag{8-7}$$

而在盘面远后方和紧靠盘面处有

$$p_0 + \frac{1}{2}\rho(V_A + u_a)^2 = p'_1 + \frac{1}{2}\rho(V_A + u_{a_1})^2$$

故

$$p'_1 = p_0 + \frac{1}{2}\rho(V_A + u_a)^2 - \frac{1}{2}\rho(V_A + u_{a_1})^2 \tag{8-8}$$

盘面前后的压力差 $p'_1 - p_1$ 就形成了推进器的推力，由式(8-7)及式(8-8)可得

$$p'_1 - p_1 = \rho\left(V_A + \frac{1}{2}u_a\right)u_a \tag{8-9}$$

因推进器的盘面积为 A_0，故推进器所产生的推力 T_i 的另一种表达形式为

$$T_i = (p'_1 - p_1)A_0 = \rho A_0\left(V_A + \frac{1}{2}u_a\right)u_a \tag{8-10}$$

比较式(8-6)及式(8-10)可得

$$u_{a_1} = \frac{1}{2}u_a \tag{8-11}$$

由上式可知，在理想推进器盘面处的速度增量为全部增量的一半。水流速度的增量 u_{a_1} 及 u_a 称为轴向诱导速度。由式(8-6)或式(8-10)可见，轴向诱导速度越大，推进器产生的推力也越大。

2. 理想推进器效率

推进器的效率等于有效功率和消耗功率的比值。现以绝对运动观点来讨论理想推进器的效率。推进器在静水中以速度 V_A 前进时产生推力 T_i，则其有效功率为 T_iV_A。但推进器在工作时，每单位时间内有 $\rho A_0\left(V_A + \frac{1}{2}u_a\right)$ 质量的水通过盘面得到加速而进入尾流，尾流中的能量随水消逝乃属损失，故单位时间内损失的能量(即单位时间内尾流所取得的能量)为

$$\frac{1}{2}\rho A_0\left(V_A + \frac{1}{2}u_a\right)u_a^2 = \frac{1}{2}T_iu_a$$

从而推进器消耗的功率为

$$T_iV_A + \frac{1}{2}T_iu_a = T_i\left(V_A + \frac{1}{2}u_a\right)$$

因此，理想推进器的效率为

$$\eta_{i_A} = \frac{T_iV_A}{T_i\left(V_A + \frac{1}{2}u_a\right)} = \frac{V_A}{V_A + \frac{1}{2}u_a} \tag{8-12}$$

由式(8-10)可见，推进器必须给水流以向后的诱导速度才能获得推力，故从式(8-12)可知，理想推进器的效率总是小于1。

理想推进器的效率还可用另外的形式来表达，根据式(8-10)解 u_a 的二次方程可得

$$u_a = -V_A + \sqrt{V_A^2 + \frac{2T_i}{\rho A_0}} \tag{8-13}$$

或写作

$$\frac{u_a}{V_A} = \sqrt{1 + \frac{T_i}{\frac{1}{2}\rho A_0 V_A^2}} - 1 = \sqrt{1 + \sigma_T} - 1 \tag{8-14}$$

式中：$\sigma_T = \dfrac{T_i}{\frac{1}{2}\rho A_0 V_A^2}$——推进器的载荷系数。

将式(8-14)代入式(8-12)可得效率的表达式为

$$\eta_{i_A} = \frac{2}{1 + \sqrt{1 + \sigma_T}} \tag{8-15}$$

由式(8-14)及式(8-15)可见，若已知推进器的载荷系数 σ_T，便可以确定诱导速度 u_a(或 u_{a_1})及效率 η_{i_A}。图 8-12 表示 η_{i_A}，$\dfrac{\frac{1}{2}u_a}{V_A}$与载荷系数 σ_T 之间的关系曲线。σ_T 越小则效率越高。在推力 T_i 和速度 V_A 一定的条件下，要取得小的载荷系数必须增大盘面积 A_0，对螺旋桨来说需增大直径 D，从而提高效率。这一结论具有重要的现实意义。

二、理想螺旋桨理论

1. 理想螺旋桨的工作情况

在理想推进器理论中，规定推进器具有吸收外来功率并产生轴向诱导速度的功能。然而，对于推进器是怎样吸收外来功率，又如何实现推水向后等问题，却未予说明。对于螺旋桨来说，它是利用旋转运动来吸收主机功率的。因而，实际螺旋桨在工作时，除产生轴向诱导速度外还产生周向诱导速度，其方向与螺旋桨旋转方向相同，两者合成作用表现为水流经过螺旋桨盘面后有扭转现象，如图 8-13 所示。

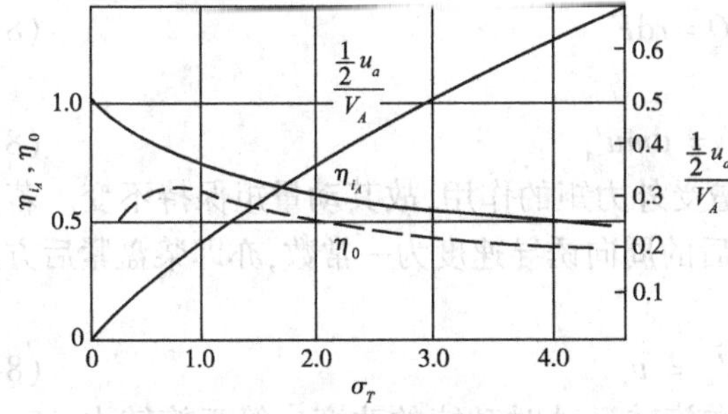

图 8-12　理想推进器的效率曲线

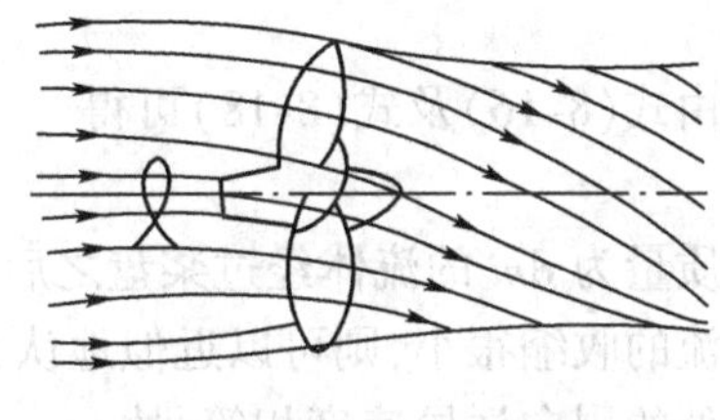

图 8-13　桨盘前后的水流情况

为了便于简要地分析周向诱导速度的存在对螺旋桨性能的影响，现讨论具有无限多桨叶的螺旋桨在理想流体中的运动情况，即同一半径处周向诱导速度为常量。

按动量矩定理，必须有对轴线之外力矩才能变更流体对此轴的动量矩。因为我们假定水是理想流体，故在流体中任何面上仅有垂直的力。在桨盘以前，水柱之任何两切面间所受的压力或通过轴线，或平行于轴线，对轴线皆无力矩，故动量矩保持不变，因而水质点不能产生周向的附加速度，即在盘面以前水流的周向诱导速度总是等于零。水流经过盘面时，因螺旋桨的转

动作用使水流获得周向诱导速度。水流过螺旋桨后直到远后方，作用在流体上的外力矩又等于零，所以流体的动量矩不变。若桨盘后尾流的收缩很小，则可近似认为从螺旋桨紧后方和远后方的周向诱导速度为一常数。

设螺旋桨在无限、静止流场中以速度 V_A 前进，以角速度 $\omega = 2\pi n$ 旋转。为了便于讨论，假定螺旋桨仍以 ω 旋转但不前进，而水流在远前方以轴向速度 V_A 流向推进器。

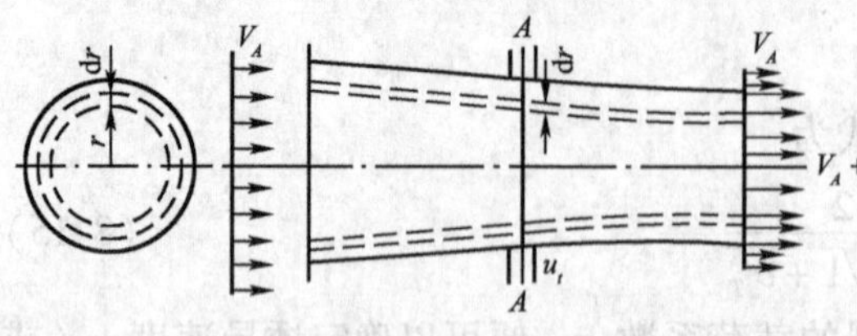

图 8-14　理想螺旋桨的工作情况

现分别以 u_{t_1} 和 u_t 表示桨盘处和远后方的周向诱导速度(其方向与螺旋桨旋转方向相同)，并对盘面上半径 r 处 dr 段圆环中所流过的水流应用动量矩定理。在图 8-14 中，设 dm 为单位时间内流过此圆环的流体质量，其值为

$$\mathrm{d}m = \rho \mathrm{d}A_0 \left(V_A + \frac{1}{2} u_a \right)$$

式中：$\mathrm{d}A_0$——桨盘上半径 r 至 $(r + \mathrm{d}r)$ 段的环形面积。

若 L' 和 L'' 分别表示质量为 dm 的流体在桨盘紧前方和紧后方的动量矩，则

$$L' = 0$$

$$L'' = \mathrm{d}mru'_t$$

式中：u'_t——螺旋桨紧后方的周向诱导速度。

在单位时间内动量矩的增量

$$L'' - L' = \mathrm{d}mru'_t \tag{8-16}$$

根据动量矩定理：流体在单位时间内流经流管两截面的动量矩增量等于作用在流管上的力矩。在我们所讨论的情形下，是指对螺旋桨轴线所取的力矩。即

$$L'' - L' = \mathrm{d}Q \tag{8-17}$$

设螺旋桨在旋转时 dr 圆环范围内作用于流体的旋转力为 $\mathrm{d}F_i$，则其旋转力矩为 $r\mathrm{d}F_i$，故作用在流体上的力矩应为

$$\mathrm{d}Q = r\mathrm{d}F_i \tag{8-18}$$

由式(8-16)及式(8-18)可得

$$\mathrm{d}F_i = \mathrm{d}mu'_t \tag{8-19}$$

质量为 dm 的流体经过桨盘之后，不再遭受外力矩的作用，故其动量矩保持不变。若桨盘后尾流的收缩很小，则可以近似地认为桨盘后的周向诱导速度为一常数，亦即桨盘紧后方及远后方处的周向诱导速度相等，故

$$u'_t = u_t \tag{8-20}$$

根据动能定理可知，质量为 dm 的流体在旋转运动时动能的改变应等于旋转力 $\mathrm{d}F_i$ 在单位时间内所做的功，即

$$\mathrm{d}F_i u_{t_1} = \mathrm{d}m \frac{u_t^2}{2}$$

式中：u_{t_1}——桨盘处的周向诱导速度。

将式(8-19)代入上式中，并经简化后可得

$$u_{t_1} = \frac{1}{2} u_t \tag{8-21}$$

上式表明,螺旋桨盘面处的周向诱导速度等于盘面后任一截面处(包括远后方)的周向诱导速度的一半。

dr 段圆环面积 dA_0,吸收的功率为 $\omega r dF_i$,它消耗于三部分:完成有效功 dT_iV_A,水流轴向运动所耗损的动能 $\frac{1}{2}dmu_a^2$;和水流周向运动所耗损的动能 $\frac{1}{2}dmu_t^2$。因此

$$\omega r dF_i = dT_iV_A + \frac{1}{2}dmu_a^2 + \frac{1}{2}dmu_t^2 \tag{8-22}$$

将 $dF_i = dmu_t$ 代入式(8-22)左边并消去两端 dm,整理后可得

$$\frac{u_a}{u_t} = \frac{\omega r - \frac{u_t}{2}}{V_A + \frac{u_a}{2}} \tag{8-23}$$

若将盘面处,远前方及远后方三项的水流速度(相对于半径 r 处的圆环)作成图 8-15 所示的速度多角形,则据式(8-23)可知,由矢量($V_A + u_{a_1}$)、($\omega r - u_{t_1}$)和 V_R 组成的直角三角形与 u_a、u_t 和 u_n 组成的直角三角形相似,从而得到一个非常重要的结论:诱导速度 u_n 垂直于合速 V_R。图中 V_0 和 V_∞ 分别表示远前方和远后方的合速。

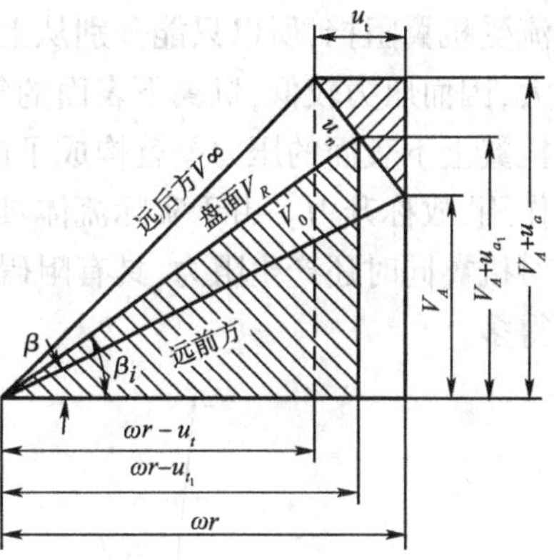

图 8-15 盘面 r 半径处的速度多角形

2. *理想螺旋桨的效率*

设 dT_i 为流体在环形面积 dA_0 上的推力,则单位时间内所做的有用功为 dT_iV_A,而吸收的功率为 $dF_i\omega r$,故半径 r 处 dr 段圆环的理想效率为

$$\eta_i = \frac{dT_iV_A}{dF_i\omega r} = \frac{dmu_aV_A}{dmu_t\omega r} = \frac{u_aV_A}{u_t\omega r} \tag{8-24}$$

将式(8-23)代入式(8-24)得到

$$\eta_i = \frac{V_A}{V_A + \frac{u_a}{2}} \cdot \frac{\omega r - \frac{u_t}{2}}{\omega r} = \eta_{i_A}\eta_{i_T} \tag{8-25}$$

式中:η_{i_A}——理想推进器效率,也可称为理想旋转桨的轴向诱导效率。

而

$$\eta_{i_T} = \frac{\omega r - \frac{u_t}{2}}{\omega r} \tag{8-26}$$

称为理想螺旋桨的周向诱导效率。

从式(8-25)可见,由于实际螺旋桨后的尾流旋转,故理想螺旋桨效率 η_i 总是小于理想推进器效率 η_{i_A}。这里尚需提醒的是:式(8-25)乃是半径 r 处 dr 段圆环的理想效率,只有在各半径处的 dr 圆环对应的 η_i 都相等时,该式所表示的才是整个理想螺旋桨的效率。

第四节　螺旋桨的工作原理

一、机翼原理

机翼是飞机产生升力的机构。如图 8-16 所示，机翼的长度称为翼展，用符号 l 表示，它的宽度称为翼弦，用符号 b 表示，翼展 l 与翼弦 b 之比，称为展弦比，即 $\lambda = l/b$。

将机翼模型放在风洞中进行试验，如图 8-17 所示。用伯努利方程，可解释机翼产生升力的原因。伯努利方程给出了一个流场里流速与压力之间的关系，即流速大的地方压力小，而流速小的地方则压力大。在研究机翼的运动中，常采用运动相对原理，即认为机翼不动，来流以速度 V 流向机翼，来流速度 V 与机翼弦线之夹角称为冲角（又称攻角）α_k，见图 8-17。由于来流受机翼阻挡，所以只能分别从上下绕过机翼。这时机翼上表面的气流速度比前方来流速度大，因而压力较低，机翼下表面的气流速度大致与翼前方的相等或略低，因而压力稍增。这样机翼上下表面的压力差就构成了向上的力。此力的方向垂直于来流方向，具有使机翼升起的作用，故称升力。由于实际流体具有黏性，故机翼在实际流体中运动时，除产生升力之外，来流对机翼同时还产生阻力，具有阻碍机翼运动的作用。通常一个优良的机翼升力总是比阻力大得多。

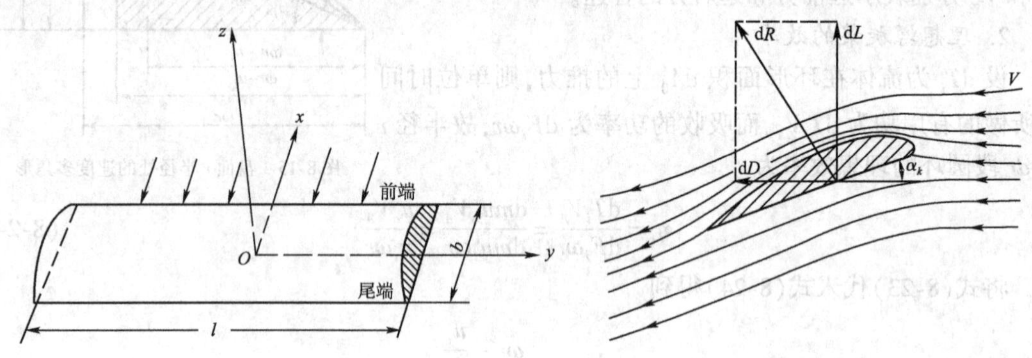

图 8-16　机翼的形状及几何要素

图 8-17 机翼的流体动力形成

通过大量的试验研究表明，升力与阻力的大小与机翼本身的几何要素有关。对一既定翼形，其升力和阻力主要随运动速度 V 与几何冲角 α_k 的大小而变化。如果变更机翼模型与气流运动方向的夹角，便可以测得各不同几何冲角时的升力和阻力。通常风洞试验的结果是以下面无因次系数来表示。

升力系数

$$C_L = \frac{L}{\frac{1}{2}\rho V^2 S} \tag{8-27}$$

阻力系数

$$C_D = \frac{D}{\frac{1}{2}\rho V^2 S} \tag{8-28}$$

式中：V——流体的速度(即机翼前进的速度)；

S——机翼平面面积；

L——机翼的升力；

D——机翼的阻力。

系数 C_L 和 C_D 的大小，与展弦比 λ 及切面形状有关，特别是与几何冲角的大小有关。对于一定几何形状的叶片，C_L 和 C_D 取决于几何冲角 α_k，图 8-18 是 C_L 和 C_D 随 α_k 变化的曲线。从图中可以看出：

(1)实验证明，在实用范围内，升力系数 C_L 是随几何冲角 α_k 增加而增加，两者几乎呈线性关系。当几何冲角达到某一临界值 α_B 之后，α_L 反而随 α_k 的增大而下降。这是由于流线与机翼表面产生了分裂现象，形成了一个充满漩涡的广阔尾流，如图 8-19 所示，因为机翼上面的压力升高，致使升力激剧下降，阻力突然上升，这一情况称为失速现象，α_B 称为临界冲角或失速角。

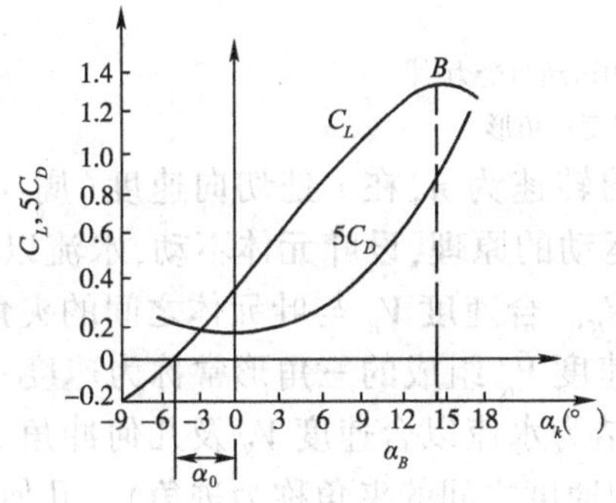

图 8-18　C_L、C_D 与 α_k 关系曲线

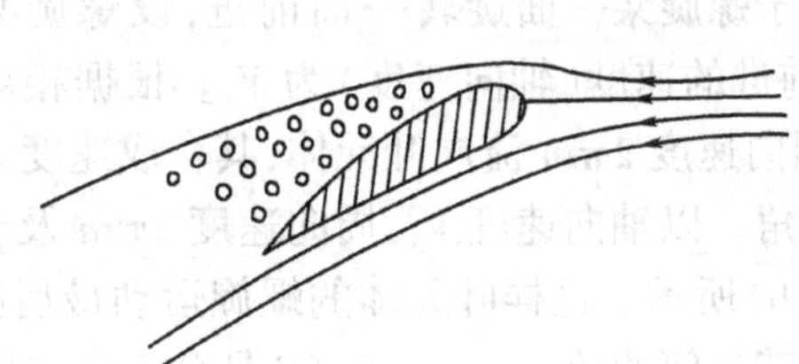

图 8-19　机翼表面流体分裂

(2)当几何冲角 α_k 为零时，升力系数 C_L 并不等于零。而是某一正值，这是因为机翼剖面不对称之故。如果在某冲角下机翼的升力恰好等于零，则此时来流速度 V 的方向线称为无升力线，如图 8-20 所示。其冲角 α_0 称为无升力角。有时以无升力线为参考方向，来流速度 V 的方向线与此线的夹角 α 称为流体动力冲角(或绝对冲角)，显然 $\alpha = \alpha_0 + \alpha_k$。

(3)阻力系数 C_D 也随几何冲角 α_k 而变，在零冲角前后变化比较平缓，但随 α_k 的增加而迅速增大，从图 8-18 可以看出，阻力系数要比升力系数小得多，但不管什么时候阻力都不等于零，但当 $\alpha_k = 0$ 时阻力最小。

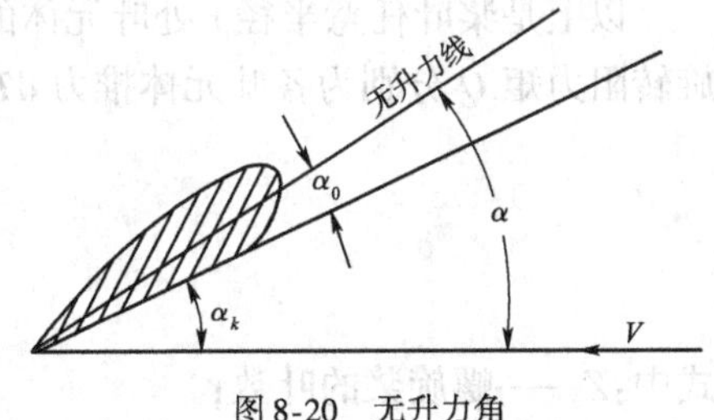

图 8-20　无升力角

二、敞水螺旋桨的水流运动分析

螺旋桨工作时，一面随主机驱动而旋转，一面随船舶前进而前进，这两种运动的组合即为螺旋运动。

为了分析螺旋桨的运动和受力情况，先对半径为 r，宽度为 dr 的一薄片(称为叶元体)，如图 8-21a)所示，进行分析，而整个螺旋桨所受的力正是各叶元体受力的总和。

如果将半径为 r 处的叶元体展平，则叶元体切面如图 8-21b）所示。其切面弦线与周向的倾斜角即为螺距角 φ。

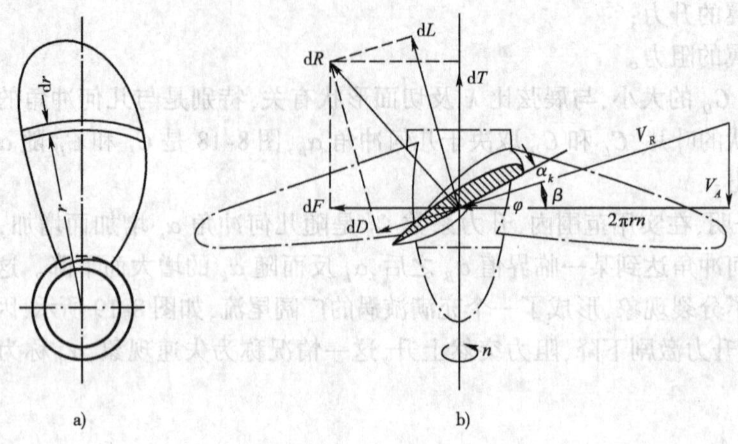

图 8-21　叶元体的运动与受力

a）叶元体；b）速度三角形

由于螺旋桨一面旋转一面前进，设螺旋桨的转速为 n，在 r 处切向速度（周向速度）为 $2\pi rn$，前进的速度（轴向速度）为 V_A。根据相对运动的原理，设叶元体不动，水流以轴向速度 V_A 和周向速度 $2\pi rn$ 流向叶元体，其合成速度为 V_R。合速度 V_R 与叶元体之间的夹角 α_k 称为几何冲角。以轴向速度 V_A，周向速度 $2\pi rn$ 及合速度 V_R 组成的三角形常称为速度三角形，如图 8-21b）所示。这样叶元体的螺旋运动最后归结为水流以合速度 V_R 及几何冲角 α_k 流向叶元体。其几何冲角 $\alpha_k=\varphi-\beta$，（β 是合速度与周向速度之间的夹角称为进角）。几何冲角的大小与螺距角和水流的进角有关。

经过以上分析，得知叶元体与水的相对运动和机翼与空气相对运动类似。因此，叶元体将受到一个升力 dL 和一个阻力 dD，dL 的方向与来流合速度 V_R 垂直，dD 就在 V_R 的方向上，二者的合力为 dR。合力 dR 在螺旋桨前进方向的投影为推力 dT，在周向的投影即为阻碍螺旋桨运动的阻力 dF，因而旋转阻力矩 d$Q=r$dF。

以上是桨叶任意半径 r 处叶元体的运动受力情况，整个螺旋桨所产生的推力 T 和遭受的旋转阻力矩 Q 分别为各叶元体推力 dT 和旋转阻力矩 dQ 的总和，即

$$T=Z\int_{r_0}^{R}\mathrm{d}T \tag{8-29}$$

$$Q=Z\int_{r_0}^{R}\mathrm{d}Q \tag{8-30}$$

式中：Z——螺旋桨的叶数；

r_0——桨毂半径；

R——螺旋桨半径。

螺旋桨工作时，发出的推力用以克服船的阻力，推船前进。遭受的阻力矩由主机发出的旋转力矩克服之。可见，当螺旋桨以转速 n 进行旋转时，必须吸收主机所供给的转矩 Q，才能克服阻力矩。螺旋桨吸收的功率为 $2\pi nQ$。螺旋桨在运动中产生推力为 T，且以进速 V_A 推船前进，其所发挥作用的功率为 TV_A。故螺旋桨的效率为

$$\eta_0 = \frac{推功率}{吸收功率} = \frac{TV_A}{2\pi nQ} \tag{8-31}$$

为了提高螺旋桨的效率,总是力求使螺旋桨所产生的推力增大,而使运动中所遭受的阻力矩减少,从而使主机供给的转矩 Q 减小。为此,首先要选择良好的叶元体形状。更为重要的是还要使桨叶在各半径处都能具有最适宜的几何冲角 α_k。这样,各桨叶切面就会产生较大的升力 dL 和较小的阻力 dD,从而使推力 dT 较大而旋转阻力 dQ 较小,这就有利于提高螺旋桨的效率。

由速度三角形可见,进角 β 的正切与所处的半径 r 成反比,这与螺距角 φ 有相同的特性。这就是说,采用螺旋面作为桨叶的叶面,可以使各半径处的螺距角 φ 与进角 β 相适应,以保证桨叶在各半径处都具有较适宜的几何冲角 α_k。

三、速度多角形及叶元体上的作用力*

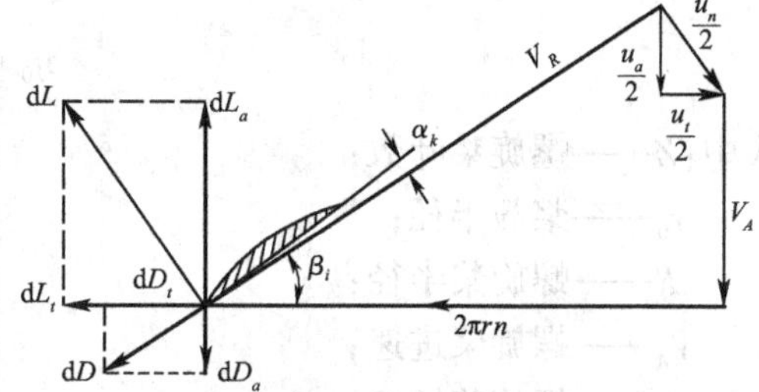

图 8-22 速度多角形及叶元体上的作用力

前面我们是应用速度三角形来求螺旋桨的作用力及效率,一般在给定螺旋桨的进速 V_A 和转速 n 时,如能求得诱导速度 u_A 及 u_t 时,还可以用速度多角形来求螺旋桨的作用力和效率。取半径 r 处 dr 段的叶元体进行讨论,其速度多角形如图 8-22 所示。当水流以合速度 V_R,冲角 α_k 流向叶元体时,便产生了升力 dL 和阻力 dD。将升力 dL 分解为沿螺旋桨轴向的分力 dL_a 和旋转方向的分力 dL_t,阻力 dD 相应地分解为 dD_a 和应 dD_t。因此该叶元体的推力、旋转力矩公式是

$$dT = dL_a - dD_a = dL\cos\beta_i - dD\sin\beta_i = dL\cos\beta_i(1 - \varepsilon\tan\beta_i) \tag{8-32}$$

$$dF = dL_t + dD_t = dL\sin\beta_i + dD\cos\beta_i = dL\sin\beta_i\left(1 + \frac{\varepsilon}{\tan\beta_i}\right) \tag{8-33}$$

$$dQ = rdF = rdL\sin\beta_i\left(1 + \frac{\varepsilon}{\tan\beta_i}\right) \tag{8-34}$$

式中:β_i——水动力进角或水动力螺距角;

ε——阻升比,$\varepsilon = \dfrac{dD}{dL}$。

叶元体的效率 η_{0r} 为

$$\eta_{0r} = \frac{V_A dT}{\omega r dF} = \frac{V_A dL(\cos\beta_i - \varepsilon\sin\beta_i)}{\omega r dL(\sin\beta_i + \varepsilon\cos\beta_i)} = \frac{V_A\cos\beta_i(1 - \varepsilon\tan\beta_i)}{\omega r\sin\beta_i\left(1 + \dfrac{\varepsilon}{\tan\beta_i}\right)}$$

$$= \frac{V_A}{V_A + \dfrac{u_a}{2}} \cdot \frac{\omega r - \dfrac{u_t}{2}}{\omega r} \cdot \frac{1 - \varepsilon\tan\beta_i}{1 + \dfrac{\varepsilon}{\tan\beta_i}} = \eta_{i_A} \cdot \eta_{i_T} \cdot \eta_\varepsilon \tag{8-35}$$

式中:η_{i_A}——理想螺旋桨的轴向诱导效率;

η_{i_T}——理想螺旋桨的周向诱导效率;

η_ε——叶元体的结构效率。

$\eta_\varepsilon = \dfrac{1-\varepsilon\tan\beta_i}{\dfrac{\varepsilon}{\varepsilon/\tan\beta_i}}$，是因螺旋桨运转于具有黏性的实际流体中所引起。在实际流体中，因 $\varepsilon \neq 0$，故 $\eta_\varepsilon < 1$，说明螺旋桨在实际流体中工作的效率比在理想流体中要低。应从改善每一叶元体的 η_{i_A}、η_{i_T} 和 η_ε 入手，尽量减少尾流中的能量损失和降低阻升比 ε 之值。

由上述已知螺旋桨桨叶任意半径处叶元体上的作用力及效率，可通过积分求得整个螺旋桨上的作用力及效率。有：

$$T = Z\int_{r_0}^{R} \mathrm{d}T \tag{8-36}$$

$$Q = Z\int_{r_0}^{R} \mathrm{d}Q \tag{8-37}$$

$$\eta_0 = \frac{TV_A}{2\pi nQ} \tag{8-38}$$

式中：Z——螺旋桨叶数；

r_0——桨毂半径；

R——螺旋桨半径；

V_A——螺旋桨进速；

n——螺旋桨转速。

四、进速系数和滑脱比

如果螺旋桨是在刚性介层中工作，像螺栓在螺母中运动一样，旋转一周在轴线上前进的距离就等于几何螺距 P。然而螺旋桨是在船后工作的，其前进的距离决定于船速。螺旋桨旋转一周在轴向前进的距离称为进程，以 h_p 表示。进程 h_p 会小于几何螺距 P，其差值 $(P-h_p)$ 称为滑脱，如图 8-23 所示。滑脱与冲角有一定联系，正是由于有滑脱才会产生推力。滑脱与螺距之比称为滑脱比，以 S 表示。即

$$S = \frac{P-h_P}{P} = 1 - \frac{h_P}{P} \tag{8-39}$$

或

$$h_P = (P - SP) = (1-S)P \tag{8-40}$$

进程 h_P 与螺旋桨直径 D 之比称为进速系数，因螺旋桨每秒钟前进的距离为 $nh_P = V_A$，故进速系数可写成

$$J = \frac{h_P}{D} = \frac{V_A}{nD} \tag{8-41}$$

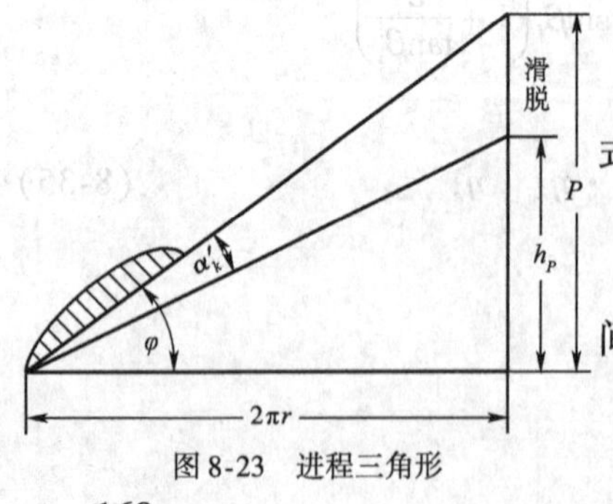

图 8-23 进程三角形

式中：V_A——螺旋桨进速，m/s；

n——螺旋桨转速，r/s。

由式(8-40)及式(8-41)可得进速系数 J 与滑脱比 S 之间的关系为

$$J = \frac{P}{D}(1-S) \tag{8-42}$$

在螺距比一定的情况下,若不考虑诱导速度,则滑脱(或滑脱比 S)的大小即标志着冲角 α_k 的大小;滑脱比 S 大(进速系数 J 小)即表示冲角 α_k 大,则螺旋桨的推力和转矩亦大。因此,滑脱比(或进速系数 J)是影响螺旋桨性能的重要参数,对于几何形状一定的螺旋桨来说,其推力系数和转矩系数只与进速系数 J(或滑脱比 S)有关。

五、螺旋桨的性征曲线

螺旋桨的水动力性能是指一定几何形状的螺旋桨在水中运动时所产生的推力、消耗的转矩及效率与进速 V_A 和转速 n 之间的关系。在研究它们之间的关系时,通常不是应用推力和转力矩的绝对数量,而是以无因次系数来表示。这样可使所得到的结果不受几何尺寸的限制。它们的表达式分别为

推力系数

$$K_T = \frac{T}{\rho n^2 D^4} \tag{8-43}$$

转矩系数

$$K_Q = \frac{Q}{\rho n^2 D^5} \tag{8-44}$$

效率

$$\eta_0 = \frac{TV_A}{\omega Q} = \frac{K_T \rho n^2 D^4 V_A}{\omega K_Q \rho n^2 D^5} = \frac{K_T}{K_Q} \times \frac{J}{2\pi} \tag{8-45}$$

式中:T——推力,N;

Q——转矩,N·m;

ρ——水的密度,kg/m^3;

n——螺旋桨转速,r/s;

D——螺旋桨直径,m;

ω——螺旋桨旋转角速度,$\omega = 2\pi n$。

对于几何形状一定的螺旋桨而言,推力系数 K_T、转力矩系数 K_Q 及效率 η_0 与进速系数 J 有关。通常把螺旋桨在不同进速系数时的推力系数 K_T、转矩系数 K_Q 和效率 η_0 绘在同一张图上,如图 8-24 所示。图中由于 K_Q 的数值太小,常增大 10 倍(即 $10K_Q$)与 K_T 共用一纵坐标。表示螺旋桨水动力系数 K_T、K_Q 和 η_0 与进速系数 J 之间关系的曲线称为螺旋桨的敞水性征曲线。通常,它是根据敞水螺旋桨模型试验结果绘制的,也可以用理论方法求得。它表示螺旋桨在正车状态时的全面性能。

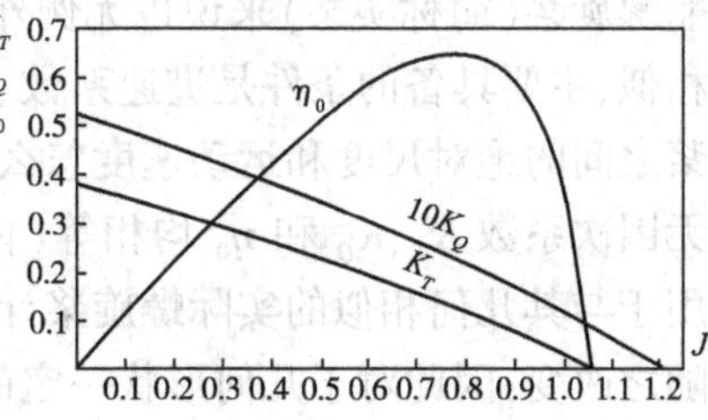

图 8-24 螺旋桨性征曲线图

从图 8-24 中可以看出:

(1)推力系数 K_T 和转矩系数 K_Q 随进速系数 J 的增加而减小,其原因主要是因为冲角的改变。因为 J 大则冲角小,J 小则冲角大,在一定的范围内,冲角的增大,会使升力和阻力增加。

(2)当螺旋桨的转速为一定,且 $J=0$ 时,K_T 和 K_Q 均达到最大值。船在系泊试验时,即为这种情况,这是检验螺旋桨在最大推力及转矩作用下能否满足强度要求的方法之一。这种条件下也可检查系柱推力是否与设计要求相符。由于系柱试验时转矩大,因而主机会超负荷。一般情况下,柴油机在额定转速时,其功率不能超过额定功率的110%,而且超功率时间不能大于1小时,如发生这种情况,必须降低转速。

(3)当 J 为某一数值时,$K_T=0$,即没有产生推力,但此时 K_Q 并不为零,其数值很小。例如,当主机由全速变换为低速运转时,由于船舶具有惯性,仍会保持一定航速前进,即进速系数变化很小,而螺旋桨的转速已很低,会使水流的实际冲角为零升力角,螺旋桨不产生推力。

(4)从效率 η_0 曲线可知,当 J 为某一数值时,效率出现最高值。

第五节　螺旋桨模型的敞水试验

螺旋桨模型单独地在均匀水流中的试验称为敞水试验。敞水试验可以在船模试验池或空泡水筒中进行,它是检定和分析螺旋桨性能较为简便的方法。

螺旋桨模型试验对于研究螺旋桨的水动力性能有极其重要的作用,由于模型试验可以在一定条件下进行重复试验和多次观察,因而能充分分析各种现象的本质,为螺旋桨理论的建立和发展以及螺旋桨性能的改进提供可靠的基础,为螺旋桨设计提供丰富的资料。

一、螺旋桨敞水试验的目的

(1)进行螺旋桨模型的系列试验,将所得的结果绘制成专用图谱,以供螺旋桨设计之用。目前,各类螺旋桨的各种形式的设计图谱都是根据系列试验结果绘制而成的。

(2)根据系列试验的结果,可以全面系统地分析螺旋桨各种几何要素对性能的影响,以供设计时正确选择各种参数,并为改善螺旋桨性能提供方便。

(3)为配合自航试验而进行同一螺旋桨模型的敞水试验,以分析推进效率成分,比较各种设计方案的优劣,便于选择最佳的螺旋桨。

从“流体力学”及“船舶阻力”课程中知道,在流体中运动的模型与实物要达到力学上的全相似,必须使模型与实物几何相似、运动相似及动力相似。对于螺旋桨模型(简称桨模)和实船螺旋桨(简称实桨)来说也无例外。由相似理论可以证明,要使几何相似的螺旋桨成为动力相似,主要具备的条件是进速系数 J 相等(运动相似)。就是说,不论实际螺旋桨与模型螺旋桨之间的绝对尺度和运动速度怎么不同,只要保持它们之间的几何相似、进速系数 J 相等,则无因次系数 K_T、K_Q 和 η_0 均相等(雷诺数达到一定数值),因此可将螺旋桨的模型试验结果应用于与其几何相似的实际螺旋桨计算中。当几何形状或进速系数 J 改变时,则 K_T、K_Q 及 η_0 亦随之改变;因此对于几何形状一定的螺旋桨来说,其水动力性能只与进速系数 J 有关,而 K_T、K_Q 及 η_0 为进速系数 J 的函数,因此可写成

$$K_T = \frac{T}{\rho n^2 D^4} = f_1(J) \tag{8-46}$$

$$K_Q = \frac{Q}{\rho n^2 D^5} = f_2(J) \tag{8-47}$$

$$\eta_0 = \frac{K_T}{K_Q} \times \frac{J}{2\pi} = f_3(J) \tag{8-48}$$

螺旋桨试验的目的就是要测定螺旋桨的性能数据，即求出上述K_T、K_Q及η_0与J的变化规律，一般是采用保持模型的转速n不变，而以不同的进速V_A进行试验来改变进速系数J的值。

通常，将试验测得的结果（V_A、n、T及Q）按公式算出无量纲系数K_T、K_Q、η_0及J，并以J为横坐标，K_T、K_Q及η_0为纵坐标绘制成图8-24所示的螺旋桨性征曲线。

二、敞水试验设备及测试仪器

螺旋桨模型敞水试验，是把桨模安装在流线型敞水箱前方，如图8-25所示。敞水箱由拖车带动，以获得一定的进速（等于拖车速度）。用于驱动桨模转动及测量其推力、转矩和转速动力仪安装在敞水箱内。为了防止敞水箱对桨模周围流场的影响，一般把桨模置于敞水箱(2～3)D处，且保持$h_s \geqslant D$，以避免螺旋桨兴波的影响。

图8-25所示为敞水试验装置的示意图，这种装置是目前大型水池广泛采用的一种。螺旋桨转速通过桨轴上转速传感器（可以是光电式、磁电式或电接触式）进行检测，其推力通过推力轴承作用于推力天平上，推力天平借砝码平衡大部分推力。余下小部分推力使弹簧发生变形，利用差动变压器（或其他微变形传感器）检测弹簧的变形，而后用图线记录仪记录，或数字化后打印输出。

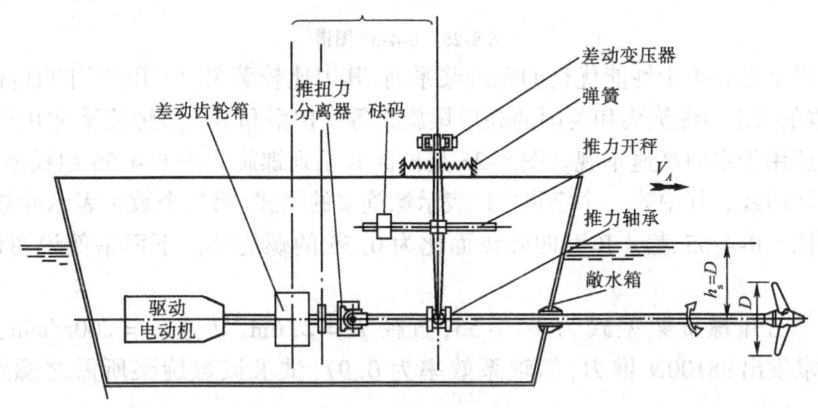

图8-25 敞水试验装置示意图

转矩是通过一个差动齿轮机构来测量的，驱动电动机的转矩由差动齿轮机构的外壳作用于螺旋桨转轴上，因此螺旋桨转轴同时给外壳一个大小相等、方向相反的作用力矩，用天平的机构测得的反作用力矩，就是螺旋桨的转矩。测量转矩天平的原理同推力天平完全一样，因此在图8-25中没有画出。为了使推力只作用于推力天平上，必须采用图中所示的推扭力分离器，有了分离器可使推力全部传至推力天平，而转矩传至齿轮箱，互不干扰。

三、螺旋桨模型系列试验及性征曲线组

为了研究螺旋桨几何参数对性能的影响，各试验池常以成组的螺旋桨模型做系统的试验，并将其结果以最方便的形式绘制成专门图谱，以供设计螺旋桨或分析船舶航行特性时用。此种试验数据称为螺旋桨模型系列试验组，其方法是将一定类型的螺旋桨按一定的顺序变更某

些主要参数,以构成一个螺旋桨系列。在同一系列中,将叶数 Z 和盘面比 A_E/A_0 相同,而螺距比 P/D 不同的5个或6个桨模称为一组。通常将同一组螺旋桨的敞水性征曲线绘在同一张图内,如图8-26所示。

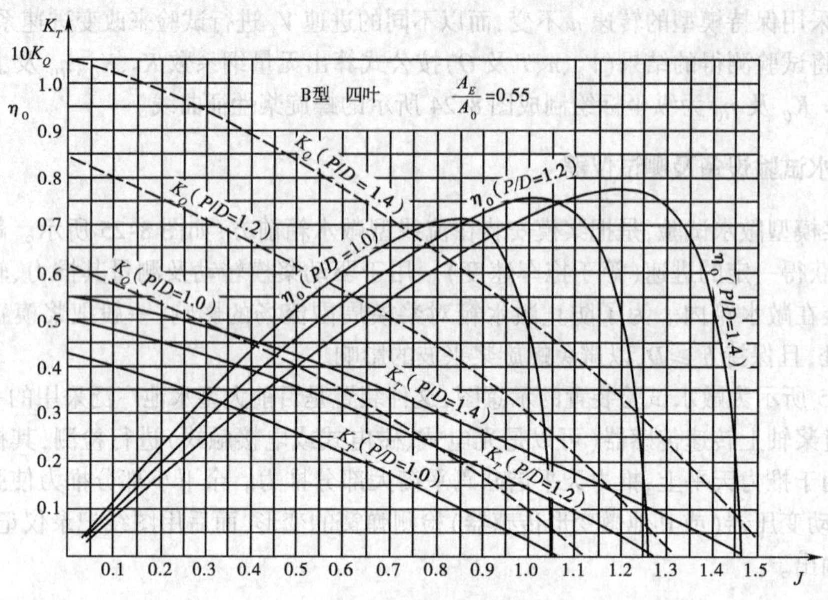

图8-26 B-4-55图谱

目前世界上已有不少性能优良的螺旋桨系列,其中比较著名、应用较广的有:荷兰的B型螺旋桨、日本的AU型螺旋桨和英国的高恩螺旋桨等。B型和AU型螺旋桨适用于商船,而高恩螺旋桨则适用于水面高速军舰。图8-26是根据B系列螺旋桨中B-4-55组模型系列试验结果绘制的性征曲线。其中第一个字母"B"表示螺旋桨的型式,第二个数字表示叶数,第三个数字表示盘面比。B-4-55表示B型四叶盘面比为0.55的螺旋桨。下面举例说明性征曲线的应用。

例8-1 已知螺旋桨型式为B-4-55,直径 $D=2.6\text{m}$,转速 $n=200\text{r/min}$,进速 $V_A=12.65\text{kn}$,要求发出98100N推力,如轴系效率为0.97,试求该螺旋桨所需之螺距比及主机功率。

解: (1)预备计算:

$$n=\frac{200}{60}=3.33(\text{r/s})$$

$$V_A=0.5144\times12.65=6.507(\text{m/s})$$

$$\rho n^2D^4=1000\times3.33^2\times2.6^4=506736.12(\text{N})$$

(2)计算 J 与 K_T:

$$J=\frac{V_A}{nD}=\frac{6.507}{3.33\times2.6}=0.752$$

$$K_T=\frac{T}{\rho n^2D^4}=\frac{98100}{506736.12}=0.194$$

(3)按算出的 J 和 K_T 值查B-4-55性征曲线图得:

$$\frac{P}{D}=1.07$$

$$K_Q=0.035$$

(4)求螺旋桨收到的主机功率：

$$P_D=2\pi nQ$$

$$Q=K_Q\rho n^2D^5=0.035\times1000\times3.33^2\times2.6^5=46112.987(\mathrm{N\cdot m})$$

$$P_D=2\times3.14\times3.33\times46112.987=964.333(\mathrm{kW})$$

(5)求主机功率：

$$P_S=\frac{P_D}{\eta_S}=\frac{964.333}{0.97}=994.158(\mathrm{kW})$$

第六节　螺旋桨与船体相互影响

在上面各节中，我们只讨论了孤立螺旋桨在敞水中(或称在均匀流场中)的水动力性能，而在“船舶阻力”课程中也只研究了孤立船体(即不带有螺旋桨的船体)在静水中航行时所受到的阻力。实际螺旋桨是在船后工作的，螺旋桨和船体成为一个系统，两者之间必然存在相互作用。这种相互作用表现为船体所形成的速度场和螺旋桨所形成的速度场之间的相互影响。在船后工作的螺旋桨因受到船体的影响，故进入桨盘处的水流速度及其分布情况与敞水者不同；而船体周围的水流速度分布及压力分布受螺旋桨的影响也与孤立的船体不同。因此，船后螺旋桨与水流的相对速度不等于船速，螺旋桨发出的推力也不等于孤立船体所受到的阻力。

如何把孤立螺旋桨和孤立船体联系起来，正是研究螺旋桨和船体相互影响的目的。严格来说，应把船体与螺旋桨作为统一的整体来考虑。近年来也确有一些学者从事这方面的研究，但由于问题相当复杂，未能付诸实施。所以，目前仍采用近似方法来解决，即分别研究船体和螺旋桨的单独性能，然后再近似地考虑两者之间的相互影响。这种近似方法的实质是：把船体和螺旋桨仍然看作是孤立的，即认为螺旋桨是在船后流场中单独工作，而船体在螺旋桨所影响的水流中运动。这样就可以把孤立螺旋桨和孤立船体相联系起来，即考虑到上述情况以后，就可以把螺旋桨敞水试验的结果和船模阻力试验的结果用于船体—螺旋桨的整个系统。

一、伴流——船体对螺旋桨的影响

1.伴流的成因和分类

船在水中以某一速度 V 向前航行时，附近的水受到船体的影响而产生运动，其表现为船体周围伴随着一股水流，这股水流称为伴流。由于伴流的存在，会使螺旋桨与其附近水流的相对速度和船速不同。在船舶推进中通常所指的伴流即为船尾装螺旋桨处(即桨盘处)的伴流。

船后伴流的速度场是很复杂的，它在螺旋桨盘面各点处的大小和方向是不同的。一般来说，伴流速度场可以用相对于螺旋桨的轴向速度、周向(或切向)速度和径向速度三个分量来表示。测量结果表明，与轴向伴流速度相比较，周向和径向两种分量为二阶小量，在螺旋桨设计问题中，常可不予考虑。因此，在本书中如无特别说明，所谓伴流均指轴向伴流。伴流的速度与船速同方向者称为正伴流，反之则为负伴流。伴流按形成的原因有以下三种：

(1)摩擦伴流 u_f。因为水具有黏性,故当船在运动时沿船体表面形成边界层,边界层内水质点具有向前的速度,形成正伴流,通常称为摩擦伴流。摩擦伴流在紧靠船身处最大,由船身向外急剧减小,离船体不远处即迅速消失,但在船后相当远距离处摩擦伴流依然存在。图8-27表示船身附近的边界层(或称摩擦伴流带),边界层(实际上是尾流)在尾部后具有相当的厚度,与螺旋桨直径相差不多,故摩擦伴流常为总伴流中的主要部分。摩擦伴流的大小与船形、表面粗糙度、雷诺数及螺旋桨的位置等有关。

(2)形势伴流 u_p。船在水中以速度 V 向前航行时,船体周围水流的流线分布情况大致如图8-28所示。首尾处的水流具有向前速度,即产生正伴流,而在舷侧处水流具有向后速度,故为负伴流。由此而形成的伴流称为形势伴流或势伴流。因流线离船身不远处即迅速分散,在离船体略远处其作用不甚显著,所以离船体越远,形势伴流越小。

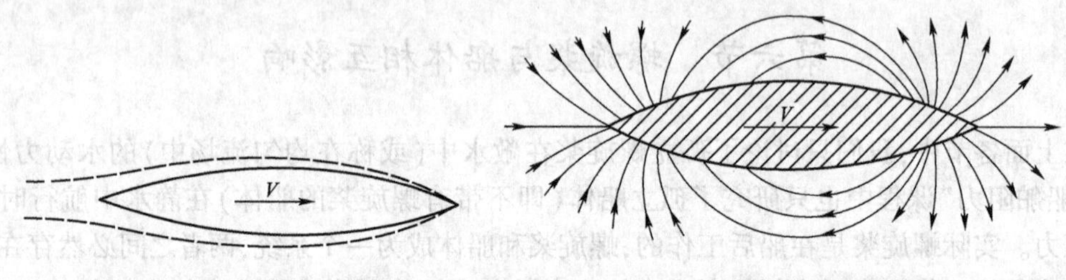

图8-27　摩擦伴流　　　图8-28　船体周围的流线分布

(3)波浪伴流 u_W。船在航行时水面会形成波浪,若螺旋桨附近恰为波峰,则水质点具有向前速度;如恰为波谷,则具有向后速度。由于船舶本身兴波作用而形成的伴流称为波浪伴流,其数值常较前两者小。然而对于高速双桨船(例如驱逐舰),因其尾部常为波谷,且螺旋桨的位置处于船后两侧,摩擦伴流和势伴流较小,故其总伴流可能为负值。

由伴流之成因可知,伴流是一股很复杂的水流,在螺旋桨盘面各处伴流速度的大小和方向各不相同。因而,在利用螺旋桨系列敞水图谱设计螺旋桨时,常取盘面处伴流的平均轴向速度近似地估计桨盘处的速度场。若船速为 V,桨盘处伴流的平均轴向速度为 u,则螺旋桨与该处水流的相对速度(即进速)

$$V_A = V - u \tag{8-49}$$

根据伴流的成因,可将伴流速度 u 写成

$$u = u_f + u_p + u_W \tag{8-50}$$

式中:u_f——桨盘处摩擦伴流的轴向平均速度;

u_p——桨盘处形势伴流的轴向平均速度;

u_W——桨盘处波浪伴流的轴向平均速度。

2. 伴流分数

伴流的大小通常用伴流速度 u 对船速 V 的比值 w 来表示,称为伴流分数,即

$$w = \frac{u}{V} = \frac{V - V_A}{V} = 1 - \frac{V_A}{V} \tag{8-51}$$

若已知伴流分数,则可由下式决定螺旋桨的进速

$$V_A = (1 - w)V \tag{8-52}$$

根据伴流的成因,伴流分数也可写作

$$w = w_f + w_p + w_W \tag{8-53}$$

式中：w_f——摩擦伴流分数；

w_p——形势伴流分数；

w_W——波浪伴流分数。

各类船舶的伴流分数数值如表 8-2 所示。

各类船舶的伴流分数 表 8-2

船舶类型	伴流分数	船舶类型	伴流分数
快速船和邮船	0.10～0.18	轻巡洋舰	0.035～0.10
单桨商船($C_B=0.5\sim0.7$)	0.20～0.30	大型驱逐舰	0.00～0.10
双桨商船($C_B=0.5\sim0.7$)	0.08～0.20	驱逐舰和护卫舰	0.00～0.03
肥大型船(C_B 为 0.8 左右)	0.30～0.40	潜艇	0.10～0.25
主力舰及重巡洋舰	0.15～0.20	鱼雷艇	0.00～0.04

3. 伴流的测定

伴流的大小一般用试验方法求得，因测量的方法不同，伴流可分为标称伴流和实效伴流两种。在未装螺旋桨的船模（或实船）后面，用各种流速仪测定螺旋桨盘面处水流速度，可得标称伴流；根据船后螺旋桨试验或自航试验结果与螺旋桨敞水试验结果比较分析可得实效伴流。

经验证明，上述两种测量结果是不同的。其差别在于是否考虑了螺旋桨工作的影响。因为当船尾有螺旋桨工作时，螺旋桨会产生抽吸作用，从而会改变船尾的流线、边界层厚度、波形等。由于螺旋桨在船后工作，以实效伴流分数来计算螺旋桨进速比较合理，故通常说的伴流分数均指实效伴流分数。下面我们主要介绍测量实效伴流的方法。

当船速和螺旋桨的转速一定时，伴流的大小直接决定螺旋桨的进速，因而决定螺旋桨所发生的推力及吸收的转矩，故根据螺旋桨的推力或转矩可测定实效伴流。

如图 8-29 所示，首先将模型螺旋桨装在船模后进行自航试验，测出船模速度 V 及螺旋桨的转速 n、推力 T_B、转矩 Q_B。然后，将螺旋桨进行敞水试验，保持转速 n 不变，调节进速直到发出的推力等于上述 T_B 值时，量取其进速 V_A 及转矩 Q_0，则 $u=V-V_A$ 即为实效伴流速度。

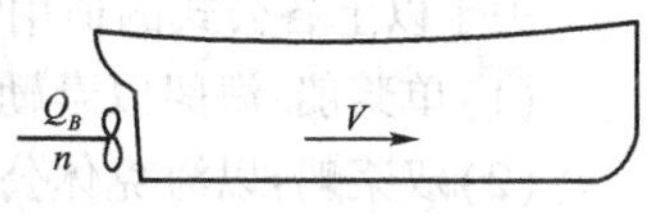

图 8-29 测量实效伴流

上述测定实效伴流的方法使螺旋桨在船后与敞水中同一转速时产生相同的推力，故称为等推力法，但此时 $Q_B \neq Q_0$。

若螺旋桨进行敞水试验时，保持转速 n 不变，调节进速直至 $Q_B=Q_0$ 时，量取其进速 V_A 及推力 T_0，则得 $u_1=V-V_A$，也为实效伴流速度。这种方法称为等转矩方法，但此时 $T_B \neq T_0$。用等推力法得到的实效伴流与等转矩法得到的实效伴流是不相等的，一般来说，以等推力法所得的实效伴流较等转矩法所得伴流约大 4%。等推力法是目前为大家广泛采用的方法。

在实际工作中，当无法进行模型试验时，伴流分数可应用近似公式来估算。这些公式都是根据几类船型的实船试验和模型试验的结果归纳而成，应用时应根据船型的特点选择合适的公式。

(1) 泰勒公式（适用于海上运输船）：

单螺旋桨船

$$w = 0.5C_B - 0.05 \tag{8-54}$$

双螺旋桨船

$$w = 0.55C_B - 0.20$$

式中：C_B——方形系数。

(2)海克休公式：

对于单桨船($C_B = 0.54 \sim 0.84$)

$$w = 0.7C_P - 0.18 \tag{8-55}$$

对于双桨船($C_B = 0.54 \sim 0.84$)

$$w = 0.7C_P - 0.3$$

对于单桨渔船

$$w = 0.77C_P - 0.28$$

式中：C_P——纵向棱形系数。

(3)巴甫米尔公式(用于内河船)：

$$w = 0.165C_B^x\sqrt{\frac{\sqrt[3]{\nabla}}{D}} - \Delta w \tag{8-56}$$

式中：C_B——方形系数；

x——方形系数 C_B 的指数，$x = 1$ 时适用于船中螺旋桨，$x = 2$ 时适用于船侧螺旋桨；

∇——船舶排水体积；

D——螺旋桨直径；

Δw——伴流分数修正值，与傅氏数 $F_N = \frac{V}{\sqrt{gL}}$ 有关，当 $F_N > 0.2$ 时，$\Delta w = 0.1 \times (F_N - 0.2)$；当 $F_N < 0.2$ 时，$\Delta w = 0$。

关于以上各公式的适用情况：

(1)单桨船：海船以泰勒公式误差较小，内河船以巴甫米尔与海克休公式的平均值为佳。

(2)双桨船：以海克休公式最好，巴甫米尔公式次之。当方形系数较小时，海克休公式误差较大，仍以巴甫米尔公式相对较好。

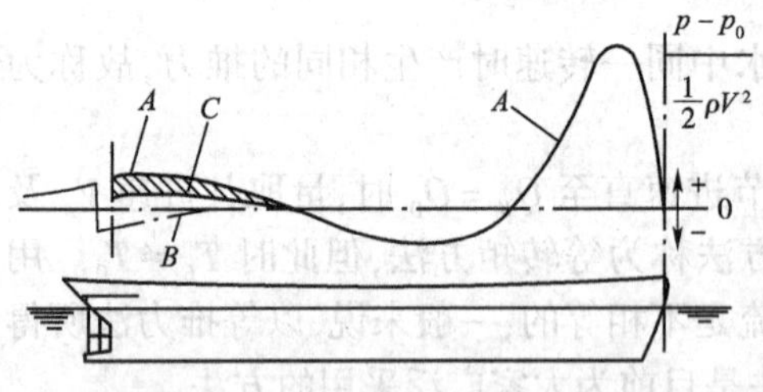

图 8-30 船体周围的压力分布情况

二、推力减额——螺旋桨对船体的影响

1. 推力减额的成因

螺旋桨在船后工作时，由于它的抽吸作用，会使桨盘前方的水流速度增大。根据伯努利定理，水流速度增大压力必然下降，故在螺旋桨吸水作用所及的整个区域内压力都要降低，其结果改变了船尾部分的压力分布状况。如图 8-30 所示，曲线 A 表示孤立船体周围的压力分布曲线，曲线 B 为螺旋桨在敞水中工作时桨盘前后的压力分布曲线。螺旋桨在船后工作时船体周围的压力分布状况可近似地认为是上述两种压力的叠加，故图中曲线 C 即表示螺旋桨在船后工作时压力沿船体周围的分布情况，其阴影部分即为压力减小的数值，导致船体压阻力增加。此外，船尾部水流速度的增大，使摩擦阻力也有所增加，但其数值远

较压阻力的增加为小。

由于螺旋桨在船后工作时引起的船体附加阻力称为阻力增额。若螺旋桨发出的推力为 T,则其中一部分用于克服船的阻力 R(不带螺旋桨时的阻力),而另一部分则为克服阻力增额 ΔR,即

$$T = R + \Delta R \tag{8-57}$$

由式(8-57)可见,螺旋桨发出的推力中只有($T-\Delta R$)这一部分是用于克服阻力 R 并推船前进的,故称为有效推力 T_e。在习惯上,通常将 ΔR 称为推力减额,并用 ΔT 表示。因此,螺旋桨的总推力 T 可写作

$$T = R + \Delta T \tag{8-58}$$

上式也可写作

$$R = T - \Delta R$$

2. *推力减额分数*

在实用上,常以推力减额分数来表征推力减额的大小,推力减额 ΔT 与推力 T 的比值称为推力减额分数 t,即

$$t = \frac{\Delta T}{T} = \frac{T - T_e}{T} = \frac{T - R}{T} \tag{8-59}$$

由此可得船体阻力 R 和螺旋桨推力 T 之间的关系为

$$R = T(1 - t) \tag{8-60}$$

推力减额分数的大小与船型、螺旋桨尺度、螺旋桨负荷以及螺旋桨与船体间的相对位置等因素有关。通常都是根据船模自航试验或经验公式来决定的。当不可能进行模型试验时,推力减额分数可按下面经验公式近似选取。

(1)商赫公式:

对于单螺旋桨船

$$t = kw \tag{8-61}$$

式中:w——伴流分数;

k——系数,视舵的形式而定,$k=0.50\sim0.70$,适用于装有流线型舵或反应舵;$k=0.70\sim0.90$,适用于装有方形舵柱的双板舵;$k=0.90\sim1.05$,适用于装有单板舵。

对于双螺旋桨船装有轴包架的

$$t = 0.25w + 0.14$$

对于双螺旋桨船装有轴支架的

$$t = 0.70w + 0.06$$

(2)泰勒公式:

对于双螺旋桨船

$$t = 0.55C_B - 0.20 \tag{8-62}$$

式中:C_B——船的方形系数。

(3)海克休公式:

对于单螺旋桨船

$$t = 0.50C_P - 0.12$$

对于双螺旋桨船

$$t = 0.50C_P - 0.18 \tag{8-63}$$

对于拖网渔船

$$t = 0.77C_P - 0.30$$

式中:C_P——船的棱形系数。

(4)系泊时推力减额分数 t_0 的估算:

系泊时推力减额分数 t_0 可按下式估算

$$t_0 = t\left(1 - \frac{J}{P/D}\right) \tag{8-64}$$

式中:P/D——螺距比;

J——设计状态进速系数;

t——设计状态推力减额分数。

表 8-3 中列举了各类船舶推力减额分数 t 的大致范围。

各类船舶推力减额分数　　表 8-3

船舶类型	推力减额分数 t	船舶类型	推力减额分数 t
快速船和邮船	0.06 ~ 0.15	轻巡洋舰	0.05 ~ 0.10
单桨商(C_B = 0.5 ~ 0.7)	0.08 ~ 0.20	大型驱逐舰	0.07 ~ 0.08
双桨商(C_B = 0.5 ~ 0.7)	0.10 ~ 0.22	驱逐舰和护卫舰	0.06 ~ 0.08
肥大型船(C_B 为 0.8 左右)	0.17 ~ 0.25	潜艇	0.10 ~ 0.18
主力舰及重巡洋舰	0.18 ~ 0.22	鱼雷艇	0.01 ~ 0.03

三、功率及效率

船舶推进系统由主机、轴系、推进器(主要是螺旋桨)组成,主机负责提供能量,是船舶能量的提供者;轴系负责把主机的能量传递给推进器,是能量的传递者;推进器负责吸收能量并把能量转换为推力,是能量的吸收者和转换者。推进系统在能量的提供、传递、吸收并转换的

过程中,其功率及效率成分如下:

1. 功率

(1)主机功率 P_S。推进船舶所需要的功率由主机供给,主机发出的功率称为主机功率,用 P_S 表示。

(2)螺旋桨的收到功率 P_{DB}。螺旋桨在船后必须克服转矩 Q_B,才能以转速 n 转动,因此船后螺旋桨的收到功率 P_{DB} 为

$$P_{DB}=2\pi nQ_B \tag{8-65}$$

(螺旋桨敞水转矩 Q_0,螺旋桨敞水收到功率 $P_{D0}=2\pi nQ_0$)

(3)螺旋桨的推功率 P_T。船后螺旋桨在收到功率 P_{DB} 后发出推力 T,其进速为 V_A,故螺旋桨的推功率 P_T 为

$$P_T=TV_A \tag{8-66}$$

(4)船的有效功率 P_E。主机发出的功率 P_S 中真正有用的部分是克服船舶阻力 R 使船以航速 V 前进,把 $R\times V$ 称为船的有效功率 P_E

$$P_E=RV \tag{8-67}$$

2. 效率

(1)传送效率 η_S。主机功率经过减速装置、推力轴承及主轴等传送至螺旋桨,由于推力轴承、轴承、尾轴填料函及减速装置等具有摩擦损耗,故螺旋桨收到功率 P_{DB} 总是小于主机功率,两者之比值称为传送效率或轴系效率,以 η_S 表示,它表示轴系性能的好坏。

$$\eta_S=P_{DB}/P_S \tag{8-68}$$

若主机直接带动螺旋桨,螺旋桨的转速亦为主机转速,则一般中机型船 $\eta_S=0.97$,尾机型船 $\eta_S=0.98$。

(2)船后螺旋桨效率 η_B、螺旋桨敞水效率 η_0 和相对旋转效率 η_R。螺旋桨推功率 P_T 与船后螺旋桨的收到功率 P_{DB} 之比值称为船后螺旋桨的效率 η_B

$$\eta_B=\frac{P_T}{P_{DB}}=\frac{TV_A}{2\pi nQ_B}=\frac{TV_A}{2\pi nQ_0}\frac{Q_0}{Q_B}=\eta_0\eta_R \tag{8-69}$$

式中:$\eta_0=\dfrac{TV_A}{2\pi nQ_0}$——螺旋桨敞水效率;

$\eta_R=\dfrac{Q_0}{Q_B}$——相对旋转效率;η_R 也可写作螺旋桨敞水收到功率 P_{D0} 与船后收到功率 P_{DB} 之比,即

$$\eta_R=\frac{P_{D_0}}{P_{DB}} \tag{8-70}$$

相对旋转效率 η_R 数值可由螺旋桨船后试验或自航试验获得。普通单桨船的 η_R 为 0.98~1.05,双桨船为 0.97~1.0。在缺少资料时,一般可近似取 $\eta_R=1.0$。

(3)船身效率 η_H。船的有效功率 P_E 与螺旋桨推功率 P_T 之比值被称为船身效率 η_H,即

$$\eta_H = \frac{P_E}{P_T} = \frac{RV}{TV_A} = \frac{1-t}{1-w} \tag{8-71}$$

由上式可见,船身效率 η_H 表示伴流与推力减额的合并作用。

(4)推进效率 η_D。船的有效功率 P_E 与船后螺旋桨的收到功率 P_{DB} 的比值,称为推进效率 η_D(或称为准推进系数 QPC),即

$$\eta_D = \frac{P_E}{P_{DB}} = \frac{P_E}{P_T}\frac{P_T}{P_{DB}} = \eta_H\eta_B = \eta_H\eta_0\eta_R \tag{8-72}$$

(5)推进系数 $P.C$。船的有效功率 P_E 与主机功率 P_S 之比值被称为推进系数,即

$$P.C = \frac{P_E}{P_S} = \frac{P_E}{P_T}\frac{P_T}{P_{D0}}\frac{P_{D0}}{P_{DB}}\frac{P_{DB}}{P_S} = \eta_D\eta_S = \eta_H\eta_0\eta_R\eta_S \tag{8-73}$$

推进系数 $P.C$ 表示由主机、船体及螺旋桨三者组成的整个推进系统的综合性能,推进系数越高,船舶的推进性能越好。

图 8-31 所示组成推进系数 $P.C$ 的各效率成分及功率的传递关系。

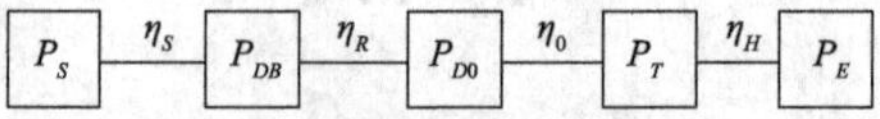

P_S —η_S— P_{DB} —η_R— P_{D0} —η_0— P_T —η_H— P_E

图 8-31 各效率成分及功率的传递

第七节 螺旋桨设计方法及 $B_P-\delta$ 型图谱的应用

螺旋桨设计是整个船舶设计的一个重要组成部分,它是保证船舶快速性的一个重要方面。一般螺旋桨设计是在初步完成了船舶线型设计,并通过估算或用船模试验的方法确定了船体有效功率之后进行的。在这一节中,我们将要讨论螺旋桨的设计方法,并掌握应用 $B_P-\delta$ 型图谱设计螺旋桨的方法。

1. 螺旋桨设计问题

螺旋桨的设计问题通常可以分为两类:

(1)第一类设计问题——初步设计。这类设计问题主要解决主机的选型,此时主机尚未决定,设计一个螺旋桨,并计算在满足船舶的航速要求前提下所需的最低的主机功率 P_S。

具体分析如下:

若已知船速 V、阻力 R(或有效功率 P_E),要求选桨配机,即确定螺旋桨的尺度及主机功率。此时通常会遇到两种情况:

①按尾型选定螺旋桨直径 D,求转速 n 及螺旋桨尺度(螺距比P/D、效率 η_0),并推算主机功率 P_S。

②按型船选定转速 n,求螺旋桨的螺距比P/D、直径 D 及效率 η_0 再推算主机功率 P_S。

上述两种情况,第二种多见。尚需说明的是,初步设计的重点在于选择主机,即关键在于求推进系数 $P.C$ 及主机功率 P_S,不在于螺旋桨的详细几何尺度。因为一旦主机选定后(一般

按产品目录挑选机型，则标准机型 P_S 不等于计算的 P_S)，螺旋桨又要重新设计。

(2)第二类设计问题——终结设计。这类设计问题是在主机已定的条件下设计螺旋桨，使船舶达到所能达到的最高航速。通常，新船采用现成的标准机型，老船配新桨，老船换新机等都属于此类设计问题。

具体分析如下：

若已知主机功率 P_S、转速 n、阻力 $R=f(V)$ 或有效功率 $P_S=f(V)$，要求设计一个螺旋桨，即求螺旋桨的螺距比 P/D，直径 D 及效率 η_0，并求所能达到的最高航速 V_{max}。这时也会遇到两种情况：

①按给定的主机功率 P_S、转速 n，求螺旋桨的螺距比 P/D、直径 D、效率 η_0 与所能达到的航速 V。

②有时主机转速 n 太高，则先选定螺旋桨的直径 D，求螺旋桨的转速 n、螺距比 P/D、效率 η_0 与航速 V，并按主机与螺旋桨转速确定减速比。

第二类设计问题是经常遇到的，而我国目前情况是在设计螺旋桨时主机一般已选定，所以设计螺旋桨几乎都属于第二类问题。本书就着重介绍这类设计问题。

目前设计船用螺旋桨的方法共有两种，图谱设计法及环流理论设计法。

图谱设计法就是利用根据螺旋桨模型敞水系列试验的结果绘制成专供设计用的各类图谱来进行螺旋桨设计。用图谱方法设计螺旋桨不仅计算方便，易于为人们所掌握，而且如选用图谱适宜，其结果也较为满意，是目前应用较广的一种设计方法。虽然应用图谱设计螺旋桨受到系列组型式的限制，但此类资料日益丰富，已能包括一般常用螺旋桨的类型。

环流理论设计方法是根据环流理论及各种桨叶切面的试验或理论数据进行螺旋桨设计的。因此种方法可以分别选择各半径处最适宜的螺距和剖面形状，并能照顾到船后伴流不均匀的影响，而且对于螺旋桨的空泡现象和振动问题进行了比较正确的考虑。但由于此方法计算复杂，加上工艺麻烦，故目前在我国还很少应用。随着电子计算机技术在造船事业中的应用，再加上其设计方法的优越，今后必然会得到广泛的应用。因此，在这里我们只介绍螺旋桨的图谱设计法。

目前各国已发表的螺旋桨设计图谱较多，有的只是表达形式不同，而试验资料相同，有的则是螺旋桨形式不同。因此，设计时必须针对所设计船舶的特点和要求，根据实践经验选用相适应的螺旋桨图谱进行设计。目前在商船螺旋桨设计中，以荷兰的楚思德 B 型螺旋桨应用较广泛。所以本节着重介绍 B 型螺旋桨设计图谱。

2. $B_P-\delta$ 型设计图谱

$B_P-\delta$ 型的图谱，是根据荷兰瓦根宁根船模试验池 B 型螺旋桨模型系列化试验结果绘制的。图谱几经修改，此类螺旋桨在一般商船上应用很广，具有相当长的历史。

楚思德 B 型螺旋桨的设计资料是于 1969 年经过重新分析整理发表的。对 3 叶和 4 叶螺旋桨的系列数据也重新整理分析过，扩大了盘面比范围。B 型螺旋桨的叶形梢部较宽，有侧斜和 15°的纵斜。根部切面为机翼型，梢部为弓背形。4 叶螺旋桨系列的螺距从 0.6R 至叶梢处为等螺距，自 0.6R 向叶根逐渐递减，至叶根处递减 20%。其余各系列均为等螺距分布。3 叶至 5 叶螺旋桨系列的伸张轮廓如图 8-32、图 8-33、图 8-34 所示。桨叶的几何尺度列于表 8-4

和表 8-5，切面型值列于表 8-6。

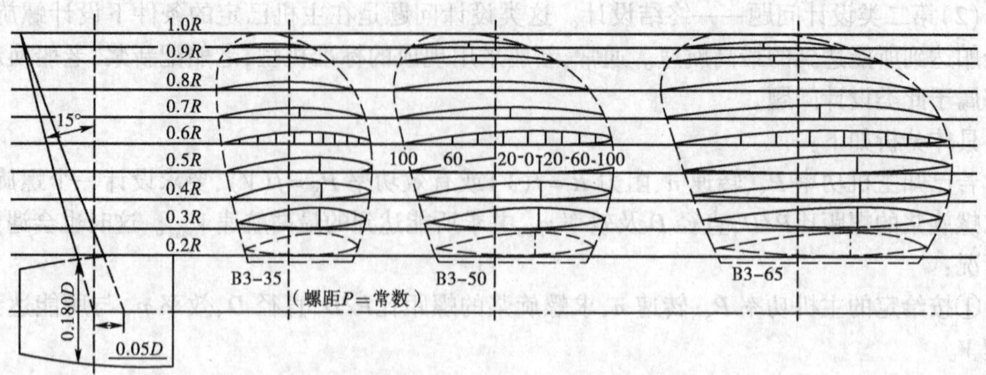

图 8-32　B3 型伸张轮廓和切面形状

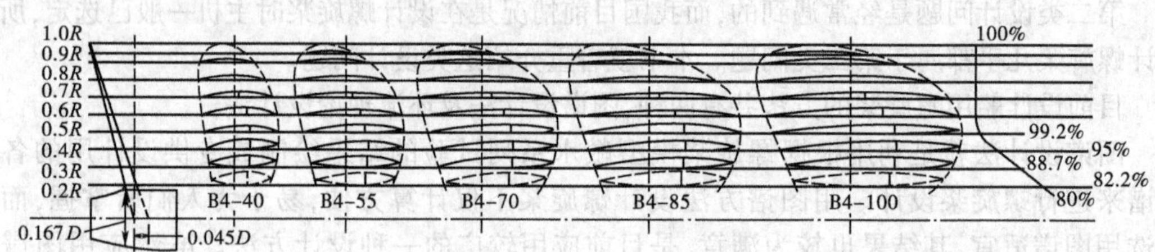

图 8-33　B4 型伸张轮廓和切面形状

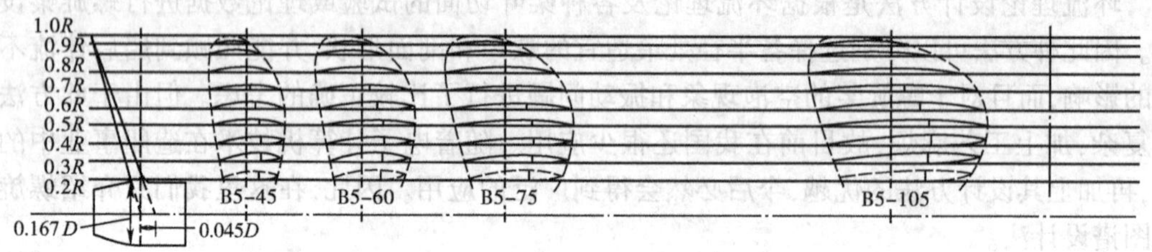

图 8-34　B5 型伸张轮廓和切面形状

B 型 3 叶螺旋桨尺度　　表 8-4

r/R		0.2	0.3	0.4	0.5	0.6	0.7	0.8	0.9	1.0	
以最大切面弦长(在0.6R)的%计	辐射基线至随边	28.68	32.67	36.62	40.53	44.18	46.97	48.22	45.46	14.87	3 叶在 0.6R 切面弦长 $=0.7396\frac{A_E}{A_0}D$
	辐射基线至导边	46.05	51.25	54.91	56.52	55.82	52.22	44.63	30.31	—	
	切面弦长	74.73	83.91	91.53	97.05	100.00	99.19	92.85	75.77	—	
切面最大厚度(以 D 的%计)		4.06	3.59	3.12	2.65	2.18	1.71	1.24	0.77	0.30	轴线处最大厚度 $=0.05D$
切面最厚处至导边(以其弦长的%计)		35.0	35.0	35.0	35.5	38.9	44.2	47.8	50.0	—	

B 型 4、5 叶螺旋桨尺度　　表 8-5

r/R		0.2	0.3	0.4	0.5	0.6	0.7	0.8	0.9	1.0	
以最大切面弦长(在0.6R处)的%计	辐射基线至随边	29.18	33.32	37.30	40.78	43.92	46.68	48.35	47.00	20.14	在 0.6R 切面弦长 $=2.1867\frac{A_E}{A_0}\times\frac{D}{Z}$
	辐射基线至导边	46.90	52.64	56.32	57.60	56.08	51.40	41.65	25.35	—	
	切面弦长	76.08	85.96	93.62	98.38	100.00	98.08	90.00	72.35	—	
切面最大厚度(以 D 的%计)	4 叶	3.66	3.24	2.82	2.40	1.98	1.56	1.14	0.72	0.30	轴线处最大厚度 $=0.045D$ 4 叶 $=0.04D$ 5 叶
	5 叶	3.26	2.89	2.52	2.15	1.78	1.41	1.04	0.67	0.30	
切面最厚处至导边(以其弦长的%计)		35.0	35.0	35.0	35.5	38.9	44.3	47.9	50.0	—	

在表 8-6 的切面型值中，由最大厚度处至导缘部分的型值有两行，上面一行表示原型 B 桨的型值(原型)，下面一行表示修改后的型值(改型)。改型的导边附近较原型略薄，具有较小端圆半径，以减小切面阻力，使压力分布较均匀，如图 8-35 所示。对于航行状态变化不大的高速运输船的螺旋桨宜采用这种形式，对工作于多工况的螺旋桨(如拖船螺旋桨)或在较不均匀速度场中工作的螺旋桨，采用原型比较合适。

应用上述 B 型螺旋桨型值表，则当已知螺旋桨直径 D、叶数 Z、盘面比 A_E/A_0、螺距比 P/D 时，就能计算确定出桨叶的伸张轮廓坐标及切面数据。

3. $B_P-\delta$ 型图谱的应用

前面已经讨论过螺旋桨的性征曲线及 $K_T-K_Q-\eta_0-J$ 图谱。它是根据敞水螺旋桨模型试验得出的结果而绘制的，可以用它进行螺旋桨设计，但通常使用起来不方便，因为最常见的螺旋桨设计是已知主机的型号及船体阻力情况，来确定螺旋桨的各要素(D、P/D、η_0、A_E/A_0 等)。为了便于设计使用，可将 $K_T-K_Q-\eta_0-J$ 图谱转换成 B_P—δ 图谱，如图 8-36 所示。这种图谱采用下列计算系数

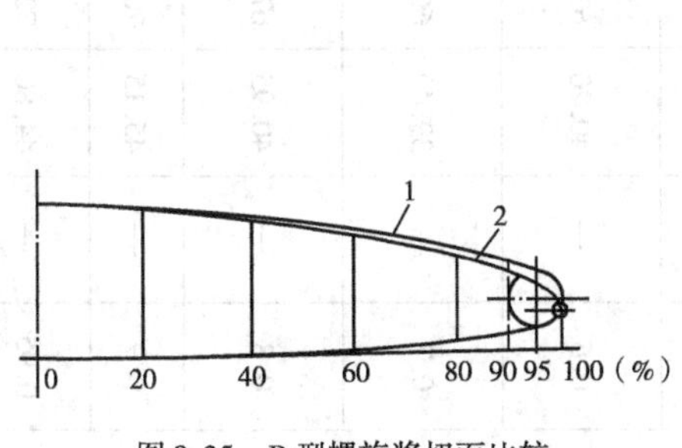

图 8-35　B 型螺旋桨切面比较
1-原型；2-改型

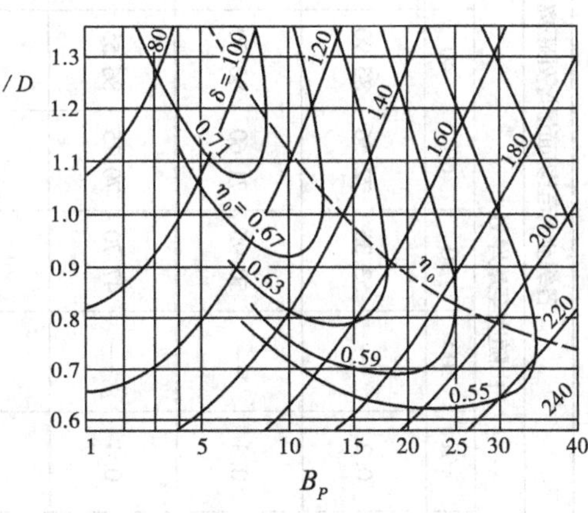

图 8-36　B_P-δ 简图

$$B_P=\frac{nP_{D0}^{0.5}}{V_A^{2.5}} \tag{8-74}$$

B 型螺旋桨各半径处切面纵坐标

表8-6

		各纵坐标至切面最厚处距离(以导边或随边至最厚处长度的%计)													导边和随边端圆直径(以其切面最大厚度的%计)		
		由随边至最厚处						由最厚处至导边									
		r/R	100	80	60	40	20	20	40	60	80	90	95	100	r/R	导边	随边
以最大厚度百分数计的切面纵坐标值	叶背	0.2	—	53.35	72.56	86.90	96.45	98.60 98.15	94.50 92.45	87.00 82.35	74.40 67.45	64.35 57.20	56.95 50.60	—	0.2	6.4	—
		0.3	—	50.95	71.60	86.80	96.80	98.40 98.15	94.00 91.35	85.80 80.45	72.50 64.85	62.65 53.70	54.90 46.55	—	0.3	6.5	—
		0.4	—	47.70	70.25	86.55	97.00	98.20 97.50	93.25 90.40	84.30 78.35	70.40 61.60	60.15 48.75	52.20 40.75	—	0.4	6.6	—
		0.5	—	43.49	68.40	86.10	96.65	98.10 97.00	92.40 89.70	82.30 76.00	67.70 57.45	56.80 42.00	48.60 32.95	—	0.5	6.7	—
		0.6	—	40.20	67.15	85.40	96.80	98.10	91.25 89.85	79.35 73.55	63.60 51.65	52.20 34.85	43.35 25.30	—	0.6	6.8	—
		0.7	—	39.40	66.90	84.90	96.65	97.60	88.80	74.90 72.15	57.00 49.00	44.20 32.95	35.00 23.00	—	0.7	6.9	—
		0.8	—	40.95	67.80	85.30	96.70	97.00	85.30	68.70	48.25 47.25	34.55 31.65	25.45 22.45	—	0.8	7.0	—
		0.9	—	45.15	70.00	87.00	97.00	97.00	87.00	70.00	45.15	30.10	22.00	—	0.9	11.1	11.1
		0.95	—	44.80	72.00	88.80	97.20	97.20	88.80	72.00	44.80	29.50	21.60	—	0.95	15.7	15.7

续上表

		各纵坐标至切面最厚处距离(以导边或随边至最厚处长度的%计)												导边和随边端圆直径(以其切面最大厚度的%计)		
		由随边至最厚处						由最厚处至导边								
		r/R	100	80	60	40	20	20	40	60	80	90	95	100	r/R	导边	随边
以最大厚度百分数计的切面纵坐标值	叶面	0.2	30.00	18.20	10.90	5.45	1.55	0.45	2.30 2.80	5.90 7.40	13.45 15.50	20.30 21.65	26.20 25.95	40.00 36.75	叶梢	26.7	26.7
		0.3	25.35	12.20	5.80	1.70	—	0.05	1.30	4.60 4.65	10.85 10.90	16.55 16.25	22.20 19.80	37.35 31.00			
		0.4	17.85	6.20	1.50	—	—	—	0.30	2.62 1.75	7.80 5.90	12.50 9.90	17.90 13.45	34.50 24.35			
		0.5	9.07	1.75	—	—	—	—	—	0.70 0.35	4.30 1.70	8.45 4.45	13.30 7.25	30.40 17.05			
		0.6	5.10	—	—	—	—	—	—	—	0.80	4.45 0.50	8.40 1.95	24.50 10.25			
		0.7	—	—	—	—	—	—	—	—	—	0.40 —	2.43 —	16.05 —			
		0.8	—	—	—	—	—	—	—	—	—	—	—	7.40 —			

$$\delta = \frac{nD}{V_A} \tag{8-75}$$

式中：B_P——功率系数，表征螺旋桨运动与吸收主机功率情况的参数；

n——螺旋桨转速，r/min；

P_{D0}——螺旋桨敞水收到功率，hp；

V_A——螺旋桨进速，kn；

δ——直径系数；

D——螺旋桨直径，ft。

$B_P-\delta$ 图谱是采用英制单位。它是以功率系数 B_P 为横坐标，以螺距 P/D 为纵坐标，如图8-36所示。图谱中，不仅有直径系数 δ 的斜向等值曲线簇，还有螺旋桨敞水效率 η_0 等值曲线簇。对于每一条 η_0 等值曲线，均可作出一条铅垂线与之相切，将这些切点连成一光顺曲线，被称为最佳效率曲线（图中以虚线表示）。其意思是：在相同的功率系数之下，以该曲线上之点效率最高。

$B_P-\delta$ 图谱也和 $K_T-K_Q-\eta_0-J$ 图谱一样，每一张图谱是对应于一定的叶数和盘面比制作出来的，并用数字标明叶数和盘面比数值。如 B-4-40 型即表示 B 型、四叶、盘面比为 0.4。

如果将 B_P 系数中的敞水收到功率 P_{D0}(hp) 的计量单位改为 kW，δ 系数中的直径 D(ft) 改为 m，则式(8-74)和式(8-75)可以改写成下面的形式

$$B_P = 0.2198 \times \frac{nP_{D0}^{0.5}}{V_A^{2.5}} \tag{8-76}$$

$$\delta = 1.687\,\frac{nD}{V_A} \tag{8-77}$$

式中：P_{D0}——螺旋桨敞水收到功率，kW；

n——螺旋桨转速，r/min；

V_A——螺旋桨进速，m/s；

D——螺旋桨直径，m。

具体使用 $B_P-\delta$ 图谱时，应注意以下几点：

(1) 船体与螺旋桨的相互作用。$B_P-\delta$ 图谱是由敞水性征曲线转绘而成的，所以用敞水图谱设计船后螺旋桨时，需考虑船体与螺旋桨的相互作用。这种相互作用是由伴流分数 w，推力减额分数 t 和相对旋转效率 η_R 联系起来的，以此来实现船后及敞水中工作螺旋桨的转换。

(2) $B_P-\delta$ 图谱是采用英制单位，设计计算时应用的单位应与图谱的规定相一致。系数 B_P 计算式中 P_{D0} 的单位为 hp，且因螺旋桨模型试验是在淡水中进行试验的，当用于海船时，应计及海水相对密度的影响。即

$$B_P = 0.2198\,\frac{n(P_{D0}/\gamma)^{0.5}}{V_A^{2.5}} \tag{8-78}$$

式中：γ——海水相对密度，取 1.025。

(3) 图谱上所示最佳效率曲线（图中之虚线），表示处于该曲线上的螺旋桨是在充分吸收主机功率情况下，效率为最高。它可用于已知转速 n 求最佳直径 D_{opt} 的设计问题。

(4) 对于 1969 年以前发表的 B 型图谱，从图谱查得的最佳直径用于船后时应减小

2%～4%，一般双桨船减小2%，单桨船减小4%。对于1969年以后发表的图谱，其最佳直径比原图谱有所减小，故一般可以把图谱所得的直径直接用于船后。

设计图谱见附录。

为了使大家能熟悉和掌握我国推行的法定计量单位，又便于阅读国外科技资料，前面分别介绍了在螺旋桨设计中，国际上通用的 B_P、δ 系数的计算公式和按我国的要求，计量单位经过修改后 B_P、δ 系数的计算公式。下面是关于 $B_P-\delta$ 图谱的应用举例。

例8-2 终结设计。

已知某单桨沿海货轮，主机持续功率 P_S 为569.277kW(774PS)，转速为241r/min，传送效率 η_S 为0.98，航速与有效功率关系见表8-7，设 $w=0.25$，$t=0.175$，$\eta_R=1.0$。螺旋桨为B-4-55型。试求该船能达到的最高航速及螺旋桨尺度。

航速与有效功率的关系 表8-7

航速 V(kn)	10	11	12	13
有效功率 $P_{E求}$(kW)	211.78	283.81	413.86	661.43

解： 按题意分析，该题属单桨船舶最佳螺旋桨的终结设计问题，计算系数 $B_P=0.2198\times\frac{n(P_{D_0}/\gamma)^{0.5}}{V_A^{2.5}}$中 V_A 未知。由已知转速 n 求最佳直径 D_{opt}，可利用 η_{opt} 效率线求解。

(1)预备计算：

$$\eta_H=\frac{1-t}{1-w}=\frac{1-0.175}{1-0.25}=1.10$$

$$P_{D_0}=569.277\times\eta_S\times\eta_R$$
$$=557.89146(kW)$$

$$n(P_{D_0}/\gamma)^{0.5}=(\frac{557.89146}{1.025})^{0.5}\times 241=5622.51$$

(2)假设几个航速，计算各航速对应的最佳螺旋桨在船后发出的有效功率，具体计算按表8-8顺序进行。

有效功率计算 表8-8

序号	项目	单位	计算数值			
1	航速 V	kn	10	11	12	13
2	进速 $V_A=V(1-w)$	kn	7.5	8.25	9.00	9.75
3	$0.5144\times(2)$	m/s	3.858	4.2438	4.6296	5.0154
4	$(3)^{2.5}$	$(m/s)^{2.5}$	29.24	37.10	46.12	56.33
5	$B_P=0.2198\frac{n(P_{D0}/\gamma)^{0.5}}{(4)}$		42.3	33.3	26.8	21.9
6	查 B_P-δ,B-4-55 图得 δ		240	216	195	179
7	η_0		0.525	0.556	0.584	0.607
8	P/D		0.74	0.771	0.82	0.86
9	螺旋桨直径 $D=\frac{\delta\times(3)}{1.687n}$	m	2.28	2.25	2.22	2.21
10	$P_{E供}=P_S\eta_S\eta_R\eta_0\eta_H$	kW	322.18	341.21	358.39	372.5

(3)求设计航速及该航速下的螺旋桨尺度。

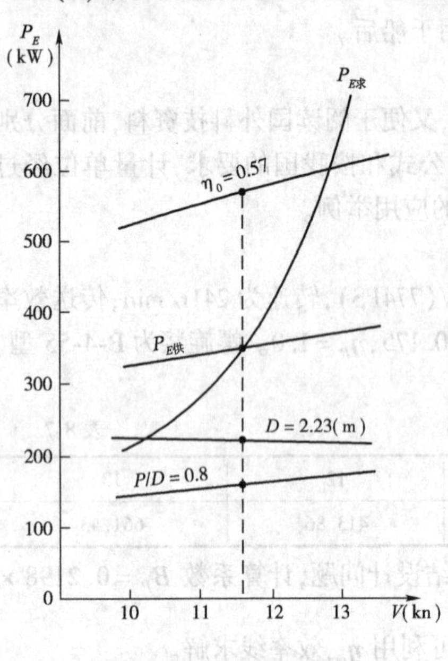

图 8-37　螺旋桨要素的确定

将螺旋桨的 P/D、D、η_0 及船后有效功率 $P_{E供}$ 随船速 V 变化的曲线与船体有效功率曲线 P_E 求绘于同一图上。则从图上求得 $P_{E供}=P_{E求}$，所对应的航速为设计航速，并同时可查得在该航速下的螺旋桨的 P/D、D、η_0，如图 8-37所示。

由图 8-37 可以读出：

设计航速：$V=11.6$kn；

螺距比：$P/D=0.8$；

螺旋桨直径：$D=2.23$m；

敞水效率：$\eta_0=0.57$。

从例子中可以看出，若为终结设计，则螺旋桨的收到功率和转速已知，这时利用收到功率系数 B_P 较方便，但应用 B_P-δ 图谱同样可以解决初步设计问题，下面举例说明。

例 8-3　初步设计。

已知某内河船，航速 $V=8.5$kn 时的有效功率 $P_{E求}=51.485$kW，伴流分数 $w=0.185$，推力减额分数 $t=0.14$，相对旋转效率 $\eta_R=1.0$，传送功率 $\eta_S=0.97$，螺旋桨转速 $n=375$ r/min。试按 B-4-40 系列设计一个最佳螺旋桨，并确定主机功率。

解：　按题意分析，这是求最佳螺旋桨的初步设计问题。计算系数 $\delta=1.687\dfrac{nD}{V_A}$，由于螺旋桨直径 D 是未知的，首先假设几个螺旋桨直径 D_i 之后可算出直径系数 δ_i，然后在 B-4-40 图谱上找出最佳效率曲线与 δ_i 值曲线的交点，分别读出 η_{oi}、P/D_i、B_{Pi}等值，从而可以求出螺旋桨所需的收到功率和有效功率。

(1) 预备计算：

$$\eta_H=\frac{1-t}{1-w}=\frac{1-0.14}{1-0.185}=1.06$$

$$V_A=V(1-w)=8.5\times0.815=6.93(\text{kn})=3.565(\text{m/s})$$

$$\frac{V_A^5}{n^2}\times\frac{1}{0.2198^2}=\frac{575.834}{140625}\times20.6988=0.0848$$

(2) 列表计算，步骤如表 8-9 所示。

有效功率计算　　表 8-9

序号	项　目	单　位	计算数值			
1	假设螺旋桨直径 D	m	1.1	1.2	1.3	1.4
2	直径系数 $\delta=1.687\dfrac{nD}{V_A}$		195	213	231	248
3	查 B-4-40 图得 η_0		0.610	0.585	0.56	0.537

续上表

序号	项　目	单　位	计算数值			
4	P/D		0.80	0.76	0.74	0.71
5	B_p		25	31	37	44
6	B_p^2		625	961	1369	1936
7	$P_{D0}=\frac{B_P^2V_A^5}{n^2}\times\frac{1}{0.2198^2}$ $=(6)\times0.0848$	kW	53.00	81.49	116.09	164.17
8	$P_{E供}=P_{D0}\times\eta_0\times\eta_H$	kW	34.27	50.53	68.91	93.45

(3)根据表8-9计算的结果,作图求解。

由图8-38可以读出:

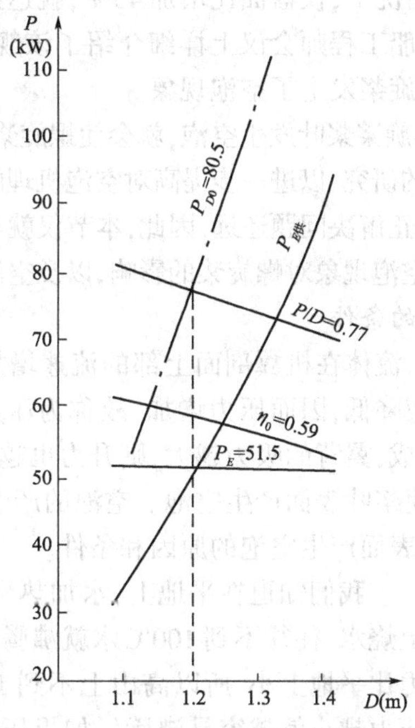

图8-38　螺旋桨要素的确定

螺旋桨直径:$D=1.205$m;

螺距比:$P/D=0.77$;

效率:$\eta_0=0.59$;

敞水收到功率:$P_{D0}=80.5$kW。

$$P_{S供}=P_{D0}/(\eta_R\times\eta_S)=80.5/(1\times0.97)=83\text{kW}$$

第八节　螺旋桨的空泡现象和强度校核

上节应用设计图谱进行螺旋桨设计,都是针对某选定的盘面比来确定螺旋桨的要素和设计航速。如何通过检验使所设计的螺旋桨不发生空泡,这就是如何最后选定盘面比的问题;另

外，在螺旋桨的设计中，还必须进行强度校核，以确定桨叶厚度分布。所以本节着重介绍有关螺旋桨的空泡现象和强度校核的计算问题；另外还将介绍螺距修正以及螺旋桨重量和惯性矩的估算问题。

一、螺旋桨的空泡现象及空泡校核

螺旋桨的空泡现象，从19世纪末开始便引起了造船界的注意。随着航速和螺旋桨负荷的提高，螺旋桨桨叶上常会发生材料被剥蚀而有损坏现象，从而使船舶达不到预期的推力而影响航速。例如1894年英国240t的小型驱逐舰“勇敢”号初次试航时，发现转速只能达到384r/min，比额定功率低7.5%，而航速不超过24kn，与原定设计航速27kn相差很多。后来对螺旋桨作过多次修改设计，但每次试航结果差别不大，甚至尾部还发生剧烈振动。直到第六次修改设计，在其他参数不变的情况下，仅盘面比增加45%，就达到了预定要求。1897年负责建造该舰的总工程师巴纳贝在造船工程师会议上详细介绍了该舰试航时所发现的现象，认为最初未达到预期航速的原因是螺旋桨发生了空泡现象。

从上面的例子可知，如果螺旋桨桨叶发生空泡，就会使螺旋桨推力降低而影响航速。目前不少学者致力于螺旋桨空泡问题的研究，以进一步提高对空泡机理的认识，寻求避免产生空泡的规律和方法。但到目前为止，离真正解决问题还远，因此，本节仅就与螺旋桨图谱设计有关的，且比较成熟的问题，如空泡的成因、空泡现象对螺旋桨的影响，以及空泡校核等问题，给予简要介绍。

1.空泡的成因与产生空泡的条件

前面曾讨论过机翼的特性，流体在机翼剖面上部的流速增加，因而压力降低，故机翼上表面称为吸力面，而下表面的流速降低，因而压力增加，故称为压力面，如图8-39所示。机翼的升力主要是由翼背的吸力所造成，翼背的吸力越大，则升力也越大，压力则下降，如果翼背的压力下降到某一程度，就有可能使桨叶表面产生空泡。空泡的产生是与剖面形状、流速及冲角等有关。下面就来具体分析桨叶表面产生空泡的原因和条件。

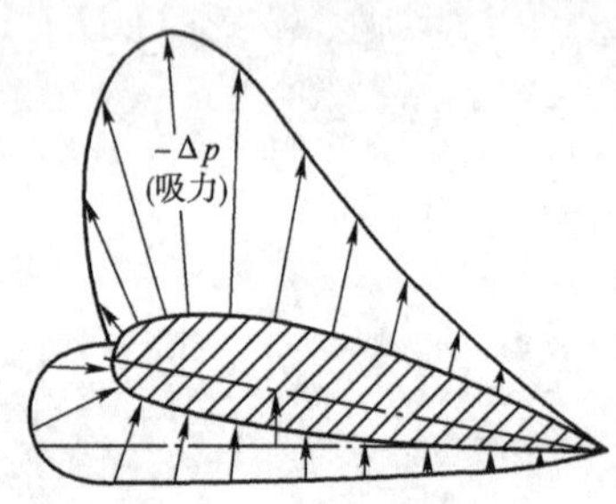

图8-39　叶元体上压力分布

我们知道在平地上，水加热到100℃时就沸腾了，而在高山上烧水，往往不到100℃水就沸腾。这是因为高山顶上的大气压力比平地上小，所以高山上不到100℃水就沸腾了。这就是说，压力越小就越容易沸腾。如果压力降得很低，甚至在通常温度下就会沸腾，这时由水逸出的蒸汽及其他气体混合就会形成气泡（或称空泡）。我们把水产生沸腾时的压力称为水的饱和蒸汽压或汽化压力，常以 p_V 表示。水的饱和蒸汽压是随着水的温度变化的，如表8-10所示。

饱和蒸汽压与水温的关系　　表8-10

温度 t(℃)	5	10	15	20	30	40	50	60
汽化压力 p_V(Pa)	873.1	1226.3	1700.9	2334.8	4247.7	7377.1	12341.0	19924.1

随着船舶航速的提高，高速主机的采用，会引起螺旋桨工作时周围压力的下降，使桨叶某处的压力降低到该处水温下的汽化压力时，水即汽化（沸腾）产生雾状的气泡，于是叶片该处不与水接触，就会形成空穴，如图8-40所示，从而使螺旋桨不能产生预期的推力而影响航速，这种现象就称为螺旋桨的空泡现象。空泡在被压缩而破裂时，在叶片表面会产生很大的水质

点的冲击力，这种冲击力的周期产生会造成金属材料破坏（这种冲击力可高达数千个大气压，且集中于叶片表面的某一小范围内）。由于空泡而产生冲击使桨叶表面金属材料受到损坏，金属表面形成可见的伤痕和麻点，这种现象称为剥蚀。剥蚀对螺旋桨强度极为不利，设计螺旋桨时，应避免在使用过程中发生剥蚀。

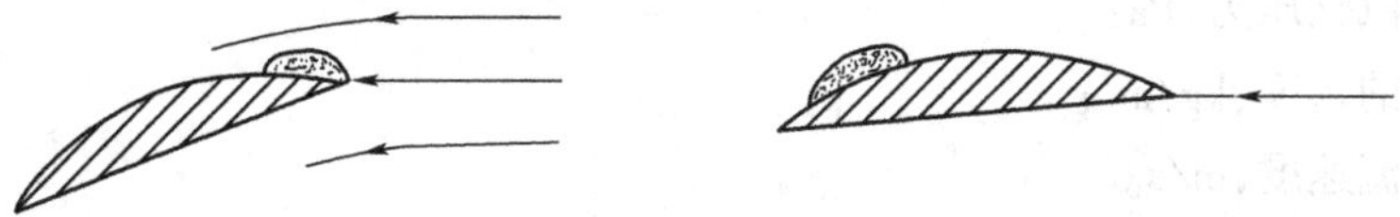

图 8-40　空泡现象

下面就以桨叶某半径 r 处切面的运动来研究产生空泡的条件。如图 8-41 所示，设水为理想流体，并从远处以流速 V_0，冲角 α_k 流向叶切面。取同一流线 A、B 两点比较，A 点位于切面远前方，水流速度为 V_0，压力为 P_0；B 点位于切面叶背上，水流速度为 V_b，压力为 P_b。根据伯努利方程，由于 $V_b > V_0$，有 $P_b < P_0$；通常认为 B 点的压力降至该水温水的汽化压力 p_V 时 B 点即开始产生空泡。故 B 点产生空泡的条件为

$$p_b \leqslant p_v \tag{8-79}$$

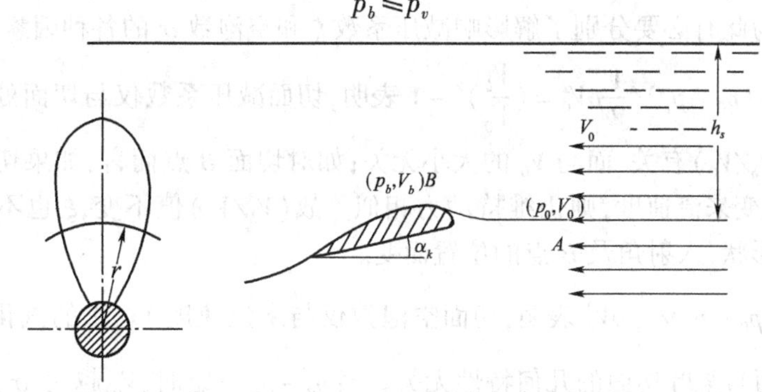

图 8-41　桨叶切面的运动

下面来进一步讨论发生空泡的条件。由于运动是定常的，故可用伯努力方程确定 A、B 两点处压力与流速的关系，即

$$p_0 + \frac{1}{2}\rho V_0^2 = p_b + \frac{1}{2}\rho V_b^2$$

或

$$p_0 - p_b = \frac{1}{2}\rho(V_b^2 - V_0^2) \tag{8-80}$$

将上式两边除以 $\frac{1}{2}\rho V_0^2$，可得无量纲系数

$$\xi = \frac{p_0 - p_b}{\frac{1}{2}\rho V_0^2} = \left(\frac{V_b}{V_0}\right)^2 - 1 \tag{8-81}$$

式中：ξ——减压系数。若切面上某处 $\xi < 0$，则表示该处压力增高（即大于静压力 p_0），若 $\xi > 0$，则为压力降低。

前面已分析过发生空泡的条件是 $p_b \leqslant p_v$。

若令无量纲系数为

$$\sigma = \frac{p_0 - p_v}{\frac{1}{2}\rho V_0^2} \tag{8-82}$$

式中：p_0——绝对周围静压力，Pa；

p_v——水汽化压力，Pa；

ρ——水的密度，kg/m^3；

V_0——来流速度，m/s。

因 σ 可用以衡量切面上是否发生空泡，故称为空泡数。则产生空泡的条件可改写成

$$\xi \geqslant \sigma$$

综上所述，根据桨叶上某处的减压系数 ξ 与空泡数 σ 的比较，可以判断该处是否发生空泡，其判断的准则是：

$$\xi \geqslant \sigma \text{ 时，有空泡} \tag{8-83}$$

$$\xi < \sigma \text{ 时，无空泡} \tag{8-84}$$

从式(8-83)和式(8-84)分析可知，欲使桨叶不发生空泡，就应该设法减小减压系数 ξ 或增大空泡数 σ。为此有必要分别了解影响减压系数 ξ 和空泡数 σ 的各种因素。

减压系数 $\xi = (p_0 - p_b)/\frac{1}{2}\rho V_0^2 = (\frac{V_b}{V_0})^2 - 1$ 表明，切面减压系数仅与切面处流速 V_b 与来流速度 V_0 的比值(V_b/V_0)有关，而与 V_0 的大小无关；如对切面 B 点而言，如果切面形状不变，来流方向不变，仅改变来流速度，则仍维持动力相似。故(V_b/V_0)值不变，ξ 也不变，所以减压系数 ξ 仅随叶切面形状，入射角及 B 点的位置而变。

空泡数 $\sigma = (p_0 - p_v)/\frac{1}{2}\rho V_0^2$ 表明，切面空泡数仅与来流速度 V_0、水的汽化压力 p_v 和水的静压力 p_0 有关，而与桨叶切面的几何特性无关。当 $p_0 - p_v$ 一定时，V_0 越大，σ 越小；当 V_0 与 p_0 一定时，水温越高，汽化压力 p_v 越大，则空泡数 σ 越低。由图 8-41 可知，水的静压力 p_0 等于大气压力加上桨叶研究点(B 点)所受的静压力，即

$$p_0 = p_a + \rho h_s$$

式中：p_a——大气压力，其值为 101325Pa；

ρ——水的密度，淡水的 $\rho = 1000kg/m^3$，海水的 $\rho = 1025kg/m^3$；

h_s——桨叶切面的沉没深度，m。

桨叶的沉没 h_s 常以桨轴中心处离自由水面的高度来计算。在 V_0 及 p_a 一定的情况下桨叶的沉深度越大，则空泡数 σ 越高。

V_0 是来流速度，相对桨叶切面来说，若忽略诱导速度，则可以表示为

$$V_0 = \sqrt{(2\pi rn)^2 + V_A^2} \tag{8-85}$$

当转速 n 或进速 V_A 较大时，其合成速度 V_0 也较大，这时空泡数较小。

由上述分析可知，根据桨叶切面的减压系数 ξ 和空泡数 σ 之间的相对关系可以断定是否发生空泡，见式(8-83)、式(8-84)，而 ξ 与 σ 是由两互不相关的参数所决定、调整这两组参数可以改变 ξ 与 σ 的关系，因而使空泡现象提早或延缓。对于叶切面来说，最大减压系数 ξ_{max} 越大者越易发生空泡。而对空泡数来说，σ 越小者越易发生空泡。

2. 避免或延缓空泡现象的措施

空泡的产生，会给螺旋桨带来不利影响，或者产生剥蚀，或者影响螺旋桨的性能。因此在设计螺旋桨时，应尽量避免空泡的发生。为了避免或延缓空泡的出现可以采取以下几种措施：

(1) 从降低最大减压系数 ξ_{max} 着手：

①采用弓形切面。可使叶背吸力分布均匀一些，如图 8-42 所示。弓形的最大减压系数 ξ_{max} 与机翼形的值相比较小，对延缓空泡的发生有利。

在条件相同的情况下，机翼形剖面比弓背形剖面的效率高，但更早出现空泡。由于叶梢部分离水面近，且旋转时线速度最高，使压力降低最多，最先发生空泡，所以楚思德 B 型螺旋桨在近叶梢部分采用圆背形剖面，其余部分用机翼形剖面。

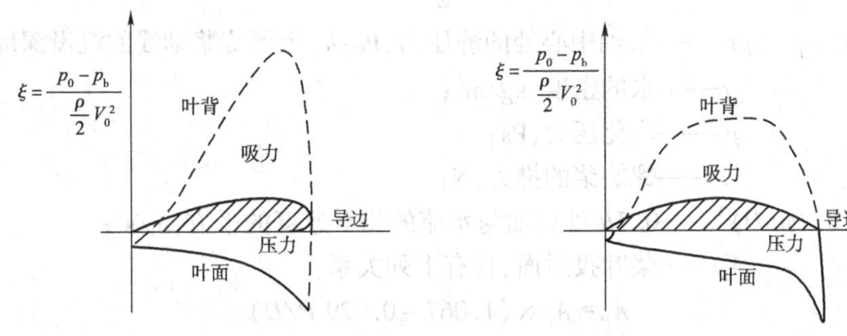

图 8-42　机翼形及弓背形的吸力与压力分布

②增加螺旋桨盘面比。因为盘面比的增加相当于切面弦长加长，以减低单位面积上的平均推力，使叶背上的减压系数 ξ 值下降。在保证产生同样的升力（即 ξ 值分布曲线面积在弦长增加前后不变）情况下，由于弦长加长，ξ_{max} 值必然降低，如图 8-43 所示。

③减小叶根附近切面的螺距。单螺旋桨船往叶根部分的伴流较大，易产生空泡现象，故 B 系列 4 叶螺旋桨，将根部的螺距减小 20% 以减小冲角，从而使该处的最大减压系数 ξ_{max} 值降低，以避免空泡的发生。

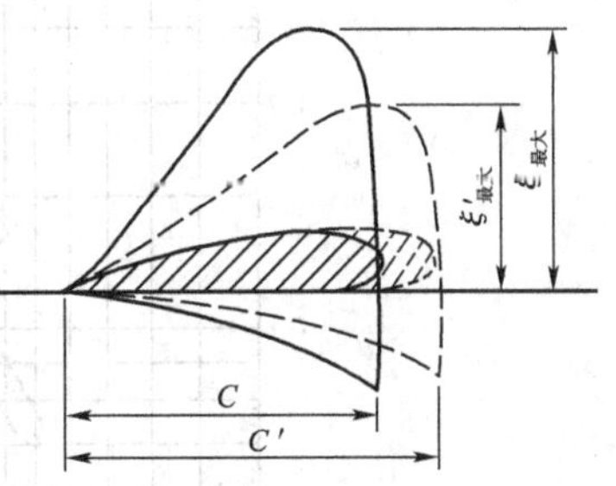

④减少桨叶数目。在盘面积相等时，减少叶数相当于增大桨叶宽度和减小厚度比，可降低切面的减压系数。

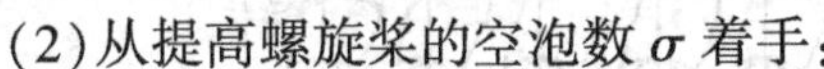

(2) 从提高螺旋桨的空泡数 σ 着手：

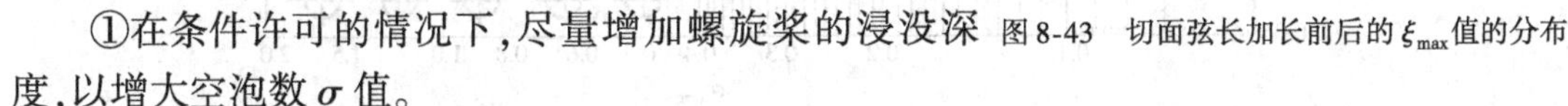

①在条件许可的情况下，尽量增加螺旋桨的浸没深度，以增大空泡数 σ 值。

图 8-43　切面弦长加长前后的 ξ_{max} 值的分布

②减小螺旋桨转速，可以增大空泡数。

此外，提高桨叶的加工精度，使表面光滑平整以避免水流的局部突变等。上述措施对避免空泡都是有一定的效果，但避免空泡最主要的办法还是要使螺旋桨有足够的盘面比。下面介绍在螺旋桨设计时，在保证不发生空泡的条件下，怎样选择一个最小的盘面比。

3. 空泡校核*

在设计螺旋桨时，为了避免空泡的产生，需要加大桨叶面积，而过大地加大桨叶面积势必降低螺旋桨的效率。因此在避免空泡的条件下，力求采取最小的桨叶面积。这个问题一般是通过螺旋桨模型的空泡实验得出图谱，或由统计数据归纳成近似公式来进行空泡检验。目前

空泡检验的方法很多,下面就介绍常用的一种,也就是根据各类船舶螺旋桨的统计资料得出的空泡校核图谱,如图 8-44 所示。图中的曲线称为空泡校核的限界线(称为伯利尔限界线);图中以 0.7*R* 处切面的空泡数 $\sigma_{0.7R}$ 为横坐标,以桨叶单位投射面积上的平均推力系数 τ_C 为纵坐标,即

$$\sigma_{0.7R} = \frac{p_0 - p_v}{\frac{1}{2}\rho V_{0.7R}^2} \tag{8-86}$$

$$\tau_C = \frac{T/A_P}{\frac{1}{2}\rho V_{0.7R}^2} \tag{8-87}$$

式中: $p_0 = p_a + \rho h_s$——桨轴中心处的静压力,Pa;h_s 为螺旋桨轴线的沉没深度,m;

ρ——水的密度,kg/m³;

p_v——汽化压力,Pa;

T——螺旋桨的推力,N;

$V_{0.7R}^2 = V_A^2 + (0.7\pi nD)^2$——0.7*R* 处切面与水流的相对速度的平方,m/s²;

A_P——桨叶投射面,具有下列关系:

$$A_P \approx A_E \times (1.067 - 0.229\, P/D)$$

式中:A_E——螺旋桨的伸张面积,m²。

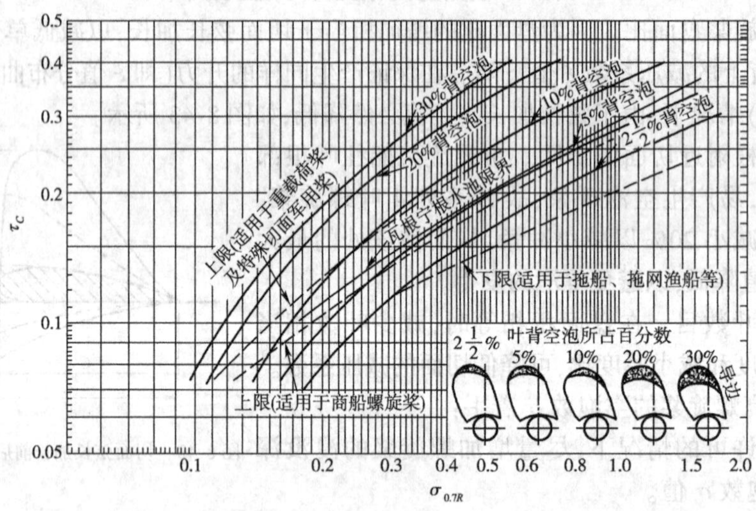

图 8-44 伯利尔限空泡限界曲线

用柏利尔限界线校核空泡,是把半径为 0.7*R* 处切面取为典型切面,并认为 0.7*R* 处切面不产生空泡,则整个螺旋桨就不会发生空泡现象。而 0.7*R* 处切面不发生空泡现象的条件是空泡数 $\sigma_{0.7R}$ 与单位投射面积上的平均推力系数 τ_C 的对应点在柏利尔限界线之下。如图 8-44 所示,处于限界线以下区域为不发生空泡区,而在限界线以上区域会发生空泡。

由限界线可以看到,对应于某一空泡数,随着螺旋桨负荷的增加,τ_C 值会增加,从而就越容易产生空泡。另一方面,随着速度(进速或转速)的增加,空泡数会减小,从而使不发生空泡的极限 τ_C 值降低,增加了螺旋桨产生空泡的可能性。因此,重负荷螺旋桨或高速舰艇螺旋桨易于产生空泡。

图 8-44 中,有一条重负荷螺旋桨限界线适用于高速军舰。商船螺旋桨限界线表示避免空泡所可用的最大 τ_C,结果偏安全。

具体校核时,可按式(8-86)求出的 0.7R 处空泡数 σ,根据 σ 值按限界线查得不发生空泡的 τ_C 值,由 τ_C 值求出不发生空泡所需的最小盘面比,若所校核螺旋桨具有的盘面比大于不发生空泡所需的最小值时,则此螺旋桨就不会发生空泡。校核工作可按表 8-11 顺序进行。

空泡校核计算表 表 8-11

序号	项目	单位 \ A_E/A_0	备注
1	直径 D	m	
2	效率 η_0		
3	进速 V_A	kn	
4	$(0.5144V_A)^2$	$(m/s)^2$	
5	$\left(0.7\pi\times\frac{n}{60}\times D\right)^2$	$(m/s)^2$	
6	$V_{0.7R}^2=(4)+(5)$	$(m/s)^2$	
7	$\frac{1}{2}\rho V_{0.7R}{}^2=\frac{1}{2}\rho\times(6)$	N/m^2	
8	空泡数 $\sigma=\frac{p_0-p_v}{(7)}$		
9	查图 τ_C		
10	推力 $T=P_{DB}\times\eta_R\times\eta_0/0.514V_A$	N	
11	需要的投射面积 $A_P=\frac{(10)}{(9)(7)}$	m^2	
12	螺距比 $\frac{P}{D}$		
13	需要的伸张面积 $A_E=\frac{(11)}{1.067-0.229P/D}$	m^2	
14	盘面积 $A_0=\frac{\pi D^2}{4}$	m^2	
15	需要的盘面比 $\frac{A_E}{A_0}=\frac{(13)}{(14)}$		

空泡校核时,对拖轮螺旋桨由于它要在两种不同的工作情况下工作,产生空泡的可能性较大,所以常允许留有盘面比裕度。对客船,为提高螺旋桨的效率,可不留有裕度,选择满足空泡要求的最小盘面比。为求出此最小盘面比,整个空泡校核工作应在同叶数的两个(或多个)不同盘面比螺旋桨中进行,按表 8-11 顺序计算。对不同 $(A_E/A_0)_1$、$(A_E/A_0)_2$ 分别求得不发生空

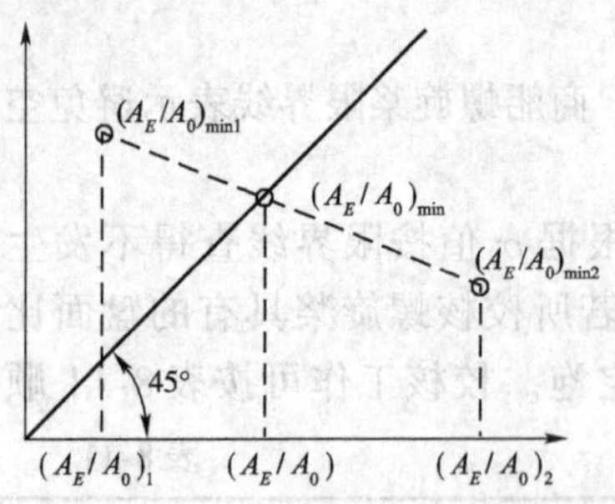

图 8-45 求最小盘面比的插值图

泡所需的最小盘面比 $(A_E/A_0)_{min1}$ 及 $(A_E/A_0)_{min2}$。然后绘插值图,如图 8-45 所示。图中横坐标表示螺旋桨所具有的盘面比,纵坐标表示满足空泡需要的最小盘面比。这两个坐标应取同一比例。将计算结果联成虚线,该曲线与 45°线之交点,即为满足空泡要求的最小盘面比值。而其他螺旋桨要素 D、P/D、η_0 可按盘面比进行线性插值。

下面举例说明应用伯利尔曲线校核空泡和选出螺旋桨其他要素的方法。

例 8-4 某海船,已知螺旋桨收到功率 $P_{DB}=830\text{kW}$,螺旋桨转速 $n=428\text{r/min}$,吃水 $d=4.4\text{m}$,$\eta_R=1$,关于航速 V、螺旋桨直径 D、效率 η_0,螺距比 P/D,见表 8-12。试求出在满足空泡要求的最小盘面比,及螺旋桨的要素 D、P/D、η_0 等。

航速、效率、直径、螺距比与盘面比的关系 表 8-12

序号	项 目	单 位	B 4-40	B 4-55	B 4-70
1	航速 V	kn	14.63	14.50	14.36
2	进速 V_A	kn	12.64	12.53	12.41
3	P/D		0.8	0.825	0.841
4	η_0		0.61	0.588	0.57
5	D	m	1.74	1.72	1.69

解: (1)空泡校核:

收到功率:$P_{DB}=830\text{kW}$;

水的密度:$\rho=1025\text{kg/m}^3$;

转速:$n=428\text{r/min}$;

相对旋转效率:$\eta_R=1$;

标准大气压:$P_a=101325\text{Pa}=101.325\text{kPa}$;

轴中心距基线高:$E=1.85\text{m}$;

水压头:$d-E+W=2.55\text{m}$ (水波高 $W=0\text{m}$);

水压力:$\rho\times$水压头$\times9.81=1.025\times2.55\times9.81=25.641\text{kPa}$;

汽化压力:$p_v=2.256\text{kPa}$。

$$\begin{aligned}p_0-p_v&=\text{水压力}+\text{标准大气压}-\text{汽化压力}\\&=25.641+101.325-2.256\\&=124.710\text{kPa}\end{aligned}$$

具体空泡校核计算按表 8-13 顺序进行。

(2)求螺旋桨要素:

由图 8-46 根据空泡校核采用 $A_E/A_0=0.713$,用插值法求得:

直径:$D=1.68\text{m}$;

空泡校核计算表　　表8-13

序号	项　目	单位 \ A_E/A_0	B 4-40	B 4-55	B 4-70
1	直径 D	m	1.74	1.72	1.69
2	效率 η_0		0.61	0.588	0.57
3	进速 V_A	kn	12.64	12.53	12.41
4	$(0.5144V_A)^2$	$(m/s)^2$	42.28	41.54	40.75
5	$\left(0.7\pi\times\frac{n}{60}\times D\right)^2$	$(m/s)^2$	744.28	727.27	702.12
6	$V_{0.7R}^2=(4)+(5)$	$(m/s)^2$	786.56	768.81	742.87
7	$\frac{1}{2}\rho V_{0.7R}^2=\frac{1}{2}\rho\times(6)$	kN/m^2	403.112	394.015	380.721
8	空泡数 $\sigma=\frac{p_0-p_V}{(7)}$		0.31	0.32	0.33
9	查图 $\tau_C=\frac{T/A_P}{(7)}$		0.134	0.136	0.14
10	推力 $T=P_{DB}\times\eta_R\times\eta_0/0.5144V_A$	kN	77.868	75.719	74.111
11	需要的投射面积 $A_P=\frac{(10)}{(9)(7)}$	m^2	1.44	1.41	1.39
12	螺距比 P/D		0.8	0.825	0.841
13	需要的伸张面积 $A_E=\frac{(11)}{1.067-0.229P/D}$	m^2	1.63	1.61	1.59
14	盘面积 $A_0=\frac{\pi D^2}{4}$	m^2	2.38	2.32	2.24
15	需要的盘面比 $\frac{A_E}{A_0}=\frac{(13)}{(14)}$		0.685	0.694	0.709

螺距比：$P/D=0.84$；

效率：$\eta_0=0.568$；

航速：$V=14.3$kn。

二、螺旋桨的强度计算*

为了船舶的安全航行，必须保证螺旋桨具有足够的强度，使其在正常航行状态下不致破损或断裂。为此，在设计螺旋桨时，必须进行强度校核并确定桨叶的厚度分布。

螺旋桨桨叶可看作固定于桨毂的悬臂梁。当螺旋桨在水中运转时,作用在桨叶上的流体动力有轴向的推力(T/Z)及与转向相反的阻力(F/Z),两者都使桨叶产生弯曲和扭转。此外,由于螺旋桨叶片在旋转时产生离心力(C),会使桨叶受到拉伸作用,若桨叶具有侧斜或纵斜,则离心力还会使桨叶产生弯曲,如图 8-47 所示。螺旋桨的强度校核就是核算在这些外力作用

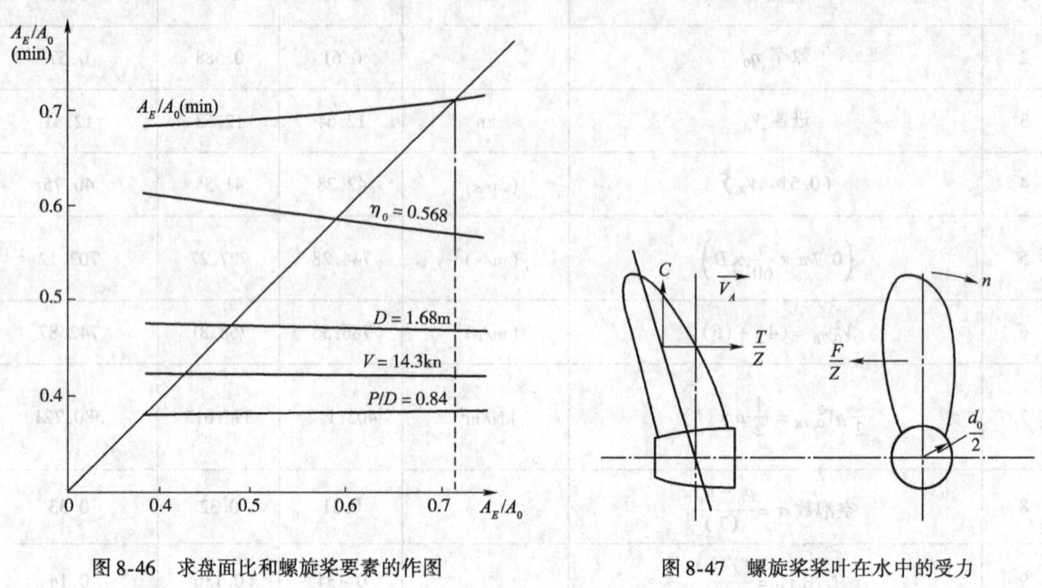

图 8-46　求盘面比和螺旋桨要素的作图

图 8-47　螺旋桨桨叶在水中的受力

下,桨叶切面强度是否满足需要。若不能满足要求,则需增加叶片的厚度。但是随着厚度的增加螺旋桨效率会下降,所以应当在满足强度的前提下选取较薄的叶片。由于桨叶是扭曲的变截面悬臂梁,且其横截面并不对称,同时作用在桨叶上的外力也难精确计算,故在螺旋桨设计中,一般都用理论和实验相结合的近似方法来进行螺旋桨的强度计算。对于"入级"海船,螺旋桨强度可按我国船级社在《钢质海船入级与建造规范》(简称《规范》)中规定的方法计算。下面分别介绍内河船螺旋桨强度校核方法和海船的规范校核方法。

1. 逻姆逊强度校核法

逻姆逊强度校核法是内河船舶螺旋桨强度校核中常用的一种方法。此法是以切面所受的最大压应力来校核桨叶的强度。并且认为只要半径为 $0.2R$ 和 $0.6R$ 处的切面能满足强度要求,则整个桨叶就能满足强度要求,所以只需校核上述二个切面的最大压应力。最大压应力由两部分组成,一是由推力和旋转阻力引起,即与收到功率直接相关的压应力 σ_1,另一个是由离心力引起的压应力 σ_2,故总的最大压应力 σ 为

$$\sigma = \sigma_1 + \sigma_2 \tag{8-88}$$

按 B 系列图谱设计螺旋桨或设计与 B 系列类似的螺旋桨时,上式中

$$\sigma_1 = \frac{P_{DB}\xi}{Zn} \cdot \frac{C_a(C_b + \delta\eta_0)}{t_{0.2}^2 b_{0.2}} \times 156.916 \times 10^{-6}\text{MPa(对 }0.2R\text{ 切面)} \tag{8-89}$$

$$\sigma_1 = \frac{P_{DB}\xi}{Zn} \cdot \frac{C_a(C_b + \delta\eta_0)}{t_{0.6}^2 b_{0.6}} \times 156.916 \times 10^{-6}\text{MPa(对 }0.6R\text{ 切面)} \tag{8-90}$$

$$\sigma_2 = \left(\frac{nD}{100}\right)^2 (AC - 0.58) \times 9.81 \times 10^{-2}\text{MPa}\ (\text{对}\ 0.2R\ \text{切面}) \tag{8-91}$$

$$\sigma_2 = \left(\frac{nD}{100}\right)^2 (AC - 0.345) \times 9.81 \times 10^{-2}\text{MPa}\ (\text{对}\ 0.6R\ \text{切面}) \tag{8-92}$$

式中：P_{DB}——船后螺旋桨的收到功率，kW；

n——螺旋桨转速，r/min；

ξ——系数，依纵斜角（后倾角）的大小由图 8-48 查得；

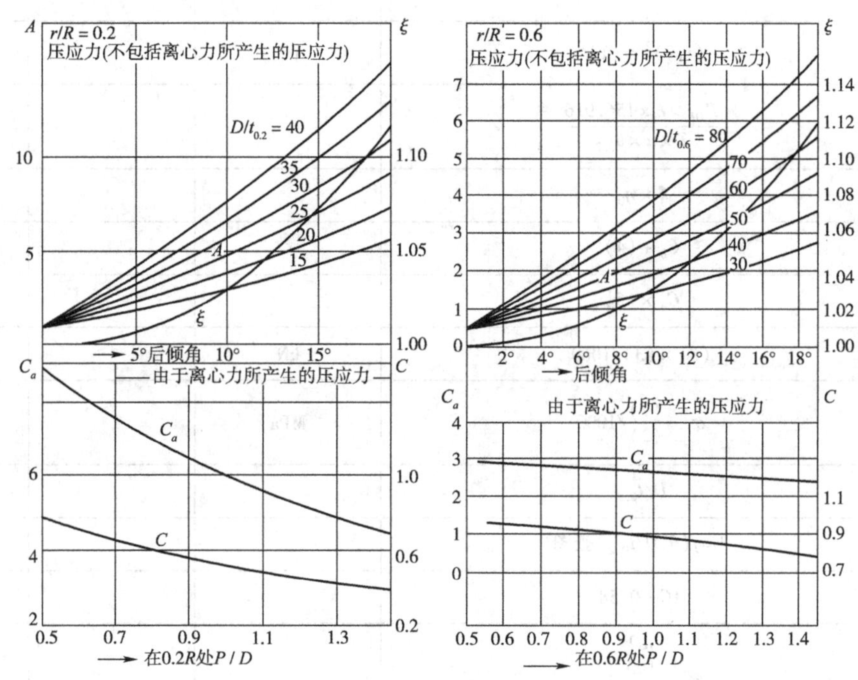

图 8-48　逻姆逊图谱

Z——叶数；

C_a——系数，对 0.2R 和 0.6R 处切面分别依 $P_{0.2}/D$ 和 $P_{0.6}/D$ 由图 8-48 查得；

C_b——系数，依下式计算

$$C_b = 66.7\frac{P_{0.2}}{D}\ (\text{对}\ 0.2R\ \text{切面})$$

$$C_b = 19.4\frac{P_{0.6}}{D}\ (\text{对}\ 0.6R\ \text{切面})$$

δ、η_0——由 B_P-δ 图谱查得；

$t_{0.2}$、$t_{0.6}$——0.2R 和 0.6R 处桨叶最大厚度，m；

$b_{0.2}$、$b_{0.6}$——0.2R 和 0.6R 半径处的切面弦长，m；

C——系数，对 0.2R 和 0.6R 处切面，分别依 $P_{0.2}/D$ 和 $P_{0.6}/D$ 由图 8-48 查得；

D——螺旋桨直径，m；

A——系数，根据纵斜角和 $D/t_{0.2R}$（0.2R 处）或 $D/t_{0.6R}$（0.6R 处）值查图 8-48 求得。

按式(8-88)计算出最大压力 σ，应不超过材料许用应力 $[\sigma]$，则强度满足要求。

即

$$\sigma = \sigma_1 + \sigma_2 \leqslant [\sigma] \tag{8-93}$$

具体计算可按表 8-14 顺序进行。材料的许用应力可按表 8-15 选用。

0.2R 处桨叶切面的最大压应力计算 表 8-14

序号	项　目	单　位	数　值	
1	厚度 $t_{0.2}$（假定）	m		
2	$(t_{0.2})^2 = (1)^2$	m²		
3	$\dfrac{P_{DB} \times \xi \times 156.916}{Z \times n \times b_{0.2}}$			
4	$\delta \times \eta_0$			
5	$C_b + (4)$			
6	$C_a \times (5)$			
7	$(6) \times (3)/1000$	kN		
8	$\sigma_1 = \dfrac{(7)}{(2)}/1000$	MPa		
9	$D/t_{0.2}$			
10	$A = f(\theta, D/t_{0.2})$ 查图			
11	$AC—0.58$			
12	$\dfrac{nD}{100}$			
13	$\left(\dfrac{nD}{100}\right)^2 = (12)^2$			
14	$\sigma^2 = (11) \times (13) \times 9.81 \times 10^{-2}$	MPa		
15	$\sigma = \sigma_1 + \sigma_2$	MPa		

材料的许用应力 表 8-15

材料名称和牌号	许用应力 $[\sigma]$（MPa）	材料名称和牌号	许用应力 $[\sigma]$（MPa）
锰青铜 HMnFe55-3-1	45 ~ 50	球墨铸铁 QT40-10	26 ~ 28
铸钢 $ZG_{25}A$、$ZG_{20}A$	45 ~ 50	灰铸铁 HT21-40、HT24-44	19 ~ 22 （拉伸）

实践证明，如果设计的螺旋桨采用荷兰船模试验池建议的叶厚度分布，则上述方法中 0.6R 半径处叶切面的强度可不必再验算，只计算 0.2R 处的强度即可。荷兰船模试验池建议的叶片厚度分布为

$$t_x = s_x (t_{0.2} - t_{1.0}) + t_{1.0} \tag{8-94}$$

式中：t_x——任意半径处桨叶切面的最大厚度,mm；

$t_{0.2}$——0.2R 处桨叶切面的最大厚度,按上述强度计算法求得,mm；

s_x——各半径处的系数,分别如下：

$s_{0.0R}=1.27$　　$s_{0.2R}=1.0$　　$s_{0.3R}=0.845$　　$s_{0.4R}=0.699$

$s_{0.5R}=0.564$　　$s_{0.6R}=0.436$　　$s_{0.7R}=0.318$　　$s_{0.8R}=0.206$

$s_{0.9R}=0.100$　　$s_{0.95R}=0.0495$

$t_{1.0}$——叶梢处的厚度,可按表 8-16 选取。

螺旋桨的叶梢厚度　　表 8-16

螺旋桨直径 D(mm)	0～1500	1500～3000	≥3000
铜　质	0.004D	0.0035D	0.003D
铸　铁	0.0045D	0.004D	0.0035D

下面举例应用逻姆逊法校核桨叶 0.2R 切面的强度,及用荷兰水池厚度分布规律决定各半径的最大厚度。

例 8-5　已知某内河双桨船,螺旋桨的收到功率 $P_{DB}=1301.835$kW,转速 $n=275$r/min,叶片数 $Z=4$,直径 $D=2.54$m,螺距比 $P/D=0.84$,盘面比 $A_E/A_0=0.55$,直径系数 $\delta=160$,效率 $\eta_0=0.64$,后倾角 $\varepsilon=5°$,螺旋桨材料为锰铁黄铜。许用应力 $[\sigma]=49.05$MPa,按逻姆逊法校核 0.2R 切面的强度,并决定各半径最大厚度。

解：(1)预备计算：

0.2R 处切面弦长

$$b_{0.2}=0.7608\times2.1867\times\frac{A_E}{A_0}\times\frac{D}{Z}$$

$$=0.7608\times2.1867\times0.55\times\frac{2.54}{4}=0.581\text{m}$$

0.2R 处螺距比

$$\frac{P_{0.2}}{D}=0.822\times\frac{P}{D}=0.822\times0.84=0.7$$

由图 8-48 查得

$$\xi=f(\varepsilon)=1.014$$

$$C=f_1\left(\frac{P_{0.2}}{D}\right)=0.7$$

$$C_a=f_2\left(\frac{P_{0.2}}{D}\right)=7.85$$

$$C_b=66.7\times\frac{P_{0.2}}{D}=46.69$$

$$\frac{P_{DB}\times\xi\times156.916}{Z\times n\times b_{0.2}}=\frac{1301.835\times1.014\times156.916}{4\times275\times0.581}=324.11$$

标准厚度

$$t_{0.2}=0.0366D=0.0366\times 2.54=0.093\text{m}$$

(2)列表计算,见表 8-17。

0.2R 处桨叶切面的最大压应力计算 表 8-17

序号	项 目	单位	数值	
1	厚度 $t_{0.2}$(假定)	m	0.09	0.1
2	$(t_{0.2})^2=(1)^2$	m^2	0.0081	0.01
3	$\dfrac{P_{DB}\times\xi\times 156.916}{Z\times n\times b_{0.2}}$		324.11	324.11
4	$\delta\times\eta_0$		102.4	102.4
5	$C_b+(4)$		149.09	149.09
6	$C_a\times(5)$		1170.3565	1170.3565
7	$(6)\times(3)/1000$	kN	379.3243	379.3243
8	$\sigma_1=\dfrac{(7)}{(2)}/1000$	MPa	46.8302	37.9324
9	$D/t_{0.2}$		28.2	25.4
10	$A=f(\varepsilon、D/t_{0.2})$查图		2.9	2.7
11	$AC-0.58$		1.45	1.31
12	$\dfrac{nD}{100}$		6.985	6.985
13	$\left(\dfrac{nD}{100}\right)^2=(12)^2$		48.79	48.79
14	$\sigma_2=(11)\times(13)\times 9.81\times 10^{-2}$	MPa	6.9401	6.2700
15	$\sigma=\sigma_1+\sigma_2$	MPa	53.7703	44.2025

(3)作图(用插值法求 $t_{0.2}$的最大厚度),如图 8-49 所示。

根据$[\sigma]=49.05\text{MPa}$,用插值法求得 $t_{0.2}=0.0951\text{m}$。由图 8-49 可知,只要所求的 $t_{0.2}$的厚度大于 0.0951m 就能满足强度要求,本例题取 $t_{0.2}=0.098\text{m}$,所计算的 $\sigma=46.1161\text{MPa}$,按强度条件总应力 $46.1161\text{MPa}<[49.05\text{MPa}]$即满足强度要求。

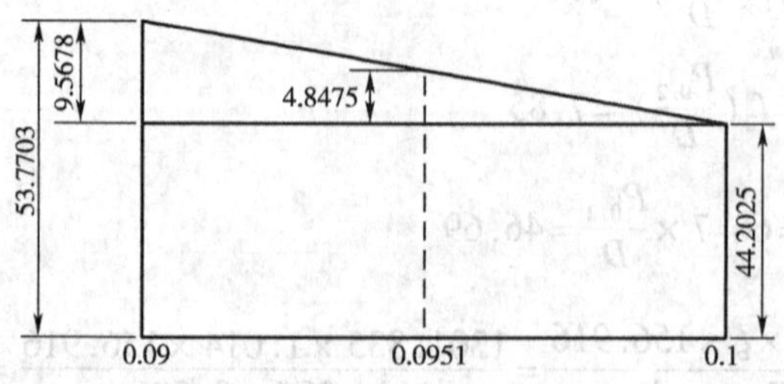

图 8-49 许用应力 σ 随 $t_{0.2}$厚度的变化

叶梢厚度取

$$t_{1.0R}=0.0035D=0.0035\times2540=8.89\text{mm}(\text{取 }9\text{mm})$$

(4)叶片厚度分布如下:

$$t_{0.2R}=98\text{mm}$$

$$t_{1.0R}=9\text{mm}$$

$$t_{0.2R}-t_{1.0R}=98-9=89\text{mm}$$

$$t_{0.0R}=1.27\times89+9=122.0\text{mm}$$

$$t_{0.3R}=0.845\times89+9=84.2\text{mm}$$

$$t_{0.4R}=0.699\times89+9=71.2\text{mm}$$

$$t_{0.5R}=0.564\times89+9=59\text{mm}$$

$$t_{0.6R}=0.436\times89+9=47.8\text{mm}$$

$$t_{0.7R}=0.318\times89+9=37.3\text{mm}$$

$$t_{0.8R}=0.206\times89+9=27.3\text{mm}$$

$$t_{0.9R}=0.1\times89+9=17.9\text{mm}$$

$$t_{0.95R}=0.0495\times89+9=13.4\text{mm}$$

2. 规范校核法

我国船级社颁布的《钢质海船入级与建造规范》(以下简称《规范》)中,对螺旋桨的强度问题作了具体的规定。

螺旋桨桨叶厚度 t(固定螺距螺旋桨为 0.25R 和 0.6R 切面处,可调螺距螺旋桨为 0.35R 和 0.6R 切面处)不得小于按下式计算所得的值:

$$t=\sqrt{\frac{Y}{k-X}} \tag{8-95}$$

式中:Y——功率系数,按式(8-96)求得;

k——材料系数,查表 8-18;

X——转速系数,按式(8-97)求得。

螺旋桨材料系数表 表 8-18

材 料	抗拉强度 σ_b(N·mm^{-2})	材料密度 ρ(g·mm^{-3})	材料系数 k
碳钢与合金钢	400	7.9	0.57
铁素体与马氏体不锈钢	500	7.7	1.04
奥氏体不锈钢	450	7.9	1.04
Cu1 锰青铜	440	8.3	1
Cu2 镍锰青铜	440	8.3	1
Cu3 镍铝青铜	590	7.6	1.38
Cu4 锰铝青铜	630	7.5	1.17

(1)功率系数按下式计算:

$$Y=\frac{A_1\times P_S}{Zbn}\times1.36 \tag{8-96}$$

其中，$A_1=\frac{D}{P}\left(k_1-k_2\frac{D}{P_{0.7}}\right)+k_3\frac{D}{P_{0.7}}-k_4$，对于椭圆上翘的机翼型切面，上式求得的 A_1 值应增加 30%；

式中： D——螺旋桨直径，m；

P——所计算切面处的螺距，m；

$P_{0.7}$——0.7R 切面处的螺距，m；

R——螺旋桨半径，m；

k_1、k_2、k_3、k_4——系数，查表 8-19；

P_S——主机的额定功率，kW；

Z——桨叶叶数；

b——所计算半径处切面的弦长，m；

n——螺旋桨在主机额定功率时的转速，r/min；

螺旋桨不同半径处 k 值表 表 8-19

r \ k_i	k_1	k_2	k_3	k_4	k_5	k_6	k_7	k_8
0.25R	634	250	1410	4	82	34	41	380
0.35R	520	285	1320	16	64	28	57	420
0.60R	207	151	635	34	23	12	65	330

(2)转速系数按下式计算：

$$X=\frac{A_2\rho A_E n^2 D^3}{10^{10}Zb} \tag{8-97}$$

其中，$A_2=\frac{D}{P}(k_5+k_6\varepsilon)+k_7\varepsilon+k_8$；$D$、$P$、$N$、$Z$ 和 b 同式(8-96)。

式中： ε——桨叶后倾角，(°)；

ρ——桨叶材料的密度，g/cm^3；

A_E——螺旋桨的盘面比；

k_5、k_6、k_7、k_8——系数，查表 8-19。

对于航行于冰区的船舶，螺旋桨桨叶还需进行加强，具体办法在《规范》中有明确规定，这里不再介绍。

《规范》还规定，对于特殊设计的螺旋桨，允许用其他计算方法来确定螺旋桨桨叶的厚度，但需取得验船部门的同意。

具体计算可按表 8-20 顺序进行。

若标准桨叶在 0.25R(或 0.35R)和 0.6R 切面的厚度大于《规范》要求的最小厚度，则满足强度要求。桨叶其他各半径处最大厚度可分别按标准厚度选取。

若标准桨叶在 0.25R(或 0.35R)和 0.6R 切面的厚度小于《规范》的要求，则不满足强度要求。桨叶的厚布分布可先按表 8-16 算出叶梢的厚度。然后将叶梢的厚度与按《规范》计算得到的 0.25R(或 0.35R)和 0.6R 处切面的厚度三个点在图上按同样比例标出，通过三点连成光顺曲线，即可从图上量得各不同半径处桨叶厚度。

最小厚度 t 计算表 表 8-20

序号	项 目	单 位	所校核的叶切面	
			0.25R	0.6R
1	桨叶宽度 b	m		
2	0.7R 处 $D/P_{0.7}$			
3	D/P			
4	$A_1=\frac{D}{P}\left(k_1-k_2\frac{D}{P_{0.7}}\right)+k_3\frac{D}{P_{0.7}}-k_4$			
5	$A_2=\frac{D}{P}(k_5+k_6\varepsilon)+k_7\varepsilon+k_8$			
6	$Y=1.36\frac{A_1P_S}{Zbn}$			
7	$X=\frac{A_2\rho A_E n^2D^3}{10^{10}\rho Zb}$			
8	《规范》要求最小厚度 $t=\sqrt{\frac{Y}{k-X}}$	mm		
9	标准桨叶切面厚度 t	mm		

三、螺距修正*

若用强度计算所决定的叶厚分布与标准系列桨叶不同,则应对所求出的螺距进行修正,以使两者性能相同。

由于叶片上从叶根至叶梢各半径处的叶厚分布均不相同,严格讲,各半径处叶切面的螺距都应修正,这样就比较麻烦,故实用上只取 0.7R 处的叶切面进行螺距修正即可。如果设计的螺旋桨在 0.7R 处的厚度与标准系列的螺旋桨不同,则应进行螺距修正;反之,则不用修正。螺距修正原理是根据螺距角 φ 与无升力角 α_0 之和等于常数而得出的。即

$$\varphi+\alpha_0=\text{常数} \tag{8-98}$$

如图 8-50 所示。

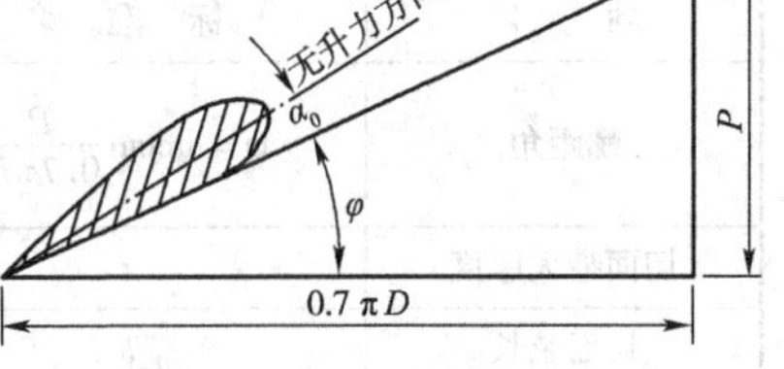

图 8-50 无升力角 α_0 与螺距角 φ

修正方法如下:因螺距角 φ 是已知的,切面的无升力角 α_0(°)可按下式计算:

$$\alpha_0=57.3k\left(\frac{t}{b}\right) \tag{8-99}$$

式中:k——系数,与 0.7R 处的切面形式有关;对 MAU 型螺旋桨,$k=0.735$;对 B 形螺旋桨,$k=0.813$;对弓形螺旋桨,$k=0.75$;

修正后的螺距角 φ',可由下式计算

$$\varphi'=\varphi+\alpha_0-\alpha_0'=\varphi+57.3k\left(\frac{t}{b}-\frac{t'}{b'}\right) \tag{8-100}$$

$$\varphi' = \arctan\frac{P'}{0.7\pi D} = \arctan\frac{P}{0.7\pi D} + 57.3k\left(\frac{t}{b} - \frac{t'}{b'}\right) \tag{8-101}$$

修正后的螺距为

$$P' = 0.7\pi D\tan\varphi' \tag{8-102}$$

式中：$\frac{t}{b}$——系列桨的厚度比；

$\frac{t'}{b'}$——设计桨的厚度比。

螺距修正实例：

例 8-6 某沿海单桨货船，航速 $V = 14.84$kn，采用 B 型四叶螺旋桨，螺旋桨直径 $D = 4.08$m，螺距比 $P/D = 0.786$，盘面比 $A_E/A_0 = 0.52$，根据强度计算求得 $0.7R$ 处切面的厚度 $t = 57$mm。

解： (1)预备计算：

标准螺旋桨在 $0.7R$ 处切面的厚度为

$$t_{0.7R} = 0.0156D = 0.0156 \times 4080 = 63.6\text{mm}$$

设计螺旋桨实际的厚度为

$$t'_{0.7R} = 57\text{mm}$$

因两者厚度不同，需要作螺距修正，故修正如下：

$0.7R$ 处切面弦长为

$$b = 0.9808 \times 2.1867\frac{A_E}{A_0}\cdot\frac{D}{Z}$$

$$= 0.9808 \times 2.1867 \times 0.52 \times \frac{4080}{4} = 1137\text{mm}$$

(2)列表计算，见表 8-21。

修正后的螺距角计算表 表 8-21

项　目	标准桨	数　值	实际桨	数　值
螺距角	$\varphi = \arctan\frac{P}{0.7\pi D}$	19.70		
切面最大厚度	t	63.6	t'	57
切面弦长	b	1137	b	1137
厚度比	t/b	0.056	t'/b	0.05
系数	k	0.813	k	0.813
修正后的螺距角	$\varphi' = \varphi + 57.3k\left(\frac{t}{b} - \frac{t'}{b}\right)$			19.98°

修正后的螺距比为

$$\frac{P'}{D} = 0.7\pi\tan\varphi' = 0.7 \times 3.14 \times 0.3636 = 0.799$$

修正后的螺距为

$$P' = 0.799 \times 4.08 = 3.26\text{m}$$

四、螺旋桨重力及惯性矩计算*

设计螺旋桨时,必须进行重力及惯性矩的计算,以供工厂备料、运输、安装及轴系等需要。螺旋桨的总重力为叶片重力与毂重力之和,其估算方法都是按照统计资料得出经验公式来进行的,下面介绍一种经验公式估算法。

1.螺旋桨重力的估算

(1)叶片重力:

$$G_Y = 3.85C_2 \times C_3 \times C_4 \times \gamma \times \frac{A_E}{A_0} \times \frac{t_0}{D} \times D^3 \tag{8-103}$$

式中:G_Y——叶片重力, kN;

γ——材料重度,查表 8-22;

C_2——叶切面系数,对 B 型桨 $C_2 = 1.0$;

C_3——桨叶外形系数,对于 B 型桨 $C_3 = 1.0$,对于宽叶梢桨叶 $C_3 = 1.02$,对于窄叶梢桨叶 $C_3 = 0.98$;

C_4——叶梢厚度比系数,按下式计算

$$C_4 = 0.15 \times \frac{t_0 + t_{1.0}}{t_0} - 0.089$$

式中:t_0——轴线处的叶根厚度,m;

$t_{1.0}$——叶梢厚度,m。

材料重度表　　表 8-22

材料名称	重度γ(kN/m^3)	材料名称	重度γ(kN/m^3)
锰铁黄铜	82.5021	球墨铸铁	72.594
铸铁	77.0085	灰铸铁	72.594

(2)桨毂重力:

$$G_n = 0.59 \cdot d_0^2 \cdot l \cdot \gamma \quad (\text{kN}) \tag{8-104}$$

式中:d_0——毂径,m;

l——桨毂长度,m。

(3)螺旋桨的总重力:

$$G = G_Y + G_n \quad (\text{kN}) \tag{8-105}$$

2.惯性矩计算

螺旋桨转动惯性矩可用下式估算

$$I = 0.00663 \times C_1 \times G_Y \times D^2 \quad (\text{N} \cdot \text{m} \cdot \text{s}^2)$$

式中:D——螺旋桨直径,m;

G_Y——螺旋桨桨叶重力,N;

C_1——轴毂影响系数,对 B 型 3、4 叶桨叶 $C_1 = 1.025$,当毂径比增大时 C_1 相对增大,其极限值为 1.06。

例 8-7　已知某长江内河客货船,螺旋桨的直径 $D = 1.9$m,盘面比$A_E/A_0 = 0.55$,毂径 $d_0 = 0.38$m,叶梢厚度 $t_{1.0} = 0.0057$m,叶根厚度比$t_0/D = 0.045$,毂长 $l = 0.5$m,材料重度 $\gamma =$

82.5021 kN/m³,求该螺旋桨重力及转动惯性矩。

解: (1)预备计算:

取 $C_1=1.025, C_2=1.0, C_3=1.0$

$$C_4=0.15\times\frac{t_0+t_{1.0}}{t_0}-0.089$$

$$=0.15\times\frac{0.045\times1.9+0.0057}{0.045\times1.9}-0.089=0.071$$

(2)列表计算,见表8-23。

螺旋桨的重力及转动惯性矩计算 表8-23

序号	项 目	单 位	叶 片	桨 毂	转动惯性矩
1	D^3	m^3	6.859		
2	$C_2\cdot C_3\cdot C_4\cdot\gamma$	kN/m^3	5.8576		
3	$A_E/A_0\cdot t_0/D$		0.0248		
4	(2)×(3)	kN/m^3	0.1453		
5	叶片重力=3.85×(1)×(4)	kN	3.837		
6	转动惯性矩 =0.00663×(5)×1000×$D^2\times C_1$	$N\cdot m\cdot s^2$			94.13
7	d_0^2	m^2		0.144	
8	$l\times r$			41.251	
9	毂重力=0.59×(8)×(7)	kN		3.505	
10	螺旋桨重力=(5)+(9)	kN	7.342		

第九节 设计螺旋桨时应考虑的若干因素

本章第七节已经介绍了螺旋桨图谱设计的基础,但在应用图谱进行螺旋桨设计之前,先要选定螺旋桨的类型、叶数 Z 及盘面比 A_E/A_0 等。因为设计螺旋桨时应考虑的因素很多,而且这些因素之间有相互制约作用,在考虑某一问题时,常常会出现相互矛盾相互依存的复杂现象,为了设计出最合理的螺旋桨,我们必须通盘考虑各方面的矛盾,以下就螺旋桨设计中遇到的几个主要因素进行简要讨论。

一、螺旋桨的数目

对于某一艘船,是选用一个螺旋桨好还是选用两个螺旋桨好,必须综合考虑推进性能、操纵性能及主机能力或数目等各方面的因素,需要根据各类船舶的不同特点来选取。通常习惯是按同航线同类型的船来选取螺旋桨数目,且螺旋桨数目与船舶尾线型直接有关,故在船舶初步设计时已决定了螺旋桨数目。

在功率相同的情况下,单螺旋桨船的推进效率常高于双螺旋桨船,这是因为单螺旋桨位于船尾纵中剖面上,伴流较大,而且单桨的直径较双桨大,故其效率较高。

对于海船，其螺旋桨直径不受限制，一般现代散装货船、干货船和油船等均采用单桨，对于沿海客船要求速度快、操纵灵活，故多采用双桨。对于内河船舶，因吃水较浅使桨叶直径受到限制，而且又要操纵灵敏，故大多数采用双螺旋桨。

二、螺旋桨直径

在绘制船体线型图时，已基本上决定了螺旋桨的轴线位置和可能的最大直径（限制直径）。一般来说，螺旋桨的直径大，转速较低，其效率较高。但直径常受尾型及吃水的限制，而且直径过大时，若叶梢离水面太近，则有兴波损失并自水面吸收空气，影响效率，且在风浪中航行时会使桨叶露出水面，影响推进性能。故普通船舶的螺旋桨直径大致在下列范围：

$$D=(0.7\sim0.8)d_A\text{（单桨）}\tag{8-106}$$

$$D=(0.6\sim0.7)d_A\text{（双桨）}\tag{8-107}$$

式中：d_A——满载时船尾处的吃水。

一般认为，螺旋桨叶梢在最高位置时至少应在设计水线以下 $0.2D$ 处，其最低位置应与尾框底材至少保留 $0.03D$ 的间隙，D 为螺旋桨直径。对于内河船舶因吃水常受到限制，如果严格限制桨叶沉浸，则螺旋桨的直径就会过于偏小，致使螺旋桨的效率偏低。为解决这一问题，一般是采用隧道式尾型，桨叶直径可选用接近甚至超过尾吃水的数值。对于长江中大型船舶，通常的解决办法是增大水线面系数，将尾部满载水线面增大，使其能盖住螺旋桨，以避免空泡的产生，提高推进效率。

三、螺旋桨叶数的选择

螺旋桨叶数的选择应根据船型、吃水、推进性能、振动和空泡多方面加以考虑。一般认为，若螺旋桨的直径及展开面积相同，则叶数少者效率略高，叶数多者因叶片与叶片间产生的相互干扰作用较大，效率常略低。叶数多者对减小振动有利，叶数少者对避免空泡有利。一般对于单螺旋桨的商船，从避免振动的角度来考虑，宜采用四叶，对于双桨船，由于左右两桨位置对称，从提高螺旋桨效率角度考虑，可采用三叶。对于高速军舰或重负荷螺旋桨，以用三叶为宜，因为在展开面积相同时三叶叶面较宽，可保证桨叶强度所必需的叶切面，相对厚度较小，对避免或减轻空泡有利。

货船一般是单桨船，考虑到空载状况时可能桨叶有一部分露出水面，螺旋桨直径必须有所限制，故宜采用四叶较为有利。客船、一般吃水变化较小的多桨船，宜采用三叶。

在实际决定叶数时，我们必须通盘考虑三叶或四叶各方面的优缺点，进行比较确定。根据统计，对于 B 型螺旋桨一般是：盘面比 A_E/A_0 往 0.70 以上者多用三叶，盘面比 A_E/A_0 在 0.40 ~ 0.70 之间多用四叶。

四、螺旋桨转速

螺旋桨转速低一些，则直径可以较大，效率也会较高，但对主机来说，转速高，则机器效率高，且主机的重量和尺寸也可以减小，从这里可以看出螺旋桨转速和主机转速要求之间是互相

对立而又互相联系的。因此就需要螺旋桨的转速和主机的转速之间要匹配好。但在进行一般民用船舶的螺旋桨设计时,主机往往是从现已生产的一定功率的几种船用主机中加以比较选取,更多的情况是先有主机再进行船舶设计。因此在设计螺旋桨时,螺旋桨的转速常是给定的。

五、螺距比

螺距比 P/D 是影响螺旋桨性能的主要因素之一。两个几何形状相同、直径相同的螺旋桨仅螺距比不同时,其性征曲线相差很大,如图 8-51 所示。螺距比 P/D 的增加,可导致推力系数 K_T 曲线大致平行地向右移动,即向大的进速系数 J 方向移动。在进速系数 J 相同时,螺距比越大,则推力系数 K_T 和转矩系数 K_Q 也越大。在进速系数较小时,螺距比小的螺旋桨效率较高,而在进速系数较大时,则螺距比大者效率较高。很多螺旋桨试验说明,在螺距比小于 1.5 范围内,螺距比越大,则该螺旋桨的最高效率也越大;而螺距比大于 1.5 时,螺旋桨的最高效率大致保持不变。在实际螺旋桨上,螺距比大致在 $0.6 < P/D < 2.0$ 范围内,在设计螺旋桨时,螺距比一般按螺旋桨系列模型试验所发表的资料确定。

六、盘面比

对一定的叶形而言,盘面比的大小反映了桨叶的宽窄程度,盘面比大者,桨叶较宽,盘面比小者,桨叶较窄。当螺旋桨的直径、螺距和叶数相等时,推力系数 K_T 和转矩系数 K_Q 随盘面比之增加而增大,如图 8-52 所示。但盘面比大者桨叶之间的干扰作用增加,且桨叶宽者所遭受的摩擦阻力也大,故通常盘面比越小效率越高。但盘面比过小后,为保证强度而需要增加厚度,而且盘面比过小后,单位面积上所发出的推力较大,易发生空泡。而且切面厚度过厚,会增加阻力,使效率反而降低。通常在设计时总是选择不发生空泡的最小盘面比。

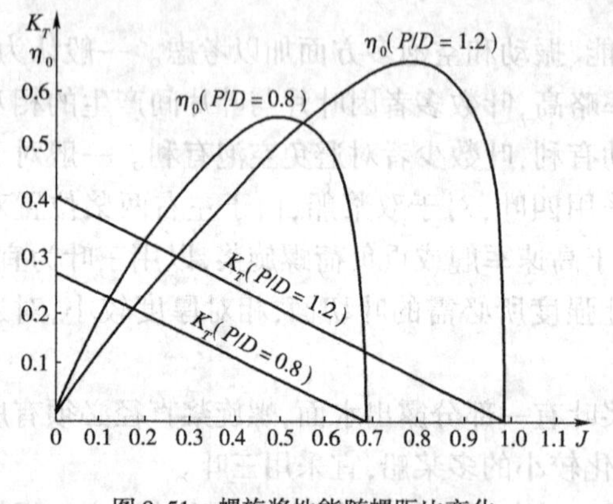

图 8-51 螺旋桨性能随螺距比变化

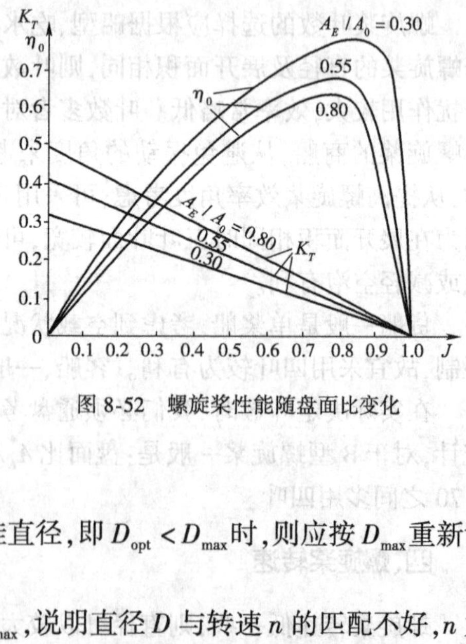

图 8-52 螺旋桨性能随盘面比变化

七、直径 D 及传动比 i 的确定

(1)当船尾部所允许的最大直径超过设计的最佳直径,即 $D_{opt} < D_{max}$ 时,则应按 D_{max} 重新设计螺旋桨。

(2)当最佳直径 D_{opt} 比 D_{max} 小许多时,即 $D_{opt} \ll D_{max}$,说明直径 D 与转速 n 的匹配不好,n 太大所引起。此时可由 D_{max}(即尾部所允许的最大直径)设计螺旋桨,求最佳转速 n_{opt},决定配备

减速器应有的传动比范围 $i = n_{主机}/n_{opt}$。

八、螺旋桨的设计状态讨论

对于普通螺旋桨，只有在设计状态下才能充分发挥主机功率，然而船舶在营运过程中完全处于设计状态是很少的。所以，螺旋桨常处于轻载或重载之中，如果设计状态不合理，将会加重这种或轻或重现象，故设计状态的选择十分重要。

一般要求船舶在营运的各种状态中，不要出现过于明显的或轻或重现象，且以主要的、经常的航行状态作为设计状态。由于营运航行状态下的阻力不易从船模实验得到，也难以试航阻力为基础，精确地加上适当的百分数求得，因此现有螺旋桨设计所依据的船舶阻力曲线大多仍是试航状态的阻力曲线。这时如果仍以主机的额定转速和额定功率来设计螺旋桨，则将使螺旋桨在营运航行时出现重载现象。为了避免这种现象，通常在设计螺旋桨时将其设计“轻”一些，这可采取以下方法：

(1)把主机的额定功率打一折扣作为设计功率。即预留一部分功率作为考虑船舶污底和风浪等附加阻力作用。从主机功率扣除的这部分功率与主机额定功率的之百分数称为功率储备。

(2)取螺旋桨的设计转速(考虑减速比后)略高于主机的设计转速。增加的这部分转速与额定转速之比的百分数称为转速储备。

当采用功率储备时，在设计状态下主机发出设计功率，而在营运状态下，因“重载”使主机的功率超过设计值而达到额定功率。当采用转速储备时，设想在设计状态时主机达到设计转速，而在营运状态下，因“重载”使主机的转速低至额定转速。可见，以上两种方法均可实现营运航行时船—桨—机的互相配合。这两种情况并没有本质上的差别。

功率储备或转速储备的大小应根据船舶的用途、航区情况、主机类型和使用要求来决定，或根据母型船的使用经验来确定。根据实验总结的经验来看，一般柴油机的功率储备可取10% ~15%，而转速储备可取2% ~5%。汽轮机的功率储备可取3%或取转速储备1%。

如果船体的阻力曲线已考虑到实际营运的影响(严重污底、风浪等)，则无需主机功率或转速储备。

第十节　图谱设计螺旋桨实例*

一般螺旋桨设计按工作性质区分，整个设计可大致分为四个阶段。

1. 设计任务书的分析

根据船舶的类型、用途、航区、主机类型等已知条件进行分析，以确定一个合理的设计工况。

2. 调查原始资料

目的在于取得可靠的已知数据，如机器功率、转速、效率损失、伴流分数及推力减额分数等。

3. 具体设计阶段

在给定的工况下按图谱计算一个合理的螺旋桨。

(1)选择设计图谱,初步确定螺旋桨的叶数和盘面比;

(2)应用图谱确定螺旋桨尺度(D、P/D、η_0);

(3)空泡校核;

(4)强度校核;

(5)质量及惯性矩计算;

(6)绘图。

4. 验收阶段

螺旋桨设计完毕后,通过制造,最后装在船上。这时需要对所设计的螺旋桨进行调查,了解螺旋桨性能在实际运行中的优劣。

在螺旋桨设计的各阶段中,会不断出现各种问题,如船舶的尾型与螺旋桨尺度之间、主机转速与螺旋桨转速之间、螺旋桨各项技术性能要求之间等的问题。因此,在螺旋桨设计过程中,要抓住主要问题,兼顾次要问题。

下面以 600t 供水船螺旋桨为例说明具体设计的步骤和方法。

1)船舶主要尺度

水线间长

$$L_{WL}=48.0\text{m};$$

两柱间长

$$L_{PP}=46.9\text{m};$$

型宽

$$B=8.8\text{m};$$

设计吃水

$$d=3.5\text{m};$$

排水量

$$\Delta=990\ \text{t};$$

方形系数

$$C_B=0.685;$$

浮心纵坐标

$$x_B=-0.14\text{m}=-0.298\%L_{PP};$$

宽度吃水比

$$B/d=2.515;$$

长度排水量系数

$$L_{WL}/\Delta^{1/3}=48/990^{1/3}=4.82$$

$$\sqrt{L_{WL}}=\sqrt{48}=6.93$$

$$\Delta^{0.64}=990^{0.64}=82.6\text{t}。$$

2)主机类型及传动效率

主机　　M8180CZL 四冲程增压柴油机一台

额定功率　　411.88kW(560PS)

额定转速　　750r/min

减速器　　ZCT—350

减速比　　$i=2.0287$

螺旋桨转速　　$n=369\text{r/min}$

减速器效率　　$\eta_j=0.96$

轴系效率　　$\eta_s=0.94$

3)阻力估算

爱尔法估算航速与有效功率的关系。结果见表8-24。

航速与有效功率的关系　　表8-24

序号	项　目	单　位	数　值			
1	假定航速 V	kn	8	9	10	11
2	EHP	kW	72.1526	112.2373	169.0179	276.1803
3	1.15EHP	kW	82.975	129.073	194.371	317.607

4)螺旋桨要素计算

(1)主要参数选取:

①相对旋转效率:

取

$$\eta_R=1.00$$

②收到功率:

$$P_{D0}=411.88\times0.96\times0.94\times1=371.681\text{kW}=371681\text{W}$$

$$n(P_{D0}/\gamma)^{0.5}=369\times\left(\frac{371.681}{1.025}\right)^{0.5}=7026.6709$$

$$0.2198\times n(P_{D0}/\rho)^{0.5}=0.2198\times7026.6709=1544.5$$

③伴流分数:

取

$$w=0.31$$

④推力减额分数:

取

$$t=0.24$$

⑤船身效率:

$$\eta_H=\frac{1-t}{1-w}=\frac{1-0.24}{1-0.31}=1.10$$

(2)有效功率计算,见表8-25。

(3)作有效功率曲线(图8-53)确定 $V=10.1\text{kn}$ 为计算航速(估计本螺旋桨盘面比接近0.50)。

(4)以 $V=10.1\text{kn}$ 为基础求螺旋桨要素,见表8-26。

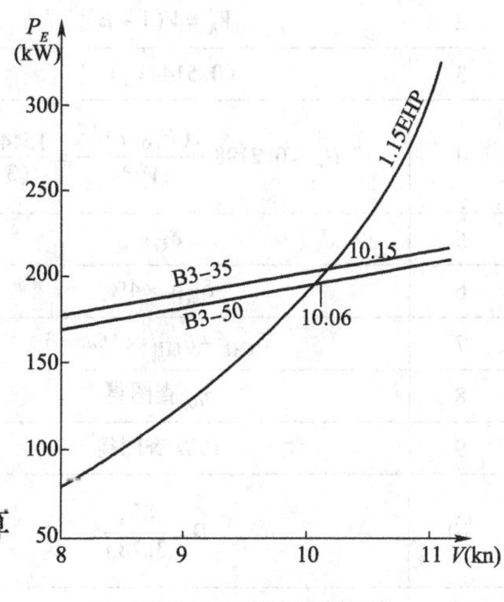

图8-53　有效功率曲线

有效功率计算 表8-25

序号	项目		单位	数值			
1	假定航速 V		kn	8	9	10	11
2	进速 $V_A = V(1-w)$		kn	5.52	6.21	6.90	7.59
3	$(0.5144V_A)^{2.5}$		$(m/s)^{2.5}$	13.59	18.24	23.73	30.12
4	$B_P = 0.2198\dfrac{n(P_{D0}/r)^{0.5}}{V_A^{2.5}} = \dfrac{1544.5}{(3)}$			113.6	84.7	65.1	51.3
5	B3-35	$\delta_{最佳}$查图得		402	353	317	289
6		$\delta_{最佳} \times 0.4\%$		16.1	14.1	12.7	11.56
7		$\delta_{最佳} - \delta_{最佳} \times 0.4\% = \delta$		385.9	338.9	304.3	277.4
8		η_0 由 B_P, δ 查图得		0.435	0.472	0.504	0.536
9		$\eta_R \cdot \eta_0 \cdot \eta_H$		0.478	0.519	0.555	0.590
10		$P_{E供} = P_{DB} \times (9)$	kW	177.66	192.90	206.28	219.29
11	B3-50	$\delta_{最佳}$查图得		407	354	317	288
12		$\delta_{最佳} \times 0.4\%$		16.3	14.2	12.7	11.5
13		$\delta_{最佳} - \delta_{最佳} \times 0.4\% = \delta$		390.7	339.8	304.3	276.5
14		η_0 由 B_P、δ 查图得		0.417	0.454	0.489	0.521
15		$\eta_R \cdot \eta_0 \cdot \eta_H$		0.458	0.500	0.538	0.573
16		$P_{E供} = P_{DB} \times (15)$	kW	170.23	185.84	199.96	212.97

螺旋桨直径、螺距的计算 表8-26

序号	项目	单位	B3-35	B3-50
1	V	kn	10.1	10.1
2	$V_A = V(1-w)$	kn	6.969	6.969
3	$(0.5144V_A)^{2.5}$	$(m/s)^{2.5}$	24.33	24.33
4	$B_P = 0.2198\dfrac{n(P_{D0}/r)^{0.5}}{V_A^{2.5}} = \dfrac{1544.5}{(3)}$		63.5	63.5
5	$\delta_{最佳}$		315	314.5
6	$\delta_{最佳} \times 4\%$		12.6	12.58
7	$\delta_{最佳} - \delta_{最佳} \times 4\% = \delta$		302.4	301.9
8	η_0 查图得		0.5075	0.493
9	P/D 查图得		0.63	0.625
10	$D = \dfrac{\delta V_A}{3.28n}$	m	1.74	1.738
11	$P = (9) \times (10)$	m	1.096	1.086

(5)空泡校核,见表8-27。

空泡校核计算表　　表8-27

序号	项　目	单位 A_E/A_0	B 3-35	B 3-50
1	直径 D	m	1.74	1.738
2	效率 η_0		0.5075	0.493
3	进速 V_A	kN	6.969	6.969
4	$(0.5144V_A)^2$	$(m/s)^2$	12.85	12.85
5	$(0.7\pi\times\frac{n}{60}\times D)^2$	$(m/s)^2$	553.2	552.0
6	$V_{0.7R}^2=(4)+(5)$	$(m/s)^2$	566.05	564.85
7	$\frac{1}{2}\rho V_{0.7R}^2=\frac{1}{2}\rho\times(6)$	kN/m^2	283.025	282.425
8	空泡数 $\sigma=\frac{p_0-p_v}{(7)}$		0.429	0.430
9	查图 τ_c	(7)	0.171	0.171
10	推力 $T=P_{DB}\times\eta_R\times\eta_0/0.514V_A$	kN	52.618	51.115
11	需要的投射面积 $A_P=\frac{(10)}{(9)(7)}$	m^2	1.087	1.058
12	螺距比 P/D		0.63	0.625
13	需要的伸张面积 $A_E=\frac{(11)}{1.067-0.229P/D}$	m^2	1.187	1.154
14	盘面积 $A_0=\frac{\pi D^2}{4}$	m^2	2.377	2.371
15	需要盘面比$\frac{A_E}{A_0}=\frac{(13)}{(14)}$		0.499	0.483

收到功率

$$P_{D0}=371.681\text{kW}$$

转速

$$n=369\text{r/min}$$

水波高

$$W=0$$

水的密度

$$\rho=1000\text{kg/m}^3$$

标准大气压

$$P_a=101.325\text{kPa}$$

轴中心线距基线高

$$E=1.2\text{m}$$

水压头

$$d-E+W=2.3\text{m}$$

水压力

$$\rho \times 水压头 \times 9.81 = 1000 \times 2.3 \times 9.81 = 22563\text{Pa} = 22.563\text{kPa}$$

汽化压力

$$P_v = 2.4525\text{kPa}$$

$$\begin{aligned} P_0 - P_V &= 水压力 + 标准大气压 - 汽化压力 \\ &= 22.563 + 101.325 - 2.4525 \\ &= 121.435\text{kPa} \end{aligned}$$

对于图 8-54，根据空泡校核采用：

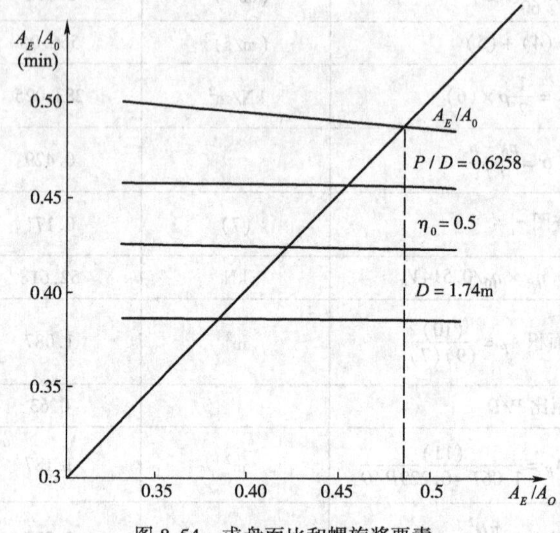

图 8-54　求盘面比和螺旋桨要素

盘面比

$$A_E/A_0 = 0.486$$

用插值法求得

直径

$$D = 1.74\text{m}$$

螺距比

$$P/D = 0.6258$$

效率

$$\eta_0 = 0.50$$

(6)强度计算(采用罗姆逊法)：

①0.2R 处剖面厚度计算：

$$P_{DB} = 371.681\text{kW}$$

$$n = 369\text{r/min}$$

$$D = 1.74\text{m}$$

$$P/D = 0.6258$$

$$P_{0.2}/D = 0.6$$

$$\eta_0 = 0.50$$

$$\delta = \frac{nD}{V_A} = \frac{3.28 \times 369 \times 1.74}{6.96} = 302.58$$

后倾角

$$\varepsilon = 8°$$

由图 8-48 查得

$$C_a = f(P_{0.2}/D) = 7.9$$
$$\xi = f(\varepsilon) = 1.018$$
$$C = f(P_{0.2}/D) = 0.71$$
$$C_b = 66.7P_{0.2}/D = 41.74$$

0.2R 处叶切面弦长

$$\begin{aligned} b_{0.2} &= 0.7396 \times A_E/A_0 \times D \times 0.7473 \\ &= 0.7396 \times 0.486 \times 1.74 \times 0.7473 \\ &= 0.467\text{m} \end{aligned}$$

$$\frac{P_D \times \xi \times 156.916}{Z \times n \times b_{0.2}} = \frac{371.681 \times 1.018 \times 156.916}{3 \times 369 \times 0.467} = 114.847$$

0.2R 处叶切面厚度

$$t_{0.2} = 0.0406D = 0.0406 \times 1.74 = 0.0706\text{m}$$

在标准厚度 $t_{0.2} = 0.0706$m 附近假定两个厚度计算 0.2R 处切面的总应力，其步骤如表 8-28所示。

0.2R 处桨叶切面的最大压应力计算　　表 8-28

序号	项　目	单　位	数　值	
1	厚度 $t_{0.2}$(假定)	m	0.06	0.08
2	$(t_{0.2})^2 = (1)^2$	m²	0.0036	0.0064
3	$\frac{P_D \times \zeta \times 156.916}{Z \times \eta \times b_{0.2}}$		114.847	114.847
4	$\delta \times \eta_0$		151.29	151.29
5	$C_b + (4)$		193.03	193.03
6	$C_a \times (5)$		1524.937	1524.937
7	$(6) \times (3)/1000$	kN	175.134	175.134
8	$\sigma_1 = \frac{(7)}{(2)}/1000$	MPa	48.648	27.365
9	$D/t_{0.2}$		29	21.75
10	A(查图)		4.6	3.3
11	$AC - 0.58$		2.686	1.763
12	$nD/100$		6.4206	6.4206
13	$(nD/100)^2 = (12)^2$		41.224	41.224
14	$\sigma_2 = (11) \times (13) \times 9.81 \times 10^{-2}$	MPa	10.862	7.130
15	$\sigma = \sigma_1 + \sigma_2$	MPa	59.51	34.50

螺旋桨材料采用锰铁黄铜，其许用应力$[\sigma]=49.05$MPa。根据$[\sigma]=49.05$MPa 用插值法求得$t_{0.2}=0.0716$m。由图 8-55 可知，只要所求$t_{0.2}$的厚度稍大于 0.0716m，就能满足强度要求。本例题取$t_{0.2}=0.0723$m，所计算的$\sigma=44.13$MPa，按强度条件（总应力$\sigma<[\sigma]$）即满足强度要求。

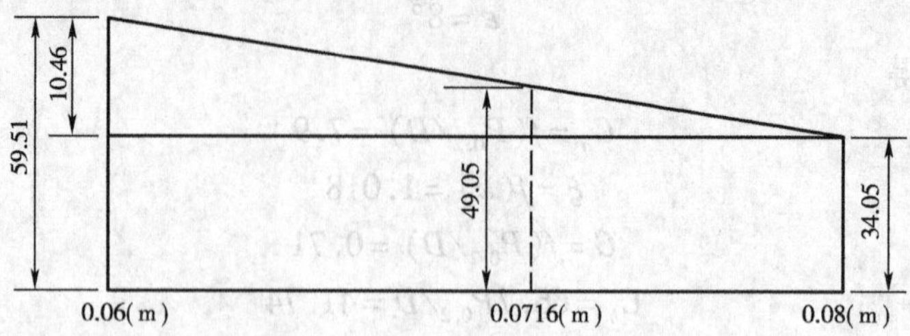

图 8-55　许用应力σ随$t_{0.2}$厚度的变化

叶梢厚度：$t_{1.0R}=0.0035D=6.09$mm（取 6.1mm）。

②叶片厚度分布：

$$t_{0.2R}=72.3\text{mm}$$
$$t_{1.0R}=6.1\text{mm}$$
$$\Delta t=t_{0.2R}-t_{1.0R}=66.2\text{mm}$$
$$t_{0.0R}=1.27\Delta t+t_{1.0R}=90.17\text{mm}$$
$$t_{0.3R}=0.845\Delta t+t_{1.0R}=62.04\text{mm}$$
$$t_{0.4R}=0.699\Delta t+t_{1.0R}=52.37\text{mm}$$
$$t_{0.5R}=0.564\Delta t+t_{1.0R}=43.44\text{mm}$$
$$t_{0.6R}=0.436\Delta t+t_{1.0R}=34.96\text{mm}$$
$$t_{0.7R}=0.318\Delta t+t_{1.0R}=27.15\text{mm}$$
$$t_{0.8R}=0.206\Delta t+t_{1.0R}=19.73\text{mm}$$
$$t_{0.9R}=0.100\Delta t+t_{1.0R}=12.72\text{mm}$$
$$t_{0.95R}=0.0495\Delta t+t_{1.0R}=9.38\text{mm}$$

③螺距修正：

$$P/D=0.6258$$
$$A_E/A_0=0.486$$
$$P_{0.7R}=(P/D)\times D=1.09\text{m}$$
$$0.7\pi D=3.82\text{m}$$

标准螺旋桨在 0.7R 处切面的厚度为

$$t=0.017\times D=29.75\text{mm}$$
$$b=0.9919\times0.7396\times A_E/A_0\times D=620.4\text{mm}$$

修正后的螺距角计算见表 8-29。

修正后的螺距

$$P'=0.7\pi\tan\varphi'=1.103$$
$$P'/D=0.634$$

修正后的螺距角计算　表 8-29

项　目	标准桨	数　值	实际桨	数　值
螺距角	$\varphi = \arctan\frac{P}{0.7\pi D}$	15.9°		
切面最大厚度	t	29.75	t'	27.15
切面弦长	b	620.4	b	620.4
厚度比	t/b	0.048	t'/b	0.044
系数	K	0.813	K	0.813
修正后的螺距角	$\varphi' = \varphi + 57.3k\left(\frac{t}{b} - \frac{t'}{b'}\right)$			16.09°

(7)设计航速及系拄推力计算(表 8-30)：

$$D = 1.74\text{m}$$

$$P/D = 0.6258$$

$$P_{DB} = 371.681\text{kW}$$

$$n = 369\text{r/min}$$

$$Q = \frac{P_{DB} \times \eta_R \times 60}{2\pi n} = \frac{371.681 \times 1 \times 60}{2 \times 3.14 \times 369} = 9.624\text{kN} \cdot \text{m}$$

设计航速及系柱推力计算　表 8-30

序号	项　目	单　位	$V = 10.1$kn	$V = 0$
1	进速 $V_A = V(1-w) \times 0.5144$	m/s	3.58	0
2	进速系数 $J = V_A/nD$		0.335	0
3	$K_T(A_E/A_0 = 0.35)$		0.16	0.22
4	$K_T(A_E/A_0 = 0.50)$		0.161	0.25
5	$K_T(A_E/A_0 = 0.486)$		0.1609	0.247
6	$K_Q(A_E/A_0 = 0.35)$		0.0165	0.0217
7	$K_Q(A_E/A_0 = 0.50)$		0.0158	0.025
8	$K_Q(A_E/A_0 = 0.486)$		0.01587	0.0247
9	推力减力分数 t		0.24	0.04
10	推力 $T = \frac{K_T}{K_Q} \cdot \frac{Q_0}{D}$	kN	56.077	55.310
11	船后有效推力 $T_E = T(1-t)$	kN	42.619	53.098
12	螺旋桨转速 $n = 60\ \sqrt{T/K_T\rho D^4}$	r/min	370	297

注：表中第 12 项根号里面 T 的计量单位是 N。

(8)螺旋桨重量计算(表 8-31)：

直径

$$D = 1.74\text{m}$$

毂径

$$d = 0.18D = 0.18 \times 1.74 = 0.313\text{m}$$

螺旋桨的重力及转动惯性矩计算　　表 8-31

序号	项　目	单　位	叶　片	毂	转动惯性矩
1	D^3	m^3	5.268		
2	$C_2 \times C_3 \times C_4 \times r$	kN/m^3	5.858		
3	$A_E/A_0 \times t_0/D$		0.025		
4	(2)×(3)	kN/m^3	0.146		
5	叶片重力 = 3.85×(1)×(4)	kN	2.961		
6	转动惯性矩 = 0.00663×(5)×1000×D^2×C_1	$N \cdot m \cdot S^2$			60.92
7	d_0^2	m^2		0.098	
8	$l \times r$	kN/m^2		28.051	
9	毂重 = 0.59×(8)×(7)	kN		1.622	
10	螺旋桨重力 = (5) + (9)	kN	4.583		

叶根厚度

$$t_0 = 0.09017\text{m}$$

毂长

$$\text{取 } l = 0.34\text{m}$$

$$C_1 = 1.025$$

$$C_2 = 1.0$$

$$C_3 = 1.0$$

$$C_4 = 0.15 \times \frac{t_0 + t_{1.0R}}{t_0} - 0.0.89 = 0.071 \quad \sqrt{a^2 + b^2}$$

盘面比

$$A_E/A_0 = 0.486$$

叶梢厚度

$$t_{1.0R} = 0.00609\text{m}$$

叶根厚度比

$$t_0/D = 0.052$$

材料重度

$$\gamma = 82.5021\text{kN/m}^3$$

注：毂径 d、毂长 l 的选取参看本章第十一节的表 8-32。

总结：

螺旋桨直径

$$D = 1.74\text{m}$$

螺距

$$P = 1.103\text{m}$$

螺距比

$$P/D=0.634$$

盘面比

$$A_E/A_0=0.486$$

毂径比

$$d_0/b=0.18$$

叶厚比

$$t_0/D=0.052$$

叶片数

$$Z=3$$

后倾角

$$\varepsilon=8^\circ$$

旋转方向:右旋

型号:楚思德 B 型

材料:锰铁黄铜

重力

$$G=4.583\text{kN}$$

惯性矩

$$I=60.92\text{N}\cdot\text{m}\cdot\text{s}^2$$

有效系柱推力

$$T_E=53.098\text{kN}$$

效率

$$\eta_0=0.50$$

第十一节 螺旋桨总图的绘制*

在船舶设计中,当完成螺旋桨设计计算后,就得到了螺旋桨的主要几何要素:直径 D、螺距 P、盘面比 A_E/A_0、叶数 Z 及所定的螺旋桨的转向和叶厚分布等,根据以上的要素就能把所设计的螺旋桨根据一定的形式绘制成图纸,供制造时使用。

图 8-56 所示为某船的螺旋桨总图。在总图上需要出桨叶的伸张轮廓、投射轮廓、展开轮廓(常可省略)及侧投射轮廓。在伸张轮廓上画出若干个半径处的切面形状,在投射影图上画出桨叶的最大厚度线,并标注桨毂的主要数据。此外,在总图上还需注明螺旋桨的主要尺度,各种比值等。下面结合 B 型螺旋桨介绍螺旋桨总图的绘制。

一、桨叶伸张轮廓及切面形状的绘制

根据 B 型螺旋桨的型值表(表 8-4 或表 8-5),可计算出各半径处的切面弦长及切面的导边与随边离辐射参考线的距离 b_1 和 b_2,如图 8-57 所示。桨叶伸张轮廓图根据设计计算结果直接绘出,通常放在图纸的右边,作为其他投影图的根据。

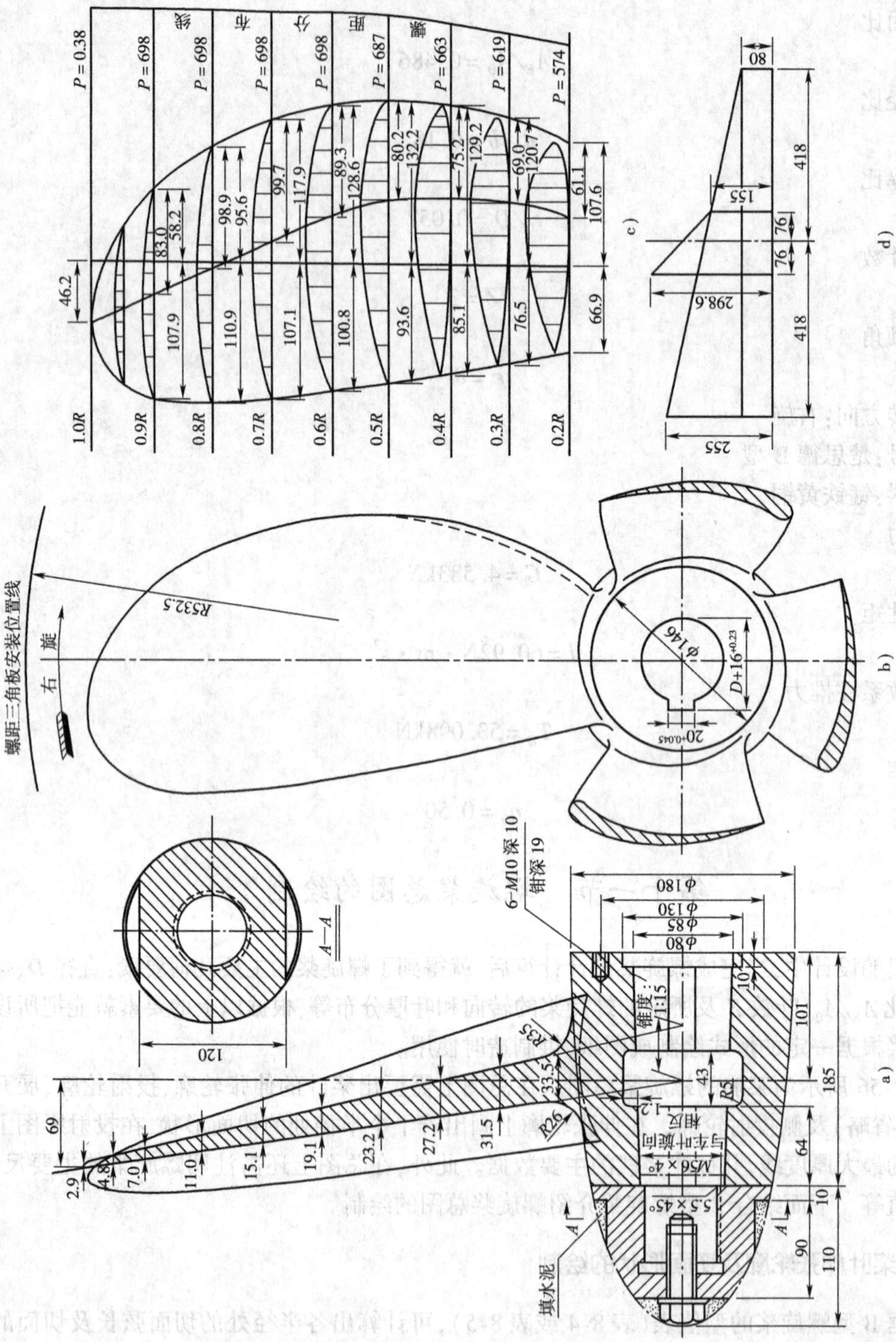

图 8-56 螺旋桨总图

a)侧投影轮廓;b)正投影轮廓;c)桨叶伸张轮廓及切面;d)螺距三角板

绘图时，取一原点 O，通过 O 点作为一水平线，O 点代表螺旋桨轴心，然后画出垂直的辐射参考线 OU，在辐射参考线 OU 上按适当的比例量取螺旋桨半径 R，并将 R 分为 10 等份，通过每一等分点引水平线，在水平线上量取相应半径处导边和随边离参考线的距离 b_1 和 b_2，最后将各点连成光顺的曲线，即得桨叶的伸张轮廓。

在伸张轮廓图中还需要根据表 8-4 或表 8-5 所计算的结果，画出各切面最厚处的位置，并将其连成曲线，即是最大厚度线，如图 8-57 中虚线。

桨叶切面形状的绘制，可按表 8-6 进行换算，并以坐标方式定位，如图 8-58 所示。现以图 8-57 中 0.2R 处切面为例，以切面弦长为横轴，在最大厚度处设纵轴，将弦长各点处叶背叶面相应的纵坐标数值点上，并连成光顺的曲线即得各切面形状。

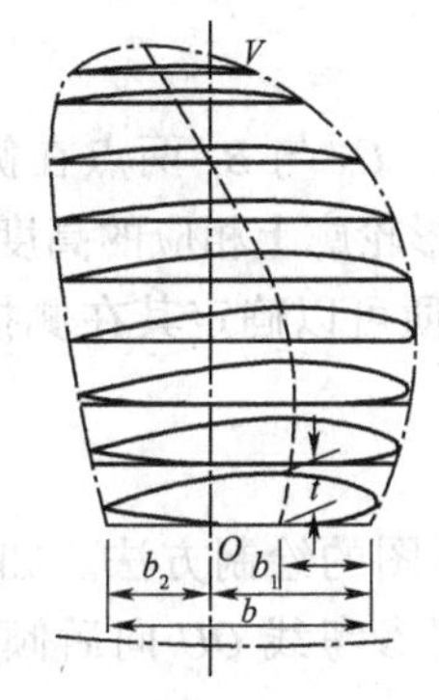

图 8-57　伸张轮廓及切面形状

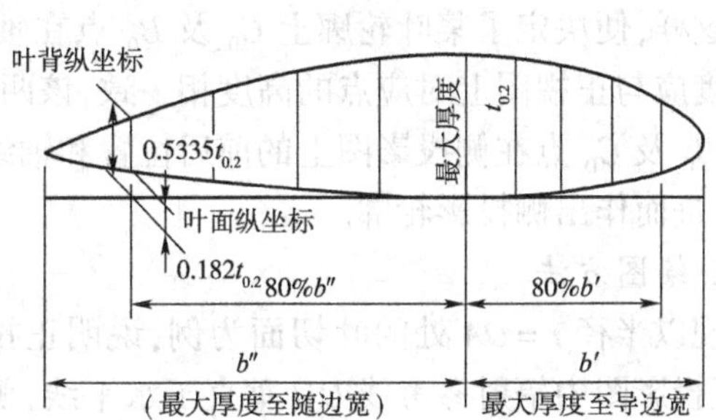

图 8-58　切面形状示意图

二、投影轮廓的绘制

1. 投影原理

将一弓背形切面的螺旋桨水平放置且叶面向下，以半径为 r 的共轴圆柱面与桨叶相剖切，得螺旋线 $B_0A_0C_0$，并可将其展成螺距三角形，如图 8-59 所示。

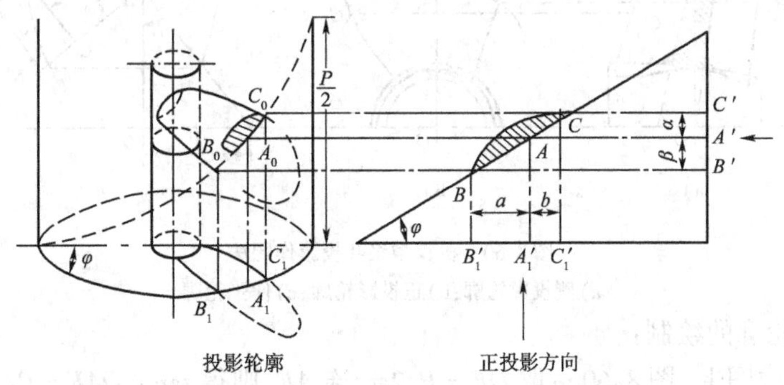

图 8-59　桨叶投影原理图

显然，螺旋线 $B_0A_0C_0$ 在垂直于轴线的平面上的投影就是一段圆弧$\overset{\frown}{B_1A_1C_1}$，若将它随螺距三角形展平成直线，那么它就是三角形底边上的一段，即$\overline{B_1'A_1'C_1'}$。B_0A_0 与 A_0C_0 的正投影则分别是一段圆弧并以 a 与 b 表示。根据螺距三角形可以得到下列关系式

$$\overset{\frown}{B_1A_1} = \overline{B_1{}'A_1{}'} = BA\cos\varphi = a \tag{8-108}$$

$$\overset{\frown}{A_1C_1} = \overline{A'_1C'_1} = AC\cos\varphi = b \tag{8-109}$$

式中：$B_1{}'A_1{}'$、$A'_1C'_1$——参考点 A 分别到随边和导边的伸张弦长，可由伸张轮廓中求得；

φ——半径 r 处桨叶的螺距角（$\varphi = \arctan\dfrac{P}{2\pi r}$）。

根据图 8-59 可知，螺旋线 $B_0A_0C_0$ 在轴向的位置也可以从螺距三角形上求得。C_0 点在 A_0 点之前的轴向距离为

$$\overline{A'C'} = \overline{AC}\sin\varphi = \alpha \tag{8-110}$$

B_0 点在 A_0 点之后的轴向距离为

$$\overline{B'A'} = \overline{BA}\sin\varphi = \beta \tag{8-111}$$

这样，便决定了桨叶轮廓上 C_0 及 B_0 点在轴向的前后位置。C_0 与 B_0 两点在侧投影图上的高度应与正视图上对应点的高度相一致，该两点可以根据投影轮廓上相应的高度来决定，即已知 B_0 及 C_0 点在侧投影图上的前后位置和轴线以上的高度，便可以确定其在侧投影图上的位置，进而作出侧投影轮廓。

2. 绘图方法

现以半径 $r = OA$ 处的叶切面为例，说明正投影图和侧投影图的绘制方法。如图 8-60 所示，正投影图中辐射参考线 OU 垂直于水平线，侧投影图中辐射参考线 OU 向后倾斜 ε 角度。具体作图步骤如下：

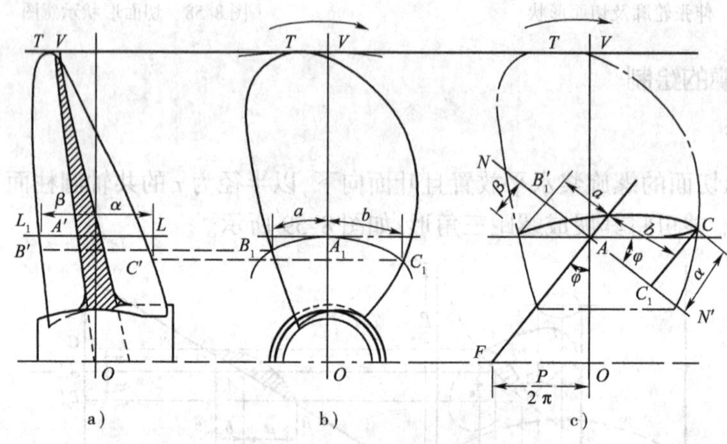

图 8-60　机翼型桨叶投影作图法

a）侧投影轮廓；b）正投影轮廓；c）伸张轮廓

（1）正投影轮廓的绘制：

①在伸张轮廓图上（图 8-60c）取 $OF = P/2\pi$，连 AF，则得 $\tan\angle OAF = P/2\pi r$，故 $\angle OAF$ 为半径 r 处的螺距角 φ。

②在伸张轮廓图上过一点作直线 $MN' \perp AF$，则 $\angle CAN' = \angle OAF = \varphi$。过 B、C 点分别，作 MN' 的垂线，使

$$BB' \perp NN' \qquad CC' \perp NN'$$

则得

$$a = AB_1{}' \quad b = AC_1{}'$$

$$\alpha = CC'_1 \quad \beta = BB'_1$$

③在正投影图上(图8-60b)以O为圆心,为r半径画圆弧,并在此圆弧上量取

$$\overset{\frown}{B_1A_1} = a$$

$$\overset{\frown}{A_1C_1} = b$$

则B_1、C_1为半径r处正投影轮廓上的两点。

④按照上述方法作出其他各半径处正投影轮廓上的相应之点,用光顺的曲线连接各点即可得到正投影轮廓。

一般习惯,常根据桨叶8个或9个半径处的叶切面进行制图,其相应的半径为$r=0.2R$, $0.3R,\cdots,0.9R(0.95R)$。对于等螺距桨叶来说,图8-60c)中的F点是对于一切半径的共同点,称为节点。若桨叶为径向变螺距,则不同半径的$P/2\pi$值不是一个常数,故对各半径需用其相应的$P/2\pi$值来确定F点的位置。

(2)侧投影轮廓的绘制:

①在侧投影图上(图8-60a)先画出辐射参考线OU,然后由正投影图上A_1点引水平线与侧投影图上的参考线OU交于A'点,则A'点即为A_1点的侧投影位置。

②在侧投影图上,过A'点作水平线,从A'点向后水平量取$A'L_1=\beta$,向前水平量取$A'L=\alpha$,其中α和β的数值可直接从伸张轮廓图(图8-60c)上量得,过L、L_1点作垂线与正投影图上B_1、C_1点所引的水平线相交于B'、C'点,则B'、C'即为侧投影轮廓上的两点。

③用上述方法作出其他各半径处侧投影轮廓上的相应之点,并以光顺曲线连接各点,即可得到桨叶的侧投影轮廓。

(3)机翼型切面的制图特点。以上所述是弓背型切面螺旋桨正、侧投影轮廓的绘制。若切面为机翼型时,因机翼型切面的导边及随边具有一定的翘度,如图8-61所示。从正投影方向所见到的切面最外边的两点是J和H,而不是翼弦的端点B和C。从侧投影方向所见到的切面最外边的两点则是S点和H点,而不是J点或C点和B点。因此,在制图时应根据J点和H点求正投影轮廓,而根据S点和H点求侧投影轮廓。

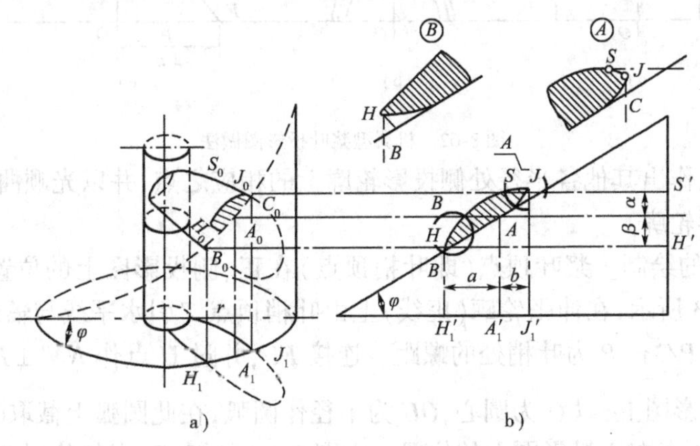

图8-61　机翼型桨叶投影原理图

对机翼型切面螺旋桨正、侧投影图的绘制可参阅图8-62。作图步骤说明如下：

(1)正投影轮廓的绘制：

①分别作出端点对参考点 A 的投影距离 a、b、b'、α、β。具体做法与弓背型切面相同。

②在正投影图上(图8-62b)以 O 为圆心，r 为半径画圆弧，并在圆弧上量取：

$$\widehat{A_1J_1}=\overline{AJ'_1}=b$$

$$\widehat{A_1H_1}=\overline{AH'_1}=a$$

则 J_1 和 H_1 即为投射轮廓上的两点。

③分别作出其他各半径处正投影轮廓上的相应之点，用光顺的曲线连接各点即可得到正投影轮廓。

④根据 b' 值求出相应的 S_1 点，因为在正视图上 S_1 点是不可见的，所以各半径处 S_1 的连线为虚线。

(2)侧投影轮廓的绘制：

①在侧投影图上(图8-62a)先画出辐射参考线 OU。

②过 A' 点作水平线，从 A' 点向前水平量取 $A'L=\alpha$，向后水平量取 $A'L'=\beta$，过 L、L' 点作垂线与正投影图上 H_1、S_1 点所引起的水平线相交于 H'、S' 点，则 H'、S' 即为侧投影轮廓上的两点。

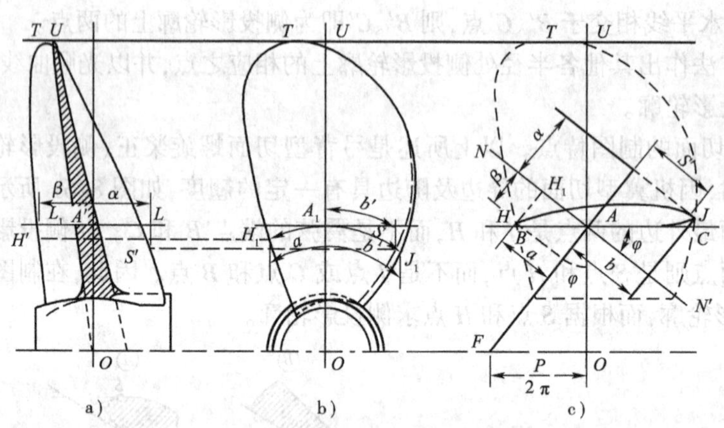

图8-62 机翼型桨叶投影图做法

③用上述方法作出其他各半径处侧投影轮廓上的相应之点，并以光顺曲线连接各点，即可得到桨叶的侧投影轮廓。

(3)桨叶顶点的绘制。桨叶顶点(即叶梢顶点)在正、侧投影图上的位置可用上述同样方法求得。如图8-63所示，在伸张轮廓(虚线)上由叶梢顶点 T 引水平线与辐射参考线 OU 交于 U 点，同时取 $OF=P/2\pi$，P 为叶梢处的螺距。连接 FU，并过 U 点作 $NN'\perp FU$，从 T 点作直线 $DT\perp NN'$。在正投影图上，以 O 为圆心，OU 为半径作圆弧，在此圆弧上截取圆弧 $\widehat{UT_1}=\widehat{DU}=a$，则 T_1 点即为叶梢顶点在正投影图上的位置。由图8-63可知，T_1 点的位置低于 T 点。

侧投影轮廓图上顶点位置的做法：在侧投影轮廓图上，首先求出参考点 U'，U' 与正投影图

上 U 点位于同一水平线上。从 U' 点向后量取 $U'L' = TD = \beta$，过 L' 点作垂线交水平线 T_1T' 于 T' 点，则 T' 点即为叶梢顶点在侧投影轮廓图上的位置。从图中可以看出，侧投影轮廓线的顶点并不通过 U' 点。

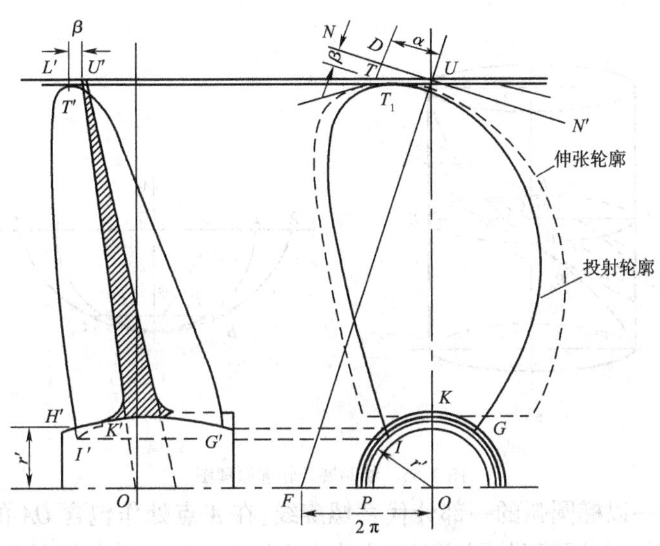

图 8-63 顶点与毂面线的作图法

如果叶型为对称形，则在伸张轮廓上 T 点与 U 点是重合的；在正投影图上 T_1 点与 U 是重合的，在侧投影图上 T' 点与 U' 点也是重合的。故对称形桨叶顶点位置的确定最为简便，它们都在 UU' 同一条水平线上。

按以上做法作出的图形，伸张图的顶点比正投影图的顶点稍高一些，这种情况一般出现在不对称的桨叶上。从图 8-64 上可看出正投影顶点 T_1 与基准线上的 U 点是在同一个以 R 为半径的圆弧上，而伸张图上的顶点 T 则与 U 在同一水平线上，因而 T 点高于 T_1，T 点同侧投影图上最大厚度断面的顶点 U'' 同高，而侧投影轮廓图上顶点 T' 则与正投影图上顶点 T_1 同高。这些差别虽然不大，但从作图方法上应看得出其差别的来源。

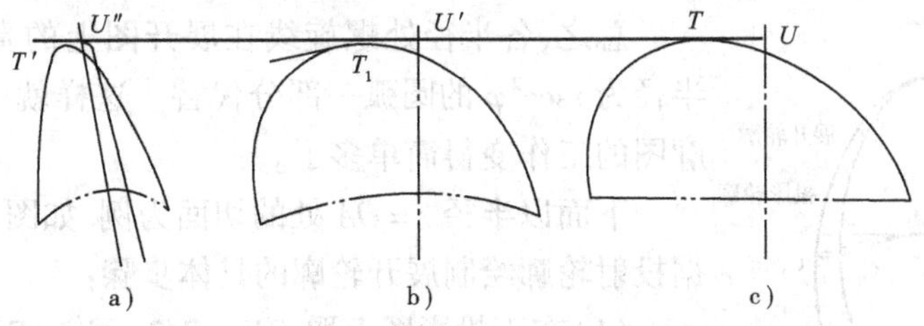

图 8-64 伸张图、正投影图及侧投影图中桨叶顶点位置的关系

a) 侧视图；b) 正视图；c) 伸张图

三、桨叶展开轮廓的绘制

在绘制展开轮廓时，首先要求出各半径处的螺旋线在展开图上的真实形状。设以半径为 r 的共轴圆柱面与桨叶相剖切，得螺旋线段 $B_0A_0C_0$，如图 8-59 所示，其在正投影图上为圆弧

$\overset{\frown}{B_1A_1C_1}$。此螺旋线的实际形状为 B_0AC_0，如图 8-65 所示，过 OA 作投射面 $LEKA$，则此螺旋线在投射面上的投影为圆弧 $\overset{\frown}{B_1AC_1}$。为了求得螺旋线 B_0AC_0 在展开图上的真实形状，常用近似两次方法作图。

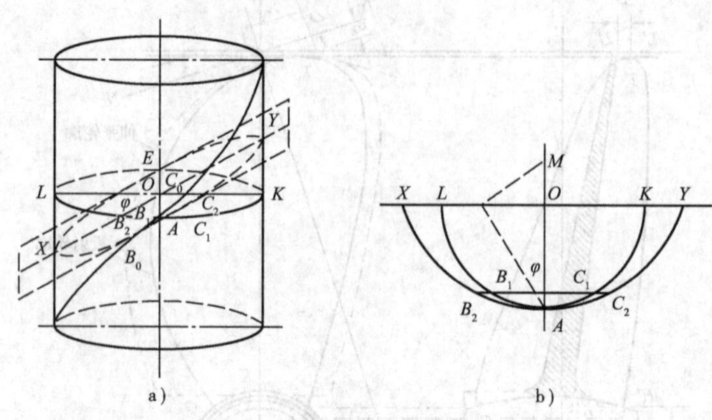

图 8-65　绘制展开轮廓原理图

第一次近似——以椭圆弧的一部分代替螺旋线：在 A 点处作包含 OA 的平面且在 A 点处与螺旋线 B_0AC_0 相切。此平面与圆柱面相交成一个椭圆 $XEYA$，并与投射面 $LEKA$ 间的夹角为螺距角 φ。螺旋线段 B_0AC_0 在椭圆上的投影为椭圆弧 B_2AC_2。通常螺旋线段 B_0AC_0 较短，与椭圆弧 B_2AC_2 十分接近，因而可近似地用这段椭圆弧 B_2AC_2 代替螺旋线线段。将此椭圆弧绕 AOE 轴旋转 φ 角后便与投射面 $LEKA$ 重合，而 B_1 和 B_2，C_1 和 C_2 点则在同一水平线上如图 8-65b）所示。由图 8-65a）可知，此椭圆的长半轴为 $OX=r\sec\varphi$，短半轴 $OA=r$。已知椭圆的长半轴和短半轴，即可画出椭圆，但在实用中为了作图方便，故尚需进行第二次近似。

第二次近似——以圆弧代替椭圆弧：在 A 点的椭圆弧 B_2AC_2 可近似用 A 点处曲率圆弧代替，如图 8-65b）所示。由高等数学可知，椭圆在 A 点处的曲率半径 MA 为：

$$MA=\frac{(r\sec\varphi)^2}{r}=r\sec^2\varphi \tag{8-112}$$

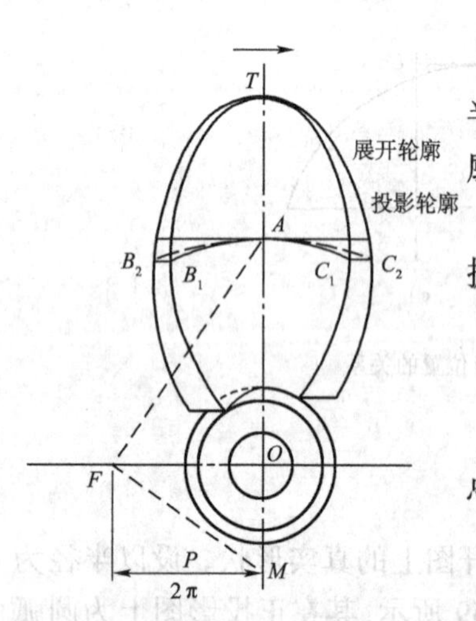

图 8-66　展开轮廓的绘制

总之，各半径处螺旋线在展开图上的真实形状可近似以半径为 $r\sec^2\varphi$ 的圆弧一部分代替。这样就可以使绘制展开轮廓图的工作变得简单多了。

下面以半径 $r=OA$ 处的切面为例，如图 8-66 所示，说明根据投射轮廓绘制展开轮廓的具体步骤：

（1）在正投影图上取 $OF=P/2\pi$，连 AF，则

$$AF=r\sec\varphi$$

（2）过 F 点，作 $FM\perp AF$ 且与 OA 的延长线相交于 M 点，则

$$MA=AF\sec\varphi=r\sec^2\varphi$$

故以 MA 为半径画一段圆弧可以近似地代替在 A 点椭圆弧 B_2AC_2，进而代替了那一段螺旋线。

(3)以 M 点为圆心,MA 为半径作圆弧 $\widehat{B_2AC_2}$。在正投影图上,自 B_1 及 C_1 分别引平行于 OF 的直线 B_1B_2 及 C_1C_2 并与 $\widehat{B_2AC_2}$ 圆弧相交于 B_2 及 C_2 点,则 B_2 及 C_2 即为展开轮廓上的两点。

用同样的方法分别作出其他半径处相应之点,然后用光顺的曲线连接各点即为展开轮廓。

四、桨毂及包毂线的绘制

毂和毂帽的形状必须使水流光顺地流过,避免产生涡流。其尺度及形状可根据船舶实际情况和造船实践经验确定。下面提供一些数据可作为设计时参考。

图 8-67 表示毂部有关尺寸的符号,其相互间的尺度见表 8-32。

毂部尺度比 表 8-32

项　目	材　料			
	锰铁黄铜	铝合金	铸铁	备　注
l/d_t	1.8 ~ 2.4	1.8 ~ 2.4	1.8 ~ 2.6	
d_0/d_t	1.8 ~ 2.0	1.8 ~ 2.0	1.8 ~ 2.4	
d_2/d_0	0.85 ~ 0.90	0.85 ~ 0.90	0.85 ~ 0.90	
d_1/d_0	1.05 ~ 1.10	1.05 ~ 1.10	1.05 ~ 1.10	
l_1/l	0.3	0.3	0.3	最大值
δ/t_0	0.75	0.75	0.75	最小值
r_2/t_0	0.75	0.75	0.75	或取 $r_2 = 0.03D$
r_1/t_0	0.75	0.75	0.75	后倾角 $\varepsilon = 0°$
r_1/t_0	1.0	1.0	1.0	后倾角 $\varepsilon = 15°$ 或取 $r_1 = 0.04D$
$(d_t - d_3)/l$	$\frac{1}{10} \sim \frac{1}{16}$			

注:D 为螺旋桨直径;δ 为毂部筒围厚度;l_1 为减轻孔长度;d 为毂径;d_t 为螺旋桨尾轴直径;d_1、d_2 为毂前后两端直径;l 为毂长;r_1、r_2 为叶面、叶背与毂连接的圆弧半径。

桨叶与桨毂表面的交线称为毂面线,一般采用近似方法绘制。如图 8-67 所示,将侧投影图上桨叶轮廓线按趋势延长与桨毂相交于 H' 点,半径为 r'。在正投影图上,以 O 为圆心,r' 为半径画圆弧与正投影轮廓线的延长线交于 I 点。从 I 点引水平线与侧投影轮廓的延长线相交于 I' 点。则 I 和 I' 点可近似地认为是包毂线在正投影图和侧投影图上的起点。用同样的方法可作出包毂线的另一端点 G 和 G'。同时,参考线与桨毂的交点 K 和 K' 也是包毂线上的点。将 I、K、G、及 I'、K'、G' 连成曲线。此两

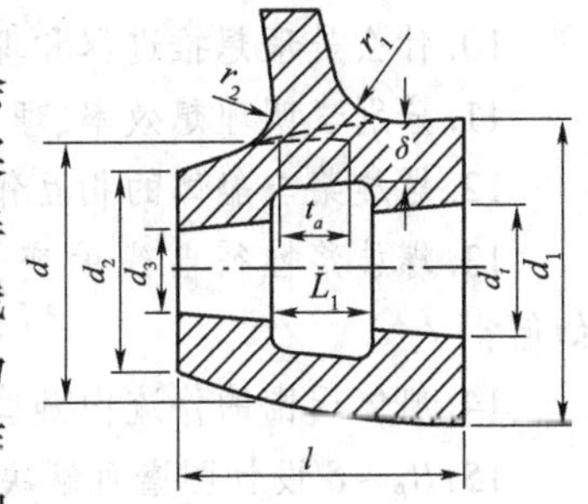

图 8-67 轴毂尺寸

根曲线即近似地表示包毂线在正投影和侧投影图上的形状。在绘制桨毂外形和包毂线时，应将看得见的部分画成实线，看不见的部分画成虚线。

至此，螺旋桨总图绘制基本完毕，在总图上绘出桨叶的伸张轮廓，投射轮廓和侧投影轮廓。施工主要根据伸张图，侧投影图主要是表示后倾的情况和桨毂的结构，故在侧投影图上应注明详细的尺寸以便制型和加工。最后在总图上还应标明桨叶要素，一般包括：直径 D、盘面比 A_E/A_0、螺距或螺距比、叶型（B 型或其他形式）、叶数（三叶或四叶）；后倾角 ε、旋转方向、材料牌号或化学成分。

伸张图上如标注尺寸往往显得太拥挤，故常在图旁附上一个型值表，以表示图中有关尺寸。螺旋桨总图见图 8-56。

SIKAO YU LIANXI

一、简答题

1. 什么是左旋螺旋桨和右旋螺旋桨？

2. 分别说明螺旋桨的面螺距、切面弦长、盘面比、叶厚分数、毂径比、纵倾角、侧斜角等几何意义。

3. 螺旋面是怎样形成的？

4. 什么是等螺距螺旋桨和变螺距螺旋桨？

5. 等螺距螺旋桨不同半径处的螺距角是否相等？为什么？随着半径的增加螺距角是增加还是减少？

6. 常用的桨叶切面有哪些形式？其几何特征如何？

7. 何谓桨叶的投射轮廓、伸张轮廓和展开轮廓？它们之间有何联系？

8. 表示螺旋桨的几何性征参数有哪些？它们各表示什么意义？

9. 试分别绘出左旋螺旋桨与右旋螺旋桨的正投影与侧投影草图，并在图上标注下述外形名称与几何特征符号，即叶梢、叶根、导边、随边、辐射参考线 OU、最大厚度线、螺旋桨直径 D、毂径 d、侧斜角、后倾角、最大厚度线。

10. 什么是理想推进器和理想螺旋桨？

11. 分别说明理想效率、理想螺旋桨效率、叶元体效率及螺旋桨效率的意义及区别。

12. 螺旋桨与船体的相互作用的实质是什么？研究其相互作用的目的如何？

13. 螺旋桨性征曲线的变化有何特点？螺距比 P/D 与盘面比 A_E/A_0 对性征曲线的影响如何？

14. 船体周围的伴流由哪些成分所组成？何谓推力减额？何谓相对旋转效率？

15. $B_P-\delta$ 设计图谱可解决螺旋桨的哪些设计和计算问题？

16. $B_P-\delta$ 设计图谱中最佳效率曲线可解决螺旋桨的哪种设计和计算问题？

17. 螺旋桨的空泡现象是如何产生的？

18. 什么是空泡数、减压系数？它们与哪些因素有关？

19. 桨叶上产生空泡剥蚀的原因是什么？

20. 试述机翼型切面与弓型切面的抗空泡性能。

21. 为什么要尽量避免空泡的产生？

22. 影响 σ 与 ξ 的因素有哪些？据此可采用哪些措施避免或延缓空泡的产生？

23. 如何求取不产生空泡的最小盘面比 A_E/A_0？

24. 螺旋桨的强度校核的目的是什么？

25. 螺距修正的原则是什么？并分析之。

26. 试述弓型切面桨叶的正投影和侧投影的作图原理。

27. 机翼型切面的作图方法与弓型切面桨叶的作图方法有何不同？

28. 桨叶的展开轮廓是怎样作出的？

二、判断题

1. 螺旋桨正车旋转时先入水的一边称为随边。

2. 在实用范围内，机翼的升力系数是随几何冲角 α_k 增加而增加。

3. 机翼的几何冲角达到临界冲角 α_B 之后，升力系数随 α_k 的增大而增加。

4. 船后螺旋桨的进速不等于船速。

5. 螺旋桨发出的推力不等于孤立船体所遭受的阻力。

三、单项选择题

1. 若螺旋桨为等螺距螺旋桨，不同半径处的螺距角________，r 越小则螺距角 φ 越________。

   A. 相等、大　　B. 不相等、大　　C. 相等、小　　D. 不相等、小

2. 变螺距螺旋桨，常取半径为________处的面螺距代表螺旋桨的螺距。

   A. $0.7R$　　B. $0.6R$　　C. $0.5R$　　D. $0.4R$

3. 螺旋桨的进程为 h_P，螺距为 P，直径为 D，进速系数为 J，则滑脱为________。

   A. $P-h_P$　　B. $D-J$　　C. $P-J$　　D. h_P-P

4. 在螺距 P 一定的情况下，滑脱比 S________，冲角 α_k________。

   A. 大、小　　B. 大、大　　C. 大、不变　　D. 小、大

5. 船舶在________时螺旋桨的推力系数 K_T 和转矩系数 K_Q 最大。

   A. 系泊试验　　B. 高速航行　　C. 低速航行　　D. 加速航行

6. 避免或延缓空泡现象的措施有________。

   A. 减小螺旋桨转速　　B. 增加螺旋桨盘面比　　C. 减少桨叶数目　　D. A + B + C

7. 下列说法不正确的是________。

   A. 单螺旋桨船的推进效率常高于双螺旋桨船

   B. 螺旋桨的直径大，转速较低，其效率较高

   C. 螺旋桨叶数少者效率略高

   D. 通常在设计时总是选择不发生空泡的最大盘面比

8. 由船后向前看去，螺旋桨正车旋转为顺时针者称为________。

   A. 右旋桨　　B. 左旋桨　　C. 外旋桨　　D. 内旋桨

9. 螺旋桨________与盘面积之比称为盘面比。

A. 梢圆的面积　B. 投射面积　C. 伸张面积或展开面积　D. 叶切面积

四、计算题

1. 某船主机为12V300型船用柴油机，额定功率为882.6kW，供给水泵消耗73.55kW，主机到螺旋桨采用直接传动，试粗略估计其收到功率。

2. 已知某蒸汽机拖船在拖速 $V=8.5\text{km/h}$ 时的阻力 $R=3.728\text{kN}$，拖索上的拉力 $F=49.05\text{kN}$，船的推进系数 $P.C=0.4$，试求该船所需的主机功率。

3. 螺旋桨的推力 $T=38\text{kn}$，螺旋桨的进速 $V_A=12\text{kn}$，求推功率是多少？

4. 已知一个模型螺旋桨的推力 $T=180\text{N}$，转矩 $Q=10\text{N}\cdot\text{m}$，螺旋桨的进速 $V_A=6\text{kn}$，转速 $n=720\text{r/min}$，求此模型螺旋桨的推功率、吸收功率及效率是多少？

5. 已知某船螺旋桨直径 $D=2.4\text{m}$，进速 $V_A=18\text{kn}$，淡水密度 $\rho=1000\text{kg/m}^3$，推力 $T=79\text{kN}$，试求：

(1)推进器的载荷系数和理想效率；

(2)当推进器的直径增大为2.8m时，理想效率增加多少？

6. 某船敞水收到功率 $P_{D0}=2100\text{kW}$，推功率 $P_T=1400\text{kW}$，转速 $n=120\text{ r/min}$，螺旋桨进速 $V_A=12\text{kn}$，直径 $D=2.2\text{m}$，水的密度 $\rho=1000\text{kg/m}^3$，求转矩系数 K_Q、推力系数 K_T、螺旋桨的进速系数 J 和船后效率 η_B。

7. 已知一直径为5m，螺距比 $P/D=1.05$ 的螺旋桨，转速 $n=118\text{ r/min}$，船的航行速度 $V=14.2\text{kn}$，螺旋桨的进速 $V_A=12.5\text{kn}$，求该桨的进速系数及滑脱比。

8. 已知某内河船的螺旋桨为B-4-55型，直径 $D=2.54\text{m}$，螺距比 $P/D=0.9$，进速 $V_A=14.4\text{kn}$，试按敞水性征曲线求：

(1)该桨的实效螺距比；

(2)当转速 $n=275\text{ r/min}$ 时，该桨的进速系数及滑脱比；

(3)该桨在 $n=275\text{ r/min}$ 时发出的推力与所需的转矩及收到功率，此时该桨的效率 η_0 为多少？

9. 已知某长江双桨船各航速时的有效功率见表8-33：

表8-33

航速 V(kn)	15.0	15.5	16.0	16.5
有效功率 P_E	1250	1413	1590	1804

该船装有两台主机，每台主机的船后收到功率，$P_{DB}=1302\text{kW}$，额定转速 $n=275\text{ r/min}$，且 $w=0.104$，$t=0.198$，$\eta_R=1.044$，试按B-4-55型螺旋桨系列性征曲线，求给定桨径 $D=2.54\text{m}$ 时所需之螺距比 P/D，并确定该船所可能达到的航速。

10. 某单桨船航速 $V=12\text{kn}$，阻力 $R=18.639\text{kN}$，螺旋桨的直径 $D=1.04\text{m}$，转速 $n=600\text{ r/min}$，测得船后螺旋桨的推力 $T=19.62\text{kN}$，转矩 $Q=2.488\text{kN}\cdot\text{m}$，伴流分数 $w=0.20$，相对旋转效率 $\eta_R=1.0$，螺旋桨的敞水效率 $\eta_0=0.62$，传送效率 $\eta_S=0.96$，求：

(1)实船的推力减额和推力减额分数；

(2)船体有效功率、螺旋桨推功率和敞水螺旋桨收到功率；

(3)船身效率、船后螺旋桨效率、推进效率。

11. 已知某单桨内河船，船后收到功率 $P_{DB}=1412.16\text{kW}$，转速 $n=250\ \text{r/min}$，航速 $V=16\text{kn}$，伴流分数 $w=0.12$，推力减额分数 $t=0.08$，相对旋转效率 $\eta_R=0.96$，由于船舶吃水限制，螺旋桨的直径取 $D=2.2\text{m}$，选定 $Z=4$，盘面比 $A_E/A_0=0.7$，求：

(1)按 $B_P-\delta$ 图谱计算所要的螺距和螺旋桨效率；

(2)如果螺旋桨的直径不受吃水限制，其最佳效率和螺距应为多少？

12. 已知某长江双桨船各航速时的有效功率见表 8-34：

表 8-34

航速 V(kn)	15.0	15.5	16.0	16.5
有效功率 P_E(kW)	1250	1413	1590	1804

该船装有两台主机，每台主机的船后功率 $P_{DB}=1302\text{kW}$，额定转速 $n=275\ \text{r/min}$，且 $w=0.104$，$t=0.198$，$\eta_R=1.044$，试按 B-4-70 系列，$B_P-\delta$ 图谱设计一最佳螺旋桨(D_{opt}，P/D)，并确定可能达到的航速。

13. 某海船主机额定功率 $P_S=882.6\text{kW}$，螺旋桨转速 $n=300\ \text{r/min}$，伴流分数 $w=0.09$，传送效率 $\eta_S=0.96$，相对旋转效率 $\eta_R=1.0$，轴线浸水深度 $h_s=2.0\text{m}$，海水温度 $t=20℃$。今按不同的设计方案得到如下两个螺旋桨要素，如表 8-35 所示，试用柏利尔空泡限界曲线检验这两个螺旋桨是否都会发生空泡现象？并根据检验结果按直线插值法确定不发生空泡的最小盘面比及相应的螺旋桨要素。

表 8-35

方案	A_E/A_0	V(kn)	D(m)	P/D	η_0
Ⅰ	0.35	15.25	2.23	0.84	0.692
Ⅱ	0.50	15.10	2.21	0.83	0.672

14. 某货船的 B 型螺旋桨敞水收到功率 $P_{D0}=3177.36\text{kW}$，转速 $n=200\ \text{r/min}$，盘面比 $A_E/A_0=0.63$，直径系数 $\delta=\dfrac{nD}{V_A}=133$，螺旋桨效率 $\eta_0=0.67$，桨径 $D=3.4\text{m}$，叶片数 $Z=4$，螺距比 $P/D=0.90$，桨叶后倾角 $\varepsilon=10°$，$b_{0.2}=0.87\text{m}$，$t_{0.2}=0.14\text{m}$，$b_{0.25}=1.12\text{m}$，$t_{0.25}=0.13\text{m}$，$b_{0.6}=1.3\text{m}$，螺旋桨材料为锰青铜，重度 $\gamma=82.404\text{kN/m}^3$，试求：

(1)用罗姆逊法校核 $0.2R$、$0.6R$ 处切面的强度；

(2)试应用我国《钢质海船入级与建造规范》对螺旋桨进行强度校核。

第九章 操 纵 性

● **学习目标**

知识目标

1. 了解船舶的回转运动及操纵性衡准；
2. 了解舵的设计方法；
3. 了解影响船舶操纵性的相关因素。

能力目标

1. 初步具备舵的设计能力；
2. 初步具备分析船舶操纵性的能力。

船舶在航行时能按照驾驶员的意图，保持或改变航速、航向和位置的性能称为船舶操纵性。船舶操纵性主要反映在以下三个方面。

(1)航向稳定性：船舶维持给定的直线运动的能力。

(2)回转性：船舶按需要迅速改变航向，由直线进入曲线运动的能力。

(3)转首性：船舶操舵后迅速进入新航向的能力。

航向稳定性好可减少船舶航线偏离从而减少不必要的功率消耗和时间损失。转首性、回转性好，则是避免碰撞、防止触礁、航行安全的保障。由于航向稳定性和回转性是相互矛盾的，所以对不同类型船舶操纵性的要求应作具体分析。例如对海上和远洋运输船舶的要求是希望它能作长期的(几小时甚至若干天)不变航向的运动，因此，要求它们具有良好的航向稳定性；但对于海上渔业船舶而言，除了要求它具备航向稳定性外，还要求它在捕鱼作业时具有良好的转首性和回转性。

对于军舰，为了保证炮火、鱼雷和火箭的发射精度，要求它具备航向稳定性；但为了防止被敌方炮火所击中，又要求它具备良好的转首性、回转性和快速性。

内河船舶和船队在狭窄的弯道水域内行驶时，其最重要的航行性能是回转性。内河船舶和船队前方单行航道已被其他船舶所占据时需要掉头；在狭窄航道中避让船只时要求安全错开，这些作业都对回转性提出了较高的要求。因此，提高和改善船舶操纵性是设计和用船部门不可忽视的问题。

船舶操纵性的好坏虽与船体的几何形状及其大小有关，但是船舶操纵性的保证必须依靠操纵设备。目前在船上采用的操纵设备种类很多。常见的有舵、全回转推进器、首侧推螺旋桨等。尽管它们的形式不同，但其作用相仿，都是提供了一个使船转动的力矩。其中由于舵的构造简单，效果可靠，故是目前应用最广泛的装置。本章主要介绍舵的形式与设计。

第一节 船舶回转运动

在船舶操纵性的分析中，除船舶运动的稳定性之外，另一个重要方面是机动性，其中研究

得最多的是船舶的回转运动，一方面是因为回转运动是船舶操纵中常见的一种运动，另一方面是因为回转运动的最后阶段是定常运动，便于进行理论分析。直线运动的船舶，将舵转至某一舵角，并保持此舵角，船将作曲线运动，称为船舶回转运动。

在船舶回转运动中，船舶重心运动的轨迹称为回转圈，如图 9-1 所示。

一、回转运动分析

1. 回转运动的三个阶段

(1)转舵阶段。船舶从开始执行转舵命令起到实现命令舵角止的阶段(8 ~ 15s)，称为转舵阶段。舵角从 0 逐渐增大至命令舵角，同时产生舵力和回转力矩，如图 9-2a)所示。若舵角向右，舵上受到一个指向左舷的水动力 P 作用。这个力在 y 轴上的分量 P_y 使船向左舷方向横移(反向横移)。在 x 轴上的分量 P_x 使船舶前进阻力增加，航速开始下降。由于船的惯性很大而舵力较小，转舵阶段中自转角速度很小，船几乎是按原方向航行。

(2)过渡阶段。从转舵终止到船舶进入定常回转的中间阶段，称为过渡阶段。船舶横移后，船舶以速度 V_G 运动，船体就相当于是一个变断面的机翼，漂角 δ_G(x 轴与重心处速度 V_G 的夹角)相当于机翼的冲角，如图 9-2b)所示。从而产生升力和阻力，其合力即为水动力 R。随着自转角速度和漂角的不断增加，水动力 R 迅速增大，R_y 在数值上超过舵力 P_y。这样，使船反向横移的速度逐渐减小至零并改变方向，反向横移逐渐停止，而产生向回转一侧的正向横移。船首一直保持向右舷回转。

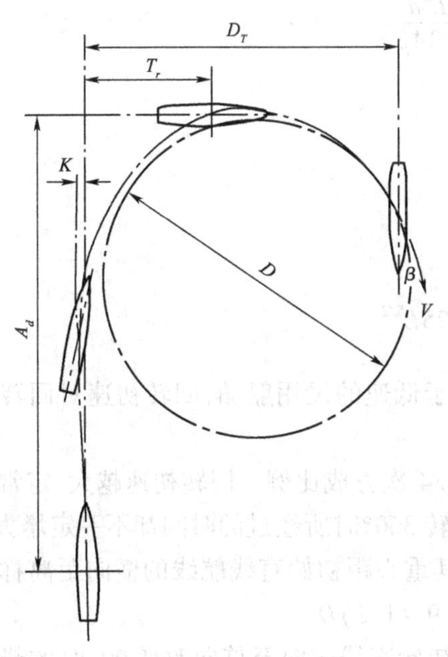

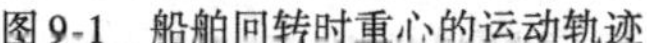
图 9-1 船舶回转时重心的运动轨迹

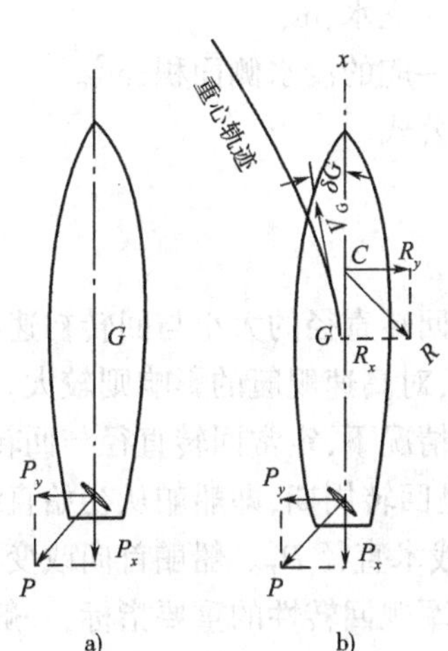

图 9-2 船舶回转运动分析

过渡阶段的主要特征是作用在船体上的水动力随时间而变化，所以船舶的运动参数也是随时间而变化的。

(3)定常阶段。在回转运动中，过渡阶段终了，船舶运动参数开始稳定，达到新的平衡阶

段，称为定常阶段。在定常阶段中，作用于船体上诸力矩达到平衡，船以一定的角速度匀速回转，重心的轨迹成圆形。

2. 回转圈的几何要素

(1)定常回转直径 D。在回转运动中，船舶进入定常阶段后的回转圈的直径称为定常回转直径。满舵条件下的定常回转直径称为最小回转直径。定常回转直径与船长的比值称为相对回转直径。

在船舶设计中，对各类船舶的定常回转直径都有一定要求。回转性好的船，最小相对回转直径约为3，回转性差的船约为10，大多数船为5～7。各类船舶的最小相对回转直径的大致范围见表9-1。

各类船舶最小相对回转直径大致范围 表9-1

船 型	最小相对回转直径	船 型	最小相对回转直径
驱逐舰	5.0～7.0	大型客货船	5.0～7.0
大型货船	5.0～6.5	中型客货船	4.0～5.0
中型货船	4.0～5.0	油船	3.5～7.5
一般小型船	2.0～3.0		

对于一般船型的海船，最小回转直径可以用以下经验公式确定：

巴士裘宁公式

$$D=\frac{L^2d}{10A_R} \tag{9-1}$$

式中：L——水线长，m；

d——吃水，m；

A_R——舵的浸水侧面积，m^2。

季美公式

$$D=0.25L^{5/3} \tag{9-2}$$

定常回转直径的大小与回转初速有关。对于低速的民用船舶，回转初速对回转直径影响并不显著，对高速舰艇的影响则较大。

一般情况下，定常回转直径与回转初速的1/4次方成比例。回转初速越大，定常回转直径越大；但是回转周期，即船舶从初始直线航向回转360°时所经过的时间却不一定增大。

(2)战术直径 D_T。船舶首向改变180°时，其重心距初始直线航线的横向距离称为战术直径。它是军舰回转性的重要指标，一般 $D_T=(0.9\sim1.2)D$。

(3)纵距 A_d。自转舵开始时的船舶重心沿初始直线航向至首向改变90°时的船舶重心间的纵向距离称为纵距。纵距的大小可用来表征船舶的回转性和跟从性。纵距越小，表示船的定常回转半径小(即回转性好)，以及船舶在操舵后进入新的稳定运动状态快(即跟从性好)；反之，纵距大，则船舶回转性和跟从性差，或其中一个特性很差。当然一艘回转性好跟从性差的船，其纵距可能和另一艘回转性差跟从性好的船非常接近。根据不同类型的船舶，纵距大致

为 $A_d=(0.6\sim1.2)D$。

(4)正横距 T_r。船舶转首90°时,其重心至初始直线航线的横向距离称为正横距。

(5)反横距 K。船舶离开初始直线航线向回转中心的反侧横移的最大距离称为反横距。通常 $K=(0\sim0.1)D$。反横距是一个很重要的特征参数。例如在两船相遇时,由于两船的距离很近,若两船同时操舵避让,则两船可能突然靠拢而发生碰撞,这正是两船同时产生反横距的结果。内河船舶在狭窄航道中回转时,反横距也是一个重要参数。

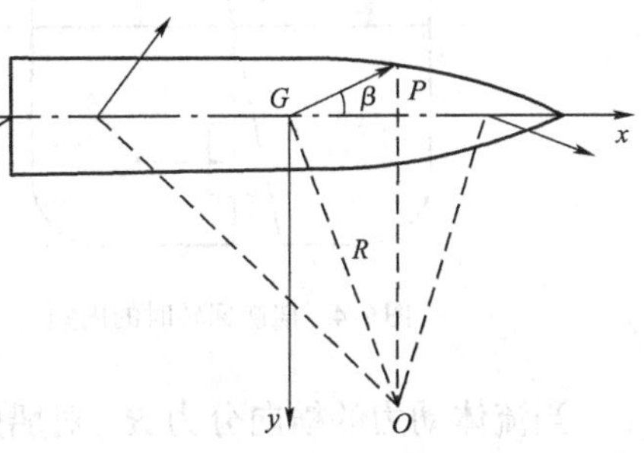

图9-3 船舶回转枢心

船舶作回转运动时,在某一瞬时,船舶中纵剖面上各点的速度大小和方向是不同的,中纵剖面上漂角为零的点,即在该点上速度的方向与中纵剖面相一致,横向速度为零,称为回转枢心。图9-3中的 P 点即为回转枢心。船舶的回转运动可以分解成沿 x 轴的前进运动和绕枢心的自转。位于 P 点操纵船舶可方便地观察到船舶的前进运动,曾经为驾驶台位置的最佳选择。通常漂角是比较小的,因此可以得出

$$\overline{GP}=R\sin\beta\approx R\beta \tag{9-3}$$

在定常回转阶段,由于 R 和 β 保持不变,因此枢心的位置也保持不变,通常位于船首与离船首 $L/4$ 处之间。因为较小的回转半径 R 伴随较大的漂角 β,而大的 R 伴随较小的 β,因此不同的船或者同样的船在不同回转半径条件下,枢心位置的变化是不大的。

二、回转时的横倾

船舶在回转时,作用在船体上的力有:舵上水压力的横向分力 P_y;流体动力的横向分力 R_y 和离心力的横向分力 F_y。由于各力的作用点不在同一高度而形成了横倾力矩,使船舶横向倾斜。这种倾斜有时造成严重后果,必须引起注意,尤其是高速船,情况更为严重。

船舶横倾方向及横倾角大小与船舶所处的回转阶段有关。船舶横倾分为两个阶段。

1. 横倾的第一阶段——向内倾斜

在船舶回转的转舵阶段,由于漂角很小,作用在船体上的流体动力的横向分力 R_y 可略去不计,只需计算作用在舵上水压力所产生的横向分力 P_y(作用点在舵叶水压力中心 B 点)和离心力的横向分力 F_y(作用点在船舶重心 G 点)。在转舵阶段,回转曲线的曲率中心在船舶回转的外侧,因此船舶的离心力的横向分力指向回转的内侧,如图9-4所示。此时在二力所形成的力偶作用下,船舶向回转的内侧横倾,倾斜力矩为 $P_y\times\overline{GB}$。由于转舵阶段 P_y 很小,所以横倾角 φ 也很小。而且向内倾斜持续的时间也极短。

2. 横倾的第二阶段——向外倾斜

船舶在过渡阶段,随着漂角 β 增大,作用在船体上的流体动力 R_y 逐渐增大到不能忽略的地步。R_y 的作用点可以近似认为作用在吃水的一半 $d/2$ 处的 E 点。这时横倾力矩应为 $P_y\,\overline{GB}-$

$R_y\left(Z_G-\dfrac{d}{2}\right)$,如图 9-5 所示。

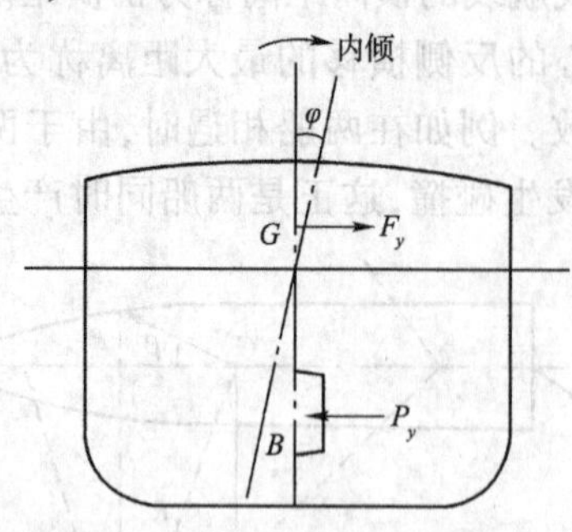

图 9-4 船舶回转时的内倾

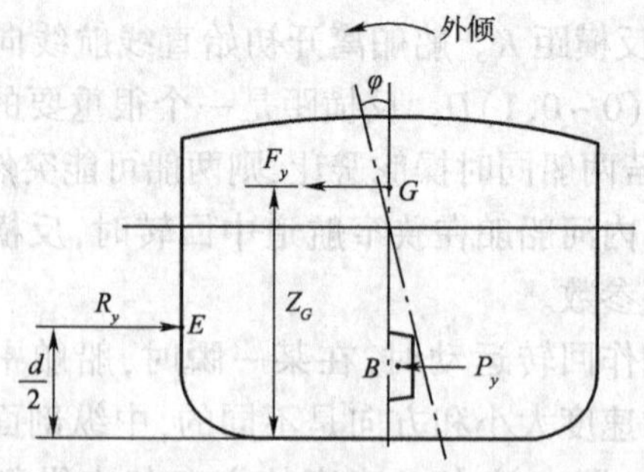

图 9-5 船舶回转时的外倾

当流体动力的横向分力 R_y,对船舶重心 G 的力矩 $R_y\left(Z_G-\dfrac{d}{2}\right)$大于舵压力 P_y 对于重心 G 的力矩 $P_y\ \overline{GB}$时,船舶即由向内倾斜变为向外倾斜。

由于在过渡阶段中漂角总是不断增大,因而 R_y 的值也是不断增大的,所以船舶向外倾斜的横倾力矩也不断增大,当船舶达到定常回转阶段时,漂角达到最大值,横向流体动力 R_y 及横倾力矩也达到最大值,故横倾角 φ 为最大。船舶离心力的横向分力 F_y 随着船舶重心轨迹曲率的变化而变化。从过渡阶段起,离心力的方向由指向回转内侧改为指向回转外侧。

从上面的分析可知,船舶回转时最大横倾角、最大横倾力矩发生在定常回转阶段。该横倾角因没涉及力的动力作用,故称为静力倾角常用 φ 表示。实际上,由于船舶回转时,横倾力矩增长速度较快,船舶从向内倾斜改为向外倾斜的变化速度较快,故横倾力矩具有动力效应。在动力作用下,船舶的倾角称为动力倾角,常用 φ_d 表示,动力倾角要大于定常回转的静力倾角 φ。通常,船舶在过渡阶段,先达到动力倾角,经几次摇摆后,最后停留在静力倾角上。整个回转过程中船舶横倾角的变化规律可用图 9-6 表示。其中横坐标为时间 t(秒),纵坐标为横倾角 φ。动力倾角 φ_d 的具体数值与转舵时间有关。转舵越快则 φ_d 越大。根据试验结果

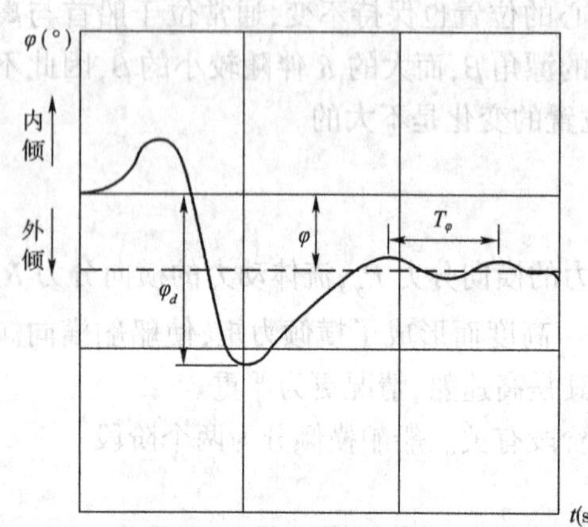

图 9-6 船舶回转时横倾角变化

$$\varphi_d=(1.3\sim2.2)\varphi \tag{9-4}$$

船舶在定常回转阶段时的横倾角可以根据横倾力矩与复原力矩的平衡关系求得。

船舶在定常回转时,由于船舶作匀速圆周运动,船舶离心力的横向分力作用于船舶重心 G 点处,其大小为

$$F_y=\frac{\Delta V^2}{gR} \tag{9-5}$$

式中：Δ——排水量，t；

g——重力加速度，m/s^2；

V——船舶在定常回转时的速度，m/s；

R——船舶回转半径，m。

由于作用在舵上的水压力相对于离心力属小值，为了方便起见，P_y 可忽略不计，误差偏于安全。

作用在船上的水动力的横向分力 R_y 与离心力的横向分力 F_y 构成的力矩即横倾力矩应为

$$M = \frac{\Delta V^2}{gR}\left(Z_G - \frac{d}{2}\right) \tag{9-6}$$

当船舶倾斜到 φ 时，复原力矩为

$$M_h = \Delta\,\overline{GM}\varphi \tag{9-7}$$

由复原力矩与横倾力矩平衡得

$$\varphi = \frac{V^2}{gR\,\overline{GM}}\left(Z_G - \frac{d}{2}\right)(\text{rad}) \tag{9-8}$$

可见横倾角 φ 的大小取决于回转航速 V，回转半径 R，稳性高$\overline{GM}$，重心高度 Z_G及吃水 d 等因素。其中航速 V 影响最大。这就是高速船在回转时应特别注意横倾现象的原因。

横倾角 φ 的大小与定常回转半径 R 相关。但是 φ 并非一直随 R 增大而减小，也非一直随 R 增大而增大，因为速度 V 也受到 R 的影响。对一般的船型而言，当 $R = 2.6L$ 左右，横倾角最大。此时取定常回转速度 V 为直线航行时的航速 V_0 的 70%，把上述两个条件代入式(9-8)，则有

$$\varphi_{\max} = 1.1\,\frac{V_0^2}{\overline{GM}L}\left(Z_G - \frac{d}{2}\right)(°) \tag{9-9}$$

式中：$\varphi_{\max}$——船舶回转时的最大横倾角，(°)；

V_0——船舶回转前直线航行时的速度，m/s；

$\overline{GM}$——初稳心高度，m；

L——船长，m；

Z_G——船舶重心距基线高度，m；

d——船舶的吃水，m。

对于一般货船，$\varphi_{\max}$为 2°～4°。对于 $V_0 \geqslant 30$kn 的高速客船，$\varphi_{\max}$可达 12°～14°。船舶全速回转时，按式 9-9 计算的 $\varphi_{\max}$不得超过《规则》确定的极限倾角。

最后，还应指出，船舶在稳定回转阶段中，舵上的水压力 P_y 的作用是减少船舶横倾的；但若在船舶回转过程中，突然将舵转至相反的方向，这时力 P_y 将突然改变方向，其作用将变为增大船舶的横倾。因此船舶的横倾角将增大，甚至会引起危险。为了防止转舵时过大的横倾危险，需要采取以下措施。

(1) 在力求增大$\overline{GM}$的同时，要采取措施防止自由液面和货物的移动。

(2) 减低航速，缓缓操舵，用小舵角进行回转，尽量增大回转直径。

(3) 应选择风浪的作用力矩与转舵产生的船舶最大横倾错开的时机操舵。

三、回转圈的实船测试

回转圈实船试验的目的是测定船舶在定常回转时的回转直径,及回转时的各要素。下面分别介绍在回转试验中,一些参数的测定。

1. 利用双标杆测定回转直径

在垂直于河岸的垂线上立 C_1 和 C_2 两根标杆,在平行于河岸的某处竖一根方向标杆 B,使得 $\overline{BC_1} \perp \overline{C_1C_2}$,如图 9-7 所示。船舶先作平行于 $\overline{BC_1}$ 直线的航行,然后,操舵回转,当到达双标杆时测出双标杆线与方向标杆 B 之间的夹角 α_1。待船回转 180°。之后,以相反航线再次与双标杆线重合时,再测出标杆线与方向标杆线之间的夹角 α_2。根据两个夹角及 BC_1 间距 l 可以求出回转直径:

$$D = \overline{C_1A_2} - \overline{C_1A_1} = l\cot\alpha_2 - l\cot\alpha_1 = l(\cot\alpha_2 - \cot\alpha_1) \tag{9-10}$$

2. 利用抛木块测定回转直径

如图 9-8 所示,试验时船舶按给定航速沿直线航行,然后按规定的舵角进行回转。当罗经指示船舶航向角与原航向一致时,即从船的一舷抛出一浮标 A(或待船回转 90°稳定后抛出);当船舶再回转半圈后,从船的另一舷抛出另一浮标 A',然后船舶保持低速,从浮标 A' 向浮标 A 的方向慢慢行进。两观察者一位立于船首,一位立于船尾并用对讲机或旗号彼此联系。当船尾到达浮标 A' 时,即从船首抛出一木块 B_1,当船尾到达木块 B_1 时,又从船首抛出第二块木块 B_2……依此类推。当抛出的最后一块木块距浮标 A 不足一个船长(或两观测者间距)时,应观察最后一块木块经过船尾时浮标 A 所在的肋骨位置。这样船舶的回转直径 D 大约数值可得出,为了获得较为准确的结果,反复进行二次或三次,以求平均值,其误差在 10% 左右。

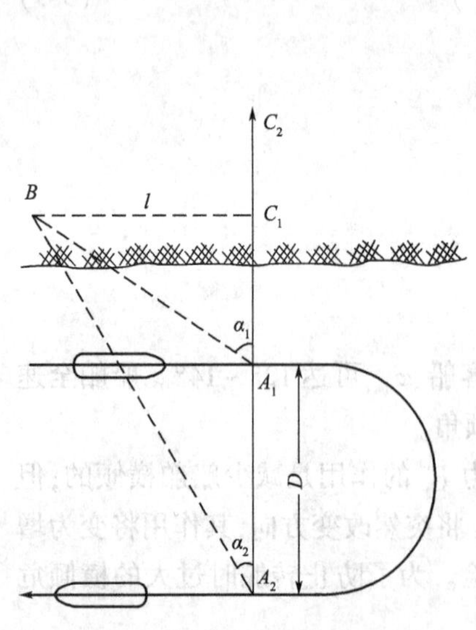

图 9-7　双标线的回转试验

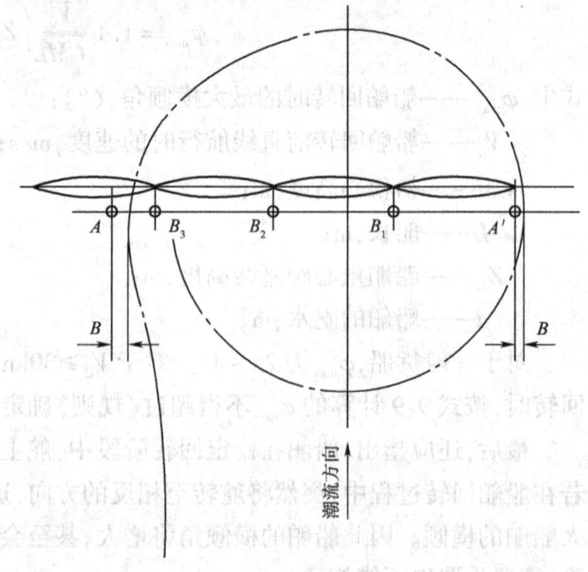

图 9-8　抛木块的回转试验

3. 利用定位仪测定回转轨迹

要较为精确地测量回转轨迹,可用专门的特高频无线电定位装置。一般航海用的无线电

定位仪和船上的雷达、测距仪精度尚不够。图 9-9 是特高频无线电定位装置的原理图。C 为在船上装设的发射器，发射 3GHz（千兆赫）的特高频无线电波。A 和 B 为在岸上装的两个应答装置。测定 CA 和 CB 之间往返的特高频波的相位差，可确定距离 CA 和 CB。由于距离 AB 是已知的，由 $\triangle ABC$ 的三边可确定 C 点的位置。

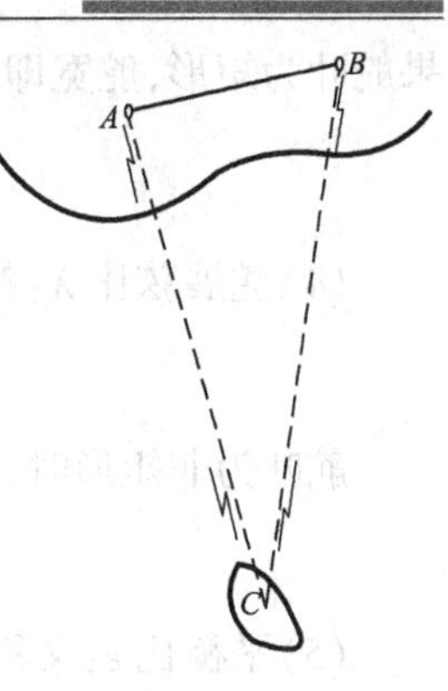

图 9-9　利用定位仪测定回转圈

4. 回转周期、航速及横倾角的测定

（1）回转周期可用秒表测定。用秒表记录船舶完成一个完整回转圈 360°的时间即为回转周期。

（2）回转航速可用回转 360°的时间去除稳定回转的圆周长求得。

（3）回转时的横倾角可用倾斜仪测得。

回转试验应在水流不大的场所及风力较小的情况下进行，以免恶劣环境对回转产生影响。此外，试验应向左和右两个方向以不同航速及不同舵角分多次进行。一般情况下，速度以每隔 5kn 为一次，舵角以每隔 5°为一次。

5. GPS 船舶航行试验测试系统

上述传统的船舶操纵性和航速的测试方法，操作比较麻烦，受人为和偶然因素影响较大，测试结果比较粗略。目前，由于 GPS 技术已趋于成熟，利用 GPS 技术测试船舶操纵性和航速的方法，已得到造船业广泛认可和使用。

GPS 接收机通过其天线接收的信号可显示天线的经度、纬度和移动的瞬时速度和方向等，从而可获取船舶运动的轨迹。据此，用户可以编制程序计算船舶操纵性和航速的相关参数，比如回转试验中的战术直径、回转直径、纵距、横距等。

为了提高定位精度，普遍采用差分 GPS（DGPS）技术，建立基准站（差分台）进行 GPS 观测。利用已知的基准站精确坐标，与观测值进行比较，从而得出一个修正数，并对外发布，接收机收到该修正数后，与自身的观测值进行比较，消去大部分误差，得到一个比较准确的位置。实验表明，利用差分 GPS，定位精度可提高到 5m 甚至 1m。

第二节　舵　　力

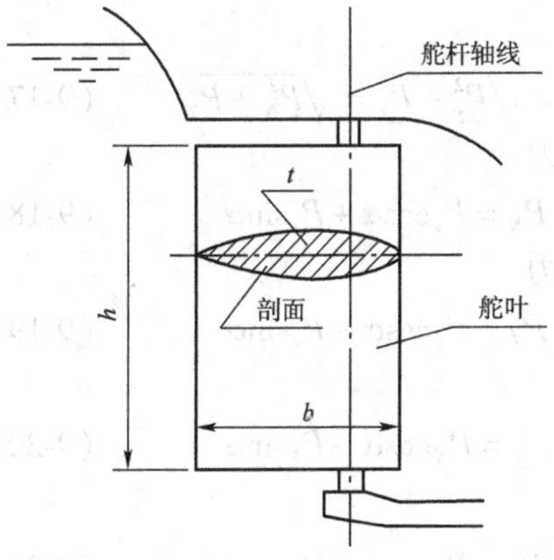

一、舵的几何要素

舵可以看作一个小展弦比的机翼，它装在船后，在水流中会受到船体和螺旋桨的影响。舵的几何形状如图 9-10所示。

图 9-10　舵的示意图

（1）舵面积 A_R：未转动的舵轮廓在中线面上的投影面积，称为舵的总面积。

（2）舵高 h：沿舵杆轴线方向，舵叶上缘至下缘的直线距离。

（3）舵宽 b：指舵叶前缘至后缘之间的垂直距离。如

果舵叶为矩形，舵宽即为各剖面的弦长；如果舵叶为非矩形，舵宽用平均舵宽 b_m 表示，且

$$b_m = \frac{A_R}{h} \tag{9-11}$$

(4)舵展弦比 λ：舵高与舵宽的比值。舵叶为矩形时，则

$$\lambda = \frac{h}{b} \tag{9-12}$$

舵叶为非矩形时，则

$$\lambda = \frac{h}{b_m} = \frac{h^2}{A_R} = \frac{A_R}{b_m^2} \tag{9-13}$$

(5)平衡比 e：又称平衡系数，指舵杆轴线前的舵面积与整个舵面积的比值。

$$e = \frac{A_P}{A_R} \tag{9-14}$$

(6)厚度比 $\bar{t}$：舵剖面的最大厚度与舵宽的比值。

$$\bar{t} = \frac{t}{b} \tag{9-15}$$

(7)舵面积比 μ：舵面积与船舶水线长和设计吃水的乘积的比值。

$$\mu = \frac{A_R}{L_{WL}d} \tag{9-16}$$

(8)舵剖面：与舵杆轴线垂直的舵叶剖面。高度方向厚度不变的矩形舵，在整个高度方向剖面是一样的。

二、舵压力及转舵力矩的估算

1. 敞水舵的水动力

如前所述，转舵之后舵上就会产生舵压力，舵压力的产生与飞机机翼和螺旋桨桨叶产生升力的原理一样。如图 9-11 所示，当流体以一定的速度 V，冲角 α 流经舵叶时，舵叶上会产生升力 P_y 和阻力 P_x。升力 P_y 的方向垂直于来流速度 V，阻力 P_x 的方向平行来流速度 V。其合力为 P，合力 P 与舵叶对称平面的交点 O 称为水压力中心，O 点到导缘的距离为 x_P。

若将合力 P 按垂直于和平行于舵的弦线分解，就可得到舵的法向力 P_N 和切向力 P_T，其间的关系通常用下列公式表达：

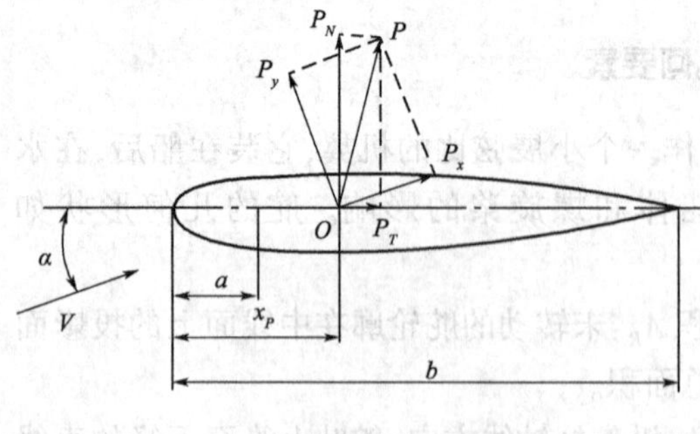

图 9-11　舵的水动力特性

舵压力

$$P = \sqrt{P_y^2 + P_x^2} = \sqrt{P_N^2 + P_T^2} \tag{9-17}$$

舵的法向力

$$P_N = P_y\cos\alpha + P_x\sin\alpha \tag{9-18}$$

舵的切向力

$$P_T = P_x\cos\alpha - P_y\sin\alpha \tag{9-19}$$

舵的升力

$$P_y = P_N\cos\alpha - P_T\sin\alpha \tag{9-20}$$

舵的阻力

$$P_x = P_N\sin\alpha + P_T\cos\alpha \tag{9-21}$$

式中：α——水流方向与舵的平面或剖面弦线间的夹角。

舵的水压力中心位置由实践得知，一般是靠近舵的前缘，如图9-11中x_P的位置。作用在舵上的力与到舵杆中心线的垂直距离的乘积称为舵杆的转矩。

对于矩形的普通舵，其舵杆中心在导缘上，则舵杆转矩为

$$M_T = P_N x_P \tag{9-22}$$

对于平衡舵或半平衡舵，其舵杆中心在舵叶导缘以后，则舵杆转矩为

$$M_T = P_N (x_P - a) \tag{9-23}$$

式中：a——舵杆中心距前缘的距离。

为了将实验资料换算到不同尺度的实舵上，一般用模型舵作风洞或水洞试验，求出舵叶的无因次水动力系数，表达式如下：

合力系数

$$C = \frac{P}{\frac{1}{2}\rho V^2 A_R} \tag{9-24}$$

升力系数

$$C_y = \frac{P_y}{\frac{1}{2}\rho V^2 A_R} \tag{9-25}$$

阻力系数

$$C_x = \frac{P_x}{\frac{1}{2}\rho V^2 A_R} \tag{9-26}$$

法向力系数

$$C_N = \frac{P_N}{\frac{1}{2}\rho V^2 A_R} \tag{9-27}$$

切向力系数

$$C_T = \frac{P_T}{\frac{1}{2}\rho V^2 A_R} \tag{9-28}$$

转矩系数

$$C_M = \frac{M_T}{\frac{1}{2}\rho V^2 A_R b} \tag{9-29}$$

水压力中心系数 $$C_P = \frac{x_P}{b} \tag{9-30}$$

式中：A_R——舵面积，m^2；

$\frac{1}{2}\rho V^2$——水动力压强，Pa；

V——水流对舵的速度，m/s；

ρ——水的密度,kg/m³;

b——舵宽,m。

这些无因次水动力系数之间关系如下:

$$C = \sqrt{C_y^2 + C_x^2} = \sqrt{C_N^2 + C_T^2} \tag{9-31}$$

$$C_N = C_y \cos\alpha + C_x \sin\alpha \tag{9-32}$$

$$C_T = C_x \cos\alpha - C_y \sin\alpha \tag{9-33}$$

$$C_y = C_N \cos\alpha - C_T \sin\alpha \tag{9-34}$$

$$C_x = C_N \sin\alpha + C_T \cos\alpha \tag{9-35}$$

$$C_P = \frac{x_P}{b} = \frac{C_M}{C_N} \tag{9-36}$$

将式(9-32)代入上式整理得

$$x_P = \frac{C_M b}{C_y \cos\alpha + C_x \sin\alpha} \tag{9-37}$$

不平衡舵的舵杆转矩为

$$M_T = C_M \frac{1}{2}\rho V^2 A_R b \tag{9-38}$$

平衡舵或半平衡舵的舵杆转矩为

$$M_T = C_N \frac{1}{2}\rho V^2 A_R (x_P - a) \tag{9-39}$$

上述诸水动力系数是由模型试验求得,它们是舵叶参数与冲角的函数,在单独对舵的水动力计算中,当实物和模型的相应参数相似时,可直接应用模型试验结果。

在无法应用已有的试验资料时,例如剖面形状比较特殊,对于 $1.0 \leqslant \lambda \leqslant 2.5$ 的单独舵的升力系数 C_y 可用下式计算

$$C_y = 2\pi[\lambda/(\lambda+2)]\alpha \tag{9-40}$$

当 $\alpha = 25° \sim 35°$时,上式计算 C_y 的值同试验数值差别不大;当 $\alpha < 25°$时,计算值略高。

2. 舵压力估算

舵压力的大小可用经验公式求得,其常用的有乔赛尔公式:

$$P_N = K \frac{9.81\sin\alpha}{0.2 + 0.3\sin\alpha} A_R V_T^2 \tag{9-41}$$

$$x_P = (0.2 + 0.3\sin\alpha) b \tag{9-42}$$

式中:P_N——作用在舵叶上的法向力,N;

x_P——水压力中心至舵导缘的水平距离,m;

b——舵宽,m;

A_R——舵面积,m²;

V_T——舵速,m/s;

K——修正系数,查表 9-2。

乔赛尔公式是我国习惯采用的一种计算公式,尽管在此公式里没有考虑剖面形状,展弦比等的影响,计算结果粗糙。但计算方便,特别对于近似于平板形式的舵,通过实舵测试与计算

结果很接近，所以乔赛尔公式在计算倒航舵时应用更广泛。

舵力修正系数 K 值表　　表 9-2

α(°)	5	10	15	20	25	30	35
K(舵处于螺旋桨尾流中)	31	33	35	36	37	38	40
K(舵不处于螺旋桨尾流中)	10	12	15	17	18	21	22
$0.2+0.3\sin\alpha$	0.226	0.252	0.278	0.303	0.327	0.35	0.372
$9.81\dfrac{\sin\alpha}{0.2+0.3\sin\alpha}$	3.783	6.760	9.133	11.073	12.679	14.014	15.126
C_N	0.233	0.477	0.640	0.795	0.935	1.067	1.206

3. 船的回转力矩

船舶转舵 α 角后产生舵压力 P。该力对同转中心 G 的力矩称为回转力矩，为

$$M_a = P(RG\cos\alpha + x_P) \tag{9-43}$$

式中：RG——船的重心 G 到舵叶前缘的距离。

由于 x_P 值与$\overline{RG}$值比较甚小，故可忽略不计。通常近似地使$\overline{RG}\approx\dfrac{L_{WL}}{2}$，即约等于二分之一船长，上式可以改写为

$$M_a = P\frac{L_{WL}}{2}\cos\alpha \tag{9-44}$$

从实践和理论分析表明，当舵角 α 在 35°范围内时转船力矩 M_a 具有较大值。因此，通常最大舵角控制在 35°内，该舵角称为有利舵角。

第三节　舵的设计

当船体的形状和螺旋桨决定之后，舵是影响操纵性的主要因素。船舶无论是维持航向或者改变航向，都需要靠操舵来完成。为了满足船舶对操纵性的要求，要使舵设备经济、可靠、耐用，所以在舵设计中应合理选择舵的几何要素，使所设计的舵重量轻、体积小、舵机功率小，并有较适宜的转船力矩和灵敏的舵效应。

一、舵的分类及舵数目的选择

1. 舵的分类

舵的种类很多，一般可以概括地分为普通舵和特种舵两类。普通舵又可以根据不同特点分成下述一些类型，如图 9-12 所示。

(1)根据舵杆轴线在舵宽度上的位置情况可分：

①普通舵：舵的全部面积均在舵杆轴线的后方，如图 9-12a)所示。这种舵的舵压力中心距舵杆中心线较远，因此，转舵力矩较大，所需要的舵机功率也较大。不过这种舵与舵柱有多个支点连接，对舵叶本身的强度有利。这种舵目前很少采用，在老式船上能见到。

②平衡舵：沿整个舵的高度上，有部分舵面积在舵杆轴线的前方，如图 9-12b)、图 9-12c)、图 9-12e)所示。这种舵的舵压中心距舵杆中心线较近，比普通舵的转舵力矩小，从而减小了转舵时所需要的转舵力矩，可以节省舵机功率。但舵的支承点较少，强度不如普通舵。

③半平衡舵：有部分舵面积是在舵杆轴线的前方，但只占舵高的一部分，如图 9-12d）和图 9-12f）所示。这种舵的特点介于上述二类舵之间。

（2）根据舵的支承情况可分为：

①多支承舵：舵叶与舵柱用三个以上的舵钮连接，如图 9-12a）所示。

②双支承舵：在舵叶的上、下方各有一个支承点，如图 9-12b）和图 9-12c）所示。

③半悬挂舵：舵叶的上半部支承在舵柱上，舵叶的下支承位置是在舵的半高处，如图 9-12d）和图 9-12f）所示。

④悬挂舵：舵叶悬挂在舵杆上，它的支承点设在船体内部，如图 9-12e）所示。

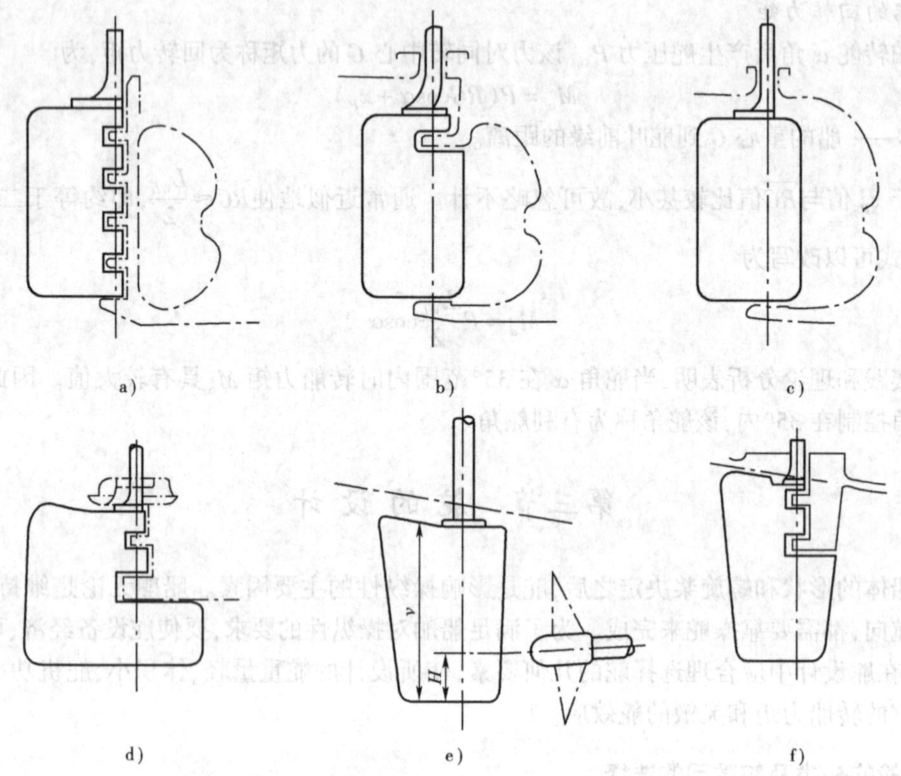

图 9-12　舵的类型

a）多支承普通舵；b、c）双支承平衡舵；d、f）半悬挂半平衡舵；e）悬挂平衡舵

（3）根据舵叶的剖面形状分为：

①平板舵：舵叶由平板构成，横向有几道加强筋。这种舵构造简单，成本低，但阻力大，舵效低，不利于提高推进效率。

②流线型舵：舵叶的水平剖面为流线型，这种舵具有较好的流体动力特性，推进效率高，虽然构造复杂，但一般船舶多采用此种舵。其结构如图 9-13 所示。

2. 舵的数目和形式的选择

舵的数目取决于船型和航行情况，与螺旋桨的数目有很大关系，对于大型海船大都采用单舵装在船尾螺旋桨的后方纵中剖面处，使舵处于螺旋桨的尾流中，以提高舵效和推进效率。但

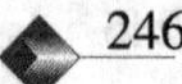

是对于内河船,由于吃水及舵的高度受到限制,通常是双桨配置双舵。对于操纵性要求高,吃水又受限制的船舶,为了保证有足够的舵面积,以获得较大的舵压力,常配置双桨三舵。在长江上游有些拖船,为了提高舵效,特别为了提高小舵角的应舵能力,有的还采用双桨四舵。但舵数目的增加,会使重量增加,也会使布置复杂化,造成建造费用的增加,因此在选取舵数目时必须权衡利弊。对于四舵船,舵面积和形状基本相同,对于双桨三舵的船,比较适宜的分配是两边舵占总舵面积约70%,中舵约占总舵面积的30%。

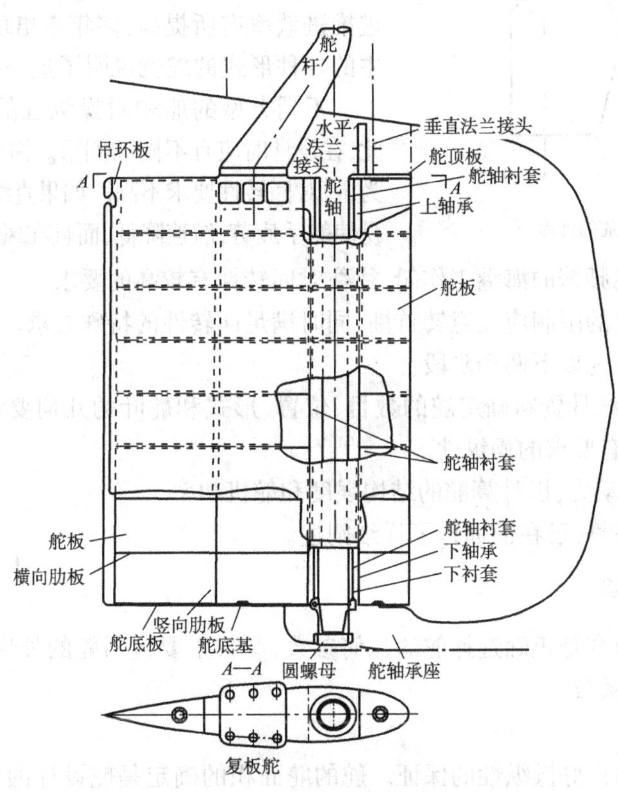

图9-13 流线型舵叶结构图

舵数目确定后,可按线型图并考虑螺旋桨与舵之间的合理间隙,可定出舵的位置和外形。

舵形式的选择是由航行条件和设备条件决定的,各有其利弊。

不平衡舵的舵叶突出在舵杆的后方,转舵时舵杆受到较大的转矩,需要较大的舵机,不平衡舵在风浪中容易产生应舵不灵的现象。

平衡舵把部分舵面积分配在舵杆的前方,以减小舵机功率。舵叶上端离水面距离增加,提高了轻载时的舵效,弥补了不平衡舵的缺点。但也存在一些问题,因为船尾的形状是一定的,舵叶向前延伸,势必要削去部分呆木并使螺旋桨向前移动,有可能造成螺旋桨来流不畅,从而降低了航速。舵叶前移,减少了对重心的回转力矩,对舵效是不利的。

对于没有尾框架的船舶,采用半悬式半平衡舵,可以得到很好的配合,这种形式在双舵时用得比较多。

舵的外形应从制造工艺简便考虑,一般设计成等剖面的矩形或近似矩形的舵,也可采用前缘垂直的倒梯形舵。有些内河船因航道太浅或船有尾倾,为了保护舵,将舵下缘切成圆弧形。

对于隧道型船尾,有时尚需将上缘切去一部分,避免大舵角时碰撞隧道内壁,如图9-14所示。

二、舵设计的基本步骤

舵位于船的尾部,与船体和螺旋桨密切配合,相互影响,形成一个有机的整体。因此,在设计舵时应把船体、螺旋桨、舵作为一个组合体考虑。除了保证在各种情况下的操纵性能之外,同时也应促进推进效率有所提高,多年来出现以提高推进效率为主的各种形式的舵就说明了这一点。

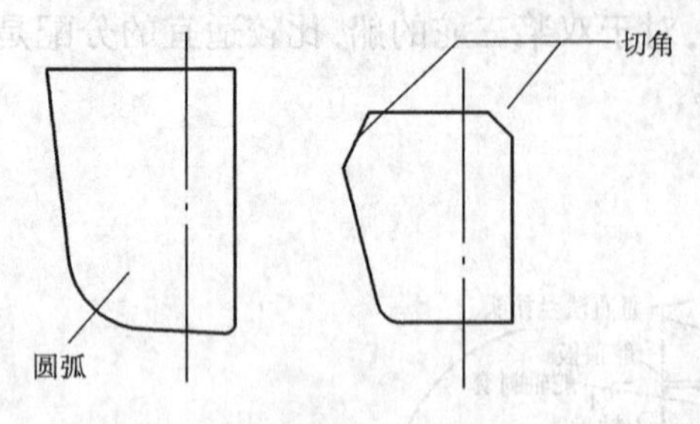

图9-14 舵的外形

不同类型的船舶对操纵性的要求是不同的。因此,在设计时应有不同的侧重。海船一般以直线稳定性为主,对回转性要求不高。如果直线稳定性不良,不仅容易使舵手疲劳,航速降低,而且在风浪中难以操纵。

沿海船和进出港频繁的海港工作船,往往对回转性有较高的要求。

内河船由于航道的限制应注意转首性,同时满足回转性的特殊要求。

舵的设计大致分为以下两个阶段:

(1)根据型船或统计资料确定舵的数目、位置、形式和舵叶的几何要素,其中主要是舵面积的选择,使船舶具有要求的操纵性。

(2)确定舵的水动力,以计算舵的结构强度和舵机功率。

舵的水动力的估算,已在前面作了详细阐述。

三、舵的参数选择

舵设计的重要内容是正确选择舵的几何参数,参数主要包括舵的外形尺度、展弦比、剖面形状、厚度比及平衡系数。

1.舵面积

它是使船舶具有良好操纵性的保证。舵的舵面积的确定是舵设计的重要一环,由于舵的回转力矩与舵面积的大小成正比,因此,舵面积越大,舵的回转力矩越大,操纵性要求越易得到满足。增大舵面积,一般回转性与航向稳定性均能得到改善。但当舵面积达到一定程度时,对回转性能的改善并不显著。因此,舵面积有一个适当的数值范围。

目前,从操纵性衡准出发由理论确定舵面积的大小尚有困难,通常采用经验和统计的方法确定舵面积。舵面积比以μ表示,即

$$\mu=\frac{A_R}{L_{WL}d} \tag{9-45}$$

式中:A_R——舵的总面积,m^2;

L_{WL}——船的设计水线长,m;

d——船的满载吃水,m。

由式(9-44)可知,舵面积的选择,实际上就是舵面积比μ的选择,一般参照用途相同、航道相仿、主尺度或主尺度比相近,舵桨数目相同而布置上又相似的操纵性良好的母型船选取。从而获得与母型船基本相同的操纵性能,具体计算可采用下式:

$$A_{R设}=\mu_{母}\ d_{设}\ L_{设} \tag{9-46}$$

式中：$A_{R设}$——设计船舵的总面积，m^2；

$\mu_{母}$——母型船舵面积比，可按母型船或其他资料选取，以％表示；表9-3为一般取值范围；

$L_{设}$——设计船满载水线长，m；

$d_{设}$——设计船满载吃水，m。

从表9-3中可看出，内河船的μ值一般比海船高，这是因为内河船舶要求回转灵敏性比海船高的缘故。航速越小的船，μ值越大，目的是为了增加操纵的灵敏性。

一般民用船舶的舵面积比 表9-3

船舶种类		μ值(％)
内河船	长江上游客货船	5.2～6.45
	长江中下游客货船	2.0～3.4
	长江1471kW(2000PS，拖船)	8.0～9.0
	长江拖船	11.0
	内河驳船	3.0～5.3
	长江油船	3～5
海船	单螺旋桨船	1.6～1.9
	双螺旋桨船	1.5～2.1
	油船	1.2～1.9
	巨型客船	1.2～1.7
	拖船	3.0～6.0
	渔船	2.5～5.5
	引航船和渡船	2.5～4.0

2.舵的展弦比

展弦比对舵的水动力系数影响较大，图9-15为舵具有不同展弦比时的升力系数变化曲线，从图中可以看出以下几个特点：

(1)对于某一舵，随着冲角α的增加升力系数随之增加。当α比较小时，C_y与α呈线性关系，随着α的增加，舵上水流在弦上某点开始分离，C_y和α不再保持线性关系。随着冲角继续增加，水流分离范围扩大，系数C_y增长得更慢。当舵叶背上水流产生大面积分离时，C_y迅速下降，这种现象称为失速，对应的冲角称为临界冲角α_{ak}。在临界冲角前，同样冲角下，展弦比大的舵升力系数大，即舵效高，所以设计舵时，在尾部型线允许的条件下，宜选取较大的舵高，从而增加舵的展弦比。一般船舶在航行时经常要转动小舵角来保持航向，因此要求舵在小舵角时具有较大的升力系数C_y。展弦比大的舵就能满足此要求，从而改善小舵角时船舶的操纵性能。

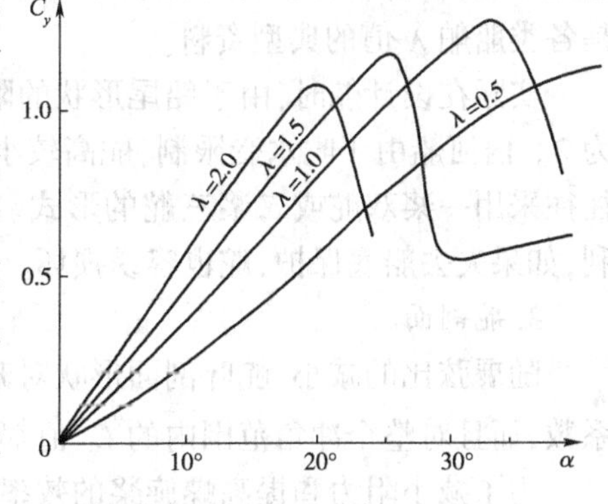

图9-15 舵的展弦比对升力系数的影响

(2)在相同冲角时,λ 较大的舵叶在失速前具有较大的 C_y,但是临界冲角 α_{ak}较小,随着 λ 的减小,α_{ak}值将增加。所以对于内河浅水航道的舵,由于吃水受限制,舵的展弦比一般都较小,其所允许的最大舵角应比海船的大。所以海船规范规定最大舵角为35°,而内河船舶规范允许最大舵角可增至45°。

展弦比 λ 对舵水动力的影响,主要原因是存在翼端绕流损失,因为当舵转过一舵角时,舵叶两侧压力分布不对称,迎流一侧为高压,另一侧为低压,由于两侧压力不等,所以在舵的上下两端水流可以绕过两端,有部分水流绕过舵叶边缘,使压力抵消一部分,如图9-16所示。这种使总的舵压力减小的损失,称为翼端损失。

舵的展弦比越小,这种翼端损失在整个舵压力中所占的比例越大,由此,可以理解图9-15中所示的随展弦比减小升力系数下降的原因。为了减小舵的翼端损失,在舵的上下端各装一块水平盖板,如图9-17所示。它具有阻止高压区流体向低压区流动的作用。试验表明在小舵角时它的舵压力可以提高10%~15%,增大盖板的宽度,舵压力还可以增大到20%~27%,但上下盖板的平面最好与来流的流向一致,否则将引起较大的阻力。通常盖板的宽度不大于舵剖面厚度的2~3倍。

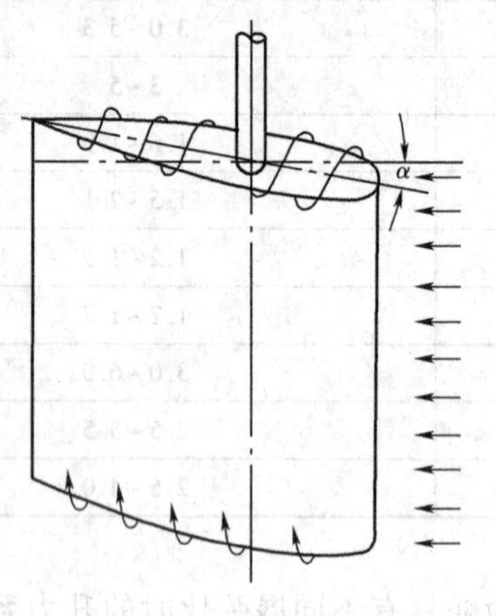

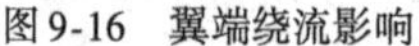
图9-16　翼端绕流影响

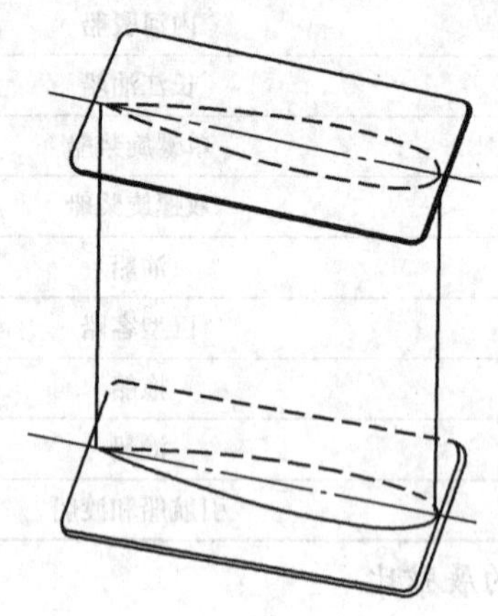

图9-17　舵上下端加装水平盖板

从航向稳定性的要求来看,希望小舵角时值大些,自然展弦比应大些。但是增大 λ 后失速过早的产生,可能影响大舵角的回转性。所以 λ 的选取应照顾这两个方面的要求。表9-4是各类船舶 λ 值的典型资料。

实际在设计舵时,由于船尾形状的限制,选择 λ 值的余地是不大的,一般海船的展弦比约为2。内河船由于吃水受限制,舵高较小,有时为了在一定舵面积下,保证尽可能大的展弦比,往往采用一桨双舵或二桨三舵的形式。λ 过大的舵,转舵后压力突然增加,对操纵船舶并不利,如果失去船底保护,舵也容易损坏。

3. 舵剖面

随展弦比的减小,舵叶剖面形状对升力系数 C_y 的影响更为重要,它不仅影响最大的升力系数,而且对整个冲角范围内的 C_y 值都有影响。

为了减小阻力和提高螺旋桨的效率,一般均采用左右对称的流线型机翼剖面。提供舵设计的流线型剖面系列很多,我国多采用NACA型和茹柯夫斯基型。

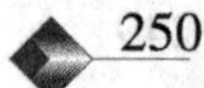

各类船舶常用的展弦比值 表 9-4

类 型		λ平均值
单桨海洋船舶	货船和客船	1.82
	沿海船舶	1.04~1.16
	拖船和引航船	1.78
双桨海洋船舶 长江下游船舶	具有下支点的中舵	1.51
	半平衡舵	1.11
	边 舵	2.2
	油 船	1.2~1.5
长江中上游船舶	客船(双桨三舵)	0.8~1.4
	推船、拖船(双桨三舵)	0.8~1.2
	油船	1.0
长江驳船 浅水内河船舶		0.5~1.0 0.4~0.8

NACA 型是美国国立空气动力学顾问委员会在风洞中作的敞水舵试验系列,模型舵的展弦比是 6,其编号的最后两个数字表示舵的厚度比$\bar{t}$。所谓敞水舵是指未与船体和螺旋桨配合的单独舵。

NACA 型剖面的主要参数是厚度比$\bar{t}$。此系列中共包括 6 种不同的厚度比,由 0.06 ~ 0.25,最大厚度在离前缘 30% 的地方。若厚度比$\bar{t}$已确定,剖面的型值可查表 9-5。

以剖面最大厚度%计的翼型剖面值 表 9-5

距前缘距离(%)		0	1.25	2.5	5.0	10.0	20.0	30.0	40.0	50.0	60.0	70.0	80.0	90.0	100
厚度(最人厚度的%)	NACA 型	0	31.6	43.6	59.2	78.0	95.6	100	96.7	88.0	76.1	61.0	43.7	24.1	2.1
	茹柯夫斯基型	0	33.1	45.2	62.2	81.9	98.0	99.0	94.0	81.7	66.7	48.0	30.0	15.0	0

图 9-18 所示 NACA 型的 C_y 和 C_P 曲线。从图中可看出,不同厚度比其 C_y 曲线的斜率基本相同,$\bar{t}=0.06$ 时,因前缘较薄,分离较早,$\bar{t}=0.25$ 时,C_y 略有下降。其他厚度比时,临界冲角和最大 C_y 值都差不多。从提高推进效率来看,采用$\bar{t}=0.15\sim0.18$ 较好。对于悬挂舵,由于强度原因,采用稍厚的舵叶为佳。对于高速艇,为了减小阻力宜采用较薄的舵叶。

茹柯夫斯基(НЕЖ)型剖面是 19 世纪初俄国空气动力学家茹柯夫斯基创立的对称机翼剖面。茹柯夫斯基用不同展弦比做了大量试验,包括部分倒车试验和与船体的配合试验。剖面型值见表 9-5。

NACA 型升力系数 C_y 较大,阻力系数 C_x 较小,前缘不太肥,如图 9-19 所示,对提高螺旋桨推进效率有利,广泛地应用于正对螺旋桨的舵。

茹柯夫斯基型试验内容丰富,性能数据更接近实船。此剖面导边太肥,阻力较大,尾部呈凹形,强度较差,施工不方便。但是应用在丰满的驳船和非正对螺旋桨舵的船舶上时,不但舵效好,而且能消除尾涡流,提高航速。

4. 厚度比

舵的最大厚度位置约在距导缘 $b/3$ 前后。

厚度比$\bar{t}$应根据船舶类型、舵型，安装要求和与船体螺旋桨配合一起考虑，不能孤立考虑舵叶本身升力和阻力系数的大小。从分析舵升力系数的试验资料表明，在临界冲角之前，厚度比对升力系数 C_y 影响不大。厚度比将影响最大升力系数大小，厚度比过大或过小都将使最大升力系数值降低。一般建议厚度比取$\bar{t}=0.12\sim0.18$，这不但照顾了舵的结构和安装，而且能得到较大的 C_y，和较小 C_x。对于直线稳定性和转首性要求较高的船舶，如我国川江船舶，希望小舵角时舵效较好，厚度比可以取得大些以 0.18～0.24 为宜。

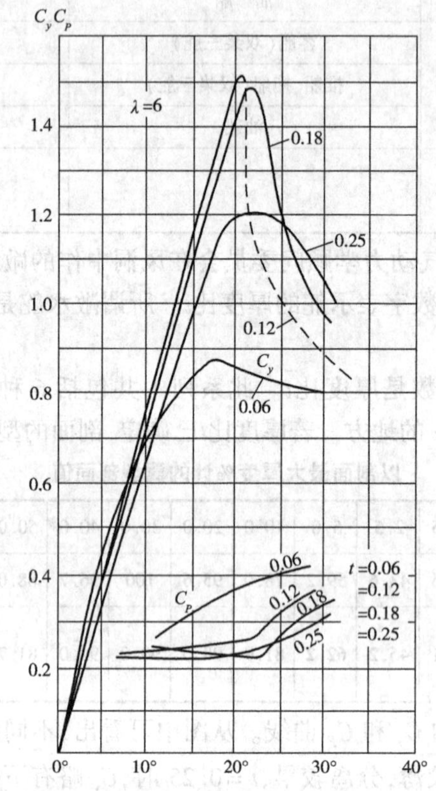

图 9-18　厚度比对 C_y 和 C_P 的影响

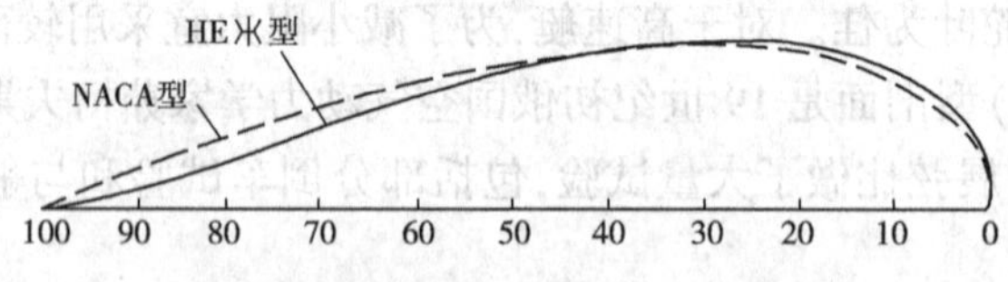

图 9-19　NACA 及 HEЖ 翼型的特征

5. 舵的外形

由试验测试表明：若保持舵的展弦比和面积不变，只改变舵的外形，对于升力系数 C_y 影响不大，因此，在设计中可以不考虑舵外形对水动力的影响。

舵外形设计主要考虑的是与船体和螺旋桨要有良好的配合，又要制造工艺简便，造价低

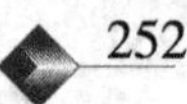

廉。可以设计成等剖面的矩形或近似矩形的舵,也可采用前缘垂直的倒梯形舵,这对于悬挂舵,可以减少下舵支承处的弯矩,对强度有利。

6. 平衡比

平衡比 $e=\frac{A_P}{A_R}$将直接影响舵机功率的大小,为使舵机功率减小,希望将舵轴线位置与压力中心位置尽可能接近。平衡比 e 的大小与舵杆转矩的大小密切相关,但是对于一定的舵而言,水压力中心 x_P 是舵角 δ 的函数,因此,选取 e 值的原则应该是在整个舵角的范围内使舵杆转矩变化较小,包括倒车操舵情况。

在确定平衡比时,一般是根据试验资料的 C_P 值,并结合本船常用的舵角选用2~3个不同平衡比 e 值,作正车和倒车的舵杆扭矩计算,选取使正车和倒车时舵杆转矩变化较小的平衡比。表9-6为适宜的 e 值,可作参考。

舵机类型与平衡比的适宜值 表9-6

舵机类型	适宜 e 值
机动舵机,舵机通过舵扇或舵柄直接转动舵杆	0.25~0.33 常用范围0.2~0.30
机动舵机,但用柔性传动(如钢丝、链条、带动舵扇、转动舵杆)	0.20~0.25 常用值0.225
人力舵机	0.19~0.25 常用范围0.21~0.23

当舵面积及以上诸参数选定后,则应给出舵的外形和舵在尾部的布置草图,认为布置合理时,可作为舵计算的依据,进行舵的水动力计算。

表9-7、表9-8是NACA对称机翼 $\lambda=6$ 和 $\lambda=1$ 时的两组试验资料,表中编号第一个数字表示拱度比,即拱度与弦长之比,是针对不对称机翼剖面而言的。第二个数字表示拱度所在位置占弦长的百分数。最后两位数字表示厚度比$\bar{t}$。如0015,表示无拱度对称型机翼剖面,厚度比$\bar{t}=15\%$。

7. 普兰特换算*

在舵的设计中,当实舵的 λ、t/b、剖面形状与模型舵相同时,可直接采用试验结果,但实舵的 t/b 和剖面形状与模型舵相似而展弦比不同,这时必须进行展弦比换算才能把模型舵的水动力系数用到实舵上来。如果只是展弦比不同,在临界冲角之前可采用普兰特换算公式,即

$$C_{y_2}=C_{y_1} \tag{9-47}$$

$$\alpha_2=\alpha_1+57.3C_y\left(\frac{1}{\lambda_2}-\frac{1}{\lambda_1}\right)/\pi \tag{9-48}$$

$$C_{x_2}=C_{x_1}+C_y^2\left(\frac{1}{\lambda_2}-\frac{1}{\lambda_1}\right)/\pi \tag{9-49}$$

$$C_{P_2}=C_{P_1} \tag{9-50}$$

式中:C_{y_1}、C_{x_1}、C_{P_1}、α_1——模型舵中 λ_1 的列表数值;

C_{y_2}、C_{x_2}、C_{P_2}、α_2——对应设计舵 λ_2 时的相应数值。

式(9-47)、式(9-48)表明:当 α_1 和 α_2 分别表示展弦比为 λ_1 和 λ_2 机翼冲角,其升力系数均为 $C_{y_2}=C_{y_1}=C_y$时,如果 $\lambda_2<\lambda_1$,则 $\alpha_2>\alpha_1$,即在相同升力系数条件下,展弦比小的翼需要

在大的冲角中运动才能得到相同的升力系数。

普兰特换算法的换算步骤如表 9-9 所示。

NACA($\lambda=6$)正航时水动力系数表 表 9-7

α(°)	0006			0009			0012		
	C_y	C_x	C_P	C_y	C_x	C_P	C_y	C_x	C_P
4	0.32	0.014	0.08	0.30	0.014	0.08	0.30	0.016	0.075
8	0.61	0.038	0.15	0.60	0.032	0.15	0.60	0.033	0.15
12	0.81	0.140	0.20	0.90	0.059	0.225	0.90	0.059	0.225
16	0.88	0.250	0.30	1.19	0.098	0.30	1.20	0.096	0.30
20	0.85	0.330	0.27	1.06	0.380	0.33	1.46	0.142	0.36
24	0.83	0.396	0.26	0.91	0.392	0.345	1.09	0.322	0.36
28	0.82	—	0.25	0.84	—	0.343	0.92	0.410	0.36
30	0.818	—	0.245	0.82	—	0.341	0.89	0.430	0.355
最大值	—			1.28			1.52		
相应 α				18°			22.2°		
α(°)	0015			0018			0021		
	C_y	C_x	C_P	C_y	C_x	C_P	C_y	C_x	C_P
4	0.30	0.014	0.075	0.30	0.018	0.075	0.30	0.019	0.07
8	0.60	0.031	0.150	0.60	0.032	0.15	0.58	0.032	0.13
12	0.89	0.060	0.225	0.88	0.059	0.22	0.86	0.058	0.19
16	1.17	0.095	0.30	1.15	0.097	0.285	1012	0.092	0.25
20	1.42	0.140	0.36	1.39	0.140	0.362	1.37	0.140	0.30
24	1.21	0.269	0.36	1.24	0.260	0.375	1.29	0.240	0.331
28	1.00	-	0.36	1.08	0.357	0.357	1.12	0.330	0.321
30	0.90	0.38	0.355	0.96	0.396	0.34	1.02	0.372	0.312
最大值	1.53			1.50			1.38		
相应 α	22.5°			22.5°			22.2°		

NACA($\lambda=1$)正、倒航时水动力系数表 表 9-8

型 号	系 数	$\alpha°$								最大值
		5	10	15	20	25	30	35	40	34°
NACA0015	C_y	0.141	0.289	0.441	0.622	0.775	0.926	0.713	0.686	1.052
	C_x	0.026	0.042	0.069	0.135	0.217	0.320	0.528	0.605	0.505
	C_N	0.143	0.292	0.444	0.630	0.795	0.962	0.887	0.914	
	$C_{M_{0.25}}$	−0.014	−0.021	−0.019	−0.006	0.004	0.026	0.126	0.137	
	C_P	0.152	0.178	0.207	0.240	0.255	0.277	0.392	0.400	
	$C_{P_{0.25}}$	−0.098	−0.072	−0.043	−0.010	0.005	0.027	0.142	0.150	
NACA0021	C_y	0.165	0.340	0.525	0.700	0.840	0.950	0.980	0.585	
	C_x	0.020	0.040	0.090	0.160	0.230	0.330	0.430	0.510	
	C_N	0.167	0.342	0.530	0.713	0.858	0.988	1.050	0.776	
	$C_{M_{0.25}}$	−0.007	−0.021	−0.035	−0.029	0.009	0.059	0.126	0.134	
	C_P	0.210	0.190	0.185	0.210	0.260	0.310	0.370	0.425	
	$C_{P_{0.25}}$	−0.040	−0.060	−0.065	−0.040	0.010	0.060	0.120	0.175	
NACA0025	C_y	0.132	0.270	0.419	0.586	0.732	0.883	1.033	1.192	1.336
	C_x	0.036	0.052	0.089	0.145	0.217	0.319	0.446	0.595	0.805
	C_N	0.134	0.275	0.428	0.599	0.756	0.916	1.102	1.294	
	$C_{M_{0.25}}$	−0.010	−0.015	−0.015	−0.008	0.004	0.026	0.058	0.099	46°
	C_P	0.174	0.195	0.215	0.237	0.255	0.278	0.303	0.326	
	$C_{P_{0.25}}$	−0.075	−0.055	−0.035	−0.013	0.005	0.028	0.053	0.076	
NACA0015 倒航	C_y	0.241	0.385	0.532	0.643	0.771	0.918	1.022	1.059	1.059
	C_x	0.069	0.102	0.180	0.258	0.376	0.532	0.719	0.885	0.885
	C'_y 自后缘	0.437	0.354	0.354	0.335	0.354	0.356	0.384	0.395	0.395

普 兰 特 换 算 表 表 9-9

序号	计 算 式	单 位	计 算 数 据						
1	α_1(模型舵)	(°)							
2	$C_{y_1}=C_{y_2}=C_y$(查表)								
3	$C_y^2=(2)^2$								
4	$\frac{57.3}{\pi}C_y\left(\frac{1}{\lambda_2}-\frac{1}{\lambda_1}\right)$								

续上表

序号	计 算 式	单 位	计 算 数 据
5	$\alpha_2=(1)+(4)$	(°)	
6	$(3)\left(\frac{1}{\lambda_2}-\frac{1}{\lambda_1}\right)/\pi$		
7	C_{x_1}(查表)		
8	$C_{x_2}=C_{x_1}+(6)$		
9	$\sin\alpha_2$		
10	$\cos\alpha_2$		
11	$C_{x_2}\sin\alpha_2=(8)\times(9)$		
12	$C_y\cos\alpha_2=(2)\times(10)$		
13	$C_{N_2}=(11)+(12)$		
14	$P_{N_2}=C_{N_2}\frac{1}{2}\rho V^2 A_R$	N	
15	$C_{P_2}=C_{P_1}$(查表)		
16	$x_{P_2}=C_{P_2}b$	m	
17	a(按设计舵杆位置)	m	
18	$x_{P_2}-a=(16)-(17)$	m	
19	$M_{T_2}=P_{N_2}(x_{P_2}-a)$ $=(14)\times(18)$	N·m	

四、舵、船体和螺旋桨的相互影响

位于船尾的舵,在工作时受到船体伴流、螺旋桨尾流、船尾形状与舵的配合、水平方向的斜流影响,使实船舵的水动力与敞水舵的水动力有较大的误差。所以,在设计舵引用敞水资料时,必须经过修正才能与实际相符合。修正方法是选择适宜的舵速作为计算依据,来计算舵、船体和螺旋桨的相互影响。

1. 船体对舵的影响

由于船体的存在,在船体后的水流速度的大小和方向都发生变化,因此,流向舵的水流轴向速度不同于船速。船体对舵的影响可用伴流分数 w 来估计水流轴向速度的变化。船体伴流对舵有较大影响,它减小舵的水流速度,特别对中舵的影响更大,因为船舶航行时尾中线处伴流最大,而使水流速度减低。作用在船体后舵上的水流速度可写成

$$V_T=V(1-w) \tag{9-51}$$

式中:V_T——舵速,m/s;

V——船速,m/s;

w——伴流分数,视舵型、舵的位置及船的尾型而定。

如图 9-20a）所示的矩形舵或梯形舵，当它的上缘靠近船体。间隙小于舵的最大厚度时，其伴流分数可用下式计算：

$$w=\left(0.68C_B-0.25+\Delta w+0.18\frac{h_1}{H}\right)C \tag{9-52}$$

当船体与舵上缘的间隙大于舵的最大厚度时，如图 9-20b）所示，伴流分数的公式为

$$w=\left(0.68C_B-0.43+\Delta w+0.18\frac{2h_1+h_2}{H}\right)C \tag{9-53}$$

式中： C_B——船舶的方型系数；

$\Delta w=0$——用于方形船尾；

$\Delta w=0.18$——用于巡洋舰尾；

$C=1.0$——舵布置在中线面上；

$C=C_B+0.15$——舵布置在中线面两侧；

H、h_1、h_2——可按图 9-20 所示量取。

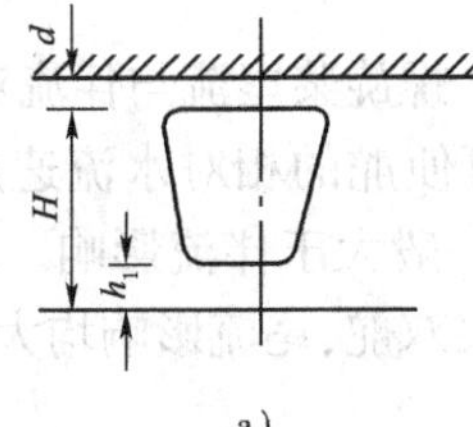

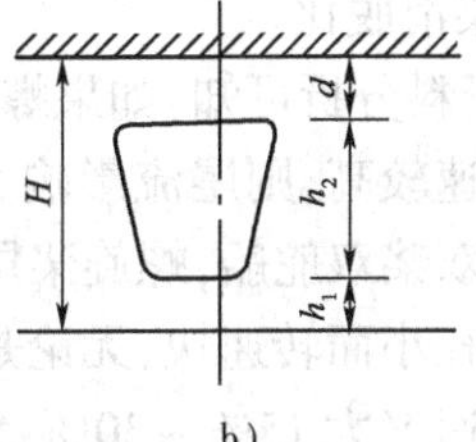

图 9-20 舵与船体相对位置

2. 螺旋桨对舵的影响

当舵部分地或全部地处在螺旋桨尾流中时，尾流对舵的水动力特性有很大的影响，在螺旋桨尾流中舵的水动力和力矩要比单独舵大得多。

螺旋桨对舵的水动力影响，关键是增大了舵的来流速度，同时由于水流的偏转和尾流边界层的影响，也改变了流经舵的水流特性。计算舵速时可用如下方法，如：

（1）布劳恩计算法：

$$V_T=V_A+\mu_A=V_A\sqrt{1+C_{Th}} \tag{9-54}$$

式中：V_A——螺旋桨的进速，$V_A=V(1-w)$；

w——螺旋桨处的伴流分数；

μ_A——螺旋桨后尾流的诱导速度：

$$\mu_A=V_A(\sqrt{1+C_{Th}}-1)$$

其中，C_{Th}——螺旋桨的推力负荷系数：

$$C_{Th}=\frac{8T}{\pi\rho V_A^2D^2}$$

式中：T——螺旋桨的推力，N；

D——螺旋桨的直径，m。

如果计及船体和螺旋桨的共同影响之后，当舵全部处于螺旋桨尾流中工作，则舵的升力 P_y 可写成

$$P_y = \frac{1}{2}C_y\rho AV_T^2 = \frac{1}{2}C_y\rho A_R V_A^2(1+C_{Th})$$

$$= \frac{1}{2}C_y\rho A_R(1-w)^2V^2(1+C_{Th}) \tag{9-55}$$

式中：C_y——敞水舵的升力系数；

V——航速，m/s。

（2）易格计算法：

$$V_T = \left(\frac{1-w}{1-S}\right)V \approx nP(\text{m/s}) \tag{9-56}$$

式中：w——伴流分数，可按舵的位置选取；

n——螺旋桨转速，r/min；

P——螺旋桨螺距，m；

S——螺旋桨滑脱比。

由实船统计资料分析可知：如果螺旋桨转速较低时，螺旋桨尾流与伴流对舵的影响几乎抵消；如果螺旋桨转速较高，则尾流影响大于伴流，一般可使舵的相对水流速度 V_T 较船速 V 大3%～10%。对于双桨双舵船，螺旋桨尾流对舵的影响一般大于伴流影响。对于江河船舶，因吃水浅，螺旋桨直径小而转速快，无论是单桨单舵或双桨双舵，尾流影响均大于伴流影响，双桨双舵船的 V_T 较船速 V 大15%～30%，设计时需要注意。

在进行舵的方案估算时，也可以应用一些经验统计资料来计算舵上的水流速度，如：

舵位于船中线但无尾流作用（双桨三舵的中舵）或非机动船

$$V_T = (0.75 \sim 0.85)V \tag{9-57}$$

舵位于船中线或位于船中线两侧，受到部分尾流作用（单桨双舵或双桨单舵）

$$V_T = (0.75 \sim 1.0)V \tag{9-58}$$

舵位于船中线正对螺旋桨（单桨单舵，高转速）

$$V_T = (1.05 \sim 1.15)V \tag{9-59}$$

舵位于船中线两侧正对螺旋桨（双桨双舵或双桨三舵的边舵）

$$V_T = (1.10 \sim 1.20)V \tag{9-60}$$

式中：V_T——舵速；

V——航速。

船体和螺旋桨对舵压力中心的影响较复杂，但在多数情况下会使压力中心向舵的导缘移动，致使 C_P 值大大变小，这对于多数舵来说，是偏于安全，对于不平衡舵更是如此。如果需要精确的确定，需进行舵布置在螺旋桨后面的模型试验。作为粗略估算可采用冈田公式

$$x_{P_1} = x_P - 0.07S \pm 0.058w \tag{9-61}$$

式中：x_{P_1}——船后舵压力中心到舵前缘的距离；

x_P——单独舵压力中心到舵前缘的距离；

S——直线航行时的滑脱比

$$S = 1 - (1 - w)\frac{V_0}{nP} \tag{9-62}$$

式中：w——伴流分数；

V_0——回转初速，m/s；

n——螺旋桨转速，r/min；

P——螺旋桨螺距，m。

式(9-61)适用于 $S = 0.20 \sim 0.60$，在式中右舵取正号，左舵取负号。

3. 斜流对舵的影响

船在航行时，来流不与船体前进方向完全平行，故转舵时要受到斜流影响，但此影响较小，一般民用船舶的舵设计时可不考虑。

4. 尾形与舵的配合

一般航速不太高的单桨或双桨船（$Fr \leqslant 0.36$），多用巡洋舰尾；当 $Fr > 0.36$ 时，多采用方尾。巡洋舰尾不仅能减小船舶阻力，而且对船舵的布置和回转性有利。根据船模试验，无论巡洋舰尾或方尾，舵上缘应当距船壳或水面近一些，这样布置不但能获得较好的舵效，而且可使展弦比加大，有利于小舵角时的回转性能，但应注意的是在设计时不要使舵在船舶空载时露出水面过多。

5. 船体方形系数 C_B 的大小对舵性能的影响

根据试验，在一般正常范围内（C_B 为 0.5～0.775）的船舶，C_B 值的大小对单桨单舵上的水压力影响很小。但对于双桨单舵船则 C_B 值大，舵的作用力也略大。在上述的 C_B 值范围内相差可达 20%。

如果超出上述范围（如驳船的 C_B 值一般大于 0.8），情况就会转向反面，即 C_B 越大，尾部的涡流越大，舵上的作用力越小。

6. 船、舵和螺旋桨的布置

舵和螺旋桨应与船体尾部型线有很好的配合，以保证：

(1)船体、舵和螺旋桨之间保持合适的间隙；

(2)螺旋桨接受良好的水流；

(3)舵能利用螺旋桨的尾流；

(4)螺旋桨和舵受到较好的保护。

从增大回转力矩来看，舵布置越远离船舶重心越好。但是舵太往后布置缺少适当的保护，也不利于利用螺旋桨的尾流。舵一般布置在螺旋桨后一个螺旋桨直径处，以不卸舵可装卸螺旋桨为宜。这样，既能利用螺旋桨尾流提高舵效，也有利于舵起整流作用，提高推进效率。

舵的上端与船体的间隙宜小些，但不能影响转动的灵活性。

螺旋桨的布置、船体尾部型线、尾框架的尺寸和形状等，都应根据（已选好面积和参数的）舵的布置加以相互修正，以满足各方面的要求。

第四节　影响船舶操纵性的因素

影响船舶操纵性的因素,除操纵技术外,通常有两个方面,即船型和舵设备。为了使船舶具有良好的操纵性,以保证航行安全,所以就要从船舶主要尺度的正确选择,及舵的正确设计着手。

一、船型对操纵性的影响

1. 船长 L

船舶的回转性和航向稳定性对船型的要求是相互矛盾的。一般对回转性越有利的船型对航向稳定性就越不利。反之对航向稳定性有利的船型对回转性就不利。如果在船舶设计中考虑到它们之间的相互影响,将会使船舶的航行性能更为完善。

在船舶主要尺度中,对操纵性的影响主要是船长。一般说来,船越长,航向稳定性越好,但定常回转直径越大,回转性能越差。在实际的航行过程中,定常回转直径的大小很重要。因为船舶是否能在狭窄航道中转向,能否绕过一定距离处的障碍物等都取决于回转直径的大小。随着船长的增加,将给操船带来困难。

2. 纵中剖面面积

船体形状对操纵性的影响主要是船尾水下部分纵中剖面的形状。尾部纵中剖面的面积增加,有利于提高航向稳定性,使回转性能变差。实践表明,尾部纵中剖面的面积和船尾型的微小变化对船舶的操纵性都有明显的影响。

为了提高船舶的航向稳定性,可以采取增加尾部纵中剖面的面积,使中剖面的面积形心后移。例如,增加尾呆木,增加尾倾,切去前踵等。如果上述措施仍不能满足航向稳定性的要求,可在尾部两侧加装尾鳍。

为了提高船舶的回转性,可减小尾呆木或在呆木上开孔,对于设有中舵的船舶可以不用尾呆木。但还需要保证船舶要具有一定的航向稳定性。

3. 尾部形状

船舶的尾部形状不仅对快速性有很大的影响,对操纵性影响也很显著。若干试验表明,一般形式的巡洋舰尾船,回转阻尼力矩比普通船尾大25%左右。对于单桨船,尾框不宜过大,过大的尾框使空缺面积增大,将使回转阻尼力矩明显下降。如果纵中剖面的面积不变,后体丰满度的增加,即采用U形剖面,回转阻尼力矩减少,可以提高船舶的回转性。

4. 首部形状

船舶首部形状对回转性的影响比船尾影响小得多,一般可不考虑。只是如破冰船等前踵切去很多时,对回转性才产生明显的影响,使定常回转直径加大,倒车稳定性变坏。

二、舵对操纵性的影响

舵的作用是由舵上产生的舵压力提供使船舶回转的力矩。回转力矩越大则表示回转性越好。影响回转力矩的因素除了舵面积的选择外还与其他的因素有关,如:

1. 航速

在航行中，影响操纵性的重要因素之一是航速。航速越高，舵压力及回转力矩就越大，故回转性越好。但航速过高会使横倾角增大。

2. 舵的布置

舵布置得离船舶重心尽可能地远，以增大回转力矩的力臂值，从而改善船舶的回转性能。舵是处在螺旋桨的尾流中工作，受到螺旋桨诱导速度影响，将增加舵效率而改善船舶的回转性能。

总之，船长、船尾形状和舵三者是影响操纵性的主要因素，在船舶设计时应慎重考虑。

3. 特种舵

长期以来，为了提高推进效率，改进船舶操纵性能，曾在各种不同类型的船舶上广泛采用各种形式的操纵装置。这些操纵装置不同于普通舵的装置，称为特种舵。

(1)主动舵。主动舵是在一般流线型舵叶中部内的后缘装一个带短导管的小螺旋桨，此螺旋桨由装置在舵体中部的密闭电动机驱动，如图 9-21 所示。当转舵时，小螺旋桨一起转动，因此能产生比普通舵大得多的回转力矩。它的主要优点如下：

①船舶操纵性极为优良，可以原地回转，特别是在低速航行和主机停车的情况下，回转性极佳，还具有良好的倒航操纵性。

②在风暴天气中，或顶推大船队逆水航行时，除能改善船队的操纵性外，尚可增加推力。

③在港内、雾中、运河中低速航行时，停止主机、仅用主动舵螺旋桨亦可航行。

主动舵的结构虽然复杂，但近年来越来越多地用在操纵性要求很高的船上。如沿河岸航行、出入港口频繁或经常航行急流狭窄航道的船舶，如推船、拖船、渡船，装置主动舵后可以减少进出港时间，提高航速，保证安全。

(2)鱼尾舵。鱼尾舵是在普通流线型舵的后缘上加一用板焊成的三角形剖面舵尾，如图 9-22 所示。鱼尾舵转舵后，舵尾使舵叶后部的水压力加大，可明显提高舵效。正航时阻力增加很小，对航速影响不大。我国很多大功率拖船和顶推船采用鱼尾舵都取得了满意的效果。但对不平衡舵是不适宜的，因为会使舵的转矩增大。

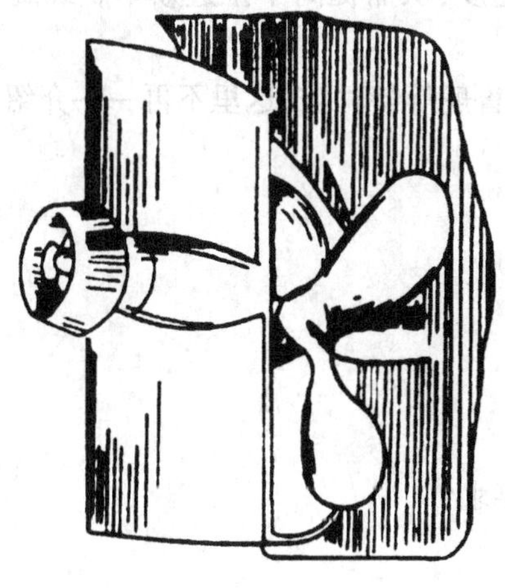

图 9-21 主动舵

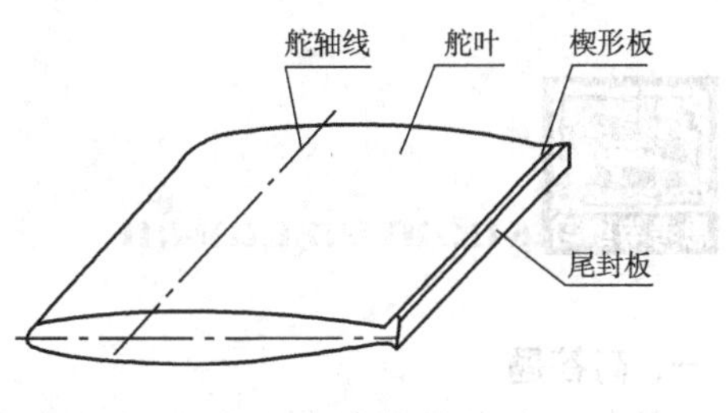

图 9-22 鱼尾舵

(3)襟翼舵。它是在普通流线型舵的后缘加上一小流线型舵,即襟翼。转舵时襟翼也转动,但转角比主舵大,如图9-23所示。不转舵时,主舵处于正中位置,襟翼起鱼鳍作用。转舵之后,由于主舵和襟翼转动角度不同,使整个剖面不再对称。剖面的弯曲相当于增大了剖面的拱度,使水流得到加速,从而提高了舵效。

襟翼舵多用于内河拖船、顶推船或客船上,以改善船舶的回转性。它的缺点是比普通舵多一套操纵襟翼的机构,制造安装时较复杂,造价较高,而且倒航性能较差。

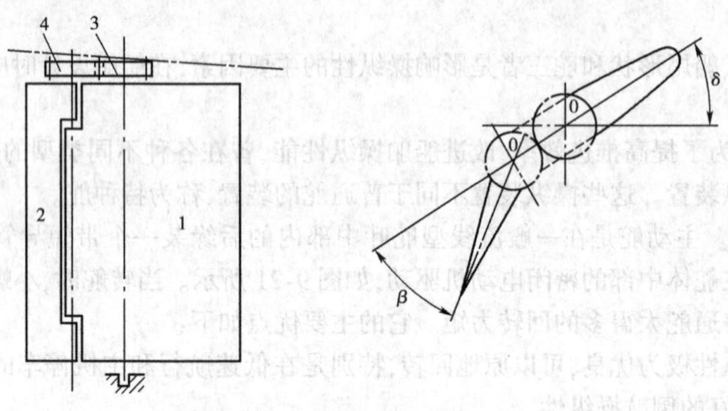

图9-23 襟翼舵

1-主舵;2-副舵;3-太阳齿轮;4-行星齿轮

还有一种主舵与襟翼用铰链相连的襟翼舵,在转动主舵时,襟翼由于铰接在主舵上,也被机械带动,转角等于主舵的两倍,舵上的横向力比普通的单体舵约大50%。这种舵无论是在内河船舶上还是在海船上都得到了应用。

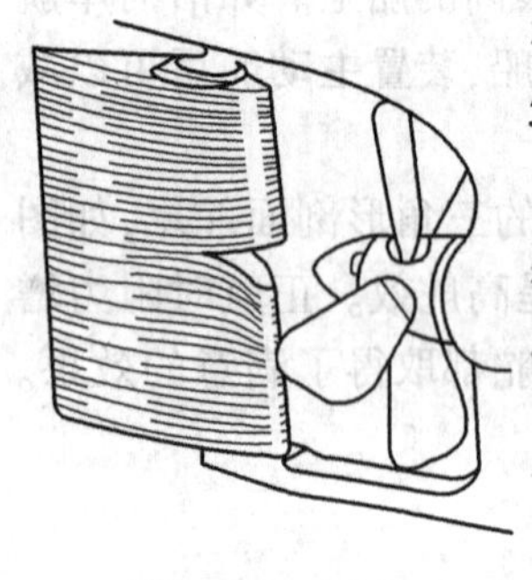

图9-24 反应舵

(4)反应舵。舵叶的前缘以螺旋桨轴线为界,上下向左右扭曲,其扭曲偏度以在螺旋桨轴线处为最大,然后向上、下端减小到一定位置后,舵叶剖面仍为对称流线型,如图9-24所示。

反应舵相当于在螺旋桨尾流中安置了一个固定导叶,改进了尾流的扭转,增大了轴向诱导速度,从而提高了推进效率。螺旋桨滑脱比越大,效果越显著。

另外,还有导流管舵、麦鲁舵等特种舵,这里不再一一介绍。

思考与练习 SIKAO YU LIANXI

一、简答题

1. 什么叫船舶操纵性?它包括哪些内容?有何要求?
2. 船舶操纵性能与哪些因素有关?
3. 舵压力是怎样形成的?它的大小与哪些因素有关?
4. 船舶回转运动的三阶段是怎样划分的?

5. 什么叫船舶的回转直径、进程、反向横距？

6. 简述船舶回转圈试验的方法。

7. 船舶回转圈试验的目的是什么？

8. 改善船舶操纵性的措施有哪些？

二、判断题

1. 船舶在转舵阶段，向回转的内侧横倾。

2. 在定常阶段，向回转的内侧横倾。

3. 中纵剖面上漂角为零的点，即横向速度为零的点，称为回转枢心。

4. 舵速与船体伴流有关。

5. 舵速与螺旋桨尾流无关。

三、单项选择题

1. 在回转运动中，船舶进入定常阶段后的回转圈的直径称为________。

A. 战术直径　　B. 相对回转直径　　C. 最小回转直径　　D. 定常回转直径

2. 船舶回转时最大横倾角与________成反比。

A. V、Z_G　　B. $\overline{GM}$、L　　C. $\overline{GM}$、Z_G　　D. Z_G、d

3. 回转圈实船试验的目的是测定船舶的________。

A. 浮心　　B. 重心高度　　C. 稳心高度　　D. 定常回转直径

4. 舵展弦比为________的比值。

A. 最大厚度与舵高　　B. 舵高与舵宽

C. 船长与舵宽　　D. 舵面积与舵高

5. 下列舵的类型中________转舵时所需要的转舵力矩最小，可以节省舵机功率。

A. 平衡舵　　B. 半平衡舵　　C. 普通舵　　D. 多支承舵

6. 下列说法正确的是________。

A. 在临界冲角前，同样冲角下，展弦比大的舵升力系数小

B. 展弦比大的舵临界冲角较大

C. 允许的条件下，宜选取较大的舵高

D. A + B + C

7. 在舵的上下端各装一块水平盖板，是为了________。

A. 增加舵面积　　B. 加大舵的展弦比

C. 增加舵的强度　　D. 减小舵的翼端损失

8. 下列________对改善回转性是有利的。

A. 增加尾呆木　　B. 增加尾部纵中剖面的面积

C. 减小尾呆木　　D. 增加船长

9. 采用________可改进船舶的操纵性能。

A. 普通舵　　B. 襟翼舵　　C. 多支承舵　　D. 单板舵

四、计算题

1. 已知某船回转前直航船速为16.6kn，稳性高度为0.59m，船长为147m，船舶重心高度距基线高为7.45m，吃水为8.78m，试估算其圆航时的最大横倾角。

2. 已知某船(母型船)$L_{WL}=34m$,$d=2.5m$,$D=3.2m$,舵面积$A_R=2.55m^2$。现设计船的$L_{WL}=38m$,$d=2.7m$,$D=3.5m$,$V_T=6kn$,采用单桨单舵,舵轴线距舵叶的前缘为0.43m,最大舵角35°,舵宽$b=1.7m$。试估算设计船的舵面积和所需舵机转矩。

3. 某海船采用单桨单舵。舵为平衡舵,舵叶剖面为NACA0018,舵的外形为矩形,舵高3.35m,舵宽2.27m,舵轴线距舵叶的前缘为0.635m。该船最大设计航速为15.5kn。试求满舵($\alpha=35°$)时的舵压力和舵杆转矩。

4. 某万吨远洋货船主尺度为$L_{PP}=147m$,$B=20.4m$,设计吃水$d=9.2m$,$C_B=0.686$;单螺旋桨直径$D=5.47m$,轴线离基线高3.25m;桨推力441000N(45tf);设计速度$V=17kn$。要求设计桨后的单舵,并计算舵机功率。(以16000t多用途货船为母型船,其尺度为$L_{PP}=145m$,$B=23m$,$d=9m$,$C_B=0.727$;$A_R=21.45m^2$,$\mu=0.01644$)

第十章　耐　波　性

● **学习目标**

知识目标

1. 了解船舶摇摆对船舶的危害；
2. 了解船舶横摇运动、横摇周期、谐摇；
3. 了解船舶减摇装置。

能力目标

初步具备分析船舶耐波性的能力。

第一节　概　　述

船舶在波浪作用下仍能维持一定航速在水面上安全航行的性能称为船舶耐波性，波浪的作用包括船舶在波浪中所产生的各种摇荡运动以及由这些运动引起的砰击、飞溅、上浪、失速、螺旋桨飞车和波浪弯矩变化等。船舶在风浪作用下维持其正常功能的能力，历来是船舶及其他海洋结构物的设计和使用者十分关心的问题。研究船舶在波浪中产生的一系列运动，是学习船舶耐波性的首要目的。了解了船舶在波浪中运动机理后，就可以探讨保证船舶在波浪中航行安全和维持其使用功能的措施。

在海上航行的船舶，像任何刚体一样，可以产生六个自由度的运动。为了研究这些运动，通常采用以下右手坐标系(图 10-1)。

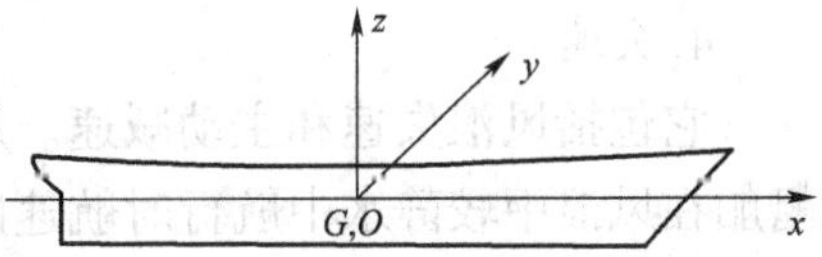

图 10-1　研究船舶运动的坐标系

它是以船舶重心位置 G 为原点且固定于船体上的直角坐标系。x 轴在中线面内，平行于基面，指向船首为正；z 轴向上为正。x、y 和 z 轴可近似认为是船体的三根惯性主轴。

船舶任意时刻的运动可以分解为在 $Oxyz$ 坐标系内，船舶重心 G 沿坐标轴的直线运动及船体绕三个坐标轴的转动。在这些运动中又有单向运动和往复运动之分，因此共有 12 种运动形式，如图 10-2 所示。习惯采用的名称见表 10-1。

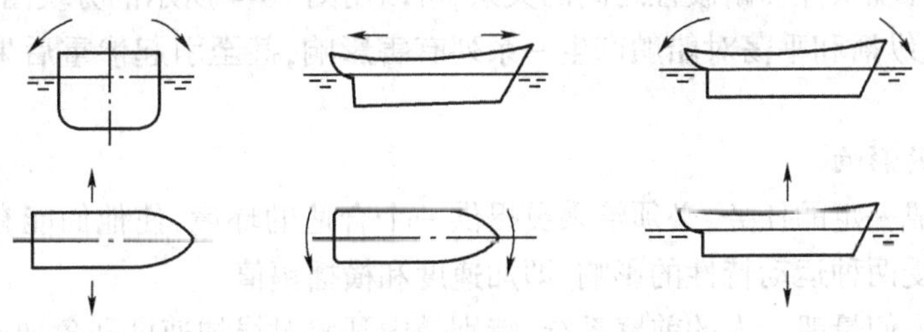

图 10-2　船舶的运动形式

12 种运动形式的习惯名称　　表 10-1

坐标轴	转动		直线	
	单向运动	往复运动	单向运动	往复运动
x	横倾	横摇	前进或后退	纵荡
y	纵倾	纵摇	横漂	横荡
z	回转	首摇	上浮或下沉	垂荡

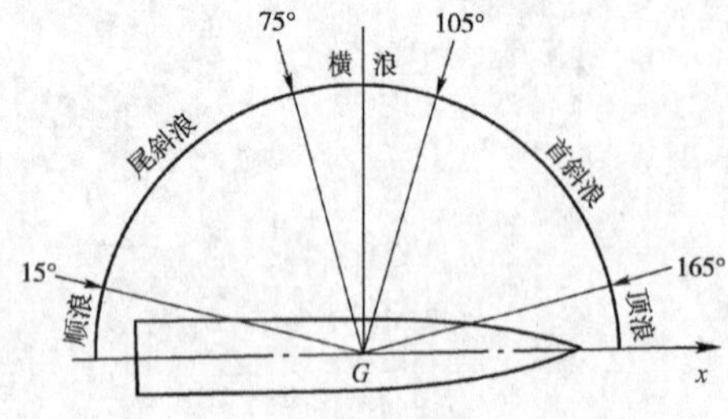

图 10-3　船舶遭遇的浪向

船舶遭遇的浪向见图 10-3，横浪对横摇影响最大；顶浪顺浪产生纵摇，纵荡和垂荡。

一、波浪对船舶耐波性的影响

波浪对船舶耐波性的影响包括以下主要内容。

1. 船舶摇荡

船舶摇荡是指船舶在风浪作用下产生的摇荡运动，它们的共同特点是在平衡位置附近做周期性的往复运动。其中运动显著而影响严重的是横摇、纵摇和垂荡。

2. 砰击

由于严重的纵摇和垂荡，船体与风浪之间产生猛烈的局部冲击现象称为砰击。砰击多发生在船首部。砰击发生时首柱底端或船底露出水面，然后在极短的时间内以较大的速度落入水中而发生猛烈的撞击。

3. 上浪

船舶在风浪中剧烈摇荡时风浪涌上甲板的现象称为上浪。上浪时船首常常埋入风浪中，海水淹没首部甲板边缘，甲板上水。上浪主要是由严重的纵摇和垂荡引起的。

4. 失速

它包括风浪失速和主动减速。风浪失速是指推进动力装置功率调定后，由于剧烈的摇荡，船舶在风浪中较静水中航行时航速的降低值。主动减速是指船舶在风浪中航行，为了减小风浪对船舶的不利影响，主动调低主机功率，使航速比静水中速度下降的数值。

5. 螺旋桨飞车

船舶在风浪中航行时，部分螺旋桨叶露出水面，转速剧增，并伴有强烈振动的现象称为螺旋桨飞车。

二、船舶航行的环境条件和耐波性的关系

船舶航行的环境条件和耐波性之间的关系，可以用图 10-4 所示的方块图来表示。

剧烈的横摇、纵摇和垂荡对船舶产生一系列有害影响，甚至引起惨重后果，主要表现在以下三方面。

1. 对适居性的影响

船舶为了完成一定的任务，必须给乘员提供一个合适的环境，使他们能有效地进行工作。乘员的工作能力受两种运动特性的影响，即加速度和横摇幅值。

加速度引起人们晕船。人的前庭系统，特别是内耳腔对线加速度和角加速度特别敏感，超过一定的刺激就要引起晕船。图 10-5 是由实测得到的某些船的基本关系。一般来说，发生晕

船的频率随加速度增加而平行增加。最大的加速度发生在船尾或船首,主要是纵摇和垂荡产生的。某些渔船在激烈的海面上船首加速度可达到1个重力加速度,可见工作条件的恶劣。

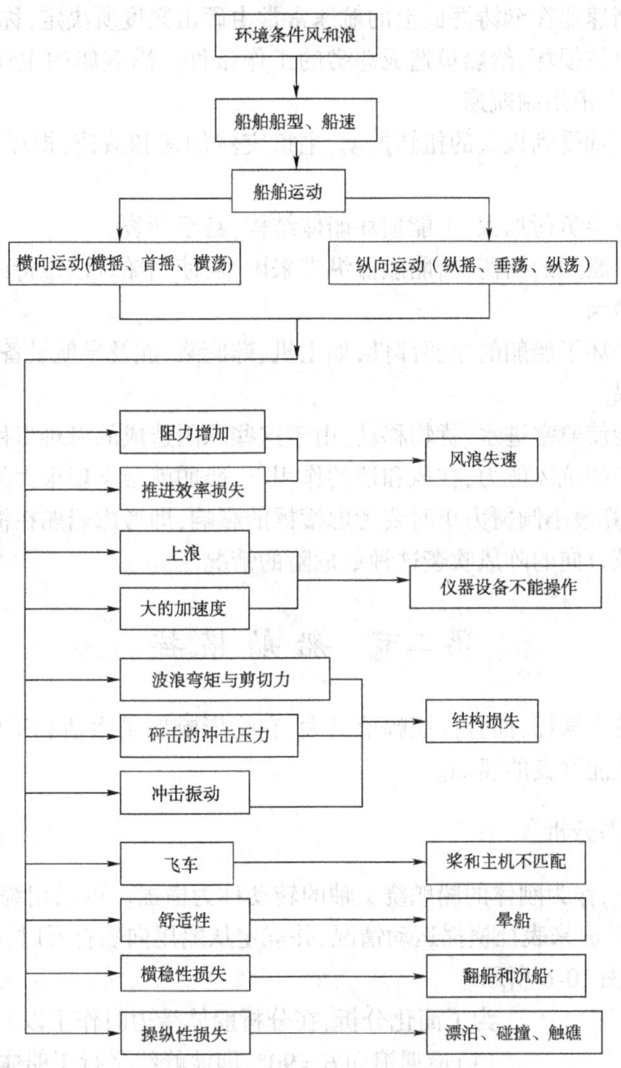

图10-4 环境条件与耐波性之间的关系

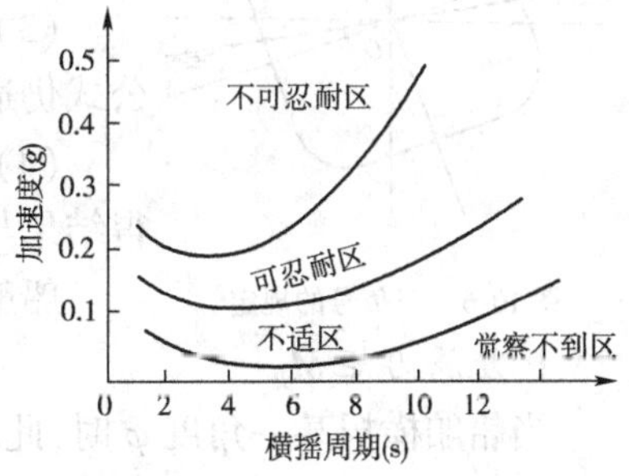

图10-5 横摇周期、加速度对适居性的影响

横摇角影响人的运动能力,大致可以分为三个区域:在0°~4°范围内对人的活动没有明显影响,有些人的工作能力略有提高的趋势;在4°~10°范围内使人的运动能力明显下降;10°以上使乘员吃饭、睡觉及在船上走动都发生困难。

2. 对航行使用性的影响

船员利用船上的全部设备,在预定的海洋条件下完成其规定使命的能力称为航行使用性。剧烈的摇荡对航行使用性产生极为不利的影响。

由于纵摇和垂荡,使船舶造成失速,主机功率得不到充分利用。

严重的砰击使船首部结构损坏,船体颤振。在压载航行时,驾驶人员主动减速,主要是避免首部严重砰击。高速船在汹涛海面上的航速常常由砰击频度所决定,称为砰击限制航速。

上浪会使甲板机械损坏,给船员造成恶劣的工作条件。满载船舶主动减速的重要因素是考虑上浪频度,称为上浪限制航速。

螺旋桨飞车使主轴受到极大的扭转振动,主机突然加速和减速,损坏主机部件,推进效率降低。

过大的摇荡使波浪负荷加大,可能损坏船体结构,甚至断裂。

大的风和浪加上激烈的摇荡,给船舶操纵带来困难,使船舶难以维持或改变航向。

3. 对安全性的影响

当激烈的运动损坏了船舶的主要部件,如主机、螺旋桨、舵及导航设备等以后,船可能失去控制而造成惨重后果。

大角度横摇可能使舱室进水、货物移动,由于这些原因造成的海难事件是经常发生的。

横摇会降低船舶的抗风能力,在风和浪的作用下,船舶就会出现很大的横摇角。我国海船稳性规范规定,在计算最小倾覆力矩时要考虑横摇的影响,即考虑船舶在横摇最大角度时突然受到一个来自入水舷方向的阵风吹袭这种最危险的情况。

第二节 船舶横摇

船在海上最易发生横摇,而且摇摆幅值最大,它会影响船员生活和工作的各个方面,因此总是希望设计横摇性能优良的船舶。

一、船舶横摇受力分析

在波浪的作用下,作为刚体的船舶绕 x 轴的转动称为横摇。可以用绕 x 轴摆动的角度 φ、角速度 φ' 和角加速度 φ'' 来表征横摇运动情况,并规定从船尾向船首看时,以顺时针方向为正,逆时针方向为负,如图 10-6 所示。

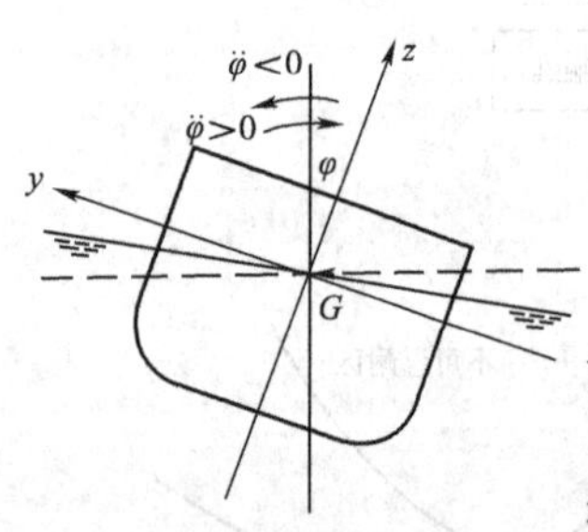

图 10-6 正负号的规定

为了简化分析,在分析船体受力时作了以下假定:

(1)遭遇浪向 $\beta=90°$,即波峰线平行于船体中线面;

(2)船宽远小于波长;

(3)在横摇角比较小的情况下,可以认为是等体积倾斜,初稳性公式仍适用;

(4)波内的压力场不因船体的存在而受影响,忽略这种影响所得结果与实际相差不大。

船舶在波浪上的横摇受以下四种力矩的作用:

1. 复原力矩 M_R

当船舶横摇某一角度 φ 时,此时浮心和重力不再在同一垂直线上,形成一个使船回复到原来位置的力矩,即复原力矩 M_R。当横摇角不太大时,可以应用初稳性公式:

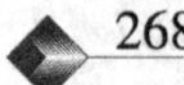

$$M_R = -\Delta\ \overline{GM}\varphi \tag{10-1}$$

式中:Δ——船的排水量;

$\overline{GM}$——船的初稳性高,式中负号表示复原力矩方向与横摇角方向始终相反。

2. 阻尼力矩 M_B

船在水中横摇时,由于船体和水之间存在相对速度,船体必然受到阻力。对于转动,则表现为力矩的形式。阻尼力矩主要由以下原因产生:

(1)摩擦阻尼。它是水的黏性引起的,其数值的大小一般认为和角速度平方成比例。在横摇中,摩擦阻尼所占的比重是很小的,往往可以忽略。

(2)兴波阻尼。它是由于船的运动在水表面形成波浪,消耗了船体本身的能量而形成的,如图 10-7 所示。一般认为兴波阻尼比例于角速度的一次方。

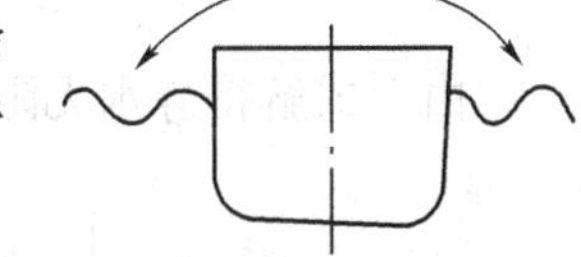

图 10-7 兴波阻尼的成因

(3)漩涡阻尼。它是在船体弯曲或突出物附近形成漩涡,损失部分能量而形成的。船舶装舭龙骨的主要目的是为了增加漩涡阻尼成分,一般认为漩涡阻尼比例于角速度的平方。

用理论方法确定的阻尼力矩尚不能用于实际,最可靠的方法是进行实船或模型试验。在设计初期可以应用经验公式进行估计。

小角度横摇时,横摇阻尼是角速度的函数,可表示为

$$M_B = -2N\varphi' \tag{10-2}$$

式中:N——横摇阻尼力矩系数。

3. 惯性力矩 M_I

船舶在横摇过程中有角加速度存在,必然产生惯性力矩。横摇的惯性力矩是由两部分组成的,即船体本身的惯性力矩和附加惯性力矩。一般来说,它们都与角加速度成线性关系

$$M_I = -I'_{xx}\varphi'' \tag{10-3}$$

式中:I'_{xx}——船体本身惯性矩和附连水惯性矩之和,称为总惯性矩。式中的负号表示惯性力矩的方向与角加速度方向相反。

4. 波浪扰动力矩 M_W

$$M_W = \Delta\ \overline{GM}\alpha_m \tag{10-4}$$

式中:α_m——有效波倾角。

二、船舶在静水中的横摇

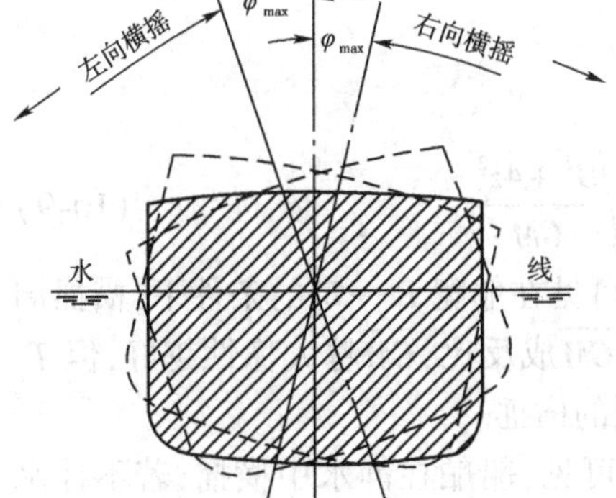

图 10-8 船舶的自由摇摆

如图 10-8 所示,当船静止地漂浮在水面时,设想受到外力作用而倾斜一个角度,例如向一舷倾斜了最大横摇角度(称为最大摆幅),当外力撤销后,船在回复力矩的作用下将复原,但由于惯性的作用,船继续由正浮时的位置向另一舷倾斜至最大摆幅角度,这时船又同样受回复力矩的作用,向正浮位置复原,由于惯性作用,又继续向对应的一舷倾斜。这样在回

复力矩和惯性的交互作用下,船舶绕 x 轴做往复摆动。这种摆动称为自由摇摆。船从一舷横摇到另一舷,完成一个完整的摇摆过程后,回复到初始漂浮位置时所需要的时间称为摇摆周期(自摇周期)。显然,若横摇周期大,则所需完成一个完整摇摆过程的时间长,这种情况下,船舶的摇摆程度比较缓和,摇摆性能就比较好。反之,若船的横摇周期小,船就要发生剧烈的摇摆,其摇摆性就差。

船舶在静水中横摇,若不计水对船舶横摇的阻尼作用,即波浪扰动力矩 $M_W=0$,阻尼力矩 $M_B=0$。由船舶的平衡条件 $\sum M=0$,则得到

$$M_I+M_R=I'_{xx}\varphi''+\Delta\,GM\varphi=0 \tag{10-5}$$

由上式解得静水无阻横摇的运动方程式为

$$\varphi=\varphi_{A_0}\cos\omega_\varphi t=\varphi_{A_0}\cos\frac{2\pi}{T_\varphi}t \tag{10-6}$$

式中:φ_{A_0}——横摇角幅值;

ω_φ——船舶横摇固有频率,它是表征横摇的一个重要参数,相当于假设船舶不受阻尼作用时在静水中的横摇频率,对于状态已经确定的船来说是一个固定的数值;

T_φ——船舶横摇固有周期,它与固有频率一样,是表征横摇的一个重要参数。

$$T_\varphi=\frac{2\pi}{\omega_\varphi}=2\pi\sqrt{\frac{I'_{xx}}{\Delta\,\overline{GM}}}(s) \tag{10-7}$$

式中:I'_{xx}——船舶对 x 轴的总惯性矩,可由下式近似估算(杜埃尔公式)

$$I'_{xx}=\frac{\Delta}{12g}(B^2+4z_g^2) \tag{10-8}$$

式中:g——重力加速度,m/s^2;

B——船宽,m;

z_g——船舶重心高度,m。

则

$$T_\varphi=\frac{2\pi}{\omega_\varphi}=2\pi\sqrt{\frac{I'_{xx}}{\Delta\,\overline{GM}}}=0.58\sqrt{\frac{B^2+4z_g^2}{\overline{GM}}} \tag{10-9}$$

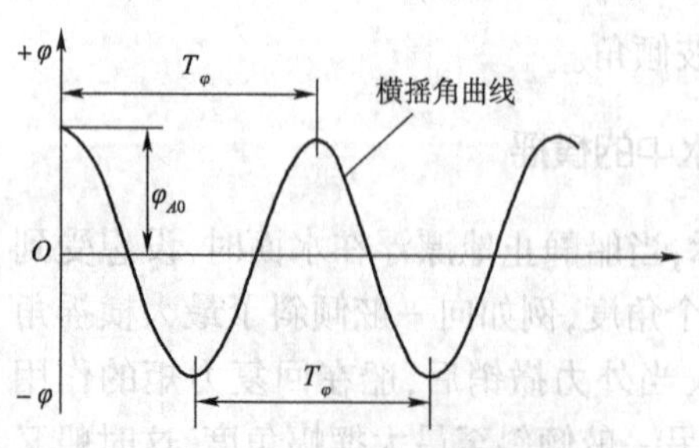

图 10-9 无阻尼横摇曲线

由式(10-9)可见在船宽 B 一定的条件下,横摇周期 T_φ 与初稳性高 $\overline{GM}$ 成反比,$\overline{GM}$ 越大稳性越好,但 T_φ 越小,会引起剧烈的横摇。

由式(10-6)可见,船舶在静水中横摇,若不计水对船舶横摇的阻尼作用,则横摇角与时间的关系是一条余弦曲线,如图 10-9 所示。

船在静水中无阻尼横摇将有始无终,即开始横摇后就一直摇摆下去。实际上水对船舶横摇是有阻尼

作用的,考虑了阻尼力矩作用后横倾角和时间的关系曲线如图 10-10 所示。图中:φ_{A_0}为初始横摇的摆幅;T'_φ 为有阻尼的横摇周期。在阻尼作用下横摇摆幅逐渐递减,最后恢复到正浮状态。船舶横摇阻尼力矩的大小与船体形状及横摇角速度有关。有阻尼的横摇周期 T'_φ 略大于无阻尼的横摇周期。实验证明一般

$$T'_\varphi = 1.005 T_\varphi \tag{10-10}$$

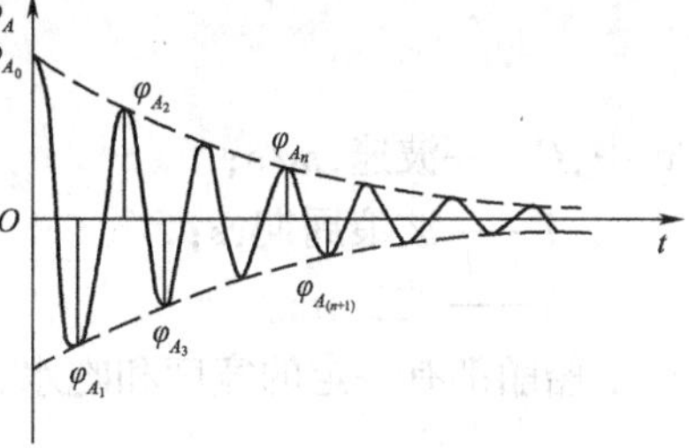

图 10-10 有阻尼横摇曲线

由此可见,有阻尼和无阻尼横摇的周期实际上没有明显的差别。

三、船舶在波浪中的横摇

船舶在波浪中的摇摆可以当作在静水中的摇摆一样处理,所不同的是船舶在波浪中的摇摆是船舶相对于倾角作周期性变化的波面摇摆,船舶在静水中的摇摆是船舶相对于静止不动的水平面摇摆。因此讨论船舶在波浪中的摇摆除了考虑船舶本身的摇摆运动外,还需要同时考虑波浪的运动。

海上的波浪可分为深水波和浅水波。深水波浪的运动是因为水质点作圆周运动的结果,所以波浪的移动只是波形的移动。观察波面上的小木块的运动可以证实这种情况,即当波形移动时小木块并不随之移动,而只是围绕其原点做圆周运动。如果在浅水处,小木块则会随波浪向前运动。这是因为浅水波是一种移动波。深水波的波形可近似为坦谷波,其特点是波峰陡,波谷平坦。

图 10-11 是坦谷波的波面轮廓图。坦谷波的波形可用作图法画出。取波长 $\lambda = 2\pi R$,以半径 R 做一个圆盘。自圆盘圆心量取半径 r 作圆,P 点为圆周上的一点,令 $r = H/2$,H 为波高。当圆盘沿着直线 AB 滚动,P 点的轨迹即为坦谷波的波形。

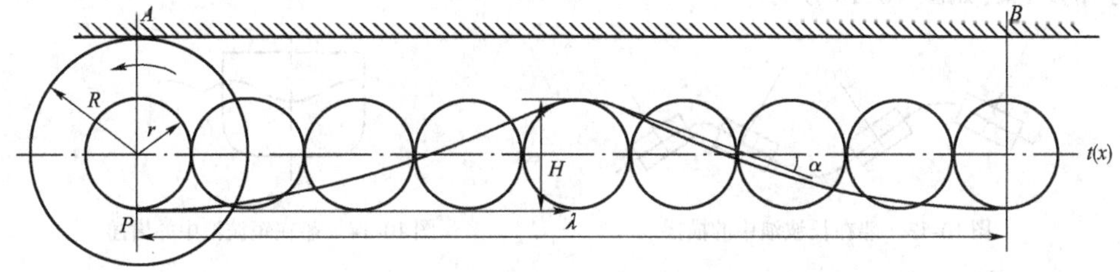

图 10-11 坦谷波

组成波浪的要素有:

(1)波长 λ:波浪曲线图上,两个相邻波峰或波谷间的距离称为波长;

(2)波高 H:波峰与波谷间的垂直高度,通常为波长的 1/25 ~ 1/20;

(3)波倾角 α:相切于波浪侧图形上的切线与水面线间的夹角;

(4)波浪周期 T:波浪前进一个波长所需要的时间;

(5)波速 C:波浪前进速度,系单位时间内波形前进的距离。

计算坦谷波的波浪周期 T 和波速 C 的公式为

$$T = \sqrt{\frac{2\pi\lambda}{g}} \tag{10-11}$$

$$C = \frac{\lambda}{T} = \sqrt{\frac{g\lambda}{2\pi}} \tag{10-12}$$

式中：C——波速，m/s；

T——波浪周期，s；

λ——波长，m。

船舶都有一定的宽度和吃水，在吃水的范围内，波浪的轨圆半径随水深急剧减小。因此一般以水下某一深度的次波面为基准讨论船舶在波浪中的摇摆。此次波面称为有效波面，对应的波倾角称为有效波倾角 α_m，有效波倾角幅值 α_{m_0} 称为有效波倾。

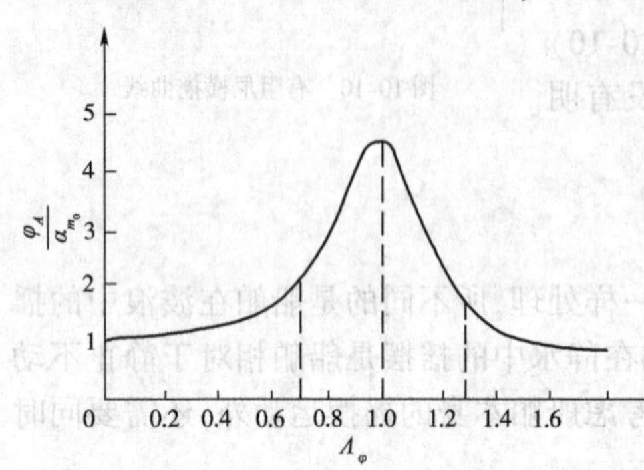

图 10-12　放大因数与调谐因数的曲线

确定的船舶在不同频率的规则波上，横摇幅值是不同的。为了清楚地反映这种变化趋势，以波浪的频率与横摇固有频率之比，横摇调谐因数 $\Lambda_\varphi = \omega/\omega_\varphi = T_\varphi/T$ 为横坐标；以横摇幅值与有效波倾角之比，放大因数 φ_A/α_{m_0} 为纵坐标，绘成曲线，其形状如图 10-12 所示。

下面就放大因数曲线讨论几种特殊情况：

(1) $\Lambda_\varphi \to 0$，即相当于 $T_\varphi < 0 < T$ 的情形：

这时有 $\varphi_A/\alpha_{m_0} \to 1$，这种情况相当于横摇周期很小的船处在很大的波浪中，形成“随波逐流”的现象，如图 10-13 所示。

(2) $\Lambda_\varphi \to \infty$，即相当于 $T_\varphi > 0 > T$ 的情形：

这时有 $\varphi_A/\alpha_{m_0} \to 0$，这相当于大船在小波上的情形，此时船的横摇幅值是很小的，形成“巍然不动”的现象，如图 10-14 所示。

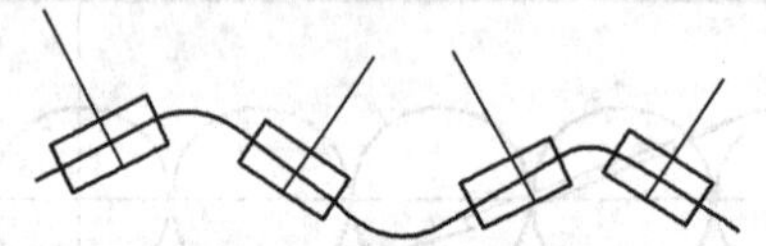

图 10-13　船在长波浪中的横摇

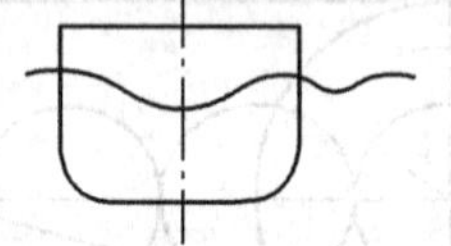

图 10-14　船在短波浪中的横摇

③ $\Lambda_\varphi = 1$ 即 $T_\varphi = T$，则

$$\varphi_A/\alpha_{m_0} = \frac{1}{2\mu} \tag{10-13}$$

式中：μ——无因次衰减系数，它表征了阻尼、惯性和复原力矩对横摇的影响。

由于无因次衰减系数 μ 通常小于 0.1，因此，这时船的横摇幅值是很大的。船舶的固有周期等于波浪周期时称为谐摇，谐摇现象是航行中最危险的情况，必须引起特别注意。

从图 10-12 可以看出，不仅在谐摇 $\Lambda_\varphi = 1$ 时放大因数 φ_A/α_{m_0} 很大，而且在 $\Lambda_\varphi = 1$ 附近的一定范围内 φ_A/α_{m_0} 也是相当大的，通常称 $0.7 < \Lambda_\varphi < 1.3$ 的范围为谐摇区。

关于船舶在波浪中的运动幅值的标准，不少学者进行过研究，但大都从某一船舶使用角度提出，只能说明某些情况或是某个实践的总结，因而未能获得一致的公认。如下几种建议可作

为参考。

(1)为使救生艇和工作艇在风浪情况下能顺利下放到水面,通常要求横摇幅值不超过15°。

(2)从对船上人员的身体运动能力的影响来看,横摇幅值不应超过10°,相应的横摇周期应大于5~6s。

(3)为保证拖网渔船的正常工作,横摇幅值应不超过10°。

(4)为保证直升机安全起飞和降落,应使横摇幅值小于3°。

第三节 减 摇 装 置

船舶摇摆对船舶的使用和航行性能确有较大的影响,为了减缓船舶的摇摆,在船上安装减摇装置,可以大大地改善船舶的摇摆性能。

不同的减摇装置虽在形式和结构上有很大的差别,但减摇原理基本相似,都是用产生稳定力矩的方法,以减小摆幅和增大周期达到缓和摇摆的目的。

各种类型的减摇装置名目繁多,根据减摇原理和控制方法,减摇装置可分成两种基本形式:被动式和主动式。被动式减摇装置靠船舶本身摇摆时产生的能量来工作,它不需要消耗额外的功率,主动式减摇装置依靠专门机构给减摇装置以工作能源,通常采用自动控制设备来进行操纵。

下面介绍几种常见的减摇装置。

1. 舭龙骨

舭龙骨是由流体动力作用产生稳定力矩的一种被动式减摇装置。在民用船上采用较普遍,结构简单,效果好,造价低。其结构形式为长条形板材,顺流线对称地安装于船体两舷舭部区域,如图10-15所示。舭龙骨在一舷的面积约取$L\times d$的2%~4%,其宽度根据船舶类型可取0.2~1.2m,平均为船宽的2%~5%,其长度为船长的25%~75%。

舭龙骨能增加摇摆阻力。当船舶摇摆时,舭龙骨产生阻力,舭龙骨的位置如图10-15所示。这个阻力使摇摆速度减慢,摆幅下降,并使附连水质量惯性矩增大从而使摇摆周期增大。

装舭龙骨能使摆幅减小20%~25%。舭龙骨主要缺点是增加船舶航行阻力,并易受撞伤。

2. 减摇鳍

减摇鳍是安装在船舶两旁伸出船外,可以转动其角度的两片水翼,也可以说是一种侧舵,如图10-16所示。在不使用时可将水翼收入船内。它根据船舶横摇时所提供的信号,通过自动控制调节水翼的冲角,使水对水翼产生流体动力而形成稳定力矩,以抵制船舶横摇。

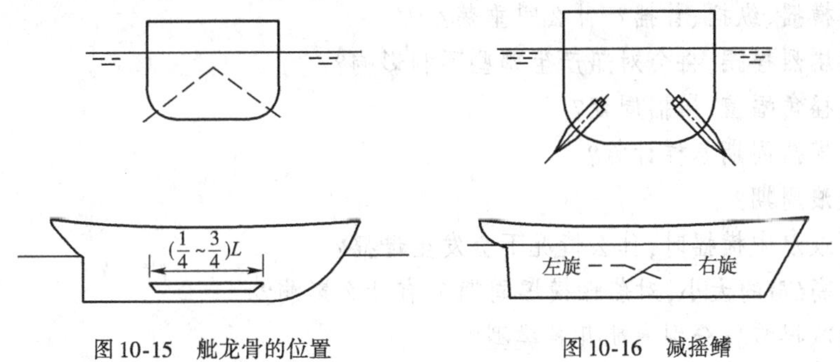

图10-15 舭龙骨的位置　　图10-16 减摇鳍

减摇鳍的优点是重量轻,在各种波浪情况下都有极高的减摇效能。其缺点是必须设置动力、传动和控制装置,且其效能随着航速减低而急剧下降。

3. 减摇水舱

减摇水舱是通过调节左右两水舱的水量,从而产生与波浪力矩反向的稳定力矩,好比重物横移,以达到减摇目的。减摇水舱有被动式和主动式两类。被动式减摇水舱中的水在连通两舷水舱的连通管内自由流动,使两舷水舱中的水保持同一水平,水流经过连通管的流速用空气阀控制,如图 10-17 所示。主动式减摇水舱则需具备一套抽水设备及控制这套设备的自动调节装置,它是靠自动控制装置来调节水的流向和流量,以起减摇作用的。

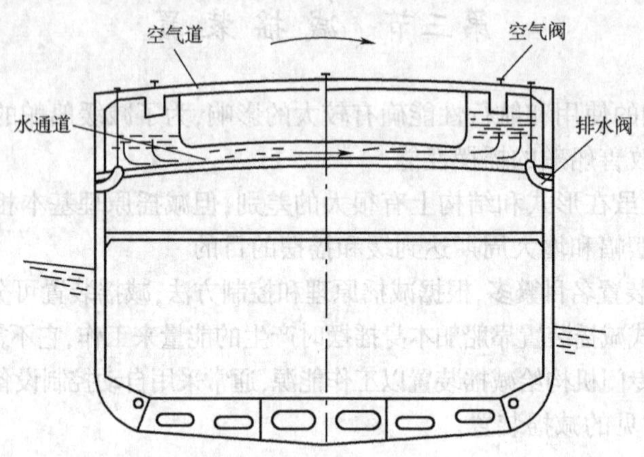

图 10-17　被动式减摇水舱

减摇水舱的重量相当大,对小船约为排水量的 3% ~4% ;对大船则为排水量的 1% ~2%。被动式水舱的优点是构造和运用简单,但只在谐摇区才起减缓作用。主动式水舱可减缓各种情况下的船体摇摆,效率高,重量也较轻,不受航速高低的影响,但装置较复杂,成本较贵,且工作时也须消耗功率,需要安装一套较复杂的控制调节仪器。

SIKAO YU LIANXI

一、简答题

1. 什么叫横摇、纵摇、首摇? 什么叫垂荡?
2. 船舶的剧烈摇摆,将会对船产生哪些不利影响?
3. 何谓横摇角幅值、横摇周期?
4. 无阻尼横摇周期怎样计算?
5. 何谓波浪周期?
6. 船舶在波浪中横摇时,什么情况下会发生谐摇?
7. 初稳性高$\overline{GM}$的大小,对船舶横摇周期 T 有什么影响?
8. 常见的减摇装置分别有哪几种类型?

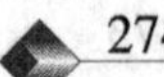

二、判断题

1. 船的横摇周期小,其摇摆性就好。

2. 船舶横摇固有频率,相当于船舶不受阻尼作用时在静水中的横摇频率。

3. 初稳性高越大稳性越好,横摇周期也就越大,其摇摆性就越好。

4. 深水波浪的移动只是波形的移动。

5. 船舶的固有周期等于波浪周期时称为谐摇。

三、计算题

1. 已知某万吨货船船宽 $B=20.4\text{m}$,重心距基线高 $z_g=7.97\text{m}$,初稳心高度 $\overline{GM}=0.58\text{m}$,试估算此时的横摇周期。

2. 上题中,若排水量 $\Delta=19500\text{t}$,该船内有重物 $P=200\text{t}$,其重心自 $z_0=18\text{m}$ 垂直下移至 $z=3\text{m}$处,求横摇周期的变化值。

附录　螺旋桨设计图谱

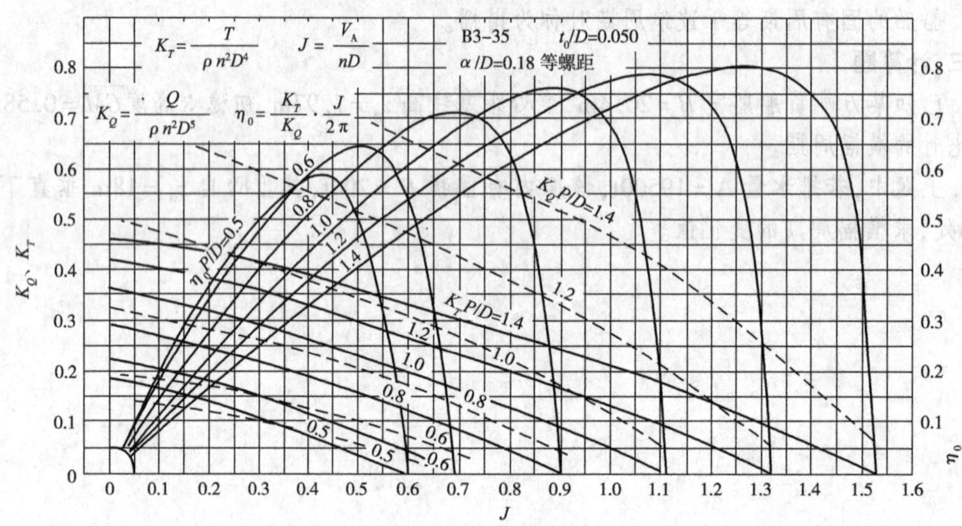

附图 1　B3-35　K_T-K_Q-J 图谱

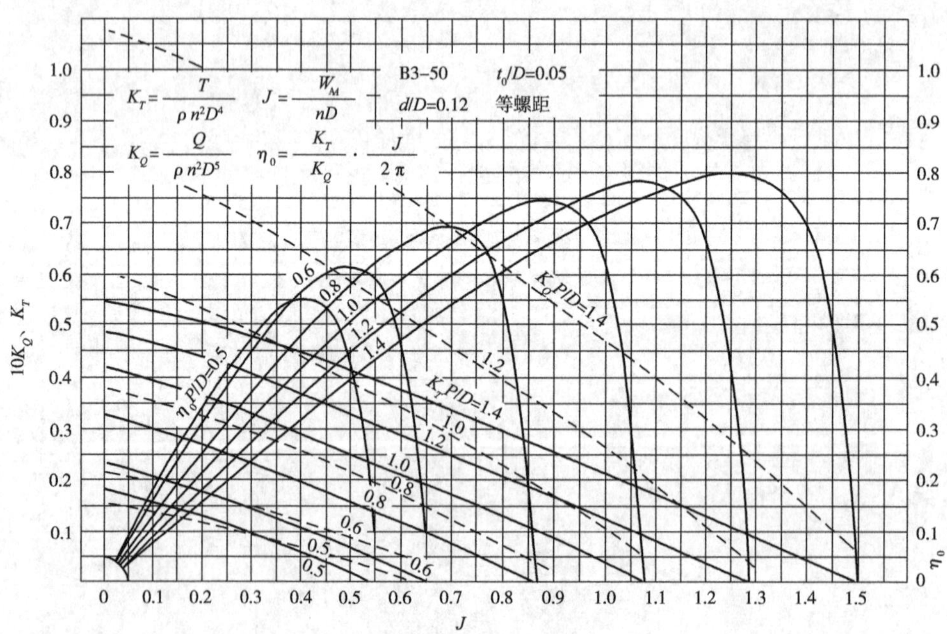

附图 2　B3-50　K_T-K_Q-J 图谱

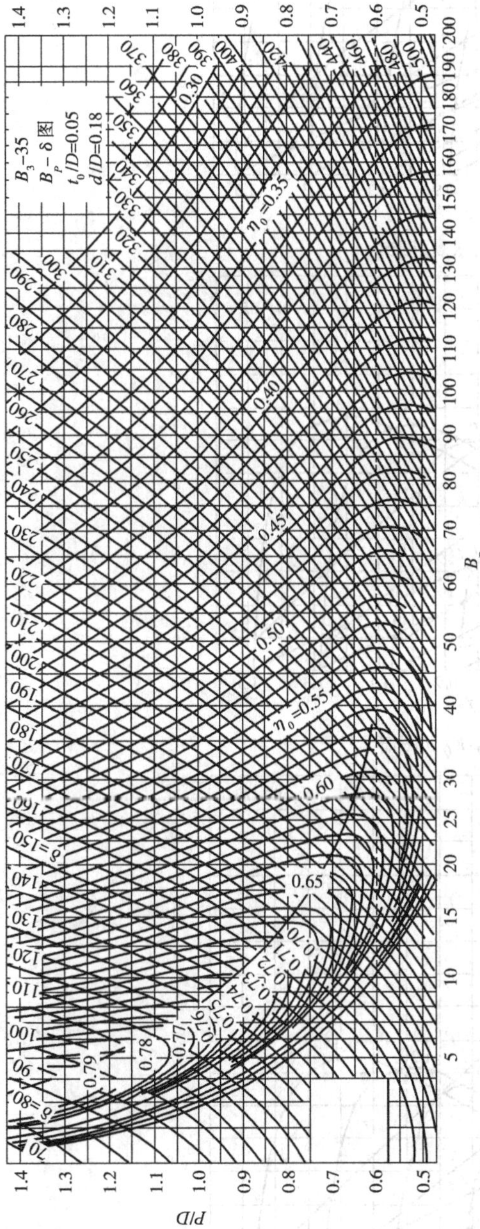

附图 3　B3-35　B_p-δ 图谱

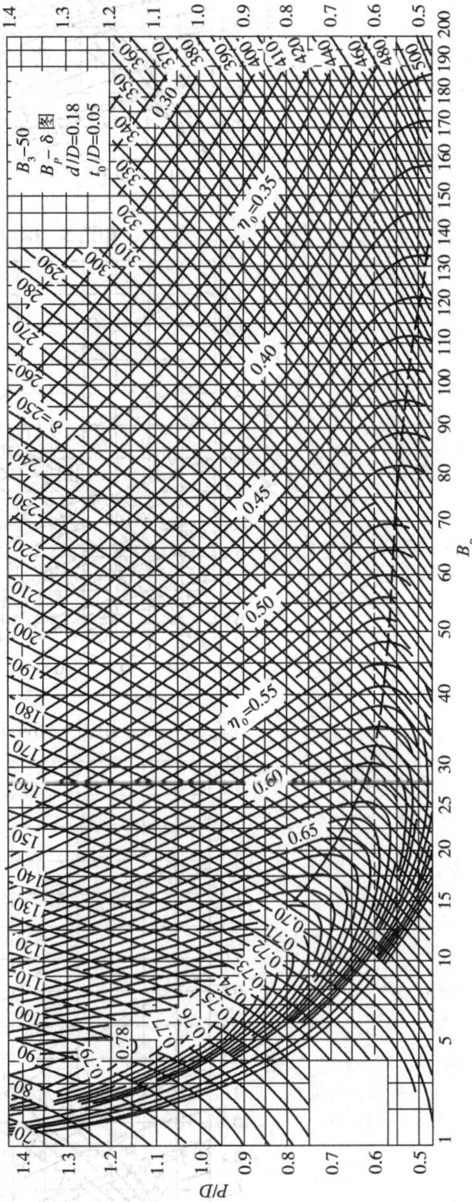

附图 4　B3-50　B_p-δ 图谱

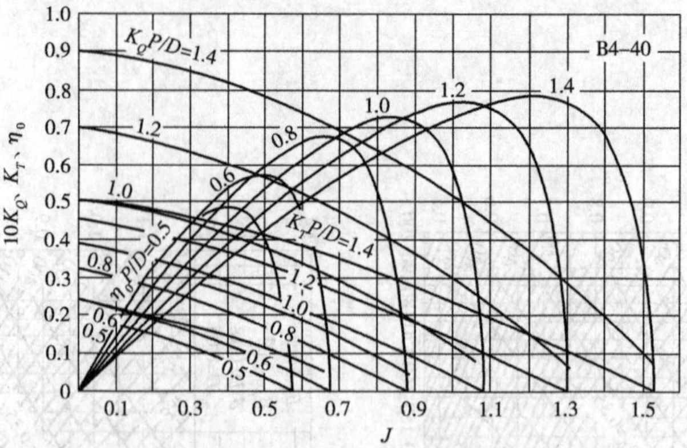

附图 5　B4-40　K_T-K_Q-J 图谱

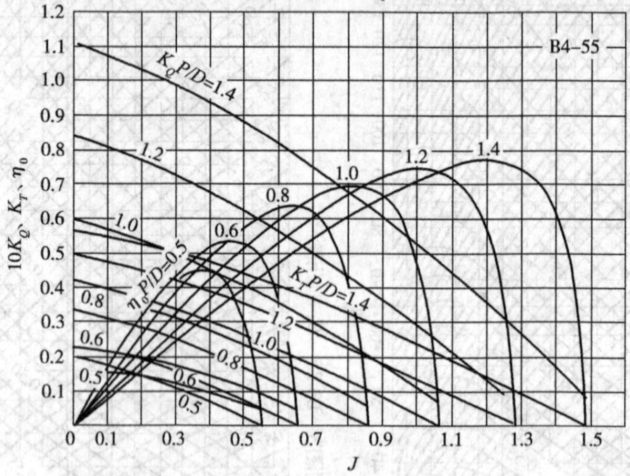

附图 6　B4-55　K_T-K_Q-J 图谱

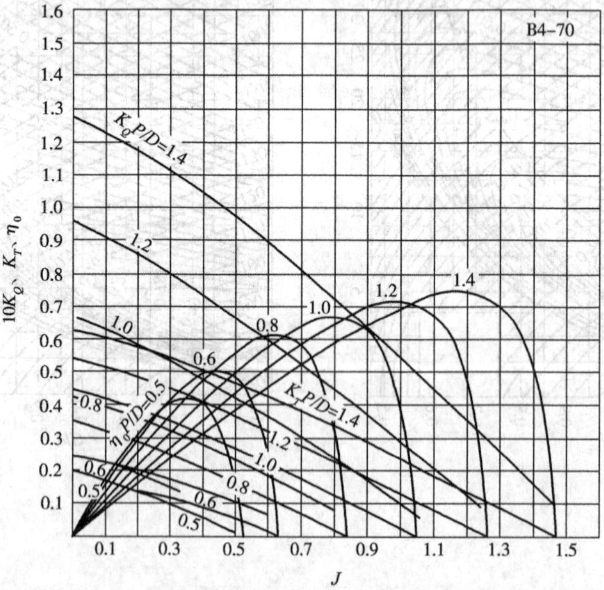

附图 7　B4-70　K_T-K_Q-J 图谱

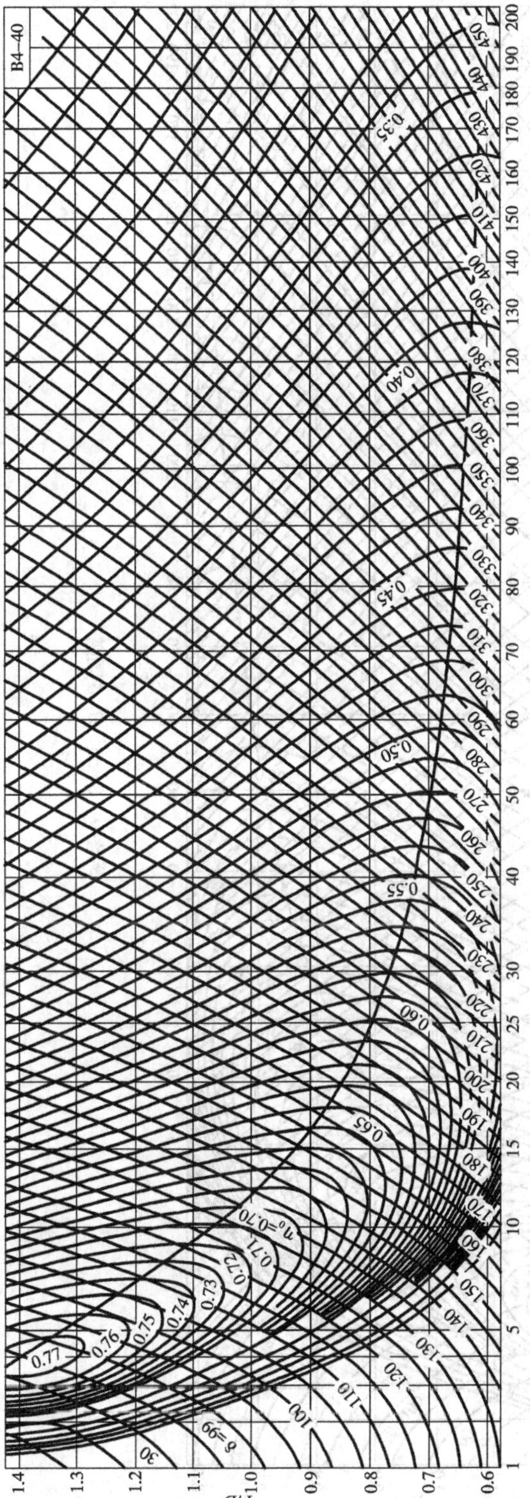

附图8　B4-40　B_P-δ 图谱

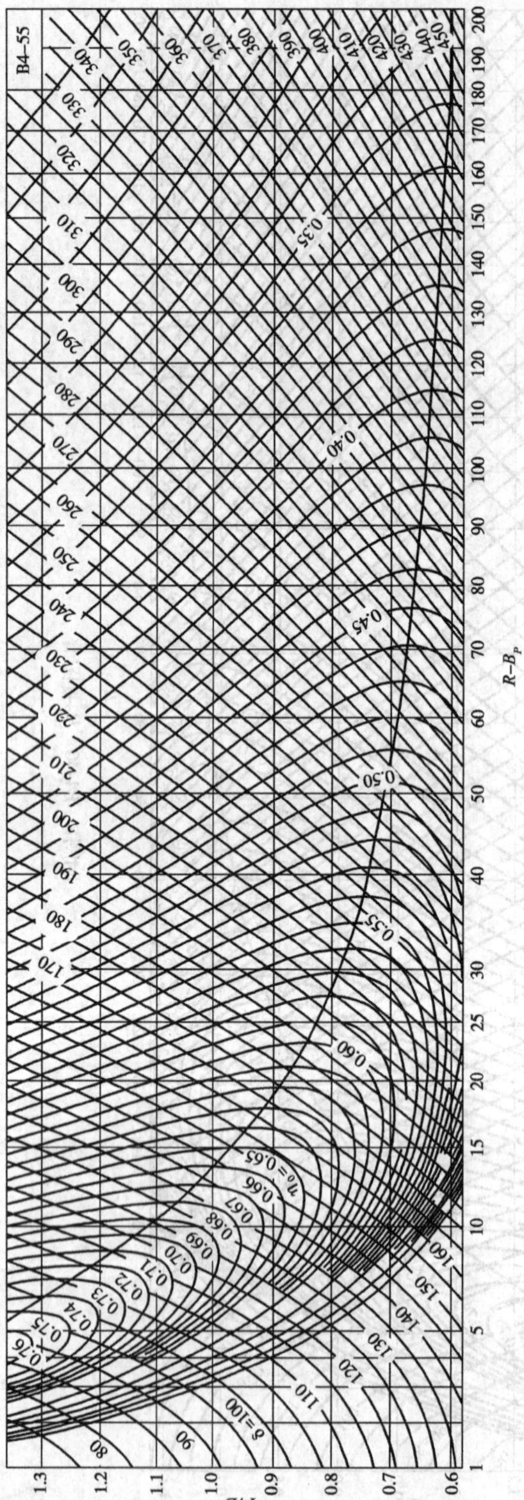

附图9　B4-55　B_P-δ图谱

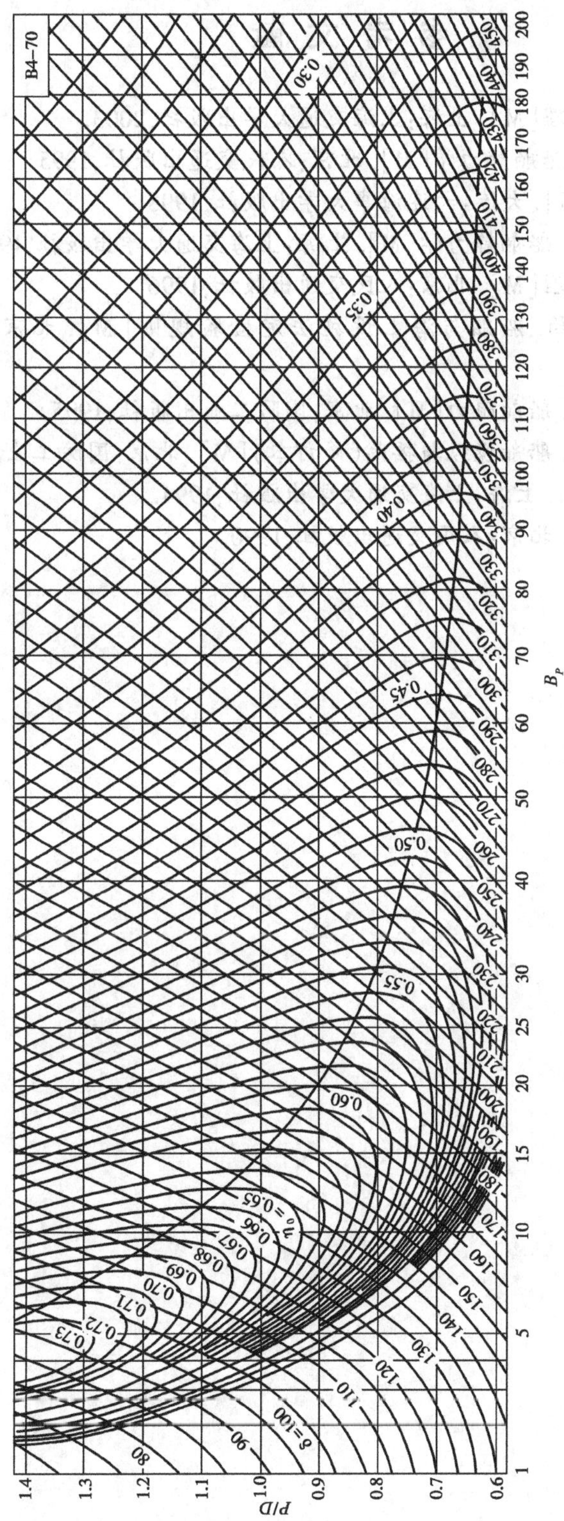

附图10　B4-70　B_P-δ图谱

参考文献

[1] 盛振邦,刘应中.船舶原理[M].上海:上海交通大学出版社,2003.

[2] 蔡岭梅,王兴权,杨万柏船舶静力学[M].北京:人民交通出版社,1995.

[3] 蒋维清,等.船舶原理[M].大连:大连海事大学出版社,1998.

[4] 盛振邦,杨尚荣,陈雪生.船舶静力学[M].上海:上海交通大学出版社,1992.

[5] 荀治国,郭春兰.船舶原理[M].北京:人民交通出版社,1996.

[6] 中华人民共和国海事局.船舶与海上设施法定检验规则[M].北京:人民交通出版社,2011.

[7] 邵世明,赵连恩,朱念昌.船舶阻力[M].北京:国防工业出版社,1995.

[8] 冯铁城,朱文蔚,顾树华.船舶操纵与摇荡(修订本)[M].北京:国防工业出版社,1989.

[9] 陶尧森.船舶耐波性[M].上海:上海交通大学出版社,1994.

[10] 郭春兰.船舶原理[M].北京:人民交通出版社,1990.